Peer John

Effizienzkonditionen und Kostenrechnung

WIRTSCHAFTSWISSENSCHAFT

Peer John

Effizienzkonditionen und Kostenrechnung

Evaluation im Rahmen der Konditionengestaltung zwischen Nahrungsmittelindustrie und Handel

Mit einem Geleitwort von Prof. Dr. Jochen Zimmermann

Springer Fachmedien Wiesbaden GmbH

Bibliografische Information Der Deutschen Bibliothek
Die Deutsche Bibliothek verzeichnet diese Publikation in der Deutschen Nationalbibliografie; detaillierte bibliografische Daten sind im Internet über <http://dnb.ddb.de> abrufbar.

Dissertation Universität Bremen, 2002

1. Auflage April 2003

Ursprünglich erschienen bei Deutscher Universitäts-Verlag GmbH, Wiesbaden, 2003

Lektorat: Ute Wrasmann / Britta Göhrisch-Radmacher

www.duv.de

ISBN 978-3-8244-0694-4 ISBN 978-3-322-81088-5 (eBook)
DOI 10.1007/978-3-322-81088-5

Geleitwort

Die Machtverhältnisse von Nahrungsmittelindustrie und Einzelhandel haben sich in den letzten Jahren zu Lasten der Industrie verschoben. Dies hat nicht nur zu Druck auf die Unternehmensgewinne geführt, sondern den Handel auch zu immer weiter gehenden Forderungen nach Übernahme von Dienstleistungen durch die Industrie veranlasst. Die Übernahme und Vergütung dieser Leistungen wird unter Verwendung von Rabattsystemen ausgehandelt, die sich noch an allgemeinen preispolitischen Überlegungen orientieren und das Element der spezifischen Vergütung für bestimmte übernommene Dienstleistungen kaum berücksichtigt.

Gerade Industrieunternehmen gereicht eine solche Konstellation zum Nachteil: Bei immer dünner werdenden Margen wächst der Druck zu einer sachgerechten Kalkulation einzelner Güter und Leistungen. Diese Erfahrung, die bei langlebigen Konsumgütern schon lange Eingang in die Kalkulation gefunden hat, müssen FMCG-Unternehmen und insbesondere die Nahrungsmittelindustrie noch verarbeiten. Hier leistet die Arbeit von *John* einen entscheidenden Beitrag.

Das von *John* vorgetragene Argument besticht: Wenn für jede Teilleistung des Handels oder der Industrie ein angemessener Preis – die so genannten *efficiency terms* – gefunden werden kann, so kann im Rahmen von Rabattverhandlungen der Leistungsaustausch auf eine rationale Grundlage gestellt werden. Das Problem liegt jedoch im Detail: Wie bestimmt sich der angemessene Preis, und kann er aus der laufenden Kostenrechnung eines Unternehmens abgeleitet werden?

Nach der theoretischen Fundierung seiner Problemstellung analysiert *John* aus der Perspektive eines Industrieunternehmens für gängige Kostenrechnungssysteme, ob sie für die Ableitung von *efficiency terms* herangezogen werden können. Hierzu müssen sie zwei Anforderungen erfüllen: Sie haben einerseits die tatsächlich für Logistikdienstleistungen bereitgestellte Ressource zu bepreisen, andererseits bedarf es einer vollständigen Erfassung und Bewertung einer möglicherweise aufzubauenden Ressource für die Übernahme verhandelter weiterer Servicelemente. *John* zeigt dabei, dass keines der in Industrieunternehmen zur Anwendung gelangenden Kostenrechnungssysteme diesen Anforderungen genügen kann und befürwortet daher fallweise durchzuführende Sonderrechnungen. Zu Struktur und Inhalt solcher Rechnungen unterbreitet er einen detaillierten Vorschlag.

Die Arbeit von *John* legt sowohl die konzeptionellen als auch die kostenrechnerischen Grundlagen für einen rationaleren und effizienzsteigernden Umgang von Industrie und Einzelhandel miteinander. Gerade in Zeiten rückläufiger Gewinne kann seinem Diskussionsbeitrag nicht genug Aufmerksamkeit gewünscht werden.

Prof. Dr. Jochen Zimmermann

Vorwort

Die Idee einer wissenschaftlichen Abhandlung der Thematik resultierte aus meiner beruflichen Tätigkeit bei einem namhaften deutschen Nahrungsmittelhersteller, der mir die Aufgabe einer konzeptionellen Neugestaltung von *Efficiency Terms* übertrug. Im Laufe dieses Projekts zeigten sich sowohl absatzwirtschaftliche als auch kostenrechnerische Aspekte, deren theoretische Betrachtung mein Interesse weckte. Dennoch richtet sich die vorliegende Untersuchung nicht nur an theoretisch orientierte Controller bzw. Kostenrechner sondern insbesondere auch an Industrie- und Handelsmanager im Vertriebs- und Einkaufsbereich sowie angrenzender Fachgebiete.

Mein Dank gilt insbesondere Herrn *Prof. Dr. Jochen Zimmermann*, der die Betreuung meiner Dissertation übernahm und mir als externem Doktoranden eine Promotion generell erst ermöglichte. Ebenfalls bin ich Herrn *Prof. Dr. Jörg Freiling* für die Übernahme des Zweitgutachtens zu Dank verpflichtet.

Meiner Familie und hier speziell meiner Frau *Saskia* und meiner Tochter *Rachel* danke ich für ihr Verständnis und die Geduld, die sie mir stets entgegen brachten. Nur so konnte es gelingen, Familie, Beruf und Dissertation in Einklang zu bringen.

Für hilfreiche kritische Diskussionen und die Durchsicht des Hauptteils der Arbeit danke ich den Herren *Dr. Albrecht Hönerloh* sowie *WP StB Dipl.-Kfm. Olaf Holst*.

Peer John

Inhaltsverzeichnis

Abkürzungsverzeichnis

AktG	Aktiengesetz
BFuP	Betriebswirtschaftliche Forschung und Praxis
BGH	Bundesgerichtshof
bzgl.	bezüglich
DBW	Die Betriebswirtschaft
DStR	Deutsches Steuerrecht
EUR	Euro
GmbHG	Gesetz über die Gesellschaften mit beschränkter Haftung
GWB	Gesetz gegen Wettbewerbsbeschränkungen
i. d. R.	in der Regel
i. e. S.	im engeren Sinne
i. H. v.	in Höhe von
InsO	Insolvenzordnung
krp	Kostenrechnungspraxis
o. Jg.	ohne Jahrgang
o. V.	ohne Verfasser
Rdn.	Randnummer
S.	Seite
u. w.	und weitere
UWG	Gesetz gegen den unlauteren Wettbewerb
WiSt	Wirtschaftswissenschaftliches Studium
WISU	Das Wirtschaftsstudium
ZfB	Zeitschrift für Betriebswirtschaft
ZfbF	Zeitschrift für betriebswirtschaftliche Forschung
ZfhF	Zeitschrift für handelswissenschaftliche Forschung

Abbildungsverzeichnis

1 Einleitung

1.1 Problemstellung

Hersteller und Handel bilden die traditionellen Akteure im Distributionssystem mit der gemeinsamen Intention, potentielle Konsumenten zum Kauf der infrage stehenden Distributionsobjekte zu veranlassen.[1] Die Beziehung dieser Elemente des Distributionssystems, die häufig als Markt*partner* im Absatzkanal bezeichnet werden, ist jedoch in den vergangenen zwei Jahrzehnten, insbesondere im Nahrungsmittelsektor, weniger von einer partnerschaftlichen Beziehung, als vielmehr von einer zunehmend spannungsgeladenen Ausprägung ihres Leistungsgeflechts gekennzeichnet. Wesentliche Ursache dieser absatzwirtschaftlichen Dissensen stellt trotz einer gemeinsamen übergeordneten Zielsetzung die von den Herstellern praktizierte und von den Handelsunternehmen häufig kritisierte Konditionenpolitik dar, die als Teilbereich der Preispolitik einen signifikanten Einfluss auf den langfristigen Erfolg der Unternehmung ausübt.

Vermochten die Hersteller in der Vergangenheit einen offenen Konflikt auf Grund der atomistischen Strukturen des Handels weitgehend zu unterdrücken bzw. pflegten einen nahezu patriarchalischen Umgangsstil mit den Handelsunternehmungen, so rückte dieser Themenkomplex, bedingt durch die zunehmende Macht der Absatzmittler (primär getrieben durch Konzentration), verstärkt in den Mittelpunkt der Jahresgespräche. Infolge dieser Entwicklung reflektieren Konditionengewährung und -forderung in jüngerer Zeit weniger systematische Verhaltensweisen, basierend auf spezifischen Handelsleistungen, als vielmehr Machtpositionen und Verhandlungsgeschick der einzelnen Marktteilnehmer. Dies zeigt sich in der Praxis zum einen in bereits in ihrer Nomenklatur immer groteskeren Konditionenarten wie beispielsweise „Denkanstoßprämie“ oder „Chefbonus“[2] sowie in der Existenz eines völlig intransparenten, unsystematisch-historisch gewachsenen Konditionengestrüpps.[3] Zum anderen können die Bemühungen vieler namhafter Hersteller bezüglich der Implementierung eines

---

[1] Vgl. Ahlert (1991), S. 65.

[2] Vgl. zu diesen beispielhaften Konditionenarten Kramer (1991), S. 86.

[3] Vgl. z. B. Steffenhagen (1995), S. 11; Homburg / Daum (1997), S. 96; Kramer (1993), S. 356; o. V. (1992), S. 83; Münzberg (1989), S. 278.

neuen Konditionensystems sowie die zunehmende Beschäftigung von Unternehmensberatern zu dieser Problematik[1] als Indiz für einen akuten Handlungsbedarfs angesehen werden.

Vor diesem Hintergrund legten insbesondere *Keller*[2] und *Steffenhagen*[3] den Grundstein einer umfassenden, theoriegeleiteten aber auch praxisorientierten Gestaltung des Konditionensystems zwischen Hersteller und Absatzmittler, wobei die Überlegungen dieser Autoren konditionenbegründende Handelsleistungen konsequent auf solche Verhaltensweisen der Absatzmittler reduzieren, welche für die unternehmerische Zielerreichung der Hersteller förderlich sind.[4] Wird diese Zielsetzung seitens der Industrie auf die intendierte Erreichung einer effizienten und letztlich kostenminimalen Leistungsverteilung im Distributionssystem eingegrenzt, so bilden *Efficiency Terms* (Effizienzkonditionen) einen integrierten Bestandteil des betrieblichen Konditionensystems, deren Evaluation und Implementierung unter Berücksichtigung der erforderlichen Akzeptanz durch den Handel dem Hersteller obliegt.

Einen für diese unternehmerische Aufgabenstellung zweckdienlichen Informationsgenerator bildet die Kosten- und Erlösrechnung, die in ihrer entscheidungsorientierten Ausprägung Informationen zur zieladäquaten Planung und Steuerung der Faktorkombinationsprozesse bereitstellt. Denn liegt ihre Intention in der Offenlegung von Erfolgskonsequenzen wirtschaftlichen Handelns und des Einflusses der Entscheidungsalternativen auf die Zielfunktion der Unternehmung, so müsste dieses Informationsinstrument geeignet sein, die quantitative Entscheidungsgrundlage für die Gestaltung der *Efficiency Terms* in ihren operativ ausgerichteten Erscheinungsformen zu liefern.

Mit der Zielsetzung der Generierung zweckadäquater quantitativer Informationen sind jedoch divergierende Konzepte der Kosten- und Erlösrechnung entwickelt worden, die spezifische Kalkülstrukturen durch festgelegte Transformations- und Deduktionsregeln besitzen. Hierbei liegt das wohl am häufigsten diskutierte Unterscheidungskriterium der einzelnen Informationsgeneratoren in dem Umfang und in der Art der Kostenverrechnung und den hiermit ver-

---

1 Vgl. hierzu auch Steffenhagen (1996), S. 42.

2 Vgl. Keller (1991).

3 Vgl. Steffenhagen (1995).

4 Vgl. Steffenhagen (1995), S. 41 ff.; Keller (1991), S. 182; Steffenhagen / Keller (1990), S. 399.

bundenen Prinzipien der Kostenverteilung auf Bezugsobjekte, was u. a. zu einer Typisierung der Kosten- und Erlösrechnung in Vollkosten- und Teilkostenrechnungen führt. Ist das Verursachungsprinzip als Grundprinzip einer solchen Kostenverteilung in der einschlägigen Literatur weitgehend akzeptiert, so liegt eines der wesentlichen Probleme der Kosten- und Erlösrechnung in der Unbestimmtheit dieses Prinzips und seiner weitreichenden Interpretationsmöglichkeiten. Letztlich konnte sich trotz einer eingehenden theoretischen Diskussion bis zum heutigen Zeitpunkt kein allgemeingültiges Verteilungsprinzip etablieren, so dass speziell in den jüngeren betriebswirtschaftlichen Publikationen zu dieser Problematik die Maxime einer Allgemeingültigkeit zu Gunsten der Abhängigkeit des Kostenverteilungsprinzips vom spezifischen Rechnungszweck hervorgehoben wird. Infolge dieser Entwicklung trat die in der Vergangenheit dominierende, teilweise dogmatisch geführte Auseinandersetzung hinsichtlich der Anwendbarkeit der verschiedenen Systeme der Kosten- und Erlösrechnung im Rahmen multipler Entscheidungssituationen in den Hintergrund, und es herrscht heute weitgehend Konsens bezüglich der Zweckentsprechung der Rechnung. Gemäß dem Grundsatz *Different Costs for Different Purposes* wird die Eignung bzw. Anwendbarkeit der spezifischen Kostenrechnungskonzeptionen weniger am Postulat des Zweckpluralismus als vielmehr am spezifischen Zweck der Rechnung und den unternehmensindividuellen Bedingungen festgelegt.

Die vorliegende Untersuchung einer kostenrechnerisch gestützten Evaluation der *Efficiency Terms* kann somit keinesfalls die Anwendbarkeit eines spezifischen Informationsinstruments unterstellen bzw. die Analyse im Hinblick auf die Ableitung gestalterischer Empfehlungen auf ein Konstrukt beschränken. Denn orientiert sich die Rechnung nach dem heutigen betriebswirtschaftlichen Erkenntnisstand an dem jeweiligen Rechnungszweck, würde eine in seiner Extension reduzierte Analyse einen Rückschritt bedeuten und das Postulat der Anwendbarkeit im Rahmen multipler Entscheidungssituationen erneut unterstellen. Folglich muss auf der Basis ausschließlich zweckentsprechender entscheidungsspezifischer Kosteninformationen die Auswahl eines geeigneten Informationssystems als Element des informationellen „Instrumentenkastens“ der Unternehmung erfolgen. Im Fokus der weiteren Überlegungen steht somit die Ableitung praktisch orientierter Empfehlungen für die Evaluation von *Efficiency Terms* aus einem kostenrechnerischen Blickwinkel unter Berücksichtigung einer geänderten Sichtweise auf die Kostenrechnung, die weniger nach einer Ausrichtung an den in der Historie vorherrschenden Dogmen als vielmehr an den zu erfüllenden Aufgaben verlangt.

Dabei grenzt sich die vorliegende Untersuchung zu weiteren Forschungsansätzen mit der Zielsetzung der Optimierung der vertikalen Beziehungen zwischen Industrie und Handel und insbesondere der Gestaltung einer effizienten *Supply Chain*, wie z. B. *Efficient Consumer Response* (ECR) oder auch *Supply Chain Management* ab. Zwar verfolgen diese Konzeptionen u. a. ebenfalls die Zielsetzung einer kostenoptimalen Gestaltung der Wertschöpfungskette, basieren jedoch eher auf der Prämisse einer kooperativen Beziehung zwischen Hersteller und Absatzmittler, deren Existenz zumindest im Nahrungsmittelsektor bis zum heutigen Zeitpunkt angezweifelt werden muss. Insbesondere scheint die Akzeptanz des vielfach propagierten Ansatzes des *Efficient Consumer Response* nur zögerlich zu erfolgen, und es bleibt abzuwarten, ob sich dieser Ansatz in der Praxis etablieren kann. Somit beleuchtet die unternehmensübergreifende Gestaltung eines kostenoptimalen und in diesem Sinne effizienten Distributionssystems mit Hilfe von *Efficiency Terms*, basierend auf den existierenden und durch Konflikte gekennzeichneten Interdependenzen, einen bislang noch wenig beachteten betriebswirtschaftlichen Aspekt.

1.2 Gang der Untersuchung

Den Ausgangspunkt der Untersuchung bildet zunächst die Darstellung der Rahmenbedingungen der Konditionenpolitik sowie die praktische Handhabung dieses Instruments der preispolitischen Feinsteuerung. Mit Hilfe vielfach publizierter Aussagen sowie einer praktischen Untersuchung bei einem Nahrungsmittelhersteller können die Diskrepanzen zwischen dem idealisierten „Soll" und dem „Ist" nachgewiesen sowie die sich hieraus ergebenden Gefahren für die Hersteller aufgezeigt werden. Vor diesem Hintergrund ist in Ermangelung der Existenz einer theoretisch fundierten ökonomischen Legitimation leistungskonformer Konditionenbewertungen ein Konstrukt zu erarbeiten, dessen praktische Umsetzung eine Lösung in der durch ein hohes Konfliktpotential gekennzeichneten vertikalen Beziehung zwischen Industrie und Handel aufzeigt und als fundamentale Konzeption die Basis der weiteren Erörterungen darstellt.

Bildet die Kostenrechnung mit ihren divergierenden Konzeptionen das adäquate Informationsinstrument der Unternehmung, so ist in einem anschließenden Abschnitt dieses Instrument abzugrenzen und hinsichtlich seiner Grundlagen und Zielsetzungen näher zu erläutern. Unter Beachtung der zuvor erörterten Maxime der Zweckentsprechung der Rechnung und der vielfältigen Erscheinungsformen der Kosten- und Erlösrechnung kann sich hierauf aufbauend eine Ableitung der entscheidungsrelevanten Kosteninformationen der spezifischen Entscheidungssituation anschließen, ohne deren detaillierte Kenntnis eine Systemauswahl nicht möglich ist. Mit eben dieser Intention sind in einem weiteren Schritt die als bedeutend einzustufenden Systeme der Kosten- und Erlösrechnung hinsichtlich ihres Aufbaus und ihrer systemimmanenten Kalkülstrukturen zu kennzeichnen und im Hinblick auf den abgeleiteten Kosteninformationsbedarf kritisch zu würdigen. Sollte sich hierbei keine Kostenkonzeption als geeignet erweisen, so ist auf Grund der praktischen Relevanz der Thematik eine geeignete Lösung aufzuzeigen, bevor abschließend die wesentlichen Aspekte einer kostenrechnerisch gestützten Evaluation der *Efficiency Terms* erläutert werden können.

2 Bezugsrahmen der Konditionengestaltung und Vertiefung der Problemstellung

2.1 Hersteller und Handel im Distributionssystem

In einer spezialisierten arbeitsteiligen Volkswirtschaft verkauft die überwiegende Anzahl der Hersteller ihre Waren nicht direkt an Konsumenten, sondern überbrückt die Spannungen zwischen Produktion und Konsumption mit Hilfe einer Vielzahl von Wirtschaftseinheiten, die verschiedene Funktionen ausüben.[1] Die Gesamtheit dieser absatzwirtschaftlichen Institutionen mit der gemeinsamen Intention, potentielle Konsumenten zum Kauf der infrage stehenden Distributionsobjekte zu veranlassen, bilden ein in Abb. 1 dargestelltes Distributionssystem.[2] Hersteller und Absatzmittler als Elemente dieses Systems stellen den Ausgangspunkt der weiteren Untersuchungen dar und werden daher in den folgenden Ausführungen näher betrachtet.[3]

In der Diskussion um Konditionensysteme in der Literatur stellen Hersteller als Marktteilnehmer im Absatzkanal vornehmlich Industrieunternehmungen dar, die zur Gewinnung, Be- oder Verarbeitung von Stoffen bzw. Produkten betrieben werden und nicht der Land- und Forstwirtschaft oder dem Handwerk zuzurechnen sind.[4] Häufig findet in diesem Kontext auch der Begriff „Lieferant“ synonym Verwendung.

Eine eindeutige Definition der Absatzmittler[5] bereitet dagegen im Rahmen einer deskriptiven klassifikatorisch ausgerichteten Institutionenanalyse mit der primären Zielsetzung, Distribu-

---

[1] Vgl. Kotler / Bliemel (1992), S. 739.

[2] Vgl. Ahlert (1991), S. 65.

[3] Zur Funktion und Abgrenzung der Distributionshelfer als weiteres Element des Distributionssystems vgl. z. B. Pepels (1995), S, 55 ff.; Ahlert (1981), S. 16 f.

[4] Vgl. zum Begriff und zur Abgrenzung des Industriebetriebes z. B. Budäus (1990), S. 5 f.; Weber (1999), S. 10 ff.; Heinen (1990), S. 17 ff.

[5] Im Weiteren werden die Begriffe „Handel“, „Handelsunternehmungen“, „Handelsunternehmen“ sowie „Handelsbetriebe“ synonym mit dem Begriff „Absatzmittler“ verwendet.

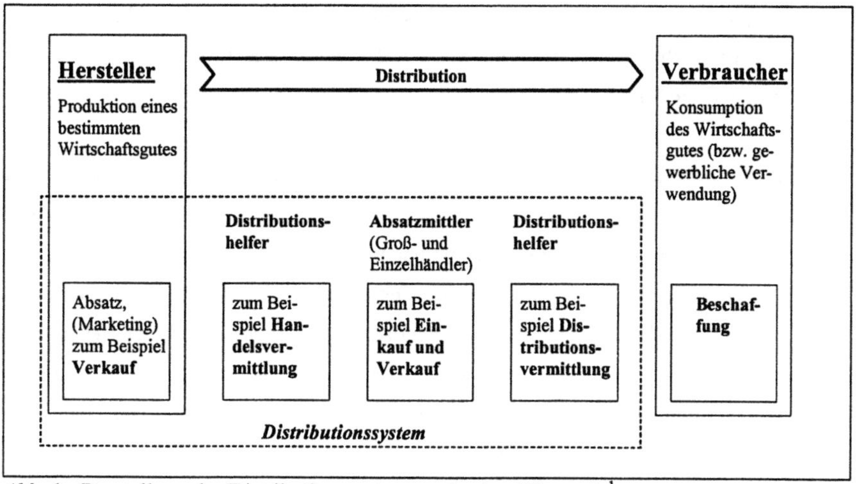

Abb. 1: Darstellung des Distributionssystems und seiner Elemente[1]

tionsorgane hinsichtlich ihrer in der Wirtschaftspraxis beobachtbaren Formen zu ordnen,[2] vor allem durch die ausgeprägte Dynamik in diesem Wirtschaftssektor Schwierigkeiten.[3] Denn sind sowohl die Existenz als auch die vielfältigen Erscheinungsformen der Absatzmittler von einer sich rasch ändernden aktuellen Entwicklung in der Distributions- und Handelspraxis abhängig, so kann die Analyse dieser absatzwirtschaftlichen Institutionen in ihrem Erkenntnisstand die realen wirtschaftlichen Gegebenheiten lediglich zeitlich nachgelagert widerspiegeln. Eine vertiefende Auseinandersetzung mit den in der einschlägigen Literatur vorzufindenden unterschiedlichen Definitionen des institutionellen Handelsbegriffs[4] kann sich durch diesen Umstand erübrigen. Gleichwohl wird jedoch eine institutionelle Kennzeichnung als unverzichtbar erachtet[5] und ist ebenfalls im Rahmen der vorliegenden Untersuchung vorzunehmen. Demnach erscheint es aus heutiger Sicht zweckmäßig, Handelsbetriebe als rechtlich und wirtschaftlich unabhängige Unternehmungen zu kennzeichnen, die überwiegend beweg-

---

1 Quelle: In Anlehnung an Ahlert (1991), S. 13, wobei das Distributionssystem unter Einbeziehung der Verbraucher erweitert werden kann. Vgl. hierzu Ahlert (1991), S. 64 ff.

2 Vgl. Ahlert (1991), S. 47.

3 Zur Dynamik der Betriebsformen vgl. z. B. Nieschlag / Kuhn (1980), S. 85 ff.

4 Vgl. hierzu z. B. Seyffert (1957), S. 3 ff.; Gutenberg (1984), S. 142 f.; Dingeldey (1975), S. 18 ff.; Müller-Hagedorn (1984), S. 15 ff.; Müller-Hagedorn (1998), S. 15 ff.; Tietz (1993), S. 4.

5 Vgl. Ahlert (1991), S. 46.

liche Sachgüter beschaffen und absetzen, ohne diese, abgesehen von üblichen Manipulationen, im technischen Sinne zu bearbeiten, und dies in der Regel mit einem Angebot von Dienstleistungen verbinden.[1]

Während die obige definitorische Abgrenzung der Absatzmittler die institutionelle Betrachtung des Handelsbetriebes in den Vordergrund rückt, liegt der Schwerpunkt des funktionsorientierten Forschungsansatzes auf der Definition und Differenzierung der Handelsleistungen und -tätigkeiten.[2] Die bislang intensiv geführte Diskussion der Handelsfunktionen basiert auf dem lange Zeit erhobenen Vorwurf, der Handel sei im Gegensatz zu anderen Sektoren der Wirtschaft unproduktiv und seine Existenz müsse über spezifische Leistungen begründet werden.[3] Ein hierzu dienliches grundlegendes System der Handelsfunktionen wurde von *Oberparleiter* entwickelt, wobei dieser Autor sechs verschiedene Funktionen definiert:[4]

- Räumliche Funktion,
- zeitliche Funktion,
- Quantitätsfunktion,
- Qualitätsfunktion,
- Kreditfunktion und
- Werbefunktion.

Ein ähnliches System der Handelsfunktionen entwickelte *Seyffert*, wobei die verschiedenen Teilfunktionen zu Funktionsgruppen zusammengefasst werden:[5]

- Überbrückungsfunktionen
  - Raumüberbrückungsfunktion,

---

[1] Diese Definition stützt sich vor allem auf Müller-Hagedorn (1998), S. 20, mit dem Zusatz der rechtlichen und wirtschaftlichen Unabhängigkeit der Definition von Ahlert (1991), S. 47. Die dispositive Unabhängigkeit der Handelsunternehmen von den Herstellern ist eine Grundvoraussetzung der weiteren Überlegungen.

[2] Vgl. Tietz (1993), S. 11 f.

[3] Vgl. Falk / Wolf (1992), S. 41.

[4] Vgl. Oberparleiter (1955).

[5] Vgl. Seyffert (1957), S. 9 ff.

- Lagerfunktion (als Zeitüberbrückungsfunktion),
- Vordispositionsfunktion (als Zeitüberbrückungsfunktion),
- Preisausgleichsfunktion,
- Kreditfunktion;

- Warenfunktionen
  - Quantitätsfunktion,
  - Qualitätsfunktion,
  - Sortimentsfunktion;

- Funktionen des Makleramtes
  - Markterschließungsfunktion,
  - Interessenwahrungs- und Beratungsfunktion.

Neben den dargestellten Systemen der Handelsfunktionen von *Oberparleiter* und *Seyffert* sind in der betriebswirtschaftlichen Literatur zahlreiche weitere Ansätze entwickelt worden,[1] ohne jedoch auf diesem Wege die Produktivität und somit die Existenzberechtigung der Handelsbetriebe nachweisen zu können. Zwar erfasst der Begriff Handel im institutionellen Sinn neben Produzieren und Konsumieren eine eigene wirtschaftliche Tätigkeit, jedoch können die Handelsfunktionen auch von anderen Wirtschaftssubjekten ausgeführt werden. Ein Beispiel hierfür bilden die Konsumgenossenschaften, in denen sich die Konsumenten selbst um eine günstige Beschaffung der notwendigen Waren bemühen und somit die notwendigen Handelsfunktionen übernehmen. Doch selbst bei einer vollständigen oder teilweisen Übernahme der Funktionen durch den Handelsbetrieb ist der Nachweis der Produktivität durch die Funktionenlehre nicht möglich, da keine Aussage über das Verhältnis zwischen Ertrag und Faktoreinsatz, analog der Produktionstheorie, vorgenommen werden kann.[2] Bedingt durch diesen Mangel an Erkenntnis erfolgt die ökonomische Legitimation der Handelsbetriebe in der jüngeren wissenschaftlichen Diskussion mit Hilfe der Transaktionskostentheorie.

---

1 Einen umfassenden Überblick unterschiedlicher Systeme der Handelsfunktionen gibt Marré (1974), Sp. 711 ff.

2 Vgl. Tietz (1993), S. 14.

Die Theorie der Transaktionskosten als Ansatz der neuen institutionellen Ökonomie basiert auf den Überlegungen von *Coase*,[1] der die Existenz und Ausdehnung von Unternehmungen auf Kostenunterschiede in der Nutzung des Marktsystems bzw. unternehmensinternen Hierarchiesystems zurückführt und die Prämisse kostenloser Information, Kommunikation und Koordination aufhebt. Hierdurch rückt die dem Güteraustausch logisch und zeitlich vorgelagerte Übertragung von Verfügungsrechten (Transaktionen) und die hiermit vornehmlich verbundenen Kosten der Anbahnung, Kontrolle und Anpassung wechselseitiger Leistungsbeziehungen in den Mittelpunkt der Betrachtung.[2] Diese Transaktionskosten können für die jeweiligen Wirtschaftssubjekte in folgende Kostenarten eingeteilt werden:[3]

- Anbahnungskosten, für z. B. Informationssuche und -beschaffung über potentielle Anbieter bzw. Abnehmer sowie deren Konditionen,
- Vereinbarungskosten, bedingt z. B. durch Intensität und zeitliche Ausdehnung der Verhandlungen, Vertragsformulierung und Einigung,
- Kontrollkosten, z. B. für die Überwachung der Termin-, Qualitäts-, Preis-, Mengen- und evtl. Geheimhaltungsvereinbarungen,
- Anpassungskosten, bedingt durch z. B. Termin-, Qualitäts-, Mengen- und Preisänderungen auf Grund veränderter Bedingungen während der Laufzeit der Vereinbarung.

Somit entstehen z. B. einem anbietenden Hersteller neben seinen Produktionskosten[4] zusätzlich Transaktionskosten in der Distribution seiner Erzeugnisse, und die Kosten eines Nachfragers umfassen neben dem Verkaufspreis des Anbieters auch seine nachfragespezifischen Transaktionskosten. Vor dem Hintergrund einer ökonomischen Effizienzanalyse kann nun die Legitimation eines Handelsbetriebes im Distributionsbereich erfolgen, wenn es dem Absatzmittler gelingt, die wechselseitige Leistungsbeziehung zwischen Hersteller und Nachfrager kostengünstiger zu gestalten als in einer direkten Lieferbeziehung. Folglich ist im Rahmen einer Entscheidung über Eigenabsatz oder Fremdabsatz die Einschaltung des Handels und

---

[1] Vgl. Coase (1937).

[2] Vgl. Picot / Dietl (1990), S. 178.

[3] Vgl. Picot (1982), S. 270.

[4] Vereinfachend werden weitere Kosten- und Gewinnbestandteile in diesem Beispiel vernachlässigt, da sie den Aussagewert der Ausführungen nicht beeinflussen.

letztlich seine Entstehung darauf zurück zu führen, dass die Transaktionskosten von Anbieter und Nachfrager sowie die zusätzlichen Transaktions- und Produktionskosten (z. B. für Lagerung oder Umpacken) des Handelsbetriebes in der Summe kleiner sind, als bei einer direkten Leistungsbeziehung (vgl. Abb. 2).[1] Auf Grund dieser Überlegungen müsste der Absatzmittler durch die Ausübung seiner Handelsfunktionen im Distributionsbereich die Rolle eines Transaktionskosten-Ökonomisierers einnehmen, was in den folgenden Ausführungen näher betrachtet wird.

Eine notwendige, aber nicht hinreichende Bedingung einer potentiellen Effizienzsteigerung in der Distribution durch Handelsbetriebe bildet zunächst die Entspezifizierung / Standardisierung der Erzeugnisse.[2] Denn erst durch den Übergang von individueller Auftragsproduktion kundenspezifischer Güter zur Produktion für eine anonyme Nachfragegruppe kann eine Entkopplung zwischen Anbieter und Nachfrager erfolgen und hierdurch die Entwicklung des Handels ermöglicht werden. Dagegen ist für eine extrem nachfragespezifische Leistung und der hiermit verbundenen exakten Leistungsdefinition und -bewertung der direkte Kontakt zwischen Hersteller und Nachfrager erforderlich, so dass der Handelsbetrieb keine Reduktion der Transaktionskosten bewirken kann.

Eine weitere grundsätzliche Voraussetzung zur Reduktion der Transaktionskosten durch Handelsbetriebe stellt die Anzahl der Anbieter und Nachfrager einer Erzeugnisart dar, da erst bei einer genügend großen Anzahl von Wirtschaftssubjekten auf beiden Marktseiten ein *BALIGH/RICHARTZ*-Effekt[3] eintreten kann. Dieser Effekt beschreibt die in Abb. 3 exemplarisch dargestellte logische Tatsache, dass durch Einschaltung einer zentralen Stelle die Anzahl der direkten Kontakte zwischen m Produzenten und n Nachfragern wesentlich verringert werden kann.[4] Denn aus einer multiplikativen Verknüpfung (Kontaktanzahl = $m \cdot n$) zwischen den Transaktionspartnern ohne Handelsbetriebe entsteht eine additive Verknüp-

---

1 Vgl. Picot (1986), S. 4.

2 Vgl. Picot (1986), S. 5.

3 Nach *Gümbel* haben die Autoren *Baligh* und *Richartz* diesen Effekt erstmals in elaborierter Form vorgetragen, vgl. Gümbel (1985), S 110.

4 Vgl. hierzu Gümbel (1985), S. 111 ff., und vertiefend Baligh / Richartz (1964), S. 667-689; Baligh / Richartz (1967), S. 23 ff.

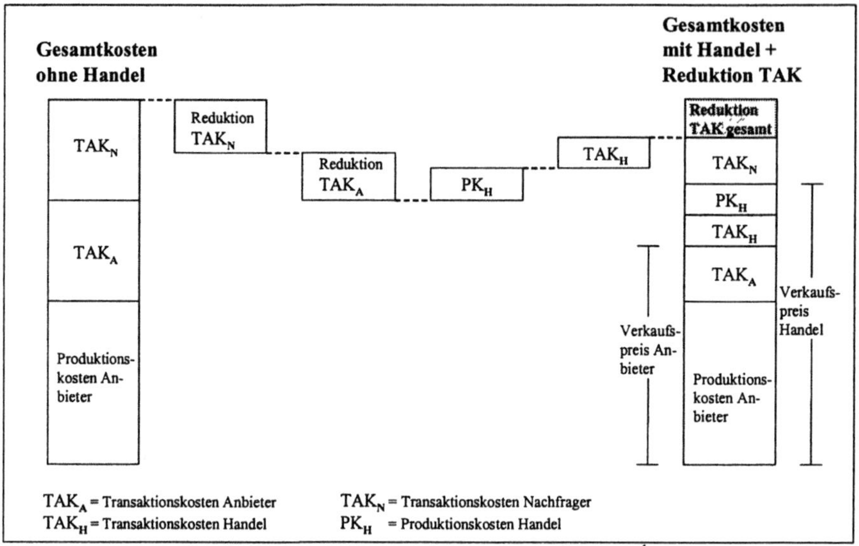

Abb. 2: Transaktionskostenreduktion unter Einbeziehung des Handels[1]

fung (Kontaktanzahl = $m + n$) bei Einschaltung der Handelsinstitution. Die hiermit einhergehende Reduktion der Kontakte beträgt somit $m \cdot n - (m + n)$, und die Wirkung dieses Effektes steigt mit zunehmender Anzahl von Marktteilnehmern progressiv an. Folglich kann der Handel als Transaktionskosten-Spezialist im Grenzfall eines bilateralen Monopols keine ökonomische Legitimation erhalten,[2] da keine Reduktion der Kontakte zwischen Hersteller und Nachfrager erfolgen kann, deren Realisation erhebliche Einsparungen von Transaktionskosten, insbesondere bei den Anbahnungs-, Such-, Vergleichs- und Vereinbarungskosten mit sich bringt.[3]

Sind die o. g. Voraussetzungen erfüllt, bietet sich für den selbstständigen Handel die Möglichkeit, die Transaktionskosten in der Distribution signifikant zu senken.[4] So kann neben der

---

[1] Quelle: Eigene Darstellung in Anlehnung an Picot (1986), S. 4.

[2] Diese Situation wurde von *Williamson* als *Small Numbers Problem* gekennzeichnet, vgl. Williamson (1975), S. 26 ff.

[3] Vgl. Picot (1986), S. 6 f.

[4] Vgl. hierzu auch Gümbel (1985), S. 168 ff.; Picot (1986), S. 7 ff.

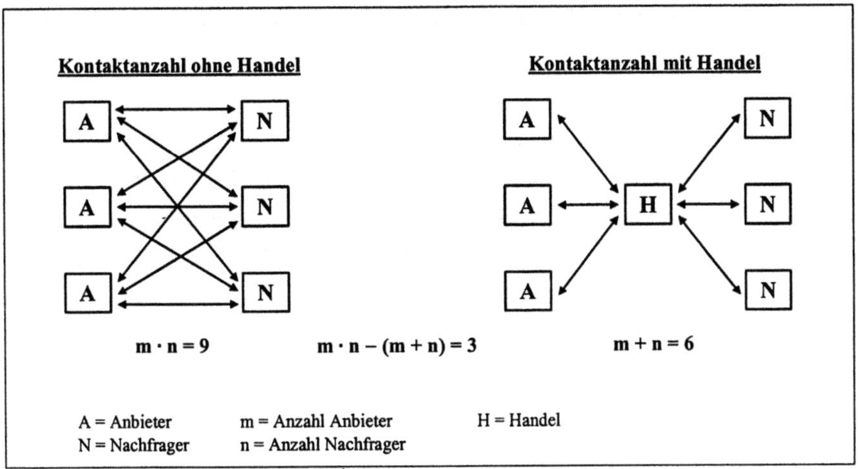

Abb. 3: *BALIGH/RICHARTZ*-Effekt[1]

bereits erläuterten Kontaktreduzierung die Übernahme der zeitlichen und mengenmäßigen Koordination zwischen Angebot und Nachfrage zu einer Reduktion solcher Ressourcen führen, die durch nachfragegerechte Quantenbildung und Vorhaltung bis zum Bedarfszeitpunkt entstehen. Des Weiteren wird durch die Ausübung der Sortimentsfunktion die Verbundnachfrage heterogener Erzeugnisse berücksichtigt und dem Nachfrager ein für ihn problemgerechtes Güterbündel bereitgestellt. Hierdurch können Such-, Transport- und Vergleichskosten in erheblichem Umfang eingespart werden, da die Nachfrager nicht für jede Erzeugnisart unterschiedliche Spezialhändler aufsuchen müssen. Zusätzlich ermöglicht der Absatzmittler mit Hilfe der Beratungs- und Werbefunktion ein Zusammentreffen von Informationen aus verschiedenen Quellen und Richtungen und kann als transaktionskostenreduzierende Informationszentrale fungieren.

Zusammenfassend kann festgestellt werden, dass mit Hilfe des Transaktionskostenansatzes der Nachweis der ökonomischen Legitimation von Handelsbetrieben gelingt, so dass deren Erscheinungsformen (Betriebsformen) und Stufigkeit in einem funktionsfähigen Wettbewerb[2]

---

1 Quelle: Eigene Darstellung in Anlehnung an Gümbel (1985), S. 112.

2 Der Wettbewerb kann durch Restriktionen wie z. B. gesetzliche Bestimmungen oder mangelnde Markttransparenz beeinträchtigt werden und somit eine effiziente Gestaltung der Distribution verhindern, vgl. Ahlert (1991), S. 63.

auf ihren unternehmerischen Fähigkeiten beruhen, Effizienzsteigerungen in der Distribution durch Innovation und Durchsetzungsfähigkeit zu ermöglichen.[1]

Lag der Schwerpunkt der vorangegangenen Ausführungen auf einer isolierten Analyse von Industrie und Handel vor dem Hintergrund einer institutionellen / funktionalen Betrachtungsweise, so ist es unter Beachtung des thematischen Schwerpunktes dieser Arbeit für den Fortgang der Untersuchungen erforderlich, diese eingeschränkte Sicht zu erweitern. Den Fokus der folgenden Erörterungen bilden daher die wechselseitigen vertikalen Beziehungen von Hersteller und Handelsunternehmungen im Distributionssystem, deren Merkmale aus heutiger Sicht eingehender untersucht werden.

---

1 Vgl. Picot (1986), S. 10 f.

2.2 Systemimmanente Zielkonflikte in der vertikalen Beziehung zwischen Industrie und Handel

Durch die vertikale Beziehung und die hieraus resultierende wechselseitige Beeinflussbarkeit der Elemente des Distributionssystems existiert trotz der gemeinsamen Zweckverfolgung ein systemimmanentes Konfliktpotential zwischen Industrie und Handel.[1] Die Ursachen dieser strukturbedingten Konflikte können neben den Rollen-, Macht- und Kommunikationsbeziehungen vor allem auf die vertikale Zielbeziehung und deren Zielverträglichkeit zurückgeführt werden.[2] So dürfte die Existenz völlig kongruenter Zielsysteme zwischen Hersteller und Handel mit den hierfür erforderlichen identischen Zielformulierungen und Präferenzen aller Haupt- und Nebenziele als unrealistisch angesehen werden und das Vorliegen von Zieldivergenzen bzw. partiellen Zielentsprechungen, wie Abb. 4 beispielhaft erkennen lässt, eher die Realität widerspiegeln.[3] Doch selbst bei Zielentsprechung können sich die jeweiligen Ziele negativ beeinflussen und unverträglich sein, da eine Verbesserung der Gewinnsituation der einen Seite in der Regel auf Kosten der anderen Seite erfolgen wird und in einem Verteilungskonflikt mündet.[4] Auf Grund dieses systemimmanenten Konfliktpotentials im Distributionssystem sind Industrie und Handel stetig bemüht, das Machtverhältnis[5] zu ihrem Vorteil zu verändern und hierdurch die Konfliktlösung zu ihren Gunsten zu beeinflussen.

In diesem Kampf um die Marketingführerschaft im Absatzkanal konnte der Handel seine Position in den vergangenen vier Jahrzehnten kontinuierlich verbessern. Denn pflegte die Industrie bis in die fünfziger Jahre hinein einen fast schon patriarchalischen Umgangsstil mit den Absatzmittlern, der sich auf ein starkes Machtungleichgewicht durch weitgehend atomi-

---

1 Vgl. Meffert / Steffenhagen (1976), S. 9.

2 Vgl. zu den Konfliktursachen auch die detaillierten Ausführungen von Meffert (1981), S. 110 ff.; Steffenhagen (1975), S. 71 ff.

3 Vgl. Steffenhagen (1975), S. 73; Ahlert (1991), S. 89 f.

4 Vgl. Dingeldey (1975), S. 97 ff., sowie die ausführliche Darstellung von Steffenhagen (1975), S. 77 ff.

5 Macht kann in diesem Sinne verstanden werden als die subjektiv empfundene Möglichkeit eines Individuums oder einer Gruppe, eine andere Person bzw. Gruppe gegen ihren Willen zu einer bestimmten Handlung oder Unterlassung zu bewegen, vgl. z. B. Böcker (1975), S. 233 f.

Zielbereiche	Herstellerziele	Handelsziele
Produkt-politik	• Produkt- bzw. Markenimage • Hohe Produktinnovation • Forcierung von Herstellermarken • Hohe Distribution des vollständigen Programms und Diversifikation	• Sortiments- bzw. Ladenimage • Möglichst Produktkonstanz • Forcierung von Handels-marken und Herstellermarken • Zielgruppenkonformes Sortiment, Focus auf *Fast Runner*
Distribu-tionspolitik	• Kontinuierlicher Absatz und große Bestellmengen • Hohe (optimale) Distributionsdichte • Günstige Platzierung der eigenen Ware • Hoher Beratungs- und Servicegrad des Händlers	• Absatzabhängige Lieferung und kleine Bestellmengen • Selektive Distribution (Alleinvertretungsansprüche) • Optimale Platzierung der Produktlinie • Möglichst geringe Kosten für Beratung und Service
Kommunika-tionspolitik	• Nationale Produktwerbung • Schaffung von Markenpräferenz • Herstellerorientierte Verkaufsförderung	• Regionale Firmenwerbung • Profilierung der Einkaufsstätte • Handelsorientierte Verkaufsförderung
Kontrahie-rungspolitik	• Einheitliche Endverbraucherpreise • Seriöse Preispolitik zur Imagebildung • Abbau überhöhter Spannen	• Punktuelle Preisdifferenzierung • Punktuelle Preisaggressivität („Lockvogelangebote“) • Durchsetzung zusätzlicher Konditionen

Abb. 4: Zieldivergenzen zwischen Industrie und Handel[1]

1 Quelle: Basierend auf den Ausführungen von Dingeldey (1975), S. 98; Becker (1998), S. 595; Steffenhagen (1975), S. 75; Thies (1976), S. 41. Die exemplarisch dargestellten Divergenzen erheben jedoch weder einen Anspruch auf Vollständigkeit noch auf Überschneidungsfreiheit.

sierte Strukturen der Handelsseite begründete, so sehen sich die Hersteller heute einem unbequemen, anspruchsvollen und mächtigen Gesprächspartner gegenüber.[1]

Wesentliche Ursache für diese Veränderung in der Machtkonstellation im Distributionssystem war die in den sechziger Jahren beginnende und bis zum heutigen Zeitpunkt anhaltende zunehmende Konzentration der Handelsunternehmen, durch die eine drastische Reduktion der Entscheidungsstellen im Handel erfolgt.[2] Infolge dieser veränderten Situation ist der Absatz-, Umsatzerfolg und Gewinn der Industrie in zunehmendem Maße davon abhängig, inwieweit es gelingt, die Schlüsselkunden zu halten bzw. für neue Konzepte zu gewinnen.[3] Besonders deutlich wird das hohe Machtpotential der erstarkten Absatzmittler im deutschen Lebensmittelhandel, in dem im Jahr 2000 die TOP 10 Handelsunternehmungen bzw. Verbundgruppen 84 % des Food-Umsatzes auf sich vereinigen konnten (vgl. Abb. 5). Durch die hiermit einhergehende Verringerung von alternativen Distributionsmöglichkeiten für die Industrie muss der Handel derzeit als Filter bzw. Begrenzungsfaktor für das Hersteller-Marketing gesehen werden, was wie folgt verdeutlicht werden kann:[4]

- Auf Grund des begrenzten Regalplatzes und des Überangebots an Offerten seitens der Industrie kann der Handel nur begrenzt Produkte in sein Sortiment aufnehmen und wirkt über die *Gate Keeper*-Funktion[5] als Distributionsfilter;
- Um das gewünschte Image einer Herstellermarke aufzubauen bzw. zu sichern, ist die Erreichung der entsprechenden Betriebsformen bzw. Betriebe erforderlich. Zum Zwecke des angestrebten Markenauftritts fungiert der Handel somit als Imagefilter;
- Ein weiterer Einfluss des Handels auf den Markterfolg des Herstellers liegt in der Anzahl der Regalmeter und des Platzierungsumfeldes. Der Handel wirkt hier als Platzierungsfilter;

---

1 Vgl. Staudacher (1993), S. 30.

2 Zu den vielfältigen weiteren Ursachen vgl. z. B. Barth (1993), S. 3 ff.; Thies (1976), S. 30 ff.; Hansen (1972), S. 95 ff., wobei dieser Autor in seinen Ausführungen die Verknappung der Regalplätze in den Vordergrund seiner Überlegungen stellt.

3 Vgl. Becker (1998), S. 542.

4 Vgl. Irrgang (1989), S. 3 ff.

5 Vgl. hierzu auch die Ausführungen von Hansen (1972), S. 83 ff.

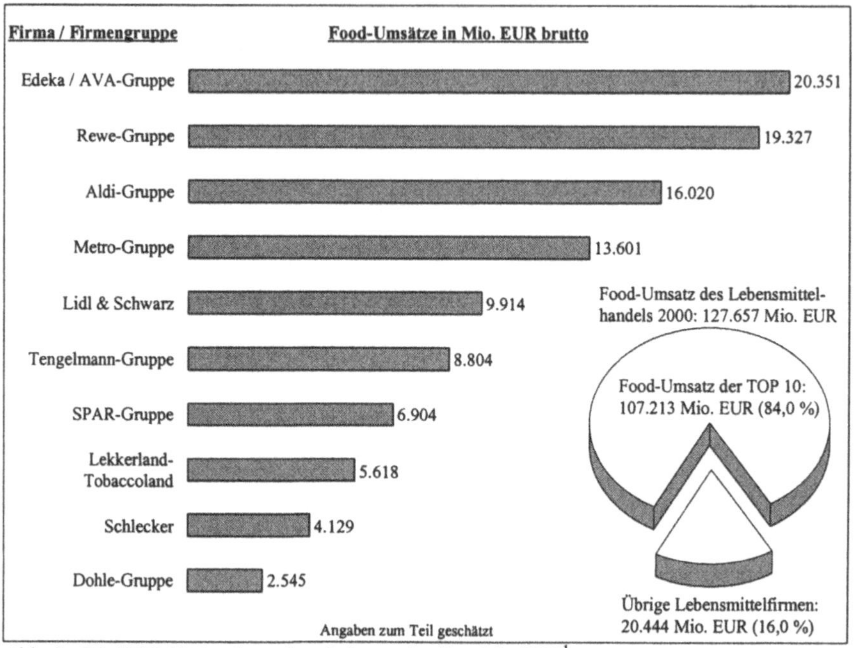

Abb. 5: Die TOP 10 des deutschen Lebensmittelhandels 2000[1]

- Der Handel kann bei beratungsintensiven Produkten den Abverkauf der Herstellermarken durch kompetente Beratung forcieren und übernimmt die Rolle des Beratungsfilters.

Der beschriebene systemimmanente Zielkonflikt zwischen Hersteller und Absatzmittler im Distributionssystem ist derzeit, insbesondere in der in den weiteren Überlegungen im Mittelpunkt stehenden Lebensmittelbranche, durch eine asymmetrische Machtverteilung zu Gunsten des Handels und einer hieraus resultierenden Nachfragemacht gekennzeichnet.[2] Doch scheint eine ursächliche Reduktion der veränderten Machtverhältnisse auf das Konzentrations- und Kooperationsbestreben der Absatzmittler zu einseitig. Vielmehr hat es die Nahrungsmittelindustrie (bis auf wenige Ausnahmen) in der Vergangenheit im Gegenzug versäumt, die heutige

---

[1] Quelle: M+M EUROdATA (2001).

[2] Vgl. z. B. Nieschlag / Dichtl / Hörschgen (1997), S. 46; Staudacher (1993), S. 30; Pepels (1995), S. 46; Irrgang (1989), S. 2; Thies (1976), S. 34; Ahlert (1991), S. 118; Zentes (1997), S. 13-17.

Situation zu antizipieren und beispielsweise in eigene Vertriebskanäle zu investieren.[1] Vor diesem Hintergrund könnte die im folgenden Abschnitt im Mittelpunkt stehende Frage der Gestaltung der Leistungstiefe auch im Distributionssystem an Aktualität gewinnen und eine Abkehr von der klassischen Zweifrontenpolitik der Hersteller bewirken.

---

1 Vgl. Stippel (1997), S. 19.

2.3 Gestaltung der optimalen Leistungstiefe im Distributionssystem

Als theoretisches Instrumentarium zur Beurteilung und Gestaltung der Leistungstiefe im Distributionssystem kann ebenfalls die Theorie der Transaktionskosten Anwendung finden.[1] Da transaktionskostentheoretische Kalküle jedoch auf die Notwendigkeit einer monetären Bewertung zu Gunsten komparativer Entscheidungsgrundlagen verzichten, müssen hierzu die zuvor dargestellten Transaktionskostenarten hinsichtlich ihrer Eigenschaften (Dimension) systematisiert werden.

Die Haupteinflussgröße der Kosten einer Transaktion ist die Spezifität.[2] Der Spezifitätsgrad einer Leistungsbeziehung wird determiniert durch die spezifische Investition, die für eine Transaktion getätigt wird, und bezeichnet den Wertverlust, der im Falle eines Einsatzes bei der nächstbesten Verwendungsmöglichkeit außerhalb der Transaktionsbeziehung entstehen würde.[3] Je höher also die Spezifität, desto größer wird die gegenseitige Abhängigkeit und das Bedürfnis nach einer Absicherung für den Fall eines vorzeitigen Abbruchs der vertraglichen Beziehung.[4] Dies gilt insbesondere, da Wirtschaftssubjekte i. d. R. opportunistisch handeln und versuchen, ihre Interessen auch zum Nachteil anderer durchzusetzen.[5] Zur effizienten Bewältigung eines solchen Leistungsaustausches ist infolge der hohen Spezifität eine interne Produktionsorganisation bzw. eine langfristige vertragliche Bindung erforderlich.[6] Ist dagegen eine Leistungsbeziehung durch den Einsatz unspezifischer Faktoren gekennzeichnet, ist der Austausch des Vertragspartners nahezu kostenlos möglich. Die Transaktionskosten der markt-

---

1 Der Vorteil dieses Ansatzes liegt neben der Berücksichtigung von Kostenaspekten der Kommunikation und Information in seiner pragmatischen Sichtweise, die trotz der Aufhebung der Notwendigkeit einer exakten monetären Bewertung hohe Erklärungskraft besitzt, vgl. Feldmann (1995), S. 84; zur empirischen Relevanz z. B. Löchel (1995), S. 26 ff.; zur allgemeinen Kritik an der Theorie der Transaktionskosten z. B. Fischer (1993), S. 123 ff. sowie die dort angegebenen weiterführenden Literaturhinweise.

2 Vgl. Williamson (1990), S. 59.

3 Zu beachten ist allerdings, dass der Werteverlust selbst nicht im Transaktionskostenansatz berücksichtigt wird. Transaktionskosten entstehen erst infolge des opportunistischen Verhaltens der Wirtschaftsteilnehmer, aus den potentiellen Werteverlusten Vorteile zu erlangen.

4 Einen Extremfall stellt das bilaterale Monopol zwischen Auftraggeber und Lieferant dar.

5 Vgl. hierzu Williamson (1975), S. 26 ff.

6 Vgl. Picot (1991), S. 345.

lichen Koordination sind deutlich geringer als die Kosten der internen Koordination bei Eigenfertigung.

Eine weitere herausragende Eigenschaft im Rahmen der Bestimmung der optimalen Leistungstiefe ist die strategische Bedeutung einer Leistung.[1] Mit solchen strategischen Leistungen versuchen Unternehmen sich ganz gezielt von Wettbewerbern abzusetzen, und folglich handelt es sich i. d. R. um sehr spezifische Leistungen, deren Einfluss auf die Transaktionskosten oben beschrieben wurden. Als zusätzliche Wirkungsrichtung sind allerdings erhebliche Überwachungs- und Kontrollkosten anzuführen, die im Falle einer marktlichen Koordination entstehen würden.[2]

Ferner sind als unterstützende Eigenschaften von Leistungen bei der Bestimmung der optimalen Leistungstiefe die Unsicherheit und die Häufigkeit von Leistungen zu nennen.[3] Je höher z. B. die Unsicherheit in Bezug auf die Nachfragemenge eines Produkts, für die eine spezifische Investition erforderlich ist, desto problematischer wird eine vertragliche Absicherung, und die Vereinbarungskosten steigen unter Umständen auf ein prohibitives Niveau.

Hinsichtlich einer Leistungstiefenoptimierung zielt das Entscheidungsverfahren mit Hilfe des Transaktionskostenansatzes nun darauf ab, die zur Erreichung der unternehmerischen Gesamtaufgabe jeweils erforderlichen Leistungsarten derart mit den denkbaren Koordinationsformen zu verknüpfen, dass die Transaktionskosten ein Minimum erreichen.[4] Unter Berücksichtigung dieser Maxime wird im Folgenden die derzeitige Koordinationsform der distributiven Leistung im Nahrungsmittelsektor aus Sicht der Hersteller untersucht und beurteilt.

In den vergangenen Jahrzehnten dominierte die marktliche Koordinationsform für die Distributionsleistung im Nahrungsmittelsektor. Wie zuvor bereits ausgeführt, konnte der Handel mit Hilfe des *BALIGH/RICHARTZ*-Effekt die Transaktionskosten erheblich reduzieren, und durch die atomistische Struktur der Absatzmittler konnte die Spezifität der Transaktionsbe-

---

1 Vgl. Picot (1991), S. 346.

2 Vgl. Picot (1991), S. 346.

3 Vgl. hierzu ausführlich Williamson (1990), S 64 ff.

4 Vgl. Picot (1991), S. 344, wobei hier zusätzlich Ein- und Auslagerungsbarrieren berücksichtigt werden.

ziehung als gering eingestuft werden. Infolge der bis heute anhaltenden bzw. zunehmenden Konzentration und Kooperation auf Handelsseite verringern sich jedoch die alternativen Verwendungsmöglichkeiten des Sach- bzw. Markennamenkapitals, und die Spezifität steigt kontinuierlich an (*Small Numbers Problem*). Hinzu kommt, dass es sich im Zuge des verschärften Wettbewerbs zwischen den Industrieunternehmungen um eine strategisch sehr bedeutende Leistung handelt, was die Wirkungsrichtung der Spezifität noch verstärkt. Unterstützend wirkt in dieser Situation eine zunehmende Unsicherheit in Bezug auf die Abverkaufsmengen, bedingt durch den Käufermarkt im Nahrungsmittelsektor. Die Folge dieser Entwicklung sind steigende Verhandlungskosten durch fehlende Vergleichsmöglichkeiten sowie langwierige Verhandlungen, aber auch Kontrollkosten, die beispielsweise für die Überwachung der vereinbarten Leistungen entstehen.

Aus Sicht der Transaktionstheorie kann folglich die Hypothese formuliert werden, dass die Nahrungsmittelindustrie ihre Unternehmensgrenzen auf Grund zunehmender Spezifität neu definieren muss und hinsichtlich der Gestaltung der Leistungstiefe in zunehmenden Maße Handlungsbedarf besteht. Welche Koordinationsform sich hierbei als vorteilhaft erweisen kann, hängt vor allem vom Grad der Spezifität ab. Bei einer mittleren Spezifität der Leistungsbeziehung stellen hybride Einbindungsformen, wie z. B. langfristige Kooperationsverträge, die effizienteste Lösung dar, wohingegen bei hoher Spezifität die Einbindung der fremdbezogenen Distributionsleistung vorteilhaft ist.[1] Eine hiermit verbundene vollständige Übernahme der Handelsfunktion durch die Industrie könnte durch die Entwicklung moderner Informations- und Kommunikationstechniken (elektronische Märkte) in der Zukunft unterstützt werden.[2]

---

1 Vgl. Picot (1991), S. 349 ff.

2 Vgl. hierzu Picot / Reichwald / Wigand (1996), S. 342 ff.

2.4 Konditionenpolitik im Spannungsfeld zwischen Hersteller und Absatzmittler

2.4.1 Vorgehensweise

In dem zuvor erläuterten Konfliktpotential und dem hieraus resultierenden Spannungsfeld zwischen Absatzmittler und Industrie nimmt die Konditionenpolitik, als Teilbereich der Preispolitik,[1] eine in zunehmenden Maße gewichtige Rolle ein.[2] Verantwortlich hierfür zeichnet sich die vorher bereits beschriebene Machtverschiebung im Distributionssystem in Verbindung mit dem hohen Stellenwert der Preispolitik, die im Hinblick auf die Gewinnmaximierung als langfristige Zielsetzung der Unternehmung das entscheidende absatzpolitische Instrument darstellt.[3]

Als fundamentale Grundlage und folglich für das Verständnis der weiteren Überlegungen zu diesem absatzpolitischen Instrument ist es zunächst erforderlich, eine begriffliche Abgrenzung der Konditionen vorzunehmen sowie deren systematisches Regelungswerk in Form des Konditionensystems näher zu betrachten. Hierauf aufbauend werden die rechtlichen Rahmenbedingen der Konditionenpolitik, die sich als das systematische Verhalten eines Anbieters bei der Konditionengewährung gegenüber seinem Abnehmer definiert,[4] dargestellt und hinsichtlich ihres Einflusses auf die Konditionengewährung beurteilt. Spiegeln diese Ausführungen jedoch eher ein idealtypisches Soll wider, so liegt der Schwerpunkt der weiterführenden und abschließenden Untersuchung dieses Abschnitts in einer Analyse der praktischen Handhabung von Konditionen sowie den aus einer eventuellen Diskrepanz resultierenden Implikationen für die Nahrungsmittelindustrie.

---

[1] Abweichend von der überwiegend vertretenen Meinung der hierarchischen Stellung der Konditionenpolitik unterhalb der Preispolitik sehen einige Autoren die Konditionenpolitik als eigenständigen Teilbereich neben der Preispolitik, vgl. Meffert (1998), S. 467, sowie Lange (1993), S. 326.

[2] Vgl. hierzu die Ergebnisse des GDI-Monitors, zitiert in: Zentes (1996), S. 163.

[3] Vgl. hierzu z. B. Meffert (1998), S. 468 f.; Scharf / Schuber (1997), S. 131 ff.

[4] Vgl. Steffenhagen (1992), S. 550.

2.4.2 Konditionen und deren systematisches Regelwerk als Ausgangspunkt der Konditionengewährung

In der wissenschaftlichen Literatur herrscht keine einheitliche Auffassung hinsichtlich einer begrifflichen Abgrenzung der Konditionen (lateinisch: conditio = Bedingung), und teilweise werden hierunter lediglich die Liefer- und Zahlungsbedingungen subsumiert.[1] Im Rahmen der vorliegenden Untersuchung wird jedoch der Definition von *Steffenhagen* gefolgt, da seine Abgrenzung der Konditionen dem in der Praxis üblichen Sprachgebrauch des Konditionenbegriffs Rechnung trägt. Konditionen können daher verstanden werden als „zwischen Anbieter und Abnehmer vereinbarte, an besondere Umstände gekoppelte, abnehmerspezifische Modifikationen der ansonsten üblichen (Standard-) Bemessung von Anbieter-Leistungen und/oder von Abnehmer-Gegenleistungen bei Markttransaktionen“[2].

Unter einer abnehmerspezifischen Modifikation der Standard-Anbieterleistung wird im Rahmen dieser Definition z. B. die Einräumung spezieller Rechte (Umtausch- oder Garantierechte), zusätzliche Leistungen im Bereich der Logistik (z. B. spezielle Ladungsträger) oder auch Geld- und Sachzuwendungen (wie z. B. Werbekostenzuschüsse, Muster) verstanden.[3]

Dagegen sind Modifikationen der Standard-Gegenleistung eines Abnehmers i. d. R. durch Zu- bzw. Abschläge auf den Listenpreis gekennzeichnet und führen zu einer Preismodifikation oder zu abweichenden Vereinbarungen im Bereich der Zahlungsfristen.[4] Der Grundgedanke dieser abnehmerspezifischen Modifikation der Standard-Gegenleistung des Abnehmers stellt auf das Prinzip von Leistung und Gegenleistung ab und übt hierdurch einen direkten Einfluss auf den Abgabepreis des Herstellers aus. Ein Beispiel hierfür stellt die Zentrallagerbelieferung des Handels dar, wenn in den allgemeinen Geschäftsbedingungen des Herstellers eine Frei-Haus-Lieferung fixiert wurde und somit die Leistung der Warenlieferung im Listenpreis berücksichtigt ist. Der Absatzmittler übernimmt in diesem Fall die Distribution der bestellten Waren von seinem Zentrallager zu den *Outlets* (Verkaufstellen) und entlastet folglich den

---

[1] Vgl. z. B. Meffert (1998), S. 564; Bänsch (1998), S. 201; Becker (1998), S. 524 f.

[2] Steffenhagen (1995), S. 37.

[3] Vgl. Steffenhagen (1992), S. 550 f.

[4] Vgl. Steffenhagen (1995), S. 38.

Hersteller um einen Teil seiner Standard-Leistung durch eine entsprechende Gegenleistung. Diese Leistung des Absatzmittlers kann durch einen prozentualen oder absoluten Abschlag vom Herstellerabgabepreis vergütet werden und somit zu einer abnehmerspezifischen Preismodifikation führen. Solche Preisnachlässe auf den Grund- bzw. Listenpreis eines Anbieters werden in der Marketing-Lehre allgemein als Rabatt bezeichnet, wobei hinsichtlich der Anlässe der Rabattgewährung keine einheitliche Auffassung besteht.[1]

In umgekehrter Richtung kann das Fehlen bzw. die Reduktion einer Standard-Gegenleistung des Abnehmers, analog der vorangegangenen Darstellungen, in Zuschlägen auf den Listenpreis berücksichtigt werden. Bestellt z. B. ein Handelsunternehmen seine Ware in Form von kommissionierten Paletten, obwohl in den allgemeinen Lieferungsbedingungen die Auslieferung artikelreiner, kostengünstigerer Vollpaletten vereinbart wurde, reduziert der Absatzmittler seine Gegenleistung und kann mit einem Zuschlag auf Grund der erhöhten Anbieter-Leistung bedacht werden. Eine Modifikation der Standard-Gegenleistung steht somit häufig in Zusammenhang mit der Modifikation der Standard-Leistung des Anbieters.

Die definitorische Abgrenzung der Konditionen im Sinne von *Steffenhagen* umfasst jedoch nicht nur solche Modifikation der Standard-Gegenleistung eines Abnehmers, die zu Kostenveränderungen beim Hersteller führen, vielmehr können vielfältige, vom Hersteller als wünschenswert eingestufte Leistungen des Handels durch Konditionen berücksichtigt werden.[2]

Das wesentliche Merkmal solcher auf dem Prinzip von Leistung und Gegenleistung basierenden Konditionen bildet somit die Berücksichtigung genereller Leistungsunterschiede der Absatzmittler durch den Hersteller, wodurch der Individualität des Leistungsaustausches in Form von differenzierten Einstandspreisen beim Absatzmittler Rechnung getragen werden kann. Folglich kann es nicht verwundern, dass unter Eingrenzung der oben beschriebenen Modifikationen der Standard-Anbieterleistung bzw. Standard-Gegenleistung auf die monetäre Sphäre Konditionen als das in der Praxis am häufigsten verwendete Instrument der preispoli-

---

[1] Vgl. z. B. Kotler / Bliemel (1992), S. 717; Meffert (1998), S. 566; Bänsch (1998), S. 201; Irrgang (1989), S. 81; Scharf / Schuber (1997), S. 191; Diller (1985), S. 226.

[2] Vgl. Härdtl (1995), S. 35 f.

tischen Feinsteuerung angesehen werden,[1] deren Einfluss auf die Erfolgssituation von Hersteller und Handel in Abb. 6 vereinfacht illustriert ist.

Das zugehörige Regelungswerk eines systematischen, an Prinzipien orientierten Verhaltens eines Anbieters bei der Konditionengewährung gegenüber seinen Abnehmern bildet das Konditionensystem.[2] Hierin sollte vom Hersteller festgelegt werden, an wen welche Konditionen in welcher Form und Höhe unter welchen Voraussetzungen vergeben werden. Denn es ist u. a. das Fehlen bzw. die Intransparenz solcher Konditionensysteme, wodurch sich Anlässe für erhöhte Spannungen zwischen Industrie und Handel ergeben. Ein aussagefähiges Konditionensystem bildet daher eine wesentliche Grundlage der Konditionenpolitik und sollte die folgenden grundlegenden Bestandteile enthalten.[3]

- Definition und Erläuterung der Leistungsarten:
  Die Grundlage eines Systems zur Regelung der Konditionengewährung bildet die Festlegung und genaue Kennzeichnung der Leistungen, die der Hersteller honorieren bzw. in Form von Zuschlagssätzen berücksichtigen möchte. Solche exakt zu spezifizierenden Konditionenarten sind z. B. die Berücksichtigung einer bestimmten zeitlichen Spanne zwischen dem Auftragseingang und der Auftragsauslieferung (Auftragsvorlaufzeitrabatt) oder auch der Auftragsgröße.

- Geltungsbereich des Konditionensystems:
  Ein Konditionensystem muss nicht zwangläufig über die gesamte Produktpalette und für alle Kunden gleichermaßen Gültigkeit haben. Führt ein Hersteller beispielsweise Saisonartikel im Sortiment, die er auf Grund spezifischer Kapazitätsplanung in einem Los produzieren muss, kann für dieses Teilsortiment die oben genannte Auftragsvorlaufzeit von besonderer Bedeutung sein und in besonderem Maße honoriert werden. Einen weiteren Aspekt hinsichtlich des Geltungsbereichs eines Konditionensystems stellt die zeitliche Spezifizierung einzelner Leistungen des Handels dar, wenn beispielsweise zum Zwecke

---

[1] Vgl. Scharf / Schuber (1997), S. 190; Nieschlag / Dichtl / Hörschgen (1997), S. 312 f.; Diller (1985), S. 226.

[2] Vgl. Steffenhagen (1992a), S. 552.

[3] Anhaltspunkte über die Bestandteile des Konditionensystems vor dem Hintergrund einer Systemgestaltung und die hiermit verbundenen Entscheidungsaufgaben liefert auch Keller (1991), S. 54 ff.

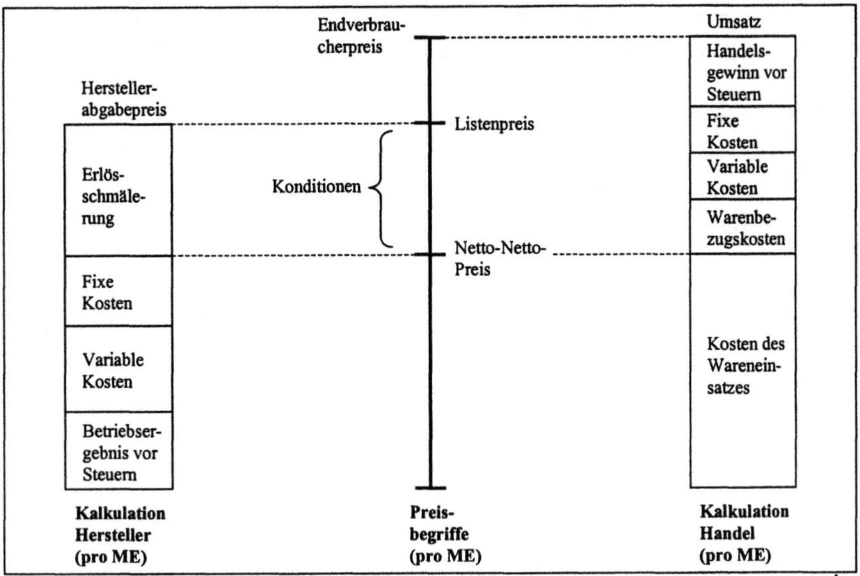

Abb. 6: Vereinfachte Erfolgskalkulation von Hersteller und Handel (ohne Mehrwertsteuer)[1]

spezieller Absatzförderungsmaßnahmen zeitlich begrenzte Aktionskonditionen seitens des Herstellers eingeräumt werden. Mit Hilfe der Festlegung des Geltungsbereichs einzelner Konditionenarten bzw. der Bildung von Subsystemen kann zusätzlich eine Berücksichtigung heterogener Kunden bzw. Kundengruppen (z. B. durch divergierende Vertriebswege) erfolgen.

- Leistungsmaß und -intensität:
  Zur Messung der konditionenbegründenden Leistung des Abnehmers ist die Bestimmung eines Messinstrumentariums erforderlich, mit dessen Hilfe das Ausmaß der jeweiligen Leistung erfasst werden kann.[2] Als Leistungsmaß könnte für die Bemessung des Mengenrabatts z. B. das Gewicht in Tonnen oder auch die Stückzahl dienen. Sollen in diesem Zusammenhang unterschiedliche Intensitätsgrade einer speziellen Handelsleistung im

---

[1] Quelle: Eigene Darstellung in Anlehnung an Steffenhagen (1995), S. 70.

[2] Vgl. hierzu ausführlich Steffenhagen (1995), S. 89 ff.

Konditionensystem Berücksichtigung finden, so kann mit Hilfe einer Abstufung der entsprechenden Maßgröße eine Staffelung der Konditionen erreicht werden.[1]

- Bezugsgröße der Konditionengewährung:
  Mit Hilfe der Bezugsgröße wird das Leistungsmaß weiter konkretisiert. Typische Ausprägung der Bezugsgröße ist die Angabe des Zeitbezugs eines Leistungsmaßes (pro Quartal, pro Jahr) oder auch ein konkreter Auftragsbezug.

- Konditionenhöhe und -dimension:
  Neben der Höhe der gewährten Kondition als direkte Einflussgröße der Leistungsbewertung muss im Rahmen des Konditionensystems eindeutig geregelt werden, ob die Kalkulation der Vergütungen bzw. Zuschläge in absoluten Beträgen oder in Prozentsätzen erfolgen soll.

- Konditionenbasis:
  Die Basis der Konditionengewährung stellt als indirekte Einflussgröße der Leistungsbewertung einen nicht unerheblichen Faktor der Konditionenpolitik dar. Es leuchtet unmittelbar ein, dass ein prozentualer Abzug vom Herstellerabgabepreis z. B. zu einer höheren monetären Vergütung an den Absatzmittler führt als der skontofähige Warenwert oder Nettorechnungswarenwert. Als Konditionenbasis können aber auch weitere spezifische Merkmale herangezogen werden, wie beispielsweise Gewichte oder Kartons.

- Abrechnungsmodalitäten:
  Der Ausgleich der monetären Konditionenforderungen /-verbindlichkeiten kann sowohl an der Rechnung erfolgen, als auch zu unterschiedlichen fest verankerten Zeitpunkten innerhalb einer Periode. Die Fixierung der Abrechnungsmodalitäten kann aber auch einen nicht-monetären Ausgleich in Form von Naturalien vorsehen.[2]

---

1 Vgl. Keller (1991), S. 58 f.

2 Vgl. Steffenhagen (1992a), S. 552.

2.4.3 Rechtliche Rahmenbedingungen der Konditionenpolitik

Den rechtlichen Rahmen der Konditionenpolitik bilden im Wesentlichen die Rechtsnormen des § 1 des Gesetzes gegen den unlauteren Wettbewerb (UWG) und des § 20 des Gesetzes gegen Wettbewerbsbeschränkungen (GWB), während die wettbewerbsrechtlichen Spezialnormen des Rabattgesetzes sowie der Zugabeverordnung lediglich eine untergeordnete Rolle spielen.[1]

§ 1 UWG als Generalklausel des UWG sieht sowohl auf der Absatzmarktseite, d. h. durch Konditionengewährungen der Hersteller, als auch auf der Beschaffungsmarktseite durch Konditionenforderungen des Handels Erscheinungsformen wettbewerbswidrigen Verhaltens.

Liegt der Anstoß der Konditionengewährung beim Hersteller und gewährt dieser den Händlern Sondervorteile zum Zwecke der Absatzförderung, so ist dieses Verhalten wettbewerbswidrig im Sinne des § 1 UWG, falls es hierdurch zu einer Verfälschung des Leistungswettbewerbs kommt. Dieser Tatbestand ist erfüllt, wenn die Händler durch die Sonderleistung veranlasst werden, ihre Kunden irreführend oder unsachlich hinsichtlich ihrer Kaufentscheidung zu beraten oder eine „Verwilderung" der Wettbewerbssitten durch Nachahmung zu befürchten ist.[2]

Verlangt dagegen ein Händler eine Sonderleistung ohne eine Gegenleistung zu erbringen, so kann diese als „Anzapfen" bezeichnete Verhaltensweise im Falle der Funktionswidrigkeit bzw. Druckausübung als Verstoß gegen § 1 UWG angesehen werden. Eine Funktionswidrigkeit im Sinne des „Anzapfens" liegt nach Auffassung des BGH dann vor, wenn ein Händler seiner im Allgemeininteresse liegenden Funktion innerhalb der Wirtschaftsordnung in schwerwiegender Weise zuwiderhandelt.[3] Ausgangspunkt dieser Einschätzung des BGH

---

[1] Der sachliche Geltungsbereich des Rabattgesetzes liegt im Waren- und Leistungsverkehr von Unternehmen mit dem letzten Verbraucher, und im Verhältnis zwischen Hersteller und Handel wird die Rabattgewährung durch das Rabattgesetz folglich nicht beschränkt, vgl. Hefermehl (1998), S. 1587, Rdn. 10. Die Zugabeverordnung hingegen könnte bei nicht-monetären Konditionengewährungen als rechtliche Norm eingreifen, jedoch werden die für die Praxis bedeutsameren monetären Konditionen durch § 1 Abs. 2 der Zugabeverordnung ausgeschlossen.

[2] Vgl. Hefermehl (1998), S. 894, Rdn. 895.

[3] Vgl. Hefermehl (1998), S. 898, Rdn. 903.

bildete ein Verbrauchermarkt, der von seinen Lieferanten ein sog. „Eintrittsgeld“ für die Aufnahme in sein Sortiment verlangte und hierdurch sein Warenangebot nicht von der Nachfrage, sondern von einer besonderen finanziellen Zuwendung abhängig machte. Ferner könnte diese Form der Missachtung der Grundfunktion des Handels zur Nachahmung führen.

Ein wettbewerbswidriges „Anzapfen“ liegt aber ebenfalls vor, wenn ein Händler vom Lieferanten eine vom Warenbezug unabhängige Geldzuwendung für eine Leistung verlangt, die typischerweise dem Händler obliegt, und für den Lieferanten der Eindruck entsteht, dass er für den Fall der Nichtentsprechung Nachteile erleiden würde.[1] Solche Leistungen können z. B. die Beteiligung an den Kosten eines Regals oder auch an den Kosten einer Jubiläumswerbung des Händlers sein. Für diesen Tatbestand genügt es, Druck auszuüben, wodurch der „Angezapfte“ veranlasst wird, Zuwendungen zu tätigen, die er sonst nicht getätigt hätte.

Ist für ein wettbewerbswidriges Verhalten des § 1 UWG die Marktstärke von Hersteller und Händler irrelevant, so rücken die wettbewerbsrechtlichen Normen des § 20 GWB diese Kennzeichnung der Marktteilnehmer in den Vordergrund. Auch hier kann, wie zuvor beim § 1 UWG, eine Trennung hinsichtlich des Initiators Hersteller bzw. Händler vorgenommen werden.

Wettbewerbswidrig im Sinne des § 20 GWB verhält sich ein Hersteller, der Abnehmer ohne sachlich gerechtfertigten Grund mittelbar oder unmittelbar unterschiedlich behandelt (aktive Diskriminierung) oder andere Unternehmen unbillig behindert. Dies gilt sowohl für marktbeherrschende (§ 20 Abs. 1 GWB) als auch für marktstarke Hersteller (§ 20 Abs. 2 Satz 1 GWB). Wann jedoch eine Maßnahme nicht sachlich gerechtfertigt ist oder der Tatbestand der Unbilligkeit vorliegt, ist gesetzlich nicht speziell geregelt und kann nur auf Grund einer Interessenabwägung beurteilt werden. Hierin sind die Interessen aller Beteiligten sowie die auf die Freiheit des Wettbewerbs gerichtete Zielsetzung des Gesetzes zu berücksichtigen.[2] Entstehen einem Lieferanten jedoch Kosteneinsparungen durch besondere Leistungen eines Abnehmers, so dürfen diese in Form von Preisnachlässen angemessen honoriert werden, da sie

---

[1] Vgl. Hefermehl (1998), S. 899, Rdn. 904.

[2] Vgl. Bechtold (1999), S. 280, Rdn. 36.

die Voraussetzungen eines echten Leistungsentgelts erfüllen und als sachlich gerechtfertigt anzusehen sind.[1]

Der Nachfragemissbrauch durch sachlich ungerechtfertigte Konditionenforderungen seitens des Händlers ist insbesondere in § 20 Abs. 3 GWB geregelt. Hiernach darf der marktbeherrschende oder marktstarke Abnehmer seine Nachfragemacht nicht dazu ausnutzen, Vorzugsbedingungen vom Hersteller zu erzwingen und schwächere, mit dem Veranlasser konkurrierende Nachfrager zu diskriminieren.[2] Als sachlich gerechtfertigt können allerdings, vorbehaltlich der Beachtung der auf Freiheit des Wettbewerbs gerichteten Zielsetzung, Vorzugbedingungen gelten, wenn ein Händler Bedingungen durchsetzt, denen eine entsprechende Gegenleistung gegenübersteht.[3]

Trotz dieser scheinbar detaillierten gesetzlichen Regelungen wird die wettbewerbsrechtliche Argumentationslinie bzw. Rechtsprechung in der Diskussion um Konditionen als nicht konsistent angesehen,[4] was zu einer erheblichen Verunsicherung der Praxis beiträgt. Erschwerend kommt hinzu, dass jede noch so detaillierte gesetzliche Regelung ins Leere läuft, wenn sie nicht im Rahmen einer Klage angewendet wird. Es ist unmittelbar einleuchtend, dass dieser Umstand im Bereich der Konditionenpolitik eine gewichtige Rolle spielt, da die auf Grund einer Machtunterlegenheit benachteiligten Unternehmen im Falle eines Rechtsstreits mit künftigen geschäftlichen Nachteilen rechnen und eine rechtliche Auseinandersetzung scheuen.

2.4.4 Konditionengewährung in der Praxis

Die Analyse der praktizierten Konditionenpolitik als Grundlage einer Gestaltung von Konditionensystemen bereitet auf einer analytisch-konzeptionellen Ebene erhebliche Schwierig-

---

1 Vgl. Markert (1992), S. 1327, Rdn. 248. Es sei hier darauf hingewiesen, das durch die GWB-Novelle 1999 die Bestimmungen des § 26 Abs. 2-5 alte Fassung ohne wesentliche Änderungen im § 20 Abs. 1-5 neue Fassung festgehalten sind. Der oben zitierte Kommentar des GWB auf Basis der alten Fassung behält also inhaltlich seine Aussagekraft.

2 Vgl. Bechtold (1999), S. 294, Rdn. 52.

3 Vgl. Bechtold (1999), S. 296, Rdn. 57.

4 Vgl. hierzu z. B. Steffenhagen (1995), S. 28 ff.

keiten. Dies begründet sich durch den Mangel an empirischen Untersuchungsergebnissen von Konditionensystemen hinsichtlich der Existenz sowie der quantitativen Ausprägungen verschiedener Konditionenarten. Das Fehlen solcher objektiven Erhebungsergebnisse verwundert jedoch nicht, handelt es sich bei Konditionen doch um ein sehr umfangreiches „Buch mit sieben Siegeln", das zu den meist gehütetsten Geheimnissen eines jeden Unternehmens gezählt werden kann. Zur Verdeutlichung der heutigen Situation können allerdings hilfsweise eine Vielzahl qualitativer Aussagen herangezogen werden, die durch Ergebnisse einer Datenerhebung des Verfassers bei einem deutschen Nahrungsmittelhersteller gestützt werden.

Die in den letzten Jahren von der Industrie eingeräumten Konditionen lassen sich, wenn überhaupt, nur noch historisch erklären, und häufig handelt es sich um ein Gestrüpp von Zugeständnissen, für die Gegenleistungen nur teilweise oder gar nicht mehr erbracht werden.[1] Aus den Jahres- und Listungsgesprächen ist ein regelrechter „Konditionenpoker" entstanden, und dem Erfindungsgeist bei der Kreation neuer Konditionen mit geringer oder fehlender Gegenleistung ist bis heute keine Grenze gesetzt.[2] Einen Überblick verschiedener schon in ihrer Nomenklatur teilweise grotesker Konditionenarten gibt hierzu Abb. 7. Infolge dieser Entwicklung avanciert die Industrie zunehmend zu einem Spielball des Handels, und Konditionen entwickeln sich von einem Leistungsäquivalent zu einer Listenpreiskorrektur, deren Höhe vom geschickten Taktieren bzw. Verhandeln der Parteien abhängig ist.[3]

Die Ursache der heutigen Situation kann primär auf die bereits erläuterte Machtverschiebung im Distributionssystem zu Gunsten des Handels in Verbindung mit dem opportunistischen Verhalten der Marktteilnehmer zurückgeführt werden. Die Anwendung der Nachfragemacht der Absatzmittler mündet seitens der Industrie in verstärktem Maße in immer neuen Zugeständnissen, die ihren Ausdruck in teilweise völlig erodierten Konditionensystemen, aber auch in sog. „Geheimkonditionen" finden.

---

1 Vgl. z. B. Homburg / Daum (1997), S. 96; Steffenhagen (1996), S. 42; Kramer (1993), S. 356. Für die Vielzahl einzelner Fälle von Konditionenforderungen ohne konkrete Gegenleistung z. B. Von Pilar (1999), S. 12; Chwallek (1998), S. 14; o. V. (1995), S. 1; Puhlmann (1996), S. 67.

2 Vgl. beispielsweise o. V. (1998a), S. 1; o. V. (1997), S. 4; o. V. (1995a), S. 12; Drohner (1994), S. 12.

3 Vgl. Heitkämper (1992), S. 56.

- Rechnungsrabatt
- Disporabatt
- Mengennachlass
- Quartalsbonus
- Tertialbonus
- Erfüllungsbonus
- Jahresbonus
- Chefbonus
- Paketbonus
- Hausbonus
- Stützpunkthändlerbonus
- Servicepauschale
- Messerabatt
- Werbekostenzuschuss
- Valuta
- Aktionsrabatt
- Ausschließlichkeitsprämien
- Denkanstoßprämie
- Einrichtungszuschuss
- Jubiläumsrabatt
- Listungsgebühr
- Regalmiete
- Regalpflege
- Sortimentsprämie
- Statuserhaltungsprämie
- Zielerreichungsprämie
- Zweitplatzierungsgebühr
- Totalmengenrabatt
- Auftragsgrößenrabatt
- Laderabatt
- Palettenrabatt
- Kartonrabatt
- Vorausrabatt
- Treuerabatt
- Konzentrationsrabatt
- Vollsortimentsrabatt
- Sortimentserweiterungsrabatt
- Frühbezugsrabatt
- Saisonrabatt
- Einführungsrabatt
- Schaufensterrabatt
- Naturalrabatt
- Skonto
- Sofortskonto

Abb. 7: Konditionenarten in der Praxis[1]

[1] Quelle: Kramer (1991), S. 86. Weitere Aufzählungen von in der Praxis anzutreffenden Konditionenarten finden sich auch bei Steffenhagen (1995), S. 39 f.; Geisthövel / Wolf (1993), S. 154.

Dabei soll die Anwendung von Macht durch den Handel an dieser Stelle keinesfalls denunziert werden, denn die Existenz des heutigen „Konditionendschungels" legt ebenfalls die Vermutung nahe, dass die Industrie es nicht verstanden hat, mit den Konditionenforderungen der erstarkten Absatzmittler sachgerecht, systematisch und dennoch flexibel umzugehen.[1] Das Fehlen geeigneter Konzepte der Hersteller in Bezug auf wünschenswerte und honorierungswürdige Handelsleistungen findet seinen Ausdruck in völlig intransparenten Konditionensystemen und konnte daher die Inflation der Erlösschmälerungen nur fördern.[2]

Die Vermutung der Existenz nicht leistungskonformer Konditionen und die hieraus resultierende Verwässerung der Konditionensysteme kann ebenfalls mit Hilfe der o. g. eigenen Datenerhebung des Verfassers erhärtet werden. Denn wie aus Abb. 8 zu entnehmen, ergab sich im Geschäftsjahr 1998 des betreffenden Nahrungsmittelherstellers ein Netto-Netto-Erlös i. H. v. 63,96 % und 36,04 % des Bruttoumsatzes wurde in Form von Konditionen an die Absatzmittler vergütet.[3] Die Tatsache, dass mehr als ein Drittel der Bruttoerlöse als Erlösschmälerung in die Erfolgsrechnung eingehen, erweckt sicherlich den Verdacht der Existenz hoher Listenpreiskorrekturen, theoretisch wäre jedoch auch eine Spreizung der Leistungsunterschiede der entsprechenden Handelsunternehmen in dieser Bandbreite denkbar. Am Beispiel der o. g. logistischen Rabatte[4] (5,63 %) kann jedoch gezeigt werden, wie mit Hilfe einer Simulation das Bestehen bzw. die Höhe der *Dead Wood*-Konditionen nachgewiesen werden kann. Die Ergebnisse dieser Simulation sind in Abb. 9 zusammengefasst und sollen kurz erörtert werden.

Den Ausgangspunkt dieser Analyse bildet die Lieferkondition „frei Haus" und die hieraus resultierende Standard-Leistung des Herstellers, die ihre Berücksichtigung im Listenpreis

---

[1] Vgl. Steffenhagen (1995), S. 42.

[2] Vgl. zum Vorwurf der mangelnden Transparenz der Konditionensysteme z. B. o. V. (1992), S. 83, und die hier veröffentlichten Ergebnisse einer Repräsentativbefragung von *Hildmann, Simon, Rempen & Schmitz / SMS*; Münzberg (1989), S. 278.

[3] Eine Untersuchung von *Homburg / Daum* zeigt am Beispiel eines Herstellers technischer Gebrauchsgüter ein ähnliches Ergebnis (43 %), vgl. Homburg / Daum (1997), S. 98.

[4] Für den Nachweis nicht leistungsgerechter Konditionen sind an dieser Stelle die logistischen Rabatte besonders geeignet, da mit Hilfe einer aussagefähigen Kostenrechnung wenig Probleme hinsichtlich der Bewertung von Leistungen bestehen.

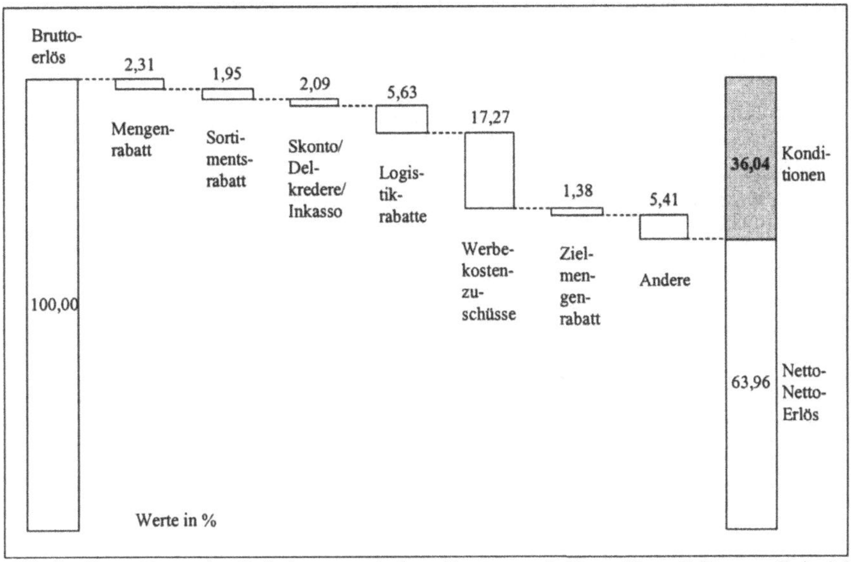

Abb. 8: Darstellung der Relationen zwischen Brutto- und Netto-Netto-Erlös am Beispiel eines Nahrungsmittelherstellers für das Geschäftsjahr 1998[1]

findet. Der Logik von Leistung und Gegenleistung folgend, sollten die bewerteten Modifikationen von der Standard-Gegenleistung der Absatzmittler (hier Rabatte) und die beim Hersteller verbleibenden entsprechenden konditionenrelevanten Kosten in ihrer Addition dem bewerteten Maximum der im Konditionensystem vereinbarten Leistungsart entsprechen. Die Simulation eines Szenarios, in dem die Absatzmittler keine vom Standard abweichende Leistungen erbringen (*Worst Case*) und der Hersteller den vollen, im Listenpreis verankerten Leistungsumfang erbringt, müsste diesen Wert bestätigen. Wie aus Abb. 9 zu entnehmen ist, übersteigt jedoch die Summe aus den konditionenrelevanten Kosten des Herstellers und den vergüteten Rabatten den Wert der im Herstellerabgabepreis berücksichtigten vollen Leistungsübernahme durch den Hersteller um 7,99 Mio. EUR. Diese Differenz beziffert die Höhe der nicht leistungskonformen Rabatte und ist als gestrichelte Fläche in der Abbildung dargestellt. Die kalkulierte wirkliche Leistung des Handels ergibt sich aus der Subtraktion dieses Wertes von den gesamt vergüteten Rabatten 1998.

---

[1] Quelle: Eigene Darstellung auf Basis einer Datenerhebung des Verfassers bei dem zuvor angesprochenen Nahrungsmittelhersteller.

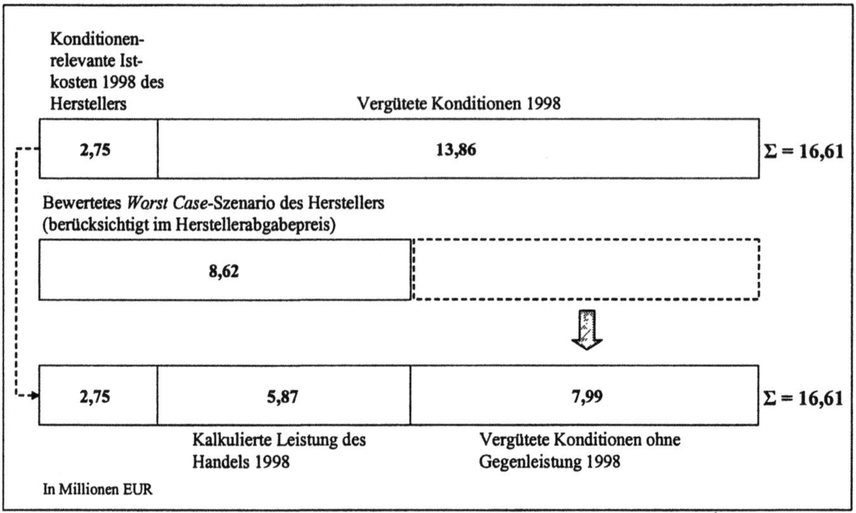

Abb. 9: Kalkulation der Logistikkonditionen ohne Gegenleistung des Handels[1]

Als Schlussfolgerung dieses praktischen Beispiels der Konditionengewährung kann festgehalten werden, dass 57,6 % der logistischen Rabatte im Geschäftsjahr 1998 vergütet wurden, ohne dass ihnen eine korrespondierende Leistung der Handelsunternehmen gegenüberstand. Man mag nun an dem repräsentativen Charakter des betreffenden Nahrungsmittelherstellers zweifeln, Tatsache ist jedoch, dass viele Unternehmen dieser Branche an der Konzeption eines neuen Konditionensystems arbeiten bzw. ein neues System implementiert haben, was als Reaktion auf eine bestehende, nicht leistungskonforme Konditionengewährung interpretiert werden kann.[2]

Doch es ist nicht die bloße Existenz nicht leistungsgerechter Konditionensysteme, die viele Industrieunternehmungen, speziell im Nahrungsmittelsektor, zum Umdenken bzgl. der Handhabung der Leistungsvergütung zwingen, sondern vielmehr die sich hieraus ergebenden Gefahren, deren einzelwirtschaftliche Konsequenzen für die Hersteller im Mittelpunkt der folgenden Überlegungen stehen.

---

[1] Quelle: Eigene Simulation, deren Ergebnisse mit Hilfe eines konstanten Faktors verschlüsselt wurden.

[2] *Steffenhagen* führt als Indiz hier ebenfalls eine zunehmende Beschäftigung von „Konditionenberatern" an, vgl. Steffenhagen (1996), S. 42.

2.4.5 Gefahren für die Nahrungsmittelindustrie aus der Vergabe nicht leistungskonformer Konditionen

Die wohl bedeutsamste Gefahr aus der Vergabe nicht leistungskonformer Konditionen liegt in ihrem direkten Einfluss auf die Erfolgssituation einer Unternehmung. Zur Verdeutlichung dieses Sachverhalts ist in Abb. 10 die Bestimmung des kalkulatorischen Periodenerfolges im Rahmen einer einstufigen Deckungsbeitragsrechnung exemplarisch dargestellt. Hierdurch kann unmittelbar aufgezeigt werden, dass unter der Annahme konstanter Mengen und Preise (bzw. Bruttoerlöse)[1] jede zusätzliche nicht leistungsgerechte Konditionenforderung seitens des Handels eine Verringerung der Deckungsbeiträge und somit eine Reduktion der Fixkostendeckung mit sich bringt.

Besonders deutlich wird ein solches Risiko durch den sog. „Hochzeitsbonus" bei der Übernahme eines Handelsunternehmens durch einen Konkurrenten oder das *Cherry Picking* beim Konditionen-Benchmarking, da in diesen Fällen i. d. R. jeglicher Leistungsbezug der Forderungen fehlt.[2] In diesem Zusammenhang spielt die Spreizung der Konditionen über die Kunden eine gewichtige Rolle, denn die monetären Implikationen von ungerechtfertigten Zugeständnissen bzw. verhandelten Listenpreiskorrekturen der Vergangenheit können sich mit einem Schlag multiplizieren. Eine solche Konditionenspreizung ergibt sich aus der abnehmerspezifischen Differenzierung im Rahmen der Konditionenpolitik und kann als Unterschied zwischen dem niedrigsten und dem höchsten Konditionensatz einer Konditionenart quantifiziert werden.[3] Die Übernahme eines Handelsunternehmens durch einen Konkurrenten z. B. kann diese Differenzen offen legen, und der expandierende Absatzmittler wird nun versuchen, die aus seiner Sicht jeweils günstigsten Konditionen gegenüber seinen Lieferanten durch Machtanwendung durchzusetzen. Das Risiko für ein Industrieunternehmen durch diese

---

[1] Diese Annahme scheint im Nahrungsmittelsektor, in dem sich die Hersteller in einer durch Angebotsüberhang gekennzeichneten Käufermarktsituation befinden, nicht unrealistisch. Vgl. zum Käufermarkt z. B. Ahlert (1991), S. 118.

[2] Vgl. hierzu z. B. o. V. (1998), S. 4; o. V. (1996), S. 1.

[3] Vgl. Steffenhagen (1992b), S. 551 f., allerdings wird hier lediglich auf den Unterschied zwischen dem niedrigsten und dem höchsten Prozentsatz der Konditionen abgestellt. Dieser Einschränkung kann hier nicht gefolgt werden, da auch andere Dimensionen (z. B. EUR/Stück) der Konditionen zu einer Spreizung führen können.

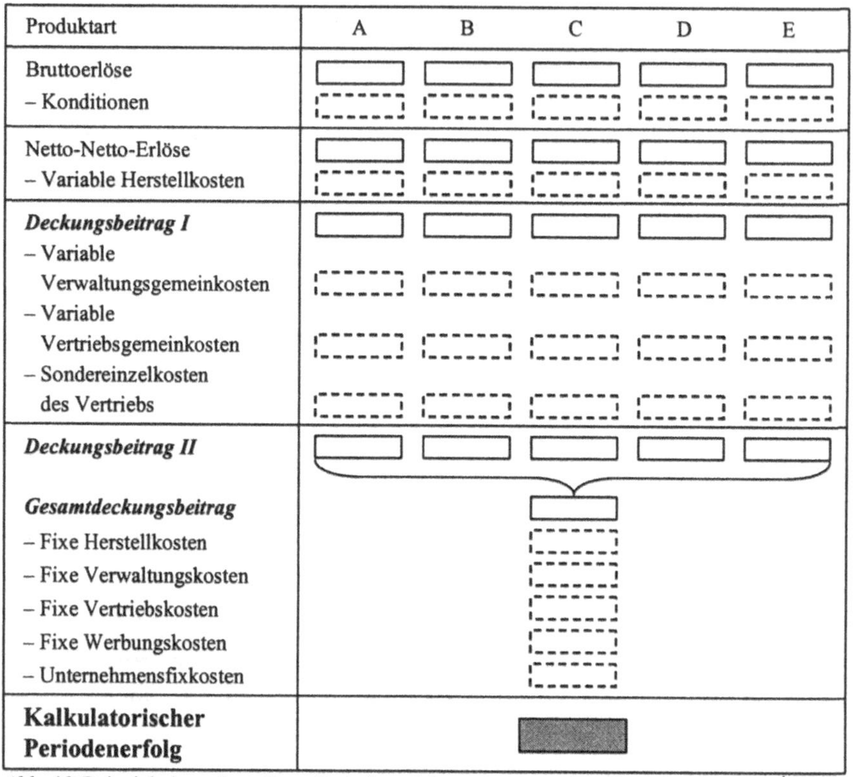

Abb. 10: Beispiel einer einstufigen Periodenerfolgsrechnung auf Basis variabler Kosten[1]

Praktiken kann durch eine formale Darstellung der Kalkulation des Periodenerfolgs veranschaulicht werden:

$$PE = \sum_{i=1}^{n}\sum_{j=1}^{m}\left(be^{j} - de^{ij} - k_{v}^{j}\right)\cdot x^{ij} - KF$$

wobei

PE = Kalkulatorischer Periodenerfolg

KF = Fixkosten

---

[1] Quelle: Eigene Darstellung in Anlehnung an Schweitzer / Küpper (1998), S. 434.

be^j = Stück-Bruttoerlös der Produktart j

de^{ij} = Stück-Kondition des Kunden i für die Produktart j

k_v^j = Variable Stückkosten der Produktart j

x^{ij} = Absatzmenge an den Kunden i der Produktart j

i = Kundenindex (1 ... n)

j = Produktartindex (1 ... m)

Durch die Bildung eines potentiellen Übernahmepaares ergibt sich ein Risikopotential[1] für das *Cherry Picking* des günstigsten Netto-Netto-Preises pro Produktart wie folgt:

$$RP_{t,s} = \sum_{j=1}^{m} \left(de_t^j - de_{max_{t,s}}^j\right) \cdot x_t^j + \left(de_s^j - de_{max_{t,s}}^j\right) \cdot x_s^j$$

wobei

$RP_{t,s}$ = Risikopotential bei der Übernahme des Kunden t durch den Kunden s

de_t^j = Stück-Kondition des Kunden t für die Produktart j

de_s^j = Stück-Kondition des Kunden s für die Produktart j

x_t^j = Absatzmenge an den Kunden t der Produktart j

x_s^j = Absatzmenge an den Kunden s der Produktart j

$de_{max_{t,s}}^j$ = Maximum der Stück-Konditionen der Kunden t, s für die Produktart j

j = Produktartindex (1 ... m) gleicher Produktarten der Kunden t, s

Dieses Risikopotential bei der Übernahme des Kunden t durch den Kunden s kann sich noch erhöhen, indem das *Cherry Picking* nicht nur auf den günstigsten Netto-Netto-Preis pro Produktart begrenzt wird, sondern auch die unterschiedlichen Konditionenarten der Produkte in den Vergleich einbezieht. Das Risiko für den kalkulatorischen Periodenerfolg eines Herstellers kann dann bestimmt werden durch:

---

[1] Zur Kennzeichnung der Wirkung dieses Risikopotentials auf den Periodenerfolg ergibt sich aus den folgenden Formeln ein negativer Wert.

$$RP_{t,s}=\sum_{j=1}^{m}\sum_{k=1}^{z}\left(de_t^{jk}-de_{max_{t,s}}^{jk}\right)\cdot x_t^j+\left(de_s^{jk}-de_{max_{t,s}}^{jk}\right)\cdot x_s^j$$

wobei

k = Konditionenartenindex (1 ... z)

Eine Untersuchung des vorher erwähnten Nahrungsmittelherstellers (unter Einbeziehung der unterschiedlichen Konditionenarten pro Produktart) ergab für ein als potentiellen Übernahmekandidaten eingeschätztes Handelsunternehmen durch einen der am stärksten expandierenden Konkurrenten ein Risiko in Bezug auf den Periodenerfolg von ca. 8 %. Diese Gefahr eines Konditionen-Benchmarking und der hieraus resultierenden signifikanten Verschlechterung der Erfolgssituation darf nicht unterschätzt werden, da die noch immer anhaltende Handelskonzentration sowie die zunehmende Europäisierung auf Seiten der Absatzmittler zu einer ständigen Erhöhung der Vergleichbarkeit des Konditionengefüges führen.

Die formale Darstellung des Periodenerfolgs zeigt neben dem Risiko der ohne Leistung gewährten Konditionen auch den unmittelbaren Einfluss einer Überbewertung der Handelsleistung im Konditionensystem. Denn gelingt es einem Absatzmittler, sein Leistungsspektrum derart zu verändern, dass er im Rahmen des Konditionensystems des Herstellers höhere Stück-Konditionen realisieren kann, so müssen die variablen Stückkosten und/oder Teile der fixen Kosten im gleichen Umfang abgebaut werden, um die Erfolgssituation nicht zu verändern.[1] Ein praktisches Beispiel kann aber zeigen, dass in vielen Fällen die Kostenreduktion nicht ausreicht, um die entsprechende Erhöhung der Erlösschmälerung zu kompensieren.

Den Ausgangspunkt dieses Beispiels bildet eine logistische Konditionenart des Herstellers, die eine Leistung in Bezug auf die Auftragsgröße und die hiermit verbundene Effizienzsteigerung in der Distributionslogistik honorieren soll. Als Leistungsmaß dient die durchschnittliche Bestellmenge in kg (netto) pro Anlieferstelle und Quartal, deren Intensitätsmaß in Form einer Staffel berücksichtigt ist. Die Dimension und die Basis der Konditionen sind in Prozent vom

---

[1] Auf eine Diskussion in Bezug auf die Abbaufähigkeit von variablen und fixen Kosten wird hier verzichtet, da diese Problematik den Schwerpunkt späterer Überlegungen bildet.

Herstellerabgabepreis (Listenpreis) im Konditionensystem definiert. Abb. 11 zeigt nun, wie der Handelsbetrieb durch Errichtung eines eigenen Lagerbetriebes seine logistische Struktur optimieren möchte, was bei einer konstanten Anlieferfrequenz zu einem Anstieg der durchschnittlichen Anliefermenge führt. Hierdurch entstehen zum einen Kosteneinsparungen beim Hersteller, primär verursacht durch die Degression der Frachttarife, und zum anderen zusätzliche Forderungen des Absatzmittlers durch die Einstufung in eine höhere Rabattstufe. Die konkrete Simulation dieser veränderten Struktur ergibt nun eine Kostenreduktion auf Seiten des Industrieunternehmens i. H. v. 63 % der zusätzlich gewährten Rabatte,[1] so dass der Periodenerfolg durch die Überbewertung der Handelsleistung verringert wird. Ohne das Ergebnis hier im Detail analysieren zu wollen, kann diese Diskrepanz zwischen Rabattsteigerung und Kostenreduktion jedoch schon bei Betrachtung der festgelegten Konditionenbasis kaum verwundern. Denn der im Konditionensystem vereinbarte prozentuale Abzug vom Warenwert ist im Rahmen einer Effizienzbetrachtung kaum geeignet, Kosteneinsparungen an den Handel zu vergüten, da der Wert eines Produkts nicht die primäre Kosteneinflussgröße der hier beschriebenen Rabattart darstellt.

Durch die Aufhebung der Prämisse konstanter Mengen bei der Betrachtung des Einflusses nicht leistungskonformer Konditionengewährungen auf die Erfolgssituation können nun solche Konditionenarten einbezogen werden, die der Absatzförderung dienen und ein profitables Wachstum sichern sollen. Ein klassisches Beispiel einer solchen Rabattart ist das sog. „Listungsgeld", welches dem Handel häufig für die Aufnahme eines neuen Produkts in seinen Ordersatz eingeräumt wird. Diese teilweise immensen Forderungen der Absatzmittler können den Amortisationszeitraum für Investitionen im Bereich Forschung und Entwicklung sowie der Produktion derart verlängern, dass eine Produktneueinführung trotz Erfolg versprechender Marktdaten unterbleibt. Infolge kann eine Hemmung der innovativen Tätigkeiten des Industrieunternehmens einsetzen und die Verhinderung eines profitablen Wachstums die langfristige Wettbewerbsfähigkeit beeinflussen. Gleiches gilt beispielsweise für den Werbekostenzuschuss, der die Abverkaufsunterstützung durch Werbeaktivitäten des Handels honorieren soll. Eine ungerechtfertigte Abschöpfung der zusätzlich generierten Deckungsbeiträge führt

---

[1] Quelle: Eigene Berechnung auf Basis einer Simulation im Logistikbereich des betreffenden Unternehmens.

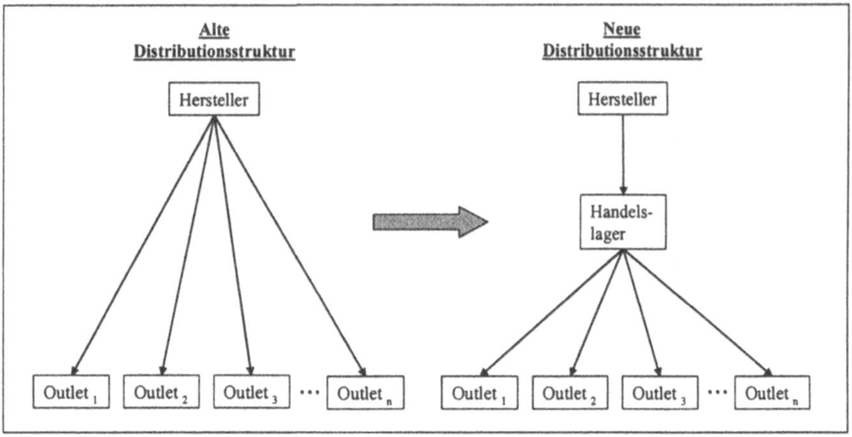

Abb. 11: Darstellung der Veränderung in der logistischen Struktur eines Handelsunternehmens[1]

zu einer geringeren Rentabilität der Produkte und entzieht dem Hersteller die Möglichkeit, seine Fixkosten zu decken und darüber hinaus investives Kapital zu generieren. Diese Überlegungen lassen sich auf die Vielzahl von unterschiedlichen Erscheinungsformen der Absatzförderungskonditionen übertragen und können die Gefahren nicht leistungskonformer Konditionengewährungen auf die langfristige Überlebensfähigkeit der Unternehmung verdeutlichen.

Das praktizierte Verhalten der Hersteller bei der Konditionenvergabe und insbesondere die Gestaltung der Rabattstufen birgt aber neben dem direkten Einfluss auf die Erfolgssituation zusätzlich die Gefahr der indirekten Begünstigung einer weiter zunehmenden Handelskonzentration. Dies begründet sich durch eine ungerechtfertigt hohe Rabattspreizung, die Großabnehmer überproportional begünstigt und dazu führt, dass große Handelsunternehmen weitere Wettbewerbsvorteile erlangen und ihren Umsatz- und Machtzuwachs ausbauen können.[2]

Als weiteres Gefahrenpotential in der gegenwärtigen Situation kann eine latente Förderung von Ineffizienz entlang der *Supply Chain* benannt werden. Gemeint ist hier ein Zurückneh-

---

[1] Quelle: Eigene Darstellung.

[2] Vgl. Diller (1988), S. 189.

men bzw. Unterlassen von Aktivitäten zur Optimierung der Liefer- und Informationsströme seitens der Industrie aus Angst vor überhöhten Konditionenforderung der Absatzmittler. Ein aktuelles Beispiel hierfür bildet die Implementierung von EDI (*Electronic Data Interchange*) und die hiermit verbundene Optimierung des Informationsaustausches in Bezug auf Rechnungs- und/oder Auftragsdaten.[1] Die Realisation eines solches Projekts, das nach seiner Anlaufphase sowohl auf Handels- als auch Herstellerseite zu Kosteneinsparungen führen würde (*Win-Win Situation*), kann schon sehr bald auf Grund ungerechtfertigter Rabattforderungen zum Scheitern verurteilt werden.[2]

Die aufgeführten Gefahrenquellen und deren Wirkung erheben weder den Anspruch auf Vollständigkeit noch gibt die Reihenfolge ihrer Nennung Anhaltspunkte für den Stellenwert in der jeweiligen Unternehmung. Eine hierfür erforderliche Analyse kann nur unter Einbeziehung der individuellen unternehmensinternen und -externen Rahmenbedingungen zu einer aussagefähigen Risikoeinschätzung gelangen.

---

1 Vgl. hierzu z. B. Zentes (1994), S. 353 f.

2 Dieses Beispiel basiert auf praktischen Erfahrungen des Verfassers zur Implementierung von EDI.

2.5 Ableitung leistungskonformer Konditionenbewertungen mit Hilfe des Konzeptes der *Team Production* und Abgrenzung der *Efficiency Terms*

Die vorangegangenen Ausführungen konnten zeigen, dass die derzeitige, nicht leistungsorientierte Konditionenpolitik das systemimmanente Konfliktpotential zwischen Hersteller und Handel verstärkt und ein erhebliches Gefahrenpotential für die Industrie darstellt. Offen blieb hingegen die Frage nach der ökonomischen Rechtfertigung der Leistungskonformität und den hiermit verbundenen Bewertungsansätzen der Handelsleistung bei der Gestaltung eines Konditionensystems. In Ermangelung der Existenz einer ökonomisch fundierten Begründung zur Notwendigkeit leistungskonformer Konditionenbewertungen in den einschlägigen betriebswirtschaftlichen Publikationen steht im Mittelpunkt der folgenden Überlegungen die Erarbeitung eines theoriegeleiteten Konzeptes, mit dessen Hilfe das Postulat leistungskonformer Konditionen betriebswirtschaftlich legitimiert werden kann.

Einen zu diesem Zweck anwendbaren theoretischen Bezugsrahmen bieten die Überlegungen von *Alchian / Demsetz,* die, basierend auf dem Konzept der *Team Production*, die Vorteilhaftigkeit der Koordination wirtschaftlicher Aktivitäten innerhalb von Organisationen bzw. über Märkte beurteilen.[1] Den Ausgangspunkt dieser Untersuchung stellt eine gemeinsame Produktionsfunktion der Teammitglieder dar, für die am Beispiel zweier Teammitglieder gilt:[2]

$$x = f(r_1, r_2) \qquad \text{und} \qquad \frac{\partial^2 x}{\partial r_1 \partial r_2} \neq 0$$

wobei

x = Menge des Output

r_1 = Faktormenge des Mitglieds 1

r_2 = Faktormenge des Mitglieds 2

---

1 Vgl. Alchian / Demsetz (1972).

2 In Anlehnung an Alchian / Demsetz (1972), S. 779.

Diese Produktionsfunktion besitzt die Eigenschaft der Nichtseparabilität, d. h. der Team-Output ergibt sich nicht aus der Summe der Ausbringungsmengen separabler Produktionsfunktionen ihrer Mitglieder, sondern vielmehr aus einer multiplikativen Verknüpfung der einzelnen Leistungen. Ein Beispiel für eine solche Produktionsfunktion ist die *Cobb-Douglas-Funktion*[1] mit der Struktur

$$x = \gamma \cdot r_1^{\alpha} \cdot r_2^{\beta} \qquad \text{und} \qquad (\alpha, \beta, \gamma > 0),$$

in der die Grenzproduktivität eines Faktors von der Einsatzmenge des anderen Faktors abhängig ist.[2]

Im Mittelpunkt der weiteren Überlegungen von *Alchian / Demsetz* steht nun die Frage, wie die Teammitglieder entlohnt bzw. zu effizientem Faktoreinsatz veranlasst werden können, wenn die partiellen Grenzprodukte nicht oder nur unter Einsatz erheblicher Kosten ermittelt werden können und egoistisch handelnde Teammitglieder zur „Drückebergerei" neigen. Die Lösung dieses *Metering Problems* wird in der Gründung der Unternehmung als vorteilhafte Koordinationsform wirtschaftlicher Aktivitäten gegenüber der Markt-Lösung gesehen. Doch es sind nicht die organisationstheoretischen Aspekte, sondern vielmehr produktions- und nutzentheoretische Ansatzpunkte des Konzeptes der *Team Production* mit einer nicht-separablen Produktionsfunktion, die Eingang in die weiteren Überlegungen finden.

Wie in Abschnitt 2.1 erläutert, verfolgen Hersteller und Absatzmittler das gemeinsame Ziel, potentielle Konsumenten zum Kauf der infrage stehenden Distributionsobjekte zu veranlassen, mithin die Güterversorgung zu gewährleisten. Hierzu setzen sie unterschiedliche spezifische Fähigkeiten ein, wie z. B. Produktentwicklung und Produktion seitens der Industrie bzw. Transaktionskostenminimierung mit Hilfe der Bereitstellung von Verkaufsflächen auf Seiten des Handels. Neben diesen spezifischen limitationalen Faktoren existieren aber auch substitutionale Bereiche der gemeinsamen Zweckverfolgung. Aktivitäten wie beispielsweise die physische Distribution der Güter können bei alternativen Faktormengenkombinationen eine

---

1 Vgl. zur *Cobb-Douglas-Funktion* z. B. Schweitzer / Küpper (1997), S. 95 ff.; Steven (1998), S. 37 ff.

2 Vgl. z. B. Blattner (1977), S. 29.

gleich bleibende Abverkaufsmenge erzeugen. Folglich liegt es nahe, den Grundgedanken der *Team Production* auf das Distributionssystem zu übertragen und eine gemeinsame Produktionsfunktion mit einem limitationalen und einem substitutionalen Geltungsbereich zwischen Industrie und Handel anzunehmen.[1]

Bilden nun jeweils ein Handelsunternehmen und ein Industrieunternehmen ein Team mit einer nicht-separablen Produktionsfunktion, so gilt unter der Annahme der Gültigkeit des Ertragsgesetzes,[2] dass die effiziente Leistungsmengenkombination der beiden Teammitglieder dort erreicht ist, wo die Grenzrate der Substitution gleich dem umgekehrten negativen Verhältnis ihrer Leistungspreise ist.[3] Bildet r_1 die Leistungsmenge des Handels mit dem Preis p_1 und r_2 die Menge der Teamleistung des Industrieunternehmens mit dem Preis p_2, so ist für einen konstanten Output $\bar{x}$ die Leistungsmengenkombination optimal, wenn gilt:

$$\frac{dr_1}{dr_2} = -\frac{p_2}{p_1}$$

Im Gegensatz zur klassischen Produktionstheorie liegen jedoch im Falle der *Team Production* die zur effizienten Leistungsverteilung erforderlichen Entscheidungen nicht in der Hand einer rational handelnden weisungsbefugten Instanz. Vielmehr versuchen die opportunistischen Teammitglieder ihre individuellen Nutzen zu optimieren und ihre Teamleistung in der Art anzupassen, dass ihre jeweilige Grenzrate der Substitution zwischen Teamleistung und alternativen Investition das entsprechende Preisverhältnis erreicht.[4] Das Fehlen einer direktiven Instanz zur Realisation der effizienten Leistungsverteilung im Distributionssystem kann mit

---

1 *Alchian / Demsetz* fordern für eine *Team Production* zusätzlich, dass nicht alle verwendeten Ressourcen einer Person gehören, vgl. Alchian / Demsetz (1972), S. 779. Die Prüfung dieser Bedingung wird durch die Definition der Absatzmittler (vgl. S. 7 f.) redundant.

2 Die Eigenschaften einer ertragsgesetzlichen Produktionsfunktion sowie deren empirische Geltung sind zwar nicht unumstritten, jedoch kann durch den idealtheoretischen Verlauf die logische Ableitung der Kostenminimierungshypothese simplifiziert werden. Zur Analyse des Geltungsbereiches des Ertragsgesetzes vgl. z. B. Schweitzer / Küpper (1997), S. 103 ff.

3 Vgl. z. B. Gutenberg (1983), S. 316 ff.

4 Vgl. Alchian / Demsetz (1972), S. 780, wobei die Autoren aus Gründen der Vereinfachung von der Freizeit als alternative Aktivität ausgehen. Diese Annahme soll hier aufgehoben werden. In Analogie zum Verhalten der Teammitglieder vgl. die Ausführungen zum optimalen Verbrauchsplan bei z. B. Franke (1995), S. 57 ff.; Schumann (1987), S. 21 ff.

Hilfe einer leistungskonformen Bewertung der Konditionen kompensiert werden, wie das folgende Beispiel zeigen kann.

In Abb. 12 bezeichnet P' die historisch gewachsene Leistungsverteilung zwischen einem Industrieunternehmen mit der Leistungsmenge r_2' und einem Absatzmittler mit der Leistungsmenge r_1', wodurch eine Isoquante mit der Outputmenge $\bar{x}$ realisiert wird. Der Preis des Faktors r_2 sei p_2 und der Preis einer Leistungseinheit des Handels r_1 sei p_1, so dass sich die zugehörige Isokostengerade durch eine Verbindung der Punkte K_{In}/p_1 ; K_{In}/p_2 ergibt, deren Verlauf die Isoquante in P' schneidet. In diesem Punkt P' liegt jedoch gemäß des o. g. Optimalitätskriteriums keine effiziente Leistungsmengenkombination für die gemeinsame Team-Produktionsfunktion vor, da die Steigung der Isoquante in P' ungleich dem negativen Verhältnis der Faktorpreise ist (bzw. die Isokostengerade nicht die Tangente der Isoquante darstellt). Das Dilemma besteht nun jedoch darin, dass weder der Hersteller noch der Absatzmittler die Ineffizienz dieser historisch gewachsenen Leistungsverteilung erkennt, da ihnen Informationen über die entsprechenden realen Leistungspreise fehlen, um Punkt P'' mit den Teamleistungsmengen r_1'' und r_2'' als Optimum zu realisieren. Zusätzlich sieht keiner der Teammitglieder eine Veranlassung, sein persönliches Investitionsportfolio zu verändern, solange jeder von ihnen ein isoliertes (scheinbares) Nutzenmaximum erreicht.

Legt der Hersteller nun seinen wirklichen Leistungspreis offen und bietet eine Vergütung für die Übernahme dieser Leistung durch den Absatzmittler an, so kann er seinen bisher erreichten Nutzen dann aufrecht erhalten, wenn lediglich eine Substitution von nicht-monetären durch monetäre Teamleistungen (Konditionen) im Falle einer Leistungsübernahme durch die Handelsunternehmung erfolgt.[1] In Bezug auf eine Ausdehnung der Handelsleistung ist der Hersteller auf Grund eines solchen nutzenneutralen Leistungsartentausches somit indifferent. Dem Absatzmittler obliegt nun die Entscheidung, ob eine Ausdehnung seiner Teamleistung und der Erhalt einer hiermit verbundenen Vergütung ökonomisch sinnvoll ist, mithin die Vergütung durch den Hersteller die zusätzlich zu erbringende bewertete Teamleistung mindestens

---

[1] Für den Fall der Naturalrabatte kann indirekt ebenfalls eine monetäre Teamleistung angenommen werden, da die Bewertung dieser Rabattart beim Hersteller z. B. durch die Herstellkosten erfolgen kann.

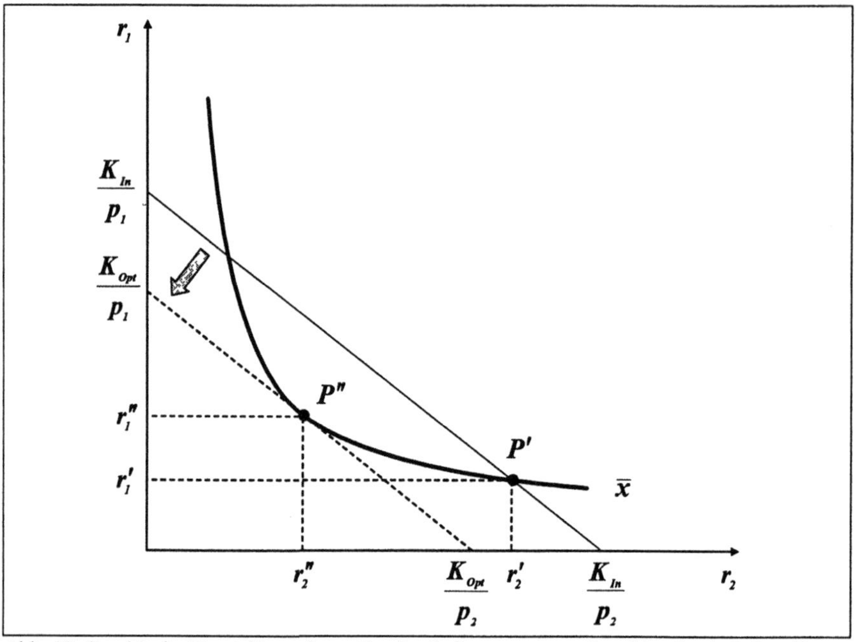

Abb. 12: Graphische Darstellung der optimalen Leistungsmengenkombination bei einer Team-Produktionsfunktion[1]

kompensiert. In Abb. 12 kennzeichnet der Punkt P'' mit den Leistungsmengen r_1'' und r_2'' eine solche effizientere Leistungsmengenverteilung zwischen Industrie und Handel, die sich graphisch aus einer weitest möglichen Verschiebung der Isokostengerade zum Ursprung des Koordinatensystems bis zum Tangentialpunkt ergibt, in dem das zuvor erläuterte Optimalitätskriterium erfüllt ist. Da die Einsparungen ($K_{In} - K_{Opt}$), die sich durch die Realisation der effizienten Leistungsmengenkombination ergeben, in vollem Umfang beim Absatzmittler verbleiben, verändern sich die Nutzenverhältnisse zwischen Teamleistung und alternativen Investitionsmöglichkeiten auf Seiten der Handelsunternehmung und bewirken eine Erhöhung seiner Teamleistungsmenge ($r_1' \rightarrow r_1''$) zur Realisation der optimalen Faktormengenkombination r_1'' und r_2'' in P''. Diese „Mechanik" der Offenlegung von Teamleistungspreisen, verbunden mit einem nutzenneutralen Leistungsartentausch auf Seiten der Industrieunternehmung,

[1] Quelle: Eigene Darstellung.

ist somit geeignet, eine effiziente *Team Production* zu ermöglichen und dabei den Handelsnutzen zu steigern. Die Gestaltung solcher leistungskonformen *Efficiency Terms* bilden daher die Voraussetzung einer *PARETO*-Optimalen Teamproduktion,[1] wobei dem nutzenneutralen Leistungsartentausch auf Herstellerseite eine entscheidende Rolle zukommt.

Auf Seiten der Industrie könnte diesem nutzenneutralen Leistungsartentausch aus einer weniger theoretischen Sichtweise jedoch entgegengehalten werden, dass bei der isolierten Betrachtung einzelner bereits implementierter Konditionenarten die Offenlegung des Leistungspreises gegebenenfalls nicht nutzenneutral erfolgen könne. Denn der Handel könne eine im Konditionensystem implementierte Leistungsart bereits vollständig übernommen haben,[2] obwohl die hieraus resultierende Kostenreduktion des Herstellers die vergütete Kondition überstiege. Aus diesem Grund könne die Offenlegung der wirklichen Leistungspreise nicht zu einer Nutzenneutralität aus Sicht der Industrie führen und auch nicht notwendig sein, da die effiziente Leistungsmengenkombination bereits realisiert worden sei.

So könnte beispielsweise die in einem Konditionensystem verankerte Vergütung für den Verzicht auf Kommissionierpaletten den Kunden dazu veranlassen, nur Vollpaletten zu bestellen, obwohl nur ein Teil der Kosteneinsparungen auf Herstellerseite als Konditionen gewährt werden. Dies setzt voraus, dass die Kosten des Handels für diese Kommissionierleistung die Kosten des Herstellers signifikant unterschreiten, wobei ein Teil der Effizienzsteigerung bei der Industrie verbleibt. Hierzu muss jedoch Folgendes festgestellt werden:

- Die scheinbare Verbesserung der Erfolgssituation des Herstellers aus der Vergabe nicht leistungskonformer Konditionen muss als ein unsicheres und eher kurzfristiges Phänomen eingestuft werden. Denn eine Erfolgsverbesserung durch die Unterbewertung von Effizienz-Konditionen führt durch ihren optionalen Charakter, und somit im Falle eines Verzichtes des Absatzmittlers auf diese Kondition durch eine Veränderung seines Teamleistungspreises, ebenso zu einer Erfolgsverschlechterung.

---

[1] Vgl. zum *PARETO*-Optimum z. B. Schumann (1987), S. 236 f.

[2] Der Faktorpreis des Handels liegt folglich unterhalb der von der Industrieunternehmung offerierten Kondition.

- Eine Effizienzsteigerung durch die Realisation der kostenminimalen Leistungsmengenkombination führt beim Handel zwar scheinbar zu einer einseitigen Nutzenerhöhung, jedoch kommt eine effiziente *Team Production* ebenfalls dem Hersteller zugute. Ein ökonomisch handelnder Absatzmittler wird die Beziehung zu Herstellern rentabler Produkte forcieren, und folglich kann ein Industrieunternehmen in einem Kampf um den Regalplatz Wettbewerbsvorteile erlangen.
- Die Kernkompetenz der Markenartikelindustrie liegt sicher nicht in der Generierung von kurzfristigen Erfolgsverbesserungen durch nicht leistungskonforme *Efficiency Terms*.
- Der Verteilungskonflikt bzgl. des *Channel Profit* sollte speziell vor dem Hintergrund der zunehmenden Vergleichbarkeit im „Konditionendschungel" (vgl. Abschnitt 2.4.5) nicht in den *Efficiency Terms* thematisiert werden.

Vor diesem Hintergrund bildet auch bei Kenntnis der Leistungspreise des Absatzmittlers seitens des Herstellers die Abbildung der Teamleistungspreise in den *Efficiency Terms* die Basis einer mittel- bzw. langfristigen effizienten *Team Production*.

Im Grundsatz können die Überlegungen hinsichtlich der Bereitschaft des Handelsunternehmens, seine Teamleistung zu erhöhen bzw. seinen Nutzen zu maximieren, auch auf den Bereich der Absatzförderungskonditionen übertragen werden.[1] Auf Seiten des Herstellers ist hierzu jedoch eine neutrale Substitution von nicht-monetären Teamleistungen durch Konditionen nicht geeignet, vielmehr ist zur Erhöhung der Ausbringungsmenge und zur Realisation einer weiter vom Ursprung entfernt liegenden Isoquante ein Anstieg seiner Teamleistung in zweierlei Hinsicht erforderlich. Zum einen muss die für den gewünschten Output erforderliche nicht-monetäre Leistungsmenge (limitationale Teamleistung) gesteigert werden und zum anderen muss der Absatzmittler mit Hilfe von monetären Anreizen derart angeregt werden, dass auch hier die erforderliche (limitationale) Teamleistungsmenge eingebracht wird. Die leistungskonforme Bewertung solcher Anreize kann als Risikoäquivalent für die Beteiligung des Handels bei der Absatzförderung verstanden werden, welches er zu Gunsten des In-

---

[1] Vgl. zum Begriff der Absatzförderungskonditionen die detaillierten Ausführungen von Steffenhagen (1995), S. 56 ff.

dustrieunternehmens eingeht.[1] Am Beispiel der o. g. *Cobb-Douglas-Funktion* wird diese Risiko- bzw. Chancenabwägung durch die Homogenität der nicht-separablen Produktionsfunktion determiniert, deren objektive Bestimmung jedoch kaum möglich ist. Die Gestaltung leistungskonformer Anreize der Absatzförderung kann folglich nur unter Einbeziehung unternehmensindividueller Zielsysteme und den hiermit verbundenen Zielpräferenzen erfolgen.[2]

Zusammenfassend kann festgestellt werden, dass die ökonomische Legitimation leistungskonformer Konditionen mit Hilfe des Konzeptes der *Team Production* verdeutlicht werden kann. Vor diesem Hintergrund dienen nicht leistungskonforme Konditionen der Umverteilung des *Channel Profit* im Distributionssystem und müssen daher begrifflich konsequent ausgegrenzt werden. Die *Efficiency Terms* als Bestandteil des betrieblichen Konditionensystems konnten hingegen als Mechanismus zur Erreichung einer *PARETO*-Optimalen *Team Production* identifiziert werden, deren Evaluation den thematischen Mittelpunkt der vorliegenden Untersuchungen darstellt.[3]

---

1 Vgl. hierzu Steffenhagen (1995), S. 65.

2 Vgl. hierzu Steffenhagen (1995), S. 46.

3 Bezüglich vertiefender Untersuchungen und Gestaltungsempfehlungen der Absatzförderungskonditionen vgl. Steffenhagen (1995), S. 190 ff.; Keller (1991), S. 440 ff.

3 Kosten- und Erlösrechnung als Informationsinstrument der Unternehmensleitung

3.1 Kosten- und Erlösrechnung als Teilsystem des betrieblichen Rechnungswesens

Die Unternehmung als ein intendiertes sozio-technisches Gebilde erfordert eine zielorientierte Gestaltung. Der Aufgabenbereich seiner Führungsinstanzen (Management / Eigentümer) umfasst neben der Festlegung der anzustrebenden Ziele die Planung, Steuerung (Durchführung) und Kontrolle der Unternehmungsprozesse und das Treffen der hiermit verbundenen zieloptimalen Entscheidungen.[1] Die bewusst vollzogenen Wahlhandlungen der Entscheidungsträger hinsichtlich der Ziele und des Mitteleinsatzes[2] bilden daher die Basis einer erfolgreichen ökonomischen Betätigung der Unternehmung.[3]

Zur Erfüllung dieser Aufgaben benötigt die Unternehmensführung vielfältige Informationen, die insbesondere mit Hilfe des betrieblichen Rechnungswesens[4] als Teilbereich des Informationssystems der Unternehmung bereitgestellt werden.[5] Zusätzlich obliegt dem betrieblichen Rechnungswesen die Aufgabe der Informationsbereitstellung für externe Adressaten als Dokumentation und Rechenschaftslegung, so dass der Versuch einer begrifflichen Abgren-

---

1 Vgl. Eilenberger (1995), S. 1 f.

2 Vgl. zur Differenzierung zwischen Ziel- und Mittelentscheidungen Heinen (1966), S. 18 f.

3 Vgl. Heinen (1983), S. 25.

4 In der einschlägigen Literatur findet neben dem Begriff „betriebliches Rechnungswesen" auch die Bezeichnungen „Unternehmensrechnung" oder „Unternehmungsrechnung" Anwendung. *Schneider* schlägt dagegen eine Ausweitung des Rechnungswesens auch auf private Haushalte sowie Organisationen, die nicht über Absatzmärkte ihre Einnahmen erzielen (z. B. Wohlfahrtseinrichtungen), vor und präferiert die Bezeichnung „betriebswirtschaftliches Rechnungswesen", vgl. Schneider (1997), S. 4.

5 Vgl. Kloock (1996), S. 1.

zung[1] zu folgender Definition führen kann:

„Als betriebliches Rechnungswesen bezeichnet man die systematische, regelmäßige und/ oder fallweise durchgeführte Erfassung, Aufbereitung, Auswertung und Übermittlung der das Betriebsgeschehen betreffenden quantitativen Daten (Mengen- und Wertgrößen) mit dem Ziel, sie für Planungs-, Steuerungs- und Kontrollzwecke innerhalb des Betriebes sowie zur Information und Beeinflussung von Außenstehenden (z. B. Eigenkapitalgebern, Gläubigern, Gewerkschaften, Staat) zu verwenden“[2].

Für die Unterstützung der Unternehmensleitung bei ihrer Planungs-, Steuerungs-, Kontroll- und Dokumentationsaufgabe wurden unterschiedliche Teilsysteme des betrieblichen Rechnungswesens zum Teil unabhängig voneinander entwickelt. Sie unterscheiden sich hinsichtlich verschiedener Kriterien wie z. B. des Rechnungsziels, der Rechnungsgröße, der gesetzlichen Fixierung, des Adressaten oder des Zeitbezugs.[3] Für die weiteren Überlegungen wird der Gliederung der Unternehmungsrechnung von *Schweitzer / Küpper* gefolgt,[4] die das betriebliche Rechnungswesen hinsichtlich ihrer Ausrichtung auf die spezifischen Rechnungsziele (Entscheidungsziele) klassifizieren. Die sich hieraus ergebenden unterschiedlichen Rechnungssysteme mit ausgewählten Rechnungsmerkmalen sind in Abb. 13 dargestellt.

Die primäre Aufgabe der Finanzrechnung[5] als liquiditätsorientiertes Teilsystem des Rechnungswesens liegt in der Sicherung der kurz-, mittel- und langfristigen Sicherung der Liqui-

---

[1] Eine präzise und eindeutige Definition des betrieblichen Rechnungswesens bereitet auf Grund seiner vielfältigen Aufgaben und Abgrenzungsprobleme zu anderen Bereichen der Betriebswirtschaftslehre (z. B. Controlling, interne Revision) große Schwierigkeiten, was seinen Ausdruck in unterschiedlichen Definitionen zahlreicher Autoren findet, vgl. z. B. Schneider (1997), S. 3 f.; Haberstock (1997), S. 1 f.; Coenenberg (1997), S. 23; Kloock (1996), S. 4. Die hier verwendete sehr detaillierte Definition ist jedoch zweckmäßig, da sie viele Elemente unterschiedlicher Abgrenzungsversuche enthält und die Komplexität dieses Informationsinstruments deutlich macht.

[2] Hummel / Männel (1986), S. 4.

[3] Vgl. Haberstock (1997), S. 5 f. und die dort angegebene weiterführende Literatur.

[4] Vgl. Schweitzer / Küpper (1998), S. 11 f.

[5] Einige Autoren sprechen in diesem Zusammenhang von „Finanzierungsrechnung“, vgl. z. B. Chmielewicz (1993), Sp. 604 ff.; Kloock (1996), S. 12. *Coenenberg* sieht hingegen eine weitere sachliche Unterscheidung in Bezug auf die Maßausdrücke zwischen Finanz- und Finanzierungsrechnung (Ein-/Auszahlungen; Einnahmen/Ausgaben), vgl. Coenenberg (1997), S. 30 ff.

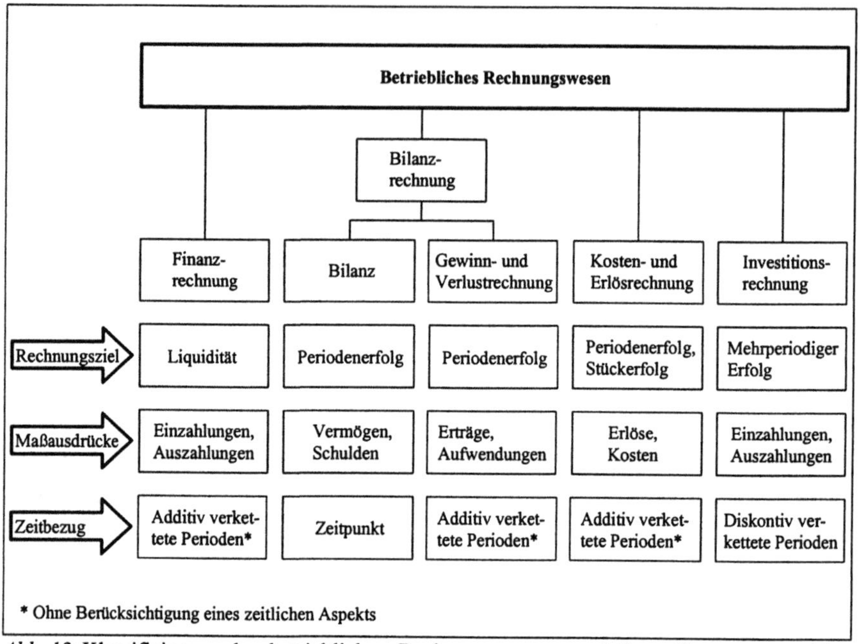

Abb. 13: Klassifizierung des betrieblichen Rechnungswesens und Darstellung ausgewählter Rechnungsmerkmale[1]

dität unter Einbeziehung von Risiko- und Rentabilitätsaspekten.[2] Die Fähigkeit, die fälligen Zahlungsverpflichtungen jederzeit erfüllen zu können, ist eine notwendige Nebenbedingung im Zielsystem der Unternehmung, da Illiquidität, unabhängig von der Rechtsform der Unternehmung, stets zur Eröffnung eines Insolvenzverfahrens führt.[3] Entsprechend diesem Hauptzweck der Finanzrechnung ergeben sich Einzahlungen und Auszahlungen als Maßausdrücke dieses Teilgebietes der Unternehmensrechnung.[4] Die Investitionsrechnung verfolgt dagegen das Ziel, aus einer Menge möglicher Investitionsvorhaben ein zieloptimales bzw. eine zielop-

---

1 Quelle: Eigene Darstellung.

2 Vgl. Chmielewicz (1993), Sp. 604.

3 Vgl. die entsprechenden Rechtsnormen von z. B. §§ 130a(I), 177a HGB; § 64(I) GmbHG; § 92(II) AktG sowie §§ 16, 17 InsO.

4 Vgl. z. B. Ewert / Wagenhofer (1997), S. 4.

timale Kombination von Investitionsobjekten auszuwählen.[1] Zwar bezieht sie sich auf identische Maßausdrücke, jedoch soll mit Hilfe dieses Systems des betrieblichen Rechnungswesens die Wirkung des Nominalgütereinsatzes über mehrere Perioden aufgezeigt werden. Die Investitionsrechnung orientiert sich somit an mehrperiodigen Erfolgsgrößen wie Kapital- oder Endwert.[2]

Im Gegensatz zur Finanz- und Investitionsrechnung bezieht sich die Bilanzrechnung nicht auf die Maßausdrücke Einzahlungen und Auszahlungen. Vielmehr ist die Bilanzrechnung zum einen eine Beständerechnung, mit deren Hilfe die Vermögenslage stichtagsbezogen durch die Gegenüberstellung von Schulden[3] und Vermögen in der Bilanz ausgewiesen wird, und zum anderen eine zeitraumbezogene Bewegungsrechnung (Stromgrößenrechnung) durch die Gegenüberstellung von Aufwendungen und Erträgen in der Gewinn- und Verlustrechnung.[4] Der Rechnungszweck der Bilanzrechnung ist die Ermittlung des Periodenerfolges, der im Rahmen von handels- und/oder steuerrechtlichen Vorschriften primär an externe Adressaten gerichtet ist.[5]

Als weiteres Teilsystem des betrieblichen Rechnungswesens stellt die Kosten- und Erlösrechnung[6], in Analogie zur Gewinn- und Verlustrechnung, eine Stromgrößenrechnung dar, deren Rechnungsziel auf den Perioden- und Stückerfolg ausgerichtet ist. Der wesentliche Unterschied liegt jedoch darin, dass die Kosten- und Erlösrechnung nur sachzielbezogene Realgüterverbräuche und Realgüterentstehungen erfasst, wohingegen die Gewinn- und Verlust-

---

1 Vgl. Seelbach (1993), Sp. 399.

2 Vgl. Schweitzer / Küpper (1998), S. 11 f.

3 Durch die Einbeziehung des sich als Saldo ergebenden Eigenkapitals kann auch der Begriff des Kapitals verwendet werden.

4 Vgl. z. B. Wöhe (1993), Sp. 203 f.; Neuhof (1978), S. 10, sowie zum Wesensmerkmal der Gewinn- und Verlustrechnung die Ausführungen von Sieben / Barion / Maltry (1993), Sp. 747.

5 Daneben kann die Bilanz auch an interne Adressaten gerichtet sein und beispielsweise in Form einer Bewegungsbilanz der Prognose des *Cash Flow* im bilanziellen Sinne dienen, vgl. Schneider (1997), S. 48.

6 In der einschlägigen Literatur zur Kosten- und Erlösrechnung finden die Begriffe „Kostenrechnung", „Kosten- und Leistungsrechnung" sowie „Kosten- und Erlösrechnung" synonym Anwendung. Der Begriff „Kostenrechnung" spiegelt den historischen Schwerpunkt der Kosten- und Erlösrechnung wider, bezieht die Leistungsseite allerdings ein, vgl. z. B. Heinen / Dietel (1993), Sp. 1234 ff. *Schweitzer / Küpper* sowie *Haberstock* lehnen dagegen den aus der Physik stammenden Leistungsbegriff als rein mengenbezogenen Begriff ab und präferieren die Bezeichnung „Kosten- und Erlösrechnung", vgl. Schweitzer / Küpper (1998), S. 21; Haberstock (1997), S. 8, Fußnote 35, und S. 17, Fußnote 57.

rechnung alle erfolgswirksamen Nominal- und Realgüterbewegungen einbezieht.[1] Dementsprechend sind die Maßausdrücke der Kosten- und Erlösrechnung als Kosten und Erlöse definiert, deren Gegenstand der bewertete sachzielbezogene Güterverbrauch bzw. die bewertete sachzielbezogene Güterentstehung einer Abrechnungsperiode darstellt.[2] Diese Definition von Kosten und Erlösen bildet das wesentliche Merkmal der Kosten- und Erlösrechnung, und der Begriff der Kosten[3] sowie die hiermit verbundene kontrovers geführte Diskussion ist für die betriebswirtschaftliche Theorie und Praxis von zentraler Bedeutung. Aus diesem Grund ist es unerlässlich, den Kostenbegriff mit seinen unterschiedlichen Merkmalsausprägungen näher zu betrachten.

---

1 Vgl. Schweitzer / Küpper (1998), S. 11.

2 Vgl. Schweitzer / Küpper (1998), S. 17 und S. 31. Es ist auch hier darauf hinzuweisen, dass zahlreiche Autoren in diesem Zusammenhang den Begriff „Leistungsbezogenheit" anstelle der „Sachzielbezogenheit" verwenden. *Busse von Colbe / Laßmann* weisen dagegen explizit darauf hin, dass Leistung in diesem Kontext nicht im physikalischen Sinne zu verstehen ist, vgl. Busse von Colbe / Laßmann (1988), S. 207. Für die weiteren Überlegungen wird der Begriff der „Sachzielbezogenheit" verwendet, um eine begriffliche Irritation zu vermeiden.

3 Die Einschränkung auf den Begriff der Kosten resultiert aus der Tatsache, dass die Erlösseite in der historischen Entwicklung der Kosten- und Erlösrechnung in der wissenschaftlichen Betrachtung wenig Beachtung fand. Erst in der jüngeren Diskussion wird die Erlösrechnung explizit in die Betrachtung einbezogen. Die folgenden Erläuterungen zum Kostenbegriff können allerdings in ihren Grundgedanken auf die Erlösseite übertragen werden.

3.2 Kennzeichnung des Kostenbegriffs als theoretische Grundlage der Kosten- und Erlösrechnung

Den allgemeinen Ausgangspunkt betriebswirtschaftlicher Kostenbegriffe bilden die o. g. Merkmale des Güterverbrauchs (-verzehrs), der Sachzielbezogenheit und der Bewertung. Ein mengenmäßiger Güterverbrauch im Sinne des Kostenbegriffs liegt dann vor, wenn die zur betrieblichen Gütererstellung und Güterverwertung eingesetzten Repetier- sowie Potentialfaktoren im Rahmen des Produktionsprozesses ihre Fähigkeit ganz oder teilweise verlieren, zur Hervorbringung und Verwertung betrieblicher Ausbringungsgüter beizutragen.[1] So werden z. B. Rohstoffe als Repetierfaktoren im Produktionsprozess verzehrt, oder Potentialfaktoren verlieren in einer Folge von Wertabgaben ihrer ökonomischen Eignung (Nutzungsverbrauch). Neben dem Realgüterverbrauch kann aber auch beispielsweise ein staatlich-politischer Zwangsverbrauch in Form von Steuern zu einem Nominalgüterverbrauch führen, da eine Produktion ohne diese Abgabe grundsätzlich nicht möglich ist.[2]

Kosiol unterscheidet die Verbrauchsursachen in drei charakteristische Gruppen:[3]

- Willentlicher (beabsichtigter) Güterverbrauch
  - Kurzfristiger oder unmittelbarer Verbrauch (Sofortverbrauch),
  - Langfristiger oder mittelbarer Verbrauch (Dauerverbrauch oder Gebrauch);
- Erzwungener (ungewollter) Güterverbrauch
  - Technisch-ökonomischer Zwangsverbrauch (Vernichtung),
  - Staatlich-politischer Zwangsverbrauch (Abgabe);
- Zeitlicher Vorrätigkeitsverbrauch (reine Kapitalnutzung).

Ein Güterverbrauch hat jedoch erst dann Kostencharakter, wenn er das Kriterium der Sachzielbezogenheit erfüllt.[4] Unter dem Sachziel einer Unternehmung ist die planmäßige Erstel-

---

[1] Vgl. Schweitzer / Küpper (1998), S. 17.

[2] Vgl. Kosiol (1979), S. 19.

[3] Vgl. Kosiol (1979), S. 17 f.

[4] Vgl. Kloock / Sieben / Schildbach (1993), S. 29; Schweitzer / Küpper (1998), S. 20.

lung von Leistungen zur Befriedigung menschlichen Bedarfs zu verstehen, wobei die Leistung das sachliche Ergebnis der betriebswirtschaftlichen Betätigung darstellt.[1] In Abgrenzung zum Formalziel eines Unternehmens, welches die unternehmerischen Zielsetzungen wie Gewinn oder Erfolg beinhaltet, gibt das Sachziel die Art, Menge und zeitliche Verteilung der geplanten bzw. zu fertigenden betrieblichen Güter einer Unternehmung an.[2] Für einen kostenwirksamen Güterverbrauch bedarf es also einer Beziehung zwischen dem Sachziel und dem Güterverbrauch.[3] Zur Bestimmung dieser Beziehung scheint das Kostenverursachungsprinzip, wonach ein sachzielbezogener Güterverbrauch nur dann vorliegt, wenn er durch die Leistung als Zweckursache (im Sinne einer causa finalis) hervorgerufen wird, zu eng definiert.[4] Hierdurch könnten der Zwangsverbrauch (wie z. B. Steuern) und der zeitliche Vorrätigkeitsverbrauch keinen bzw. nur einen fragwürdigen Kostencharakter erlangen.[5] Durch dieses Missverhältnis zur Realität hat *Kosiol* die enge Fassung des Kostenverursachungsprinzips zum Kosteneinwirkungsprinzip erweitert. In diesem Sinne ist ein Güterverbrauch dann sachzielbezogen, wenn er im Produktionsprozess als Wirkursache (causa efficiens) auf die Leistung (Ergebnisse des Produktionsprozesses) einwirkt, so dass die Leistung ohne den Güterverbrauch nicht zustande kommt.[6] Auf Grund dieses erweiterten Prinzips wird es nach *Kosiol* erst möglich, sowohl den Zwangsverbrauch als auch den Vorrätigkeitsverbrauch als sachzielbezogen anzusehen und als Kosten zu behandeln.[7]

Das dritte Merkmal des Kostenbegriffs ist die Bewertung (Bepreisung) des sachzielbezogenen Güterverbrauchs, mit deren Hilfe der vorher beschriebenen Mengenkomponente ein Kostenwert (Geldbetrag) zugeordnet wird und der heterogene Güterverbrauch verrechenbar wird.[8] Zu diesem Zweck sind in der Betriebswirtschaftslehre unterschiedliche Wertansätze ent-

---

[1] Vgl. Heinen (1983), S. 26.

[2] Vgl. Heinen (1976), S. 89 f.

[3] Vgl. Kloock / Sieben / Schildbach (1993), S. 29; Schweitzer / Küpper (1998), S. 21.

[4] Vgl. Kosiol (1979), S. 21, wobei dieser Autor bei der engen Interpretation des Kostenverursachungsprinzips eine finale Beziehung von Güterverbrauch und Leistungen unterstellt.

[5] Vgl. Kosiol (1979), S. 21.

[6] Vgl. Kosiol (1979), S. 21.

[7] *Kosiol* lehnt somit eine finale Interpretation des Verursachungsprinzips ab und kehrt die kausale Interpretation, in der die Leistung die Ursache des Güterverbrauchs darstellen, um.

[8] Vgl. Heinen (1983), S. 77.

wickelt worden, die zu inhaltlich divergierenden Kostenbegriffen geführt haben. Durch Beschränkung auf die in den letzten Jahren intensiv diskutierten Kostendefinitionen wird in den folgenden Ausführungen der wertmäßige, der pagatorische sowie der entscheidungsorientierte Kostenbegriff erörtert.[1]

Der wertmäßige Kostenbegriff kann primär auf *Schmalenbach* zurückgeführt werden und bildet die vorherrschende Grundlage der Kostenrechnung.[2] Dieser Definition des Kostenbegriffs liegt die Vorstellung zu Grunde, dass der Kostenwert eine Lenkungsfunktion übernimmt und die Wirtschaftsgüter in ihrer zieloptimalen Verwendungsweise steuert.[3] Hierdurch übernimmt der Kostenwert die Funktion der Gewichtung des sachzielbezogenen Güterverbrauchs im Hinblick auf die gewählte Zielvorstellung[4] und kann durch seine flexible Gestaltung unterschiedlichen Zwecken dienen.[5] Grundsätzlich sind die Komponenten dieses Preisansatzes die Grenzauszahlung, als Anschaffungsauszahlungen der letzten verbrauchten Gütereinheit, und die Opportunitätskosten (Grenznutzen) als Äquivalent der entgangenen Gelegenheit.[6] Ist somit ein bestimmtes Wirtschaftsgut in unbegrenzter Menge verfügbar und liegen keine sonstigen Restriktionen vor, so sind die Opportunitätskosten gleich Null und der Kostenwert ergibt sich lediglich aus den Anschaffungsauszahlungen. Dagegen unterliegen die im Unternehmungsprozess in vollem Umfang eingesetzten Verbrauchsgüter einer Restriktion, und hierdurch hat der Grenzgewinn stets eine positive Ausprägung.[7] Die Höhe der wertmäßigen Kosten hängt durch die Einbeziehung des Grenzgewinns folglich von der Zielvorstellung und den für die jeweilige konkrete Entscheidungssituation geltenden Restriktionen ab. Durch diese Vorgehensweise wirkt sich die Verfügbarkeit von Wirtschaftsgütern auf die Höhe des Preisansatzes aus.

---

1 Vgl. aber auch beispielsweise *Ramsauer*, der diese traditionellen Kostenbegriffe ablehnt und die Etablierung eines aufwandsäquivalenten Kostenbegriffs fordert, vgl. Ramsauer (1987), S. 117 ff., sowie zur kritischen Würdigung dieses Konzeptes Mus (1988), S. 113 ff.

2 Vgl. Vodrazka (1992), S. 20; Schneider (1997), S. 61; Schneeweiß (1993), S. 1025.

3 Vgl. Schmalenbach (1963), S. 141; Heinen (1983), S. 77.

4 Vgl. Schweitzer / Küpper (1998), S. 23.

5 Vgl. Heinen (1983), S. 78.

6 Vgl. Kloock / Sieben / Schildbach (1993), S. 31; Schweitzer / Küpper (1998), S. 23.

7 Vgl. Schweitzer / Küpper (1998), S. 23.

Der pagatorische Kostenbegriff ordnet im Gegensatz zum wertmäßigen Kostenbegriff dem sachzielbezogenen Güterverbrauch lediglich die Anschaffungspreise zu. Handelt es sich dabei um einen bereits realisierten Güterverbrauch, so kommen die historischen Anschaffungspreise zum Ansatz, die zum Zeitpunkt der Beschaffung bezahlt wurden. Für einen Verbrauch in der Produktionsperiode sind dagegen die aktuellen Tagespreise und für den geplanten Güterverbrauch der zukünftige Wiederbeschaffungspreis anzusetzen.[1] In der Grundkonzeption des pagatorischen Kostenbegriffs werden die Kosten einer Unternehmung folglich aus den Geldausgaben (Auszahlungen)[2] in Form eines Abgangs liquider Mittel für die betreffenden Güter abgeleitet.[3] Ein sachzielbezogener Güterverbrauch, wie beispielsweise der kalkulatorische Unternehmerlohn oder der Eigenkapitalzins, kann im Rahmen des pagatorischen Kostenkonzeptes keine Berücksichtigung finden.[4] *Koch*, als einer der wichtigsten Vertreter und Begründer des monetären Kostenbegriffs, sieht die Notwendigkeit dieser methodische Konzeption vor allem in der Unbestimmtheit der wertmäßigen Kosteninterpretation begründet.[5] *Koch* geht von der Überlegung aus, dass der Unternehmungsgewinn das aus der Unternehmung erzielte Geldeinkommen bezeichnet und das Ergebnis unternehmerischer Tätigkeit darstellt. Hieraus leitet er ab, dass bei der Bildung des Kostenbegriffs „... von dem Sachverhalt gewisser Geldtransaktionen auszugehen ist, welche das unternehmerische Geldeinkommen vermindern“[6]. Der wertmäßige Kostenbegriff sei in diesem Sinne aber nicht eindeutig und ließe sich sowohl auf den Sachverhalt eines betrieblich entrichteten Entgeltes als auch auf die Verbrauchsmenge eines nicht-monetären Einsatzgutes zurückführen (wie z. B. der kalkulatorische Eigenkapitalzins). Hierdurch würde der Ausdruck „Kosten“ nicht klar erkennbar machen, dass er auf

---

1 Vgl. Dellmann (1980), S. 128 f.

2 Für das Begriffspaar Auszahlungen / Ausgaben wird der Ansicht von *Schneider* gefolgt, der eine inhaltliche Unterscheidung für entbehrlich erachtet, vgl. Schneider (1997), S. 58.

3 Die ursprünglich nur auf tatsächliche Zahlungsmittelbewegung ausgerichtete pagatorische Kostenkonzeption wurde durch Hypothesenbildung von *Koch* teilweise aufgeweicht, um nicht im Widerspruch zur Zweckvielfalt und der tatsächlichen Übung der Kostenrechnung zu stehen. So z. B. für eine geschenkte Maschine, die durch die Hypothese einer Geldzuwendung durch den Schenkenden und eines hieraus finanzierten Kaufs der Maschine zu Kosten führt, vgl. Koch (1966), S. 22.

4 Vgl. zur Abgrenzung von Auszahlungen und Kosten als Basis des wertmäßigen und pagatorischen Kostenbegriffs z. B. Kloock / Sieben / Schildbach (1993), S. 34 ff.

5 Für einen weiterführenden kritischen Vergleich beider Kostenbegriffe vgl. z. B. Koch (1966), S. 48 ff.; Heinen (1983), S. 97 ff.

6 Koch (1966), S. 53.

gewinnschmälernde Geldtransfers bezogen ist, und sei für eine Analyse der Unternehmung unbrauchbar.[1]

Eine Abwandlung des oben erörterten pagatorischen Kostenbegriffs stellt der von *Riebel* entwickelte entscheidungsorientierte Kostenbegriff dar. Hiernach sind Kosten definiert als „... die durch die Entscheidung über das betrachtete Objekt ausgelösten zusätzlichen ... Ausgaben (Auszahlungen)"[2]. Der wesentliche Unterschied zum zuvor erläuterten pagatorischen Kostenbegriff liegt darin, dass die Zurechnung der Ausgaben zum sachzielbezogenen Güterverbrauch mit Hilfe des Identitätsprinzips erfolgt. Kosten sind hiernach Auszahlungen, die als Folge einer spezifischen Disposition ausgelöst werden und der sie somit logisch zwingend zugerechnet werden können.[3] Eine eindeutige Zurechnung der Kosten zu einem Bezugsobjekt (Vorgang oder Tatbestand) darf nach *Riebel* nur dann erfolgen, wenn sie auf einem identischen dispositiven Ursprung beruhen.[4] Den Vorteil gegenüber den traditionellen Kostenbegriffen sieht der Autor darin, dass die Ermittlung der Geldkomponente als Zurechnungsproblem gesehen wird, dessen Lösung mit Hilfe des Identitätsprinzips erfolgt, und nicht als zweckbedingtes Bewertungsproblem. Die nach diesem Konzept ermittelte Geldkomponente ist daher intersubjektiv nachprüfbar.[5]

Die hier vorgestellten wertmäßigen, pagatorischen und entscheidungsorientierten Kosteninterpretationen unterscheiden sich zwar hinsichtlich der Zuordnung von Geldbeträgen zum Güterverbrauch, jedoch weisen sie eine gemeinsame Grundorientierung durch den Entscheidungsbezug des bewerteten Güterverbrauchs auf. Welcher Preisansatz für ein spezifisches Entscheidungsproblem Anwendung finden sollte, hängt somit von der korrespondierenden Zielvorstellung ab, die dem entsprechenden Entscheidungsproblem zu Grunde liegt.[6] Der

---

[1] Vgl. Koch (1966), S. 53 f.

[2] Riebel (1978), S. 143.

[3] Vgl. Riebel (1992), S. 252.

[4] Vgl. Riebel (1992), S. 259.

[5] Vgl. Riebel (1992), S. 262.

[6] Vgl. z. B. Schweitzer / Küpper (1998), S. 22; Schneeweiß (1993), S. 1035, wobei dieser Autor für den entscheidungsorientierten und wertmäßigen Kostenbegriff zu der Feststellung kommt, dass es sich hierbei nicht um konkurrierende Begriffsbildungen handelt, sondern um Begriffe unterschiedlicher Beschreibungsebenen, die beide in die Entscheidung einzubeziehen sind.

Kostenbegriff wird also durch die mit Hilfe der Kostenrechnung zu erfüllenden spezifischen Aufgaben determiniert. Auf einer stark verallgemeinerten hohen Aggregationsebene stehen diese in der Literatur häufig genannten Aufgaben der Kostenrechnung im Mittelpunkt der folgenden Ausführungen.

3.3 Verallgemeinerte Funktionen der Kosten- und Erlösrechnung

Abgeleitet aus den Aufgaben der Unternehmensführung liefert die Kosten- und Erlösrechnung numerische Unterlagen als Informationsgrundlage über das abgelaufene Wirtschaftsgeschehen und der zukünftigen Wirtschaftsgestaltung im Rahmen der unternehmerischen Entscheidungs- und Steuerungsaufgaben.[1] Zur Erfüllung dieser Funktion übernimmt die dokumentarische Kosten- und Erlösrechnung die Aufgabe der Ermittlung der faktisch in einer Periode entstandenen Kosten und Erlöse (Ist-Daten) einer Ausbringungsmenge oder eines anderen Sachverhalts (Bezugsobjekts).[2] Hierzu werden in einer ersten Phase die realisierten Kosten und Erlöse erfasst und in einer anschließenden Phase nach unterschiedlichen Prinzipien[3] auf die verschiedenen Kalkulations- bzw. Bezugsobjekte verteilt.[4] Die hieraus gewonnenen Informationen können vor dem Hintergrund einer externen Dokumentationsaufgabe die Informationsbasis bei der Erfassung und Bewertung fertiger und unfertiger Erzeugnisse oder im Rahmen der Preiskalkulation bei öffentlichen Aufträgen bilden.[5] In der intern orientierten Ausrichtung der dokumentarischen Kosten- und Erlösrechnung dienen die mit Hilfe dieser Kostenrechnungsphasen ermittelten Ist-Daten zusätzlich als Grundlage für z. B. Erfolgskontrollen durch Ist-Ist-Vergleiche oder einer Kosten- und Erlösprognose.[6]

Als Informationsinstrument der Unternehmensleitung liegen die internen Aufgaben der Kosten- und Erlösrechnung in der zieladäquaten Steuerung der innerbetrieblichen Faktorkombinationsprozesse und der hiermit verbundenen Bereitstellung entscheidungsrelevanter Daten für Planungs- und Kontrollzwecke.[7] Diese entscheidungsorientierte Ausrichtung der Kostenrechnung resultiert aus einer Verlagerung der Rechnungszwecke in den vergangenen Jahr-

---

1 Vgl. Kosiol (1979), S. 5.

2 Vgl. Schweitzer / Küpper (1998), S. 39.

3 Eine detaillierte Erörterung unterschiedlicher Verteilungsprinzipien erfolgt in einem späteren Abschnitt.

4 *Schweitzer / Küpper* sprechen in diesem Zusammenhang von „Kostenrechnungsphasen", vgl. Schweitzer / Küpper (1998), S. 39.

5 Vgl. z. B. Freidank (1988), S. 89; Kloock / Sieben / Schildbach (1993), S. 18 f.; Coenenberg (1997), S. 38. Vor einem historischen Hintergrund der Kostenrechnungszwecke versteht *Seicht* die Kostenrechnung in diesem Zusammenhang als gegenwartsorientierte Preisbildungsrechnung, vgl. Seicht (1995), 22 f.

6 Dies gilt insbesondere bei einer Kostenträgerstückrechnung auf Istkostenbasis, vgl. Mellerowicz (1980), S. 195.

7 Vgl. z. B. Coenenberg (1997), S. 37; Kloock / Sieben / Schildbach (1993), S. 16 ff.; Kosiol (1979), S. 6.

zehnten,[1] so dass die Gewinnung von entscheidungsrelevanten Kosten- und Erlösinformationen in der heutigen Zeit als die zentrale Aufgabe der Kosten- und Erlösrechnung konstatiert werden kann.[2]

Zur Erfüllung dieser Funktion bedarf es der Bereitstellung von Kosten- und Erlösinformationen, die im Rahmen der Planung, als methodisch-systematischer Prozess der Zielformulierung sowie der Auswahl zielrealisierender Handlungen,[3] und der zugehörigen Steuerung der Planrealisation die Erfolgskonsequenzen der Entscheidungsalternativen offen legen. Demnach ist es Aufgabe der Kostenrechnung, die für wirtschaftliches Handeln erforderlichen, bewusst vollzogenen Wahlhandlungen[4] hinsichtlich ihrer kosten- und erlösmäßigen Beeinflussung der betrieblichen Zielfunktion zu bewerten.[5] Entscheidungsrelevante Kosten (Erlöse) sind folglich genau jene Kosten (Erlöse), die in einer Entscheidungssituation zusätzlich in Kauf genommen werden müssten (entstünden), wenn man die geplante Maßnahme ausführte, bzw. wegfielen oder gar nicht erst entstünden, wenn man die erwogene Aktion unterließe.[6] Beispiele für die Bereitstellung solcher entscheidungsrelevanten Kosten- und Erlösinformationen sind Informationen für die Bestimmung der Preisuntergrenze bei der Ermittlung des Angebotspreises, Entscheidungen über Eigenfertigung oder Fremdbezug sowie für die Festlegung des gewinnoptimalen Produktions- und Absatzprogramms.

Ist die Handlungsalternative bestimmt, so müssen zur Willensdurchsetzung zusätzlich Vorgabeinformationen bereitgestellt werden, die eine Verhaltenssteuerung der vollziehenden Or-

---

[1] Vgl. hierzu z. B. Riebel (1994), S. 595 ff.; Dorn (1993), Sp. 722 ff.; Kilger (1993), S. 15 ff., insbesondere S. 30-33.

[2] Vgl. Küpper, Hans-Ulrich (1992), S. 138; Weigand (1988), S. 134.

[3] Vgl. Pfohl (1993), Sp. 1570, sowie die graphische Darstellung des Planungs- und Steuerungsprozesses bei Schweitzer / Küpper (1998), S. 6.

[4] Vgl. zur Kennzeichnung der Entscheidung z. B. Heinen (1976), S. 18.

[5] Vgl. Hummel (1993), Sp. 1714. Auf eine vertiefende Diskussion zur Notwendigkeit der Bereitstellung entscheidungsrelevanter Informationen und der Entwicklung der Kosten- und Erlösrechnung von einer Dokumentationsrechnung zu einer Entscheidungsrechnung soll hier verzichtet werden. Vgl. zu diesem Themenbereich z. B. Küpper (1992), S. 138 f.; Hummel (1992), S. 76 ff. und die in diesem Beitrag angegebene weiterführende Literatur.

[6] Diese Definition der entscheidungsrelevanten Kosten und Erlöse basiert auf der Kennzeichnung von *Hummel*, wobei der Autor die Erlöse nicht explizit in die Betrachtung einbezieht, vgl. Hummel (1992), S. 79.

gane ermöglichen.[1] Die Notwendigkeit dieser Aufgabe der Kostenrechnung ergibt sich daraus, dass die optimalen Handlungsalternativen nicht nur festgelegt, sondern auch umgesetzt werden müssen. Speziell in Mehrpersonenunternehmungen sind jedoch Entscheidungsbefugnisse und Verantwortung delegiert und auf mehrere Entscheidungsträger verteilt, wodurch eine asymmetrische Informationsverteilung entsteht oder die Entscheidungsträger eigene, individuelle Bereichsziele verfolgen. Die Kosten- und Erlösrechnung übernimmt vor diesem Hintergrund die Aufgabe, Ziel- oder Vorgabegrößen zur zieladäquaten Verhaltenskoordination im Rahmen der Durchsetzungsphase zu bestimmen.[2] Solche Größen können beispielsweise Verrechnungspreise, Budgetvorgaben für Kostenstellen oder abgegrenzte Bereiche, aber auch die Festlegung eines Anreizsystems in Abhängigkeit der Erfolgserzielung oder Kosteneinsparung sein.

Eine weitere Funktion der informativen Ausrichtung der Kosten- und Erlösrechnung ist die Bereitstellung von Kontrollinformationen. Ziel der Kontrollrechnung als Teilfunktion der Steuerung ist es, die erzielten Ergebnisse durch Abweichungsanalysen zu beurteilen (in der Regel durch Soll-Ist-Vergleiche, da ein Ist-Ist-Vergleich einem Vergleich „Schlendrian mit Schlendrian" gleichkommt)[3] und Anpassungsentscheidungen zu initiieren.[4] Solche Wirtschaftlichkeitskontrollen auf der Basis einer Gegenüberstellung von Vergleichsgrößen des gleichen wirtschaftlichen Sachverhalts ermöglichen das Aufdecken von betrieblichen Schwachstellen und sind die Grundlage einer erfolgszielorientierten Unternehmenssteuerung.[5] Zusammenfassend veranschaulicht Abb. 14 diese verallgemeinerten Funktionen[6] der Kosten- und Erlösrechnung in schematischer Form.

---

1 Vgl. Hummel / Männel (1986), S. 24; Schweitzer / Küpper (1998), S. 44 ff.; Coenenberg (1976), S. 2.

2 Vgl. Riebel (1994), S. 599; Schweitzer / Küpper (1998), S. 45.

3 Vgl. Weber (1993), S. 38.

4 Vgl. Riebel (1994), S. 599.

5 Vgl. Schweitzer / Küpper (1998), S. 48.

6 Die Begriffe „Funktionen" bzw. „Aufgaben" der Kosten- und Erlösrechnung werden im Weiteren gleichbedeutend verwendet, vgl. auch Hummel / Männel (1986), S. 25.

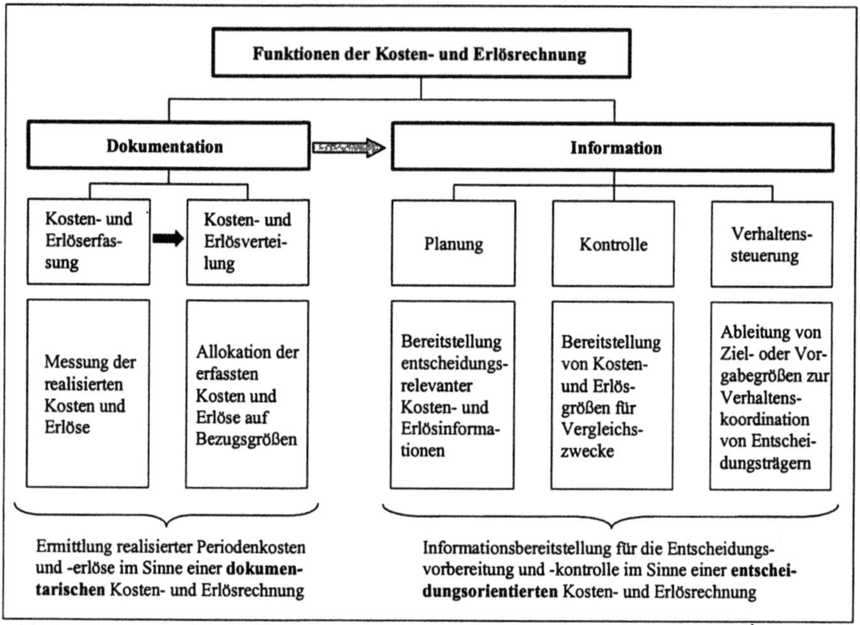

Abb. 14: Schematische Darstellung der Funktionen der Kosten- und Erlösrechnung[1]

[1] Quelle: Eigene Darstellung.

3.4 Traditionelle Teilbereiche der Kosten- und Erlösrechnung

3.4.1 Kostenartenrechnung

Zur Erfüllung der zuvor dargestellten allgemeinen Funktionen gliedert sich die Kosten- und Erlösrechnung in die Teilbereiche der Kostenarten-, Kostenstellen- und Kostenträgerrechnung. Diese traditionelle Gliederung der Kostenrechnung resultiert aus ihrer historischen Entwicklung, in der die ursprünglich genutzten „Fragmente" in Form der Kostenarten, Kostenstellen- und Kostenträgerrechnung um die Jahrhundertwende zu betrieblichen Kosten- und Erfolgssystemen in Literatur und Praxis ausgebaut wurden.[1] Diese Teilgebiete stehen im Mittelpunkt der folgenden Ausführungen, wobei auf eine differenzierte Betrachtung der Erlösseite unter Hinweis auf die jeweils relevante betriebswirtschaftliche Literatur verzichtet wird.[2] Des Weiteren sei hier darauf hingewiesen, dass zum Zwecke einer möglichst umfassenden Darstellung dieser traditionellen Teilgebiete an einigen Stellen implizit eine Vollkostenrechnung auf Basis von Ist-Kosten unterstellt wird.

Die Kostenartenrechnung[3] bildet die Grundlage der gesamten Kostenrechnung[4] und ihr obliegt die Aufgabe, sämtliche für die Leistungserstellung und Leistungsverwertung anfallenden Kosten einer Periode überschneidungsfrei, eindeutig und vollständig nach Arten gegliedert zu erfassen und auszuweisen.[5] Die Kostenartenrechnung legt vor allem die Gliederungs-, Bewertungs- und Zurechnungskriterien fest, die die Grundlage einer sachgemäßen Erfassung und

---

[1] Vgl. Seicht (1995), S. 21.

[2] Als Teil des Gesamtkonzeptes der Kosten- und Erlösrechnung wurde der Erlösrechnung von der Wissenschaft bislang nur wenig Beachtung geschenkt und die Erlöskomponente erst im Rahmen der Kostenträgerzeitrechnung in die Kostenrechnung integriert. Infolge dieser eingeschränkten Betrachtungsweise existieren adäquate Ansätze der Erlösrechnung nur teilweise und in einem beschränkten Umfang. Aus diesem Grund und vor dem Hintergrund der Themenstellung dieser Abhandlung wird auf eine differenzierte Darstellung der Erlösseite der Kosten- und Erlösrechnung verzichtet.

[3] Vgl. zur Erlösartenrechnung z. B. Schweitzer / Küpper (1998), S. 97 ff.; Lachnit / Ammann (1993), Sp. 1262 f.

[4] Vgl. Kilger (1987), S. 69; Coenenberg (1997), S. 48.

[5] Vgl. Hummel / Männel (1986), S. 128. *Männel* sieht allerdings durch den Entwicklungsstand des DV-integrierten Rechnungswesens die Notwendigkeit einer eigenständigen Kostenartenrechnung zum Zwecke der Kostenerfassung zum heutigen Zeitpunkt nicht mehr gegeben, vgl. Männel (1992), S. 409.

verursachungsgerechten Verteilung von Kosten auf Stellen und Träger bilden.[1] Als Datenlieferant für die Kostenstellen- und Kostenträgerrechnung[2] ist dieser Teilbereich der Kostenrechnung folglich die Basis der Bereitstellung entscheidungsrelevanter Kosteninformationen,[3] wobei der detaillierte Datenfluss von dem jeweils angewandten Kostenrechnungssystem geprägt wird.[4] Abb. 15 verdeutlicht die elementare Funktion der Kostenartenrechnung sowie die Beziehungen, die zwischen den einzelnen Teilgebieten der Kostenrechnung bestehen, in schematischer Form.

Die Kostenartenrechnung erfasst gemäß der groben Skizzierung der Abb. 15 zunächst sämtliche primären Kosten, die in Abgrenzung zu den sekundären Kosten solche bewerteten sachzielbezogenen Güterverbräuche kennzeichnen, die eine Unternehmung von außen bezieht.[5] Als Grundlage der weiteren Kostenverrechnung müssen diese Kosten in der Kostenartenrechnung in Abhängigkeit der jeweiligen Zwecke und den hiermit verbundenen speziellen Informationsbedürfnissen eine spezifische Gliederung erfahren. In der betriebswirtschaftlichen Literatur werden hierfür häufig folgende Klassifikationsmöglichkeiten genannt:[6]

- Art der ver- und gebrauchten Produktionsfaktoren,
- betriebliche Funktionen,
- Art der Verrechnung,
- Art der Beschäftigungsabhängigkeit,
- Art der Kostenerfassung und
- Art der Herkunft der Kostengüter.

---

1 Vgl. Lachnit / Ammann (1993), Sp. 1259; Freidank (1988), S. 90.

2 Unabhängig von der Kostenstellen- bzw. Kostenträgerrechnung ist die Kostenartenrechnung ebenfalls Ausgangspunkt für eine kostenartenorientierte Planung, Kontrolle und Analyse im Sinne eines Kostenarten-Controlling, vgl. Haberstock (1997), S. 55; Hummel / Männel (1986), S. 128.

3 Vgl. Haberstock (1997), S. 55; Eilenberger (1995), S. 254.

4 Vgl. Hummel / Männel (1986), S. 129; Haberstock (1997), S. 55.

5 Vgl. z. B. Betge (1993), Sp. 1592; Niethammer (1992), S. 400; Hummel / Männel (1986), S. 132.

6 Vgl. z. B. Lachnit / Ammann (1993), Sp. 1259; Haberstock (1997), S. 56; Coenenberg (1997), S. 49 ff.; Schweitzer / Küpper (1998), S. 97.

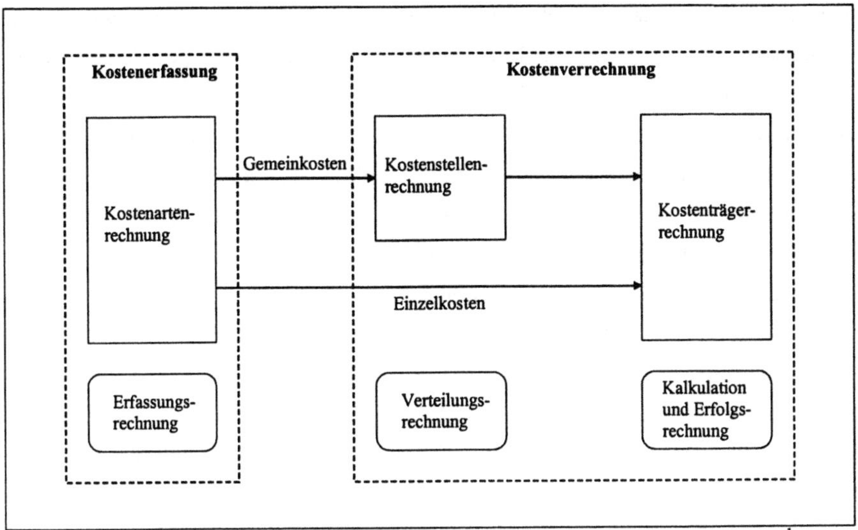

Abb. 15: Schematische Darstellung der Beziehung der Teilgebiete der Kostenrechnung[1]

Die Differenzierung nach der Art der ver- und gebrauchten Produktionsfaktoren bildet üblicherweise den Ausgangspunkt einer überschneidungsfreien Erfassung und Einteilung der primären Kosten. Eine Gliederung in diesem Sinne ist in der Regel in einem Kontenplan einer Unternehmung festgehalten, für dessen Konzipierung die Empfehlungen von Verbänden und Wirtschaftsinstituten Orientierungshilfen bereitstellen. So wurde zur Vereinheitlichung einer solchen Gliederung in den Jahren 1948 und 1949 vom Bundesverband der Deutschen Industrie der Gemeinschaftskontenrahmen der Industrie (GKR) erarbeitet und empfohlen, der noch heute eine weite Verbreitung findet.[2] Eine jüngere Empfehlung wurde in Form des Industriekontenrahmens (IKR) im Jahre 1971 ebenfalls vom Bundesverband der Deutschen Industrie veröffentlicht, um der Weiterentwicklung des Rechnungswesens durch Praxis und Wissenschaft Rechnung zu tragen. Hierzu wurde in Abweichung des nach dem Prozess der betrieblichen Leistungserstellung (Prozessgliederungsprinzip) gegliederten GKR der IKR

---

1 Quelle: Eigene Darstellung.

2 Vgl. Niethammer (1992), S. 402, sowie zur historischen Entwicklung der Kontenrahmen Matthes (1993), Sp. 1125 ff.

durch eine strikte Trennung zwischen Finanzbuchhaltung und Kosten- und Erlösrechnung[1] als Zweikreissystem entwickelt. Dabei ist die Finanzbuchhaltung als erster geschlossener Rechnungskreis nach der Reihenfolge der Positionen in der Jahresbilanz und in der Erfolgsrechnung gegliedert (Abschlussgliederungsprinzip), wohingegen die Kosten- und Erlösrechnung in einem zweiten Rechnungskreis nach dem Prozessgliederungsprinzip aufgebaut ist.[2] Die für die Differenzierung nach Art der ver- und gebrauchten Produktionsfaktoren als Orientierung relevanten Kontenklassen des GKR (Kontenklasse 4) und des IKR (Kontenklassen 6 und 7) sind in Abb. 16 in Form eines Überblickes dargestellt.

Weitere Ansätze zur Systematisierung der primären Kosten nach der Art der ver- und gebrauchten Produktionsfaktoren sind zahlreich in der betriebswirtschaftlichen Literatur vorhanden.[3] So kann beispielsweise eine auf der Ebene von Kostenartenhauptgruppen basierende Gliederung zu folgender Einteilung führen:[4]

- Personalkosten (z. B. Löhne, Gehälter, Provisionen, soziale Abgaben, Erfolgsbeteiligungen),
- Sachkosten (z. B. Roh-, Hilfs- und Betriebskosten, Energiekosten, Verpackungsmaterial, Abschreibungen auf Gebäude, Maschinen, Werkzeuge),
- Kapitalkosten (z. B. kalkulatorische Zinsen),
- Kosten für bezogene Dienstleistungen (z. B. Prüfung und Beratung),
- Kosten für Steuern, Gebühren und Beiträge sowie
- kalkulatorische Wagnis- und Versicherungskosten.

---

1 *Eisele* verwendet anstelle der Begriffe „Finanzbuchhaltung" und „Kosten- und Erlösrechnung" das Begriffspaar „Geschäfts- und Betriebsbuchführung", vgl. Eisele (1985), S. 363.

2 Vgl. Eisele (1985), S. 361 ff.

3 Vgl. z. B. den detaillierten Kostenartenplan bei Hummel / Männel (1986), S. 136.

4 Vgl. Coenenberg (1997), S. 49 f.

IKR, Klassen 6 und 7 (zweistellig gegliedert)	**GKR, Klasse 4** (zweistellig gegliedert)
60 Aufwendungen für Roh-, Hilfs- und Betriebsstoffe sowie Waren	40 Fertigungsmaterial
61 Frei	41 Gemeinkostenmaterial (Hilfs- und Betriebsstoffkosten)
62 Löhne und Gehälter	42 Brennstoffe, Energie und dergleichen
63 Soziale Abgaben	43 Löhne und Gehälter
64 Aufwendungen für Altersversorgung und Unterstützung	44 Sozialkosten
65 Sonstige Personalaufwendungen	45 Instandhaltung, verschiedene Leistungen und dergleichen
66 Abschreibungen und Zuführungen zu Wertberichtigungen auf Sachanlagen und immaterielle Anlagewerte	46 Steuern, Gebühren, Beiträge, Versicherungsprämien und dergleichen
67 Abschreibungen und Zuführungen zu Wertberichtigungen auf Finanzanlagen	47 Mieten, Verkehrs-, Büro-, Werbekosten und dergleichen
68 Verluste aus Wertminderungen oder dem Abgang von Gegenständen des Umlaufvermögens außer Vorräten und Einstellung in die Pauschalwertberichtigung zu Forderungen	48 Kalkulatorische Kosten
69 Verluste aus dem Abgang von Gegenständen des Anlagevermögens	49 Sondereinzelkosten
70 Zinsen und ähnliche Aufwendungen	
71 Steuern vom Einkommen, vom Ertrag und vom Vermögen	
72 Sonstige Steuern	
73 Aufwendungen aus Verlustübernahme	
74 Einstellungen in Sonderposten mit Rücklageanteil	
75-78 Sonstige Aufwendungen	
79 Frei	

Abb. 16: Darstellung der Kostenartenkonten gemäß IKR (Kontenklassen 6 und 7) und GKR (Kontenklasse 4)[1]

---

1 Quelle: Eigene Darstellung in Anlehnung an den Überblick über den IKR und GKR bei Eisele (1985), Faltblätter im Anhang.

Ferner können die Kostenarten nach wichtigen betrieblichen Funktionen wie beispielsweise der Beschaffung, der Forschung und Entwicklung, der Produktion, der Verwaltung oder des Vertriebes gegliedert werden.[1]

Hinsichtlich der Art der Verrechnung kann eine Gliederung nach Einzelkosten und Gemeinkosten erfolgen. Als Einzelkosten werden dabei jene Kosten bezeichnet, die sich direkt den Kostenträgern bzw. Bezugsobjekten verursachungsgerecht zuordnen lassen.[2] Gemeinkosten können hingegen nur schwer (oder überhaupt nicht) über das Verursachungsprinzip[3] einzelnen betrieblichen Leistungen zugerechnet werden, und ihre Verrechnung erfolgt in der Regel im Rahmen der Kostenstellenrechnung indirekt mit Hilfe von Bezugsgrößen.[4] Zusätzlich existieren vielfach Kosten, die als Einzelkosten identifizierbar wären, jedoch aus Wirtschaftlichkeitsgründen ebenfalls über Verteilungsprinzipien auf Bezugsobjekte verteilt werden, wie z. B. Lötzinn, Farben oder Schmiermittel. Diese Kosten werden als unechte Gemeinkosten bezeichnet.[5]

Durch eine weitere Gliederung der Kostenarten nach dem Verhalten bei Veränderung von Kosteneinflussgrößen kann zwischen fixen und variablen Kosten unterschieden werden. Dabei verhalten sich sachlich und zeitlich exakt abgegrenzte Kosten variabel (fix) in Bezug auf eine bestimmte Kosteneinflussgröße, wenn sich durch eine Variation dieser Größe die Kostenhöhe innerhalb eines angegebenen Intervalls ändert (nicht ändert).[6] Als wichtigste Kosteneinflussgröße wird im Rahmen der Kostentheorie die Beschäftigung[7] angesehen.[8]

---

[1] Vgl. z. B. Hummel / Männel (1986), S. 132.

[2] Vgl. z. B. Brink (1993), Sp. 500.

[3] Eine vertiefende Diskussion des Verursachungsprinzips erfolgt in einem späteren Abschnitt.

[4] Vgl. z. B. Kilger (1987), S. 74; Coenenberg (1997), S. 50; Haberstock (1997), S. 57; Niethammer (1992), S. 404.

[5] Vgl. Brink (1993), Sp. 500 f.

[6] Vgl. Küpper (1993), Sp. 647.

[7] Als weitere Kosteneinflussgrößen nennt *Gutenberg* die Faktorqualität, die Faktorpreise, die Betriebsgröße und das Fertigungsprogramm, vgl. Gutenberg (1983), S. 344 ff., sowie für weitere Systematisierungen von Kosteneinflussgrößen Busse von Colbe / Laßmann (1988), S. 209 ff.; Dellmann (1980), S. 136 ff., und die dort angegebenen Literaturhinweise. Für eine beispielhafte Darstellung der Einflussgrößen auf einzelne Kostenarten vgl. Henzel (1967), S. 302 ff.

[8] Vgl. z. B. Schweitzer / Küpper (1998), S. 96; Niethammer (1992), S. 404 f.; Coenenberg (1997), S. 51. Diese Beschränkung ist jedoch nicht unumstritten, vgl. z. B. Neuhof (1978), S. 29.

Demnach lassen sich die Kosten in Abhängigkeit der Beschäftigung grundsätzlich aus den Kostenverläufen näher beschreiben[1] und als fixe Kosten mit einem Reagibilitätsgrad[2] von Null, bzw. als variable Kosten mit einem proportionalen, progressiven, degressiven oder regressiven Verlauf kennzeichnen.[3] Neben den fixen und variablen Kosten existieren, bedingt durch die Unteilbarkeit von Produktionsfaktoren, aber auch so genannte sprungfixe Kosten, deren Reagibilitätsgrad nur innerhalb bestimmter Beschäftigungsintervalle gleich Null ist. An den Intervallgrenzen steigen (fallen) sie jedoch sprunghaft auf das nächsthöhere (-niedrigere) Fixkostenniveau.[4]

Nach der Art der Kostenerfassung können Kosten gegliedert werden als aufwandsgleiche bzw. kalkulatorische Kostenarten. Aufwandsgleiche Kostenarten sind die aus der Finanzbuchhaltung zu entnehmenden Daten der Kostenrechnung, die somit eine Überführung des pagatorischen Wertansatzes der Finanzbuchhaltung in die Kostenrechnung indizieren.[5] Wird dagegen ein sachzielbezogener Güterverbrauch nicht oder mit einem anderen Wert- oder Mengenansatz in der Finanzbuchhaltung erfasst, so werden diese Kosten als kalkulatorische Kostenarten bezeichnet (z. B. kalkulatorischer Unternehmerlohn, kalkulatorische Zinsen oder kalkulatorische Abschreibungen).

Schließlich können die Kosten nach der Art der Herkunft der Kostengüter unterteilt werden in primäre, vom Beschaffungsmarkt außerhalb der Unternehmung bezogene, und sekundäre, aus dem Wiedereinsatz selbst erstellter innerbetrieblicher Leistungen resultierende Kosten.[6]

Durch die Klassifikation der Kostenarten und deren Feinstrukturierung sind die Sachverhalte determiniert, auf die sich die Erfassungsaktivitäten der Kostenartenrechnung richten. Diese

---

1 Vgl. Küpper (1993), Sp. 647.

2 Der Reagibilitätsgrad gibt die Relation der relativen Kostenänderung zur relativen Beschäftigungsänderung an, vgl. Niethammer (1992), S. 405.

3 Vgl. hierzu auch die graphischen Darstellungen der Kostenverläufe z. B. bei Haberstock (1997), S. 33, und zu den Kostenfunktionen als theoretische Grundlage der Kostenrechnung z. B. Troßmann (1993), Sp. 1194 ff.; Dellmann (1980), S. 159 ff.

4 Vgl. z. B. Coenenberg (1997), S. 52 f.

5 Vgl. Hummel / Männel (1986), S. 138; Coenenberg (1997), S. 58.

6 Vgl. z. B. Hummel / Männel (1986), S. 132.

Erfassung der Kosten umfasst die gliederungskonforme Feststellung und zielgerichtete Bewertung des sachzielbezogenen Güterverbrauchs.[1] Voraussetzung für eine solche getrennte Erfassung von Verbrauchsmengen und Einsatzgüterpreisen und der hierauf aufbauenden Ermittlung des Kostenwertes ist allerdings, dass Mengen- und Preiskomponenten messbar sind.[2] Ist dies nicht möglich oder aus Wirtschaftlichkeitsüberlegungen nicht zweckmäßig, so kann auf eine getrennte Erfassung zu Gunsten des Verfahrens der undifferenzierten Werterfassung verzichtet werden (z. B. für die Erfassung des kalkulatorischen Unternehmerlohns).[3]

3.4.2 Kostenstellenrechnung

Liegt die Ausrichtung der Kostenartenrechnung in der isomorphen Erfassung und zweckgerichteten Gliederung der Kosten, so liegt der Schwerpunkt der Kostenstellenrechnung[4] in der Zuordnung der Kosten zum Ort bzw. Partialprozess ihrer Entstehung.[5] Als Kostenstellen werden hierbei solche Betriebsabteilungen bzw. Teilbereiche aufgefasst, die als selbstständige Kontierungseinheiten in der Kostenrechnung abgerechnet werden.[6] Die Kostenstellenrechnung stellt durch die Kennzeichnung der Kostenentstehung und Kostenzurechnung das Bindeglied zwischen Kostenarten- und Kostenträgerrechnung dar[7] und übernimmt die verursachungsgerechte Verteilung der primären Kosten als Kostenstellenkosten und im Zuge der

---

1 Vgl. Laßmann (1993), Sp. 1188.

2 Vgl. für die Erfassung einzelner Kostenarten die ausführlichen Erläuterungen von z. B. Kilger (1987), S. 78 ff.; Kosiol (1979), S. 179 ff.; Schweitzer / Küpper (1998), S. 104 ff.; Hummel / Männel (1986), S. 143 ff.; Haberstock (1997), S. 64 ff.; Mayer / Liessmann / Mertens (1994), S. 103 ff., sowie für die Prinzipien der Kostenerfassung z. B. Laßmann (1993), Sp. 1189 f.

3 Vgl. Schweitzer / Küpper (1998), S. 103 f.

4 Für eine differenzierte Betrachtung der Erlösstellenrechnung vgl. Schweitzer / Küpper (1998), S. 127 ff.

5 Vgl. Schweitzer / Küpper (1998), S. 126; Freidank (1988), S. 128.

6 Vgl. Kilger (1987), S. 154. Eine detaillierte Definition der Kostenstellen geben *Hummel / Männel*, die Kostenstellen als funktional, organisatorisch oder nach anderen Kriterien abgegrenzte Teilbereiche des Unternehmens kennzeichnen, an denen die von ihnen verursachten Kosten erfasst, ausgewiesen und geplant bzw. kontrolliert werden, vgl. Hummel / Männel (1986), S. 190. Für die Grundsätze der Bildung von Kostenstellen vgl. Kilger (1987), S. 154 ff. sowie die dort angegebene weiterführende Literatur.

7 Vgl. Milling (1993) Sp. 1249; Coenenberg (1997), S. 74; Hummel / Männel (1986), S. 190; Schweitzer / Küpper (1998), S. 126 f.

innerbetrieblichen Leistungsverrechnung die Umlage der sekundären Kosten.[1] Hierauf aufbauend können Kalkulationssätze gebildet werden, mit deren Hilfe die Gemeinkosten eine differenzierte (möglichst verursachungsgerechte) Verteilung auf die Kostenträger erfahren.[2] Zusätzlich übernimmt die Kostenstellenrechnung die Funktion der Kontrolle der Wirtschaftlichkeit der betrieblichen Produktionsprozesse an den Orten, an denen die Kosten zu verantworten und beeinflussbar sind.[3]

Die Voraussetzung zur Erfüllung der o. g. Aufgaben ist zunächst die Bildung von Kostenstellen und die hierdurch indizierte Einteilung des heterogenen Gesamtbetriebes in homogene Abrechnungsbezirke. Erst die zielgerichtete Unterteilung der Unternehmung in die Teilbezirke der Kostenstellen sowie eine genaue Analyse der dort ablaufenden Prozesse können die wesentlichen Kostenbestimmungsgrößen sowie deren Einflüsse aufzeigen.[4] Die hierdurch erzeugte Transparenz bildet die Voraussetzung der Kostenzurechnung, Kostenplanung und Kostenkontrolle und der notwendigen Informationsbereitstellung für dispositive Maßnahmen. Zur Bildung von Kostenstellen können folgende, sich nicht gegenseitig ausschließende Kriterien hervorgehoben werden:[5]

- Die räumliche Kostenstellenbildung schafft räumlich abgegrenzte Einheiten wie beispielsweise Abteilungen, Werkstätten oder Arbeitsplätze, in denen die Kosten am Ort ihrer Entstehung (Einwirkung) erfasst werden.
- Die funktionale Stellenbildung fasst die Kosten nach bestimmten Funktionen, Tätigkeiten, Aufgaben und Zwecken zusammen. Dies ist besonders bedeutsam im Falle der Existenz einer dezentralen Struktur (z. B. Lagerverwaltung, Reparaturen, Vertrieb).
- Die Stellenbildung nach Verantwortungsbereichen berücksichtigt die Zuständigkeit von eigenständigen Verantwortlichen (z. B. Bereichsleiter, Meister) und bildet die Grundlage für eine Überwachung der Wirtschaftlichkeit.

---

1 Vgl. Milling (1993), Sp. 1250; Haberstock (1997), S. 104 f., wobei dieser Autor diese Aufgaben als Darstellung der Leistungsbeziehungen bzw. Ermittlung der relevanten Kosten bezeichnet.

2 Vgl. Freidank (1988), S. 128; Kloock / Sieben / Schildbach (1993), S. 109.

3 Vgl. z. B. Zimmermann (1998), S. 67.

4 Vgl. Milling (1993), Sp. 1251.

5 Vgl. Kosiol (1979), S. 233; Jost (1992), S. 77; sowie die detaillierten Ausführungen von Olfert (1996), S. 149 ff.

- Unter rechnungstechnischen Gesichtspunkten können Kostenstellen im Hinblick auf eine weitgehend verursachungsgerechte Kostenverteilung gebildet werden. So können z. B. bestimmte Maschinen, Aufträge, Produkte oder in funktionaler Sichtweise einzelne Arbeitsvorgänge selbstständig abgerechnet werden.

Dabei sollte die Einrichtung von Kostenstellen verschiedene Grundsätze beachten.[1]

Zunächst sollten Kostenstellen derart gebildet werden, dass sich für jede Kostenstelle genaue Bezugsgrößen (Maßgrößen der Kostenverursachung) finden lassen, um hierdurch eine genaue Kalkulation und eine wirksame Kostenkontrolle zu gewährleisten. Unter Beachtung dieses Grundsatzes kann die Wahl der richtigen Bezugsgröße durch eine feine (tiefe) Kostenstellengliederung erleichtert werden. Des Weiteren sollte jede Kostenstelle einen selbstständigen Verantwortungsbereich abgrenzen, dessen Zuständigkeiten und Weisungsbefugnisse eindeutig festliegen. Eine wirksame Überwachung der Entscheidungsträger durch sinnvolle Kostenkontrolle wäre ansonsten nicht möglich.[2] Wichtig bei der Kostenstelleneinteilung ist ebenfalls der Grundsatz der Möglichkeit einer eindeutigen Zuordnung von Kostenartenbelegen zu den verursachenden Kostenstellen. Die Beachtung dieses Grundsatzes kann durch eine möglichst grobe Gliederung der Kostenstellen erleichtert werden, was zu gegenläufigen Tendenzen in Bezug auf den Grundsatz der geeigneten Bezugsgrößenwahl führt. Schließlich gilt auch hier, wie für die Gesamtheit der Tätigkeiten einer Unternehmung, der Grundsatz der Wirtschaftlichkeit, in dem die Aufteilung der Unternehmung in Kostenstellen ihre Grenzen findet.[3]

---

1 Die folgenden Grundsätze basieren im Wesentlichen auf den Ausführungen von Kilger (1987), S. 154 ff.; Milling (1993), Sp. 1252.

2 Die Bildung von Verantwortungsbereichen schließt dagegen nicht aus, dass einem Verantwortlichen mehrere Kostenstellen unterstehen, da die Teilbereiche zum Zwecke der Planung und Kontrolle konsolidiert werden können, vgl. Aghte (1963), S. 34.

3 Zur Entscheidung, wie differenziert Kostenstelleneinteilungen vorzunehmen sind, können kalkulatorische Fehlerrechnungen Hilfestellung geben, vgl. hierzu die Beispiele bei Kilger (1987), S. 155 ff., und Haberstock (1997), S. 106 ff.

Die Durchführung der Kostenstellenrechnung kann in statistisch-tabellarischer Form mit Hilfe des Betriebsabrechnungsbogens (BAB) erfolgen,[1] in dem grundsätzlich nur Gemeinkosten verrechnet werden (ex definitione können Einzelkosten den Kostenträgern direkt zugerechnet werden). Nach abrechnungs- und leistungstechnischen Gesichtspunkten sind die Kostenstellen im BAB nach Haupt- und Hilfskostenstellen unterteilt.[2] Hierbei sind Hauptkostenstellen dadurch gekennzeichnet, dass ihre Kosten direkt auf die Kostenträger verrechnet werden, da der bewertete sachzielbezogene Güterverbrauch dieser Kostenstellen eine direkte verursachungsgerechte Beziehung zu den Kostenträgern aufweist. Hilfskostenstellen fehlt dagegen eine solche direkte Beziehung und sie geben ihre Leistung nicht an absatzfähige Güter, sondern als innerbetriebliche Leistung an andere Kostenstellen ab.[3] Sie bilden somit abrechnungstechnische Zwischenglieder, die ihre Kosten, eventuell über weitere Hilfskostenstellen, vollständig an die Hauptkostenstellen abgeben.[4] Für die Verteilung bzw. Schlüsselung der Gemeinkosten auf diese Haupt- bzw. Hilfskostenstellen sowie für die Ermittlung von Zuschlagssätzen bei der Verteilung von Kostenstellen auf Kostenträger fällt der Wahl der Bezugsgrößen eine wichtige Rolle zu.[5]

Die Bezugsgröße als Maßgröße der Kostenverursachung einer Kostenstelle sollte einen proportionalen Schlüssel widerspiegeln, mit dessen Hilfe eine möglichst verursachungsgerechte Zurechnung der Kosten erfolgen kann.[6] Um dies zu ermöglichen, muss zwischen der Bezugsgröße und der Kosteneinflussgröße, durch die die Höhe der zu verteilenden Kosten determiniert wird, eine proportionale Beziehung bestehen, für deren Ermittlung eine genaue Analyse

---

1 Eine weitere Möglichkeit der Durchführung stellt die kontenmäßige oder buchhalterische Kostenstellenrechnung dar, die lange Zeit in der betrieblichen Praxis nur selten anzutreffen war. Durch den verstärkten Einsatz der EDV hat sie jedoch wieder an Bedeutung gewonnen, vgl. Milling (1993), Sp. 1254; Haberstock (1997), S. 115. Für die Durchführung der kontenmäßigen Betriebsabrechnung vgl. z. B. Christmann / Witthoff (1994), S. 102 ff.; Scherrer (1991), S. 345 ff. Auf Grund der übersichtlichen Darstellung des Kostenflusses durch den BAB soll in den weiteren Ausführungen auf diese Form der Durchführung der Kostenstellenrechnung zurückgegriffen werden.

2 Auf eine weitere Unterteilung der Kostenstellen in Nebenkostenstellen soll unter Bezugnahme auf die Überlegungen von *Haberstock* verzichtet werden, vgl. Haberstock (1997), S. 114 f.

3 Vgl. z. B. Haberstock (1997), S. 113.

4 Vgl. Milling (1993), Sp. 1254; Haberstock (1997), S. 13.

5 Vgl. zu den folgenden Ausführungen insbesondere Kilger (1993), S. 312 ff. und die dort angegebenen weiterführenden Literaturhinweise. Einen guten Überblick liefert das von *Kilger* dargestellte Ablaufschema der Bezugsgrößenwahl auf S. 314.

6 Vgl. Schweitzer / Küpper (1998), S. 134.

der Kosteneinflussfaktoren einer Kostenstelle notwendig ist.[1] Hierbei kann die Festlegung von nur einer Bezugsgröße im Falle homogener Kostenverursachung ausreichend sein. Liegt dagegen eine heterogene Kostenverursachung vor, da auf die Kostenhöhe verschiedene Kosteneinflussfaktoren einwirken, deren Maßgrößen sich nicht proportional zueinander verhalten, müssen mehrere Bezugsgrößen für eine Kostenstelle ausgewählt werden.[2] Gelingt die Ableitung von quantitativen Maßgrößen der Kostenverursachung aus den Leistungseinheiten einer Kostenstelle, so bezeichnet man diese als direkte Bezugsgrößen. Können dagegen keine direkten Bezugsgrößen ermittelt bzw. nur unter prohibitiv hohem Aufwand erfasst werden, so können hilfsweise indirekte Bezugsgrößen zur Anwendung kommen,[3] deren Vergabe sich allerdings auf ein Mindestmaß beschränken sollte.[4] Denn letztlich hängt die Genauigkeit der Kostenrechnung wesentlich davon ab, in welchem Umfang es gelingt, für die Kostenstellen eine oder mehrere Bezugsgrößen zu bestimmen, zu denen sich die variablen Kosten der betreffenden Kostenstelle proportional verhalten.[5] Abb. 17 gibt einen Überblick der Einteilung von in der Praxis gebräuchlichen Bezugsgrößen.

Im BAB[6] als wichtigstem Instrument der Durchführung der Aufgaben der Kostenstellenrechnung werden die primären Gemeinkosten aus der Kostenartenrechnung übernommen und auf die Kostenstellen verteilt. Handelt es sich bei den Kosten um Kostenstelleneinzelkosten (z. B. die Reparatur eines Computers einer Kostenstelle), so kann eine verursachungsgerechte Verteilung unproblematisch erfolgen. Stellen diese Kosten dagegen Kostenstellengemeinkosten dar, so ist eine (möglichst) verursachungsgerechte Verteilung mit Hilfe der zuvor beschriebenen Bezugsgrößen vorzunehmen.[7] An diese Verteilung der primären Gemeinkosten schließt sich die Umlage der Kosten für selbst erstellte Leistungen die nicht für den Absatz bestimmt sind und erneut im Produktionsprozess eingesetzt werden an. Im Rahmen dieser Verrechnung

---

1 Vgl. Kilger (1987), S. 164; Schweitzer / Küpper (1998), S. 134; Aghte (1963), S. 39.

2 Hierbei ist allerdings das Wirtschaftlichkeitsprinzip zu beachten, vgl. Kilger (1993), S. 313.

3 Vgl. Kilger (1987), S. 167.

4 Vgl. Kilger (1993), S. 316.

5 Vgl. z. B. Haberstock (1997), S. 122.

6 Auf die formale Darstellung eines BAB sei hier verzichtet, vgl. hierzu jedoch z. B. Zdrowomyslaw (1995), S. 296.

7 Vgl. Haberstock (1997), S. 121; Milling (1993), Sp. 1255.

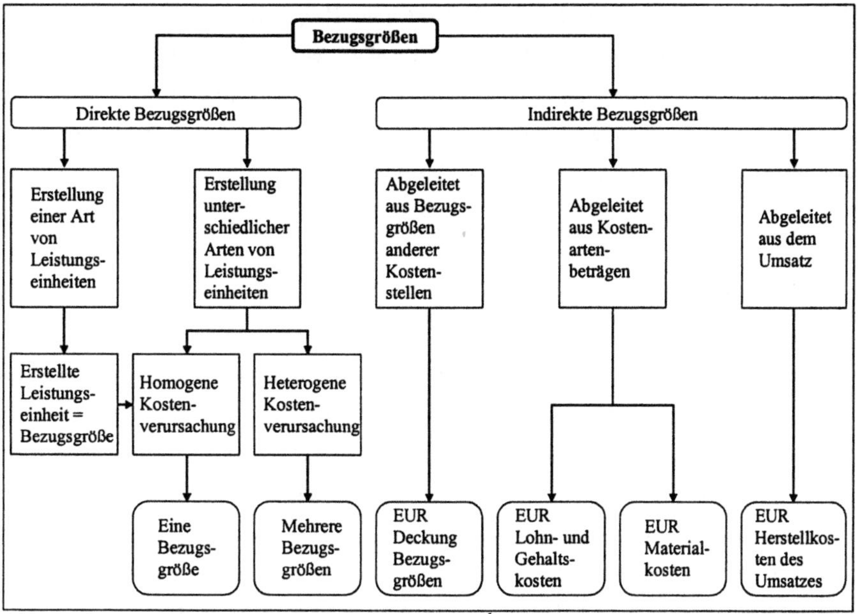

Abb. 17: Systematische Einteilung von Bezugsgrößen[1]

von sekundären Gemeinkosten sollten die Kosten der Hilfskostenstellen entsprechend ihrer Beanspruchung durch andere Hilfs- und Hauptkostenstellen verteilt werden.[2] Die Schwierigkeit einer solchen exakten innerbetrieblichen Leistungsverrechnung liegt nun darin, dass ein ständiger Leistungsaustausch zwischen den Kostenstellen stattfindet und die bestehenden Interdependenzen des Leistungsaustausches eine simultane Abrechnung aller Kostenstellen erfordert.[3] Zur Lösung dieses Problems wurden verschiedene Verfahren entwickelt, auf deren Vorstellung unter Hinweis auf die einschlägige Literatur allerdings verzichtet wird.[4] Nach dieser innerbetrieblichen Leistungsverrechnung sind die Hilfskostenstellen in vollem Umfang verteilt, so dass nur noch Hauptkostenstellen sekundäre Gemeinkosten aufweisen.[5]

---

1 Quelle: Eigene Darstellung in Anlehnung an Kilger (1987), S. 165.

2 Vgl. Scherrer (1991), S. 348; Milling (1993), Sp. 1255; Haberstock (1997), S. 125.

3 Vgl. z. B. Wöhe (1196), S. 1277.

4 Vgl. z. B. Schweitzer / Küpper (1998), S. 141 ff.; Kilger (1987), S. 179 ff.; Schierenbeck (1993), Sp. 912 ff.; Hummel / Männel (1986), S. 213 ff.; Ehrmann (1992), S. 91 ff.; Kosiol (1979), S. 285 ff.

5 Vgl. Milling (1993), Sp. 1255.

In einem weiteren Schritt werden nun die Kosten der Hauptkostenstellen, die wie oben beschrieben ermittelt wurden, in Relation zu den jeweiligen Bezugsgrößen gesetzt und hierdurch Kalkulationssätze gebildet.[1] Kalkulationssätze geben somit das Verhältnis der Kosten einer Hauptkostenstelle zu den jeweiligen Bezugsgrößen an und bilden die Basis der Ermittlung entscheidungsrelevanter Kosten[2] sowie der Kostenkontrolle.[3]

3.4.3 Kostenträgerrechnung

Die auf die Kostenarten- und Kostenstellenrechnung aufbauende Stufe der Kosten- und Erlösrechnung ist die Kostenträgerrechnung,[4] in der die Zurechnung der zunächst in der Kostenartenrechnung erfassten und teilweise über die Kostenstellenrechnung weiterverrechneten Kosten auf Kostenträger erfolgt.[5] Abgesehen von den innerbetrieblichen Leistungen einer Unternehmung stellen Kostenträger absatzfähige Leistungen dar, für die am Markt Erlöse erzielt werden und durch die der kostenverursachende Prozess der Leistungserstellung und -verwertung ausgelöst wurde.[6] Doch neben den sachzielbezogenen Endprodukten einer Unternehmung können ebenfalls alle übrigen erzeugten materiellen oder immateriellen Güter als Kostenträger angesehen werden, wie beispielsweise Zwischenprodukte bei mehrstufigen Fertigungsprozessen oder Arbeits- und Sachmittelleistungen.[7] Kostenträger stellen also nicht nur die für den Absatzmarkt bestimmten Endprodukte dar, sondern vielmehr diejenigen Leistungen einer Unternehmung, denen als Objekt der Kostenrechnung der bewertete Güterverbrauch zuzurechnen ist.[8] Eine Klassifikation von Kostenträgern anhand unterschiedlicher

---

1 Vgl. Milling (1993), Sp. 1255; Haberstock (1997), S. 137; Hummel / Männel (1986), S. 247.

2 Die Kalkulationssätze sind allerdings nicht nur die Grundlage der Ermittlung entscheidungsrelevanter Kosten in der Kostenträgerrechnung, sondern können im Rahmen der Fragestellung „Eigenfertigung oder Fremdbezug" selbst die relevanten Kosteninformationen bereitstellen, vgl. Haberstock (1997), S. 137.

3 Vgl. z. B. Hummel / Männel (1986), S. 248 f.

4 Vgl. zur Erlösträgerrechnung z. B. Bea (1993), Sp. 1276 ff.; Schweitzer / Küpper (1998), S. 162 ff.

5 Vgl. Hummel / Männel (1986), S. 255; Haberstock (1997), S. 143.

6 Vgl. Seicht (1995), S. 156.

7 Vgl. Schweitzer / Küpper (1998), S. 163.

8 Vgl. Menrad (1978), S. 54, wobei dieser Autor den Begriff des Kostenträgers aus der Leistungsverbundenheit (Sachzielbezogenheit) des Kostenbegriffs ableitet.

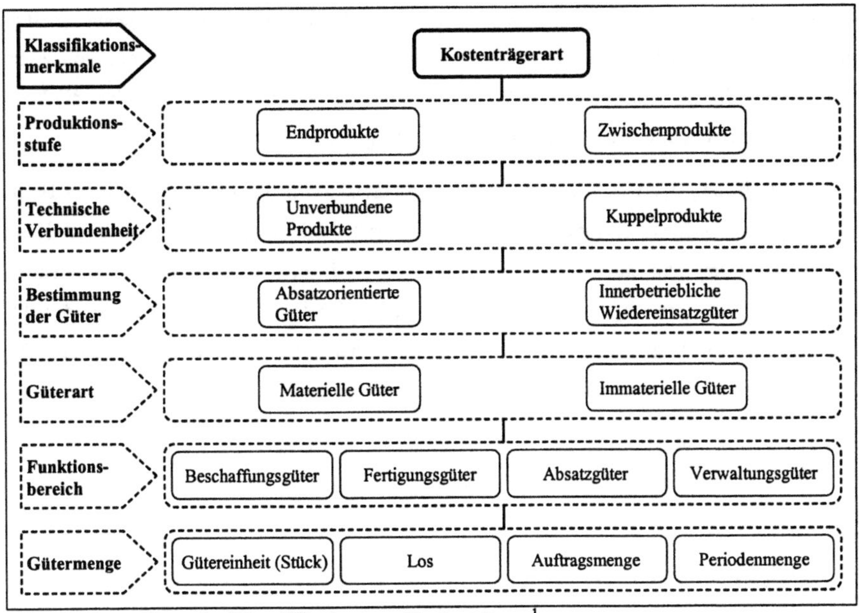

Abb. 18: Darstellung der Klassifikation von Kostenträgern[1]

Merkmale ist in Abb. 18 dargestellt. Hinsichtlich der Zwecke, die mit der Zurechnung von Kosten auf die jeweiligen Kostenträger verfolgt werden, untergliedert sich die Kostenträgerrechnung in die Teilbereiche der Kostenträgerstückrechnung und der Kostenträgerzeitrechnung.[2]

Der Kostenträgerstückrechnung (Kalkulation) obliegt die Aufgabe, mit Hilfe unterschiedlicher Kalkulationsverfahren[3] eine stückbezogene Kostenzurechnung auf Kostenträger durch-

---

[1] Quelle: Eigene Darstellung in Anlehnung an Schweitzer / Küpper (1998), S. 165.

[2] *Hummel / Männel* lehnen dagegen die im betriebswirtschaftlichen Schrifttum vorherrschende Gliederung der Kostenträgerrechnung in diese Teilbereiche ab und schlagen eine differenziertere Gliederung vor, vgl. Hummel / Männel (1986), S. 260. Für die weiteren, in Form eines Überblicks gestalteten Ausführungen ist jedoch die klassische Gliederung der Kostenträgerrechnung ausreichend und eine Auseinandersetzung mit den Einwänden der o. g. Autoren nicht notwendig.

[3] Auf eine Darstellung dieser unterschiedlichen Verfahren wird hier verzichtet. Vgl. hierzu z. B. die Ausführungen von Kloock / Sieben / Schildbach (1993), S. 131 ff.; Coenenberg (1997), S. 91 ff.; Eisele (1985), S. 507 ff.; Jokisch (1993), Sp. 1021 ff.; Hummel / Männel (1986), S. 265 ff.; Kilger (1987), S. 305 ff.; Vormbaum / Ornau (1992).

zuführen. Sie kann zu diesem Zweck prospektiv auf der Grundlage von Plandaten, partiell prospektiv als Zwischenkalkulation oder retrospektiv im Rahmen der Kontrolle konzipiert sein.[1] Durch die Ermittlung der Kosten, die auf einen Kostenträger entfallen, bildet die Kostenträgerstückrechnung u. a. die Informationsgrundlage für[2]

- die Ermittlung der Herstellkosten und Herstellungskosten für die Bewertung von Halb- und Fertigerzeugnisbeständen sowie der selbst erstellten Anlagen und Werkzeuge. Hierdurch werden zum einen die Herstellkosten der noch nicht veräußerten Produktmengen kalkuliert und ihre Abgrenzung im Rahmen der kurzfristigen Erfolgsrechnung ermöglicht. Zum anderen dienen diese Kosteninformationen der extern orientierten Bewertung der Herstellungskosten in der Handels- und Steuerbilanz.[3]
- die Planung und Kontrolle des kurzfristigen Periodenerfolges durch die Bestimmung der Selbstkosten für die abgesetzten Leistungen.
- Entscheidungen im Rahmen der Preispolitik. Hierfür kann die Kostenträgerstückrechnung wichtige Informationen wie beispielsweise bei der Bestimmung der lang- und kurzfristigen Preisuntergrenze, der Angebotspreise bei Auftragsfertigung[4] oder der Kalkulation des Angebotspreises bei öffentlichen Aufträgen (nach den Leitsätzen für die Preisermittlung auf Grund von Selbstkosten oder kurz LSP)[5] bereitstellen.
- Entscheidungen im Rahmen der Beschaffungspolitik. Durch die Ermittlung der Preisobergrenze mit Hilfe der Kalkulation können Informationen für die Auswahl von Lieferanten und Einsatzfaktoren oder die Entscheidung über „Eigenfertigung oder Fremdbezug" zur Verfügung gestellt werden.[6]
- die Ermittlung der internen Verrechnungspreise, die primär in Großunternehmen der Lenkung einzelner Unternehmensbereiche, Werke oder Abteilungen dienen.[7]

---

1 Vgl. Eisele (1985), S. 505.

2 Vgl. hierzu insbesondere Kilger (1987), S. 270 ff.

3 Vgl. hierzu z. B. Wöhe (1992), S. 596 ff.

4 Vgl. hierzu z. B. Layer (1969).

5 Vgl. für die Kalkulation nach LSP z. B. Zur (1992), S. 612 f.; Kilger (1987), S. 298 ff.

6 Vgl. z. B. Bea (1993), Sp. 1275.

7 Vgl. Hummel / Männel (1986), S. 258; Zdrowomyslaw (1995), S. 355; Freidank (1988), S. 164 ff.

Die im Rahmen der Kalkulation ermittelten stückbezogenen Herstell-, Herstellungs- und Selbstkosten für betriebliche Leistungen können als vorrangige Aufgabe der traditionellen Kostenträgerrechnung angesehen werden, da insbesondere die Informationsbereitstellung für preispolitische Entscheidungen in der betrieblichen Praxis von großer Bedeutung ist.[1]

Im Gegensatz zu der auf die Ermittlung der Kosten je Leistungseinheit orientierten Kostenträgerstückrechnung liegt die Aufgabe der Kostenträgerzeitrechnung auf einer möglichst genauen Zurechnung der Kosten auf die Leistungseinheiten innerhalb einer Abrechnungsperiode.[2] Hierdurch wird eine laufende Kontrolle der Unternehmensprozesse ermöglicht und die Informationsbereitstellung für kurzfristige Dispositionen gewährleistet.[3] Dabei werden den in einer Periode (z. B. einem Monat oder Quartal) kalkulierten Kosten regelmäßig die bei der Verwertung am Markt erwirtschafteten Erlöse gegenübergestellt und durch diese Verknüpfung von Kosten und Erlösen eine unterjährige (periodische) kalkulatorische Erfolgsrechnung durchgeführt.[4] Die besondere Problematik einer solchen kurzfristigen[5] Erfolgsrechnung liegt jedoch in der Abgrenzung einer (kurzen) Abrechnungsperiode, da die entstehenden Kosten einer Periode vielfach nicht den innerhalb dieses Zeitraums verursachten Kosten der hergestellten oder abgesetzten Produkte entsprechen. So werden im Produktionsprozess Zwischen- und Endprodukte erstellt, deren Absatz erst in späteren Perioden erfolgt und die Erlöse folglich nicht im entsprechenden Betrachtungszeitraum anfallen.[6] Gleiches gilt für aktivierte Eigenleistungen, die im Unternehmen erneut eingesetzt werden (wie z. B. selbst erstellte Anlagen) und nicht für den Absatzmarkt bestimmt sind.[7] Unter Berücksichtigung dieser Proble-

---

[1] Vgl. Zdrowomyslaw (1995), S. 355.

[2] Vgl. Zdrowomyslaw (1995), S. 437.

[3] Vgl. Eisele (1985), S. 524.

[4] Es herrscht allerdings hinsichtlich der Zugehörigkeit der kurzfristigen Erfolgsrechnung zur Kostenträgerrechnung in der betriebswirtschaftlichen Literatur keine einheitliche Auffassung. So lehnt z. B. *Eisele* die häufig vorgenommene Identifikation von Kostenträgerzeitrechnung mit der kurzfristigen Erfolgsrechnung ab, da die Einbeziehung der Erlösseite über den Rahmen der Kostenrechnung hinausreiche, vgl. Eisele (1985), S. 524. *Hummel / Männel* stellen hierzu jedoch fest, dass die Begründung einer solchen Zurechnung an der starken Vernachlässigung der Erlösseite in der traditionellen Kostenrechnung liege und eine Berücksichtigung der Erlöse in der Praxis häufig erst in diesem Teilbereich der Kosten- und Erlösrechnung erfolge, vgl. Hummel / Männel (1986), S. 317 f.

[5] Vgl. zum Begriff der Kurzfristigkeit vor dem Hintergrund der kurzfristigen Erfolgsrechnung Lücke (1993), Sp. 1317.

[6] Vgl. Schweitzer / Küpper (1998), S. 194 f.

[7] Vgl. Lücke (1993), Sp. 1319.

matik können im Rahmen der kurzfristigen Erfolgsrechnung zwei grundsätzliche Verfahren zur Ermittlung des Periodenerfolges unterschieden werden, die jedoch zu identischen Ergebnissen führen.

Beim Gesamtkostenverfahren werden den in der Abrechnungsperiode erstellten Leistungen die nach Kostenarten erfassten Gesamtkosten der Abrechnungsperiode gegenübergestellt. Die erstellte Leistung setzt sich hierbei aus dem Periodenumsatz zuzüglich (abzüglich) der Bestandserhöhung (Bestandsverminderung) an fertigen und unfertigen Erzeugnissen, zuzüglich der aktivierten Eigenleistung, bewertet zu Herstellkosten zusammen.[1] Durch diese Vorgehensweise werden zwar die Bestandsveränderungen und Umsätze nach Produktarten gegliedert, die Kosten allerdings werden lediglich nach Kostenarten erfasst, wodurch Aussagen hinsichtlich der Erfolgsbeiträge einzelner Produkte oder Produktgruppen nicht möglich sind.[2] Solche Informationen können dagegen mit dem Umsatzkostenverfahren bereitgestellt werden.

Bei der Ermittlung des kurzfristigen Periodenerfolges mit Hilfe des Umsatzkostenverfahrens werden nicht nur die Erlöse und Bestandsveränderungen nach einzelnen Produktarten bzw. Produktgruppen gegliedert. Vielmehr werden durch die Bestimmung der Selbstkosten der abgesetzten Leistungen ebenfalls die Kosten nach identischen Kriterien erfasst, wodurch der Erfolgsbeitrag einzelner Kostenträger erkennbar wird. Die Ergebnisse der Kostenträgerstückrechnung gehen demnach in vollem Umfang in die kurzfristige Erfolgsrechnung nach dem Umsatzkostenverfahren ein.[3] In Abb. 19 ist die Ermittlung des kurzfristigen Periodenerfolgs durch das Gesamt- und Umsatzkostenverfahren am Beispiel einer Vollkostenrechnung dargestellt.

---

1 Vgl. z. B. Coenenberg (1997), S. 106; Zdrowomyslaw (1995), S. 444.

2 Vgl. z. B. Kilger (1987), S. 421. Aussagekraft besitzt das Gesamtkostenverfahren lediglich bei Einproduktunternehmen.

3 Vgl. Schweitzer / Küpper (1998), S. 198.

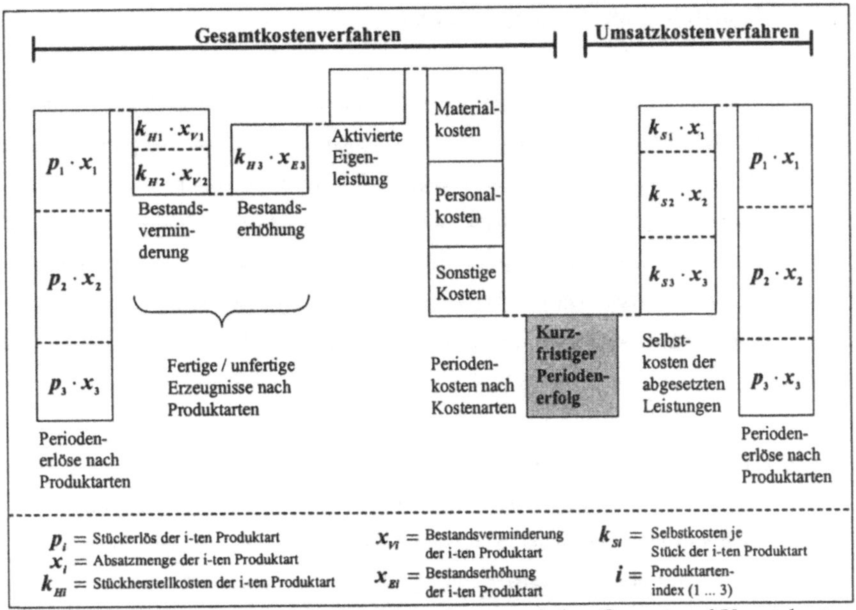

Abb. 19: Darstellung der kurzfristigen Erfolgsrechnung nach dem Gesamt- und Umsatzkostenverfahren am Beispiel einer Vollkostenrechnung[1]

[1] Quelle: Eigene Darstellung.

3.5 Prinzipien der Kostenverteilung

In den vorangegangenen Ausführungen zu den Teilbereichen der Kostenrechnung wurden die in der Kostenartenrechnung erfassten Kosten auf die Kostenstellen und Kostenträger verteilt. Diese Kostenverteilung kann nach verschiedenen Prinzipien vorgenommen werden, deren divergierende Grundgedanken und Regeln als einer der Diskussionsschwerpunkte innerhalb der Kostenrechnung angesehen werden können. Die im Folgenden vorgestellten Kostenverteilungsprinzipien[1] erheben keinesfalls einen Anspruch auf Vollständigkeit, vielmehr sollen die im betriebswirtschaftlichen Schrifttum vorherrschenden Prinzipien eingehender betrachtet werden.[2]

Als Grundprinzip der Kostenverteilung wird in der einschlägigen Fachliteratur das Kostenverursachungsprinzip angesehen.[3] In seiner allgemeinen Interpretation besagt dieses Prinzip, dass einem Kalkulationsobjekt nur jene Kosten zugerechnet werden dürfen, die es verursacht,[4] wodurch eine ursächliche Beziehung zwischen Kosten und Leistungen berücksichtigt werden soll.[5] Es kann nicht verwundern, dass dieses Postulat im Sinne des Gerechtigkeitsdenkens eine breite Zustimmung findet, denn eine verursachungsgerechte Kostenverteilung verhindert beispielsweise die Übernahme der Verantwortung eines Kostenstellenleiters für etwas, das er nicht verschuldet hat.

Herrscht hinsichtlich dieses Verursachungsgedankens bei einer Vielzahl von Autoren Konsens, so bestehen jedoch unterschiedliche Auffassungen bezüglich der Konkretisierung des

---

[1] Auf eine begriffliche Trennung in Zurechnungs- und Verrechnungsprinzipien kann im Weiteren verzichtet werden, da unter Berücksichtigung des thematischen Schwerpunktes dieser Abhandlung hierdurch keine zusätzlichen Erkenntnisse erwachsen. Vgl. hierzu jedoch Mrosek (1983), S. 108.

[2] An dieser Stelle sei darauf hingewiesen, dass auf eine isolierte Betrachtung der Erlösseite verzichtet wird, wobei die Grundgedanken der Kostenverteilungsprinzipien ebenfalls auf die Prinzipien der Erlösverteilung transferiert werden können.

[3] Vgl. z. B. Kilger (1987), S. 75; Hummel / Männel (1986), S. 53; Schweitzer (1977), S. 483; Ehrt (1967), S. 7; Hohenbild (1974), S. 222, sowie die dort angegebene Literatur. So erfolgte in Abschnitt 3.2 die Konkretisierung der Sachzielbezogenheit des Güterverbrauchs mit Hilfe des Verursachungsprinzips. Die Prinzipien der Kostenverteilung wirken sich somit nicht nur im Bereich der Kostenstellen- und Kostenträgerrechnung aus, sondern haben ebenfalls einen Einfluss auf die Abgrenzung von Kosten zu anderen Betragsgrößen in der Kostenartenrechnung, vgl. Haberstock (1997), S. 48.

[4] Vgl. z. B. Haberstock (1997), S. 48; Hummel / Männel (1986), S. 53 f.

[5] Vgl. Ehrt (1967), S. 9, Fußnote 16.

Verursachungsprinzips und der Festlegung klarer Regeln zur exakten Bestimmung jener Kosten, die als durch ein Kalkulationsobjekt verursacht gelten sollen. Die Gründe hierfür liegen in dem hohen Abstraktionsgrad und den hiermit verbundenen vielfältigen Interpretationsmöglichkeiten des Verursachungsprinzips, bei denen sich jedoch eine Unterscheidung in die kausale und die finale Interpretation weitgehend durchgesetzt hat.[1]

In seiner kausalen Interpretation stellt das Verursachungsprinzip auf einen Ursache-Wirkungs-Zusammenhang zwischen den Kosten und den Kalkulationsobjekten ab.[2] Die hiermit verbundene Anweisung für die Gegenüberstellung dieser Größen ist die Konstruktion von Zuordnungsregeln unter Verwendung von Ursache-Wirkungs-Beziehungen,[3] wobei die Leistung als Ursache (causa efficiens) und der sachzielbezogene Güterverbrauch als Wirkung betrachtet wird.[4] In einer konsequenten Umsetzung dieses Prinzips der Kostenverteilung können fixe Kosten auf Leistungseinheiten nicht verteilt werden, da sie von Beschäftigungsänderungen unabhängig sind. Die Entstehung dieser Kosten kann folglich nicht als Wirkung auf eine ursächliche Leistungserstellung zurückgeführt und im Sinne eines Ursache-Wirkungs-Zusammenhangs den Kostenträgern zugerechnet werden.[5] Vielmehr werden infolge einer ausschließlich kausalen Interpretation lediglich variable Kosten verursachungsgerecht auf die Kalkulationsobjekte verteilt, die beispielsweise durch die Produktion eines einzelnen Produktes zusätzlich entstehen bzw. bei Verzicht seiner Produktion entfallen.[6]

Kosiol sieht dagegen als grundsätzliches Verteilungsprinzip der Kostenrechnung das zuvor bereits angesprochene Kosteneinwirkungsprinzip, welches er aus der Kennzeichnung der

---

1 Vgl. Mrosek (1983), S. 110, sowie die dort aufgeführten weiteren Autoren. Auf eine Darstellung des im Schrifttum als eigenständiges Verteilungsprinzip vielfach aufgeführten Proportionalitätsprinzips wird hier verzichtet, da es sich hierbei lediglich um ein Hilfsprinzip des Kostenverursachungsprinzips handelt, vgl. auch Ehrt (1967), S. 10.

2 Vgl. z. B. Mrosek (1983), S. 111; Ehrt (1967), S. 17; Haberstock (1997), S. 49.

3 Für das Wesen der Kausalität vgl. vertiefend z. B. Ehrt (1967), S. 17 ff.

4 Vgl. Mrosek (1983), S. 111; Haberstock (1997), S. 49; Hohenbild (1974), S. 227. Bei dem von *Kosiol* vorgeschlagenem Kosteneinwirkungsprinzip (vgl. Abschnitt 3.2), das von *Mrosek* ebenfalls der kausalen Interpretation des Verursachungsprinzips zugerechnet wird, handelt es sich allerdings um eine Umkehrung des Ursache-Wirkungs-Zusammenhangs. Die Kosten stellen in diesem Sinne die Ursache der Leistung dar, vgl. Mrosek (1983), S. 112.

5 Vgl. Munzel (1966), S. 49; Haberstock (1997), S. 49.

6 Vgl. Haberstock (1997), S. 49; Mrosek (1983), S. 111; Hohenbild (1974), S. 236.

Sachzielbezogenheit der Kosten ableitet.[1] In dieser erweiterten Interpretation ist der Güterverbrauch als Wirkursache aufzufassen, ohne den die Leistung nicht zustande kommt. Eine Kostenverteilung muss daher dergestalt erfolgen, dass einer Leistung derjenige Güterverbrauch zugerechnet wird, ohne dessen Einwirkung die Leistung nicht hervorgebracht worden wäre. Somit können Steuern oder Abgaben Kostencharakter erhalten.[2]

In seiner finalen Interpretation wird dagegen die Beziehung zwischen Kosten und Kalkulationsobjekten nicht als Ursache-Wirkungs-Beziehung, sondern als Mittel-Zweck-Zusammenhang verstanden. Dabei vertritt *Ehrt* als einer der wichtigsten Vertreter des Finalitätsprinzips die Ansicht, „... daß einer Leistung die Kosten final zurechenbar sind, die um dieser Leistung willen bewußt in Kauf genommen worden sind“[3]. Die Kosten sind somit Mittel zum Zwecke der Leistungserstellung bzw. Kalkulationsobjekte die Zweckursache (causa finalis) des sachzielbezogenen Güterverbrauchs.[4]

Hinsichtlich der konkreten Kostenverteilung im Rahmen der finalen Interpretation kann keine eindeutige Aussage in Bezug auf die Zurechenbarkeit von fixen und variablen Kosten auf Kalkulationsobjekte getroffen werden. Vielmehr stellt *Ehrt* in seinen Ausführungen fest, dass im Einzelnen zu überprüfen ist, inwieweit Kosten für Leistung bewusst[5] in Kauf genommen werden und hierdurch den entsprechenden Kalkulationsobjekten zuzurechnen sind.[6] So hat beispielsweise der Lohn eines Arbeiters, der speziell für die Bearbeitung eines Auftrags über

---

[1] Vgl. Kosiol (1979), S. 21.

[2] Vgl. Kosiol (1979), S. 21.

[3] Ehrt (1967), S. 30.

[4] Vgl. Mrosek (1983), S. 113; Haberstock (1997), S. 49.

[5] Die bewusste Inkaufnahme schließt dabei den Zwangsverbrauch in der Konzeption von *Ehrt* keinesfalls aus (wie an anderer Stelle ausgeführt, sieht *Kosiol* hierdurch einen Ausschluss des Zwangsverbrauchs gegeben). Vielmehr muss in vielen Fällen auch ein Zwangsverbrauch bewusst um der Leistung willen in Kauf genommen werden und stellt somit Kosten im Sinne der finalen Interpretation des Verursachungsprinzips dar, vgl. Ehrt (1967), S. 30 f.

[6] Vgl. Ehrt (1967), S. 35.

eine bestimmte Zeitspanne eingestellt wurde, zwar fixen Charakter, jedoch können diese Lohnkosten dem speziellen Auftrag verursachungsgerecht final zugerechnet werden.[1]

Neben der weitgehend übereinstimmenden Auffassung hinsichtlich der Notwendigkeit einer verursachungsgerechten Verteilung der Kosten vertritt *Riebel* die Ansicht, dass weder eine finale noch eine kausale Interpretation des Verursachungsprinzips die Zurechenbarkeit von Kosten begründen kann.[2] Vielmehr stellt der Autor eine Doppelwirkung des Realprozesses in den Vordergrund seiner Überlegungen, worin der kombinierte Einsatz von Produktionsfaktoren unter technologisch bestimmten Bedingungen eine Ursache darstellt, die zwei Wirkungen hervorruft. Zum einen den Verzehr (bzw. eine räumlich-zeitliche Inanspruchnahme) der eingesetzten Produktionsfaktoren und zum anderen die Entstehung des Produkts oder Produktbündels.[3] Dieser Zusammenhang ist schematisch in Abb. 20 dargestellt. Vor diesem Hintergrund ist nach *Riebel* der Güterverbrauch „... lediglich eine an sich unerwünschte Neben*wirkung*, die aber in Kauf genommen werden muß, um die Leistungserstellung (und -verwertung) als beabsichtigte Wirkung zu erreichen“[4]. Eine eindeutige Zurechenbarkeit von Güterverbräuchen und Leistungen sieht der Autor dann gegeben, wenn sie als Wirkung ein und desselben Kausal- oder Finalprozesses auf eine identische Entscheidung zurückgeführt werden können.[5] *Riebel* versteht den Kausalprozess, der stets von einem Finalprozess überlagert wird, als durch Entscheidungen über Ziele und Mittel ausgelöst und konstatiert die Zurückführbarkeit von Leistungen und Güterverbrauch auf dieselbe identische Entscheidung als das einzige maßgebliche Kriterium.[6] Die hieraus abgeleitete Zurechnung erfolgt nach dem Identitätsprinzip,

---

[1] Beschäftigungsvariable Kosten können den einzelnen Kostenträgern zugerechnet werden, beschäftigungsunabhängige Kosten dagegen nicht. Ihre finale Zurechenbarkeit ist jedoch in Bezug auf andere Bezugsobjekte (z. B. Leistungssparten oder -gruppen) möglich, da diese Kosten bewusst für das Bezugsobjekt als Einzelkosten in Kauf genommen werden, vgl. Ehrt (1967), S. 45.

[2] Vgl. Riebel (1959), S. 45, Anmerkung 1.

[3] Vgl. Riebel (1969), S. 56.

[4] Riebel (1969), S. 59. Mit der Ablehnung eines kausalen Zusammenhangs zwischen Kosten und Leistungen durch die Doppelwirkung des Realprozesses lehnt *Riebel* gleichzeitig eine finale Beziehung ab, da sich der Zweck der Leistungserstellung vielfach in gleicher Weise nur mit Hilfe des Realprozesses (und somit notwendigerweise des Kausalprozesses) erreichen lässt. Vgl. hierzu vertiefend Riebel (1969), S. 58 ff., sowie für die Kausalität des Realprozesses im Finalprozess ebenfalls Ehrt (1967), S. 22 f.

[5] Vgl. Riebel (1969), S. 61.

[6] Vgl. Riebel (1959), S. 45, Anmerkung 1.

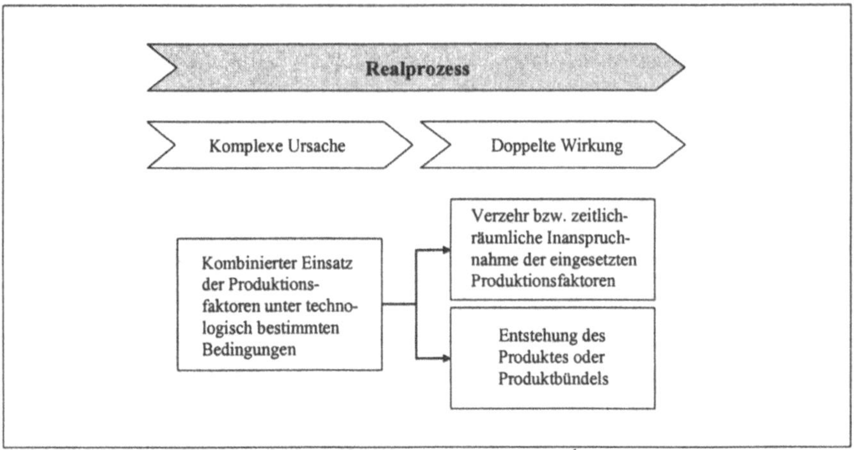

Abb. 20: Darstellung der Leistungserstellung als Kausalprozess[1]

wodurch Kosten einem Kalkulationsobjekt nur dann zugerechnet werden können, wenn sowohl der Güterverbrauch als auch die Leistung auf eine identische Disposition zurückgeführt werden kann.[2]

Zimmermann kommt dagegen in seiner Untersuchung der Kostenzuordnung im deterministischen und stochastischen Fall zu der Feststellung, dass zwischen einer kausalen und finalen Kostenzurechnung keinerlei Gegensätze existieren, da echte teleologische Erklärungen stets auf eine motivkausale Erklärung zurückgeführt werden können.[3] Wird ein finales Kostenverursachungsprinzip zu Grunde gelegt, so können im Sinne der Motivkausalität „... alle diejenigen Kosten den Erlösen (oder Leistungen) verursachungsgerecht zugeordnet werden, von denen der Handelnde annimmt, daß ohne ihren Einsatz die Erstellung der Leistung oder die Erzielung des Erlöses nicht erreicht werden kann“[4]. Eine stringente Kostenzuordnung sieht

---

1 Quelle: Eigene Darstellung in Anlehnung an Riebel (1969), S. 55.

2 Vgl. Riebel (1967), S. 9, sowie im Vergleich zu anderen Zurechnungsprinzipien Hummel (1983), S. 1204 ff.

3 Vgl. Zimmermann (1994), S. 329. Die Wahl eines Mittels kann nicht durch ein in der Zukunft liegendes Ziel erklärt werden. Handlungserklärend sind vielmehr die Überzeugungen und Motive, die dem Verhalten einer entscheidenden Person vorgelagert sind, vgl. Zimmermann (1994), S. 326.

4 Zimmermann (1994), S. 329.

dieser Autor somit auf der Grundlage einer vermuteten Ursache-Wirkungs-Beziehung begründet.

Des Weiteren entkräftet *Zimmermann* durch dieses motivkausale Begründungsmuster die Einwendungen, die gegen die Verwendung eines solchen kausalen Zuordnungsprinzips erhoben werden könnten,[1] und zeigt, dass die Kostenzuordnung unter Berücksichtigung der Motivkausalität materiell mit dem *Riebel'schen* Identitätsprinzip übereinstimmt. Insofern kommt *Zimmermann* zu dem Schluss, dass die Kostenzuordnungsregel nach *Riebel* nicht als neben den anderweitig entwickelten Prinzipien stehend angesehen, sondern vielmehr als deren Synthese verstanden werden kann.[2]

Die vorangegangenen Ausführungen zu den verschiedenen Kostenverteilungsprinzipien verdeutlichen, dass stets Kosten existieren, die einzelnen Kalkulationsobjekten nicht zugerechnet werden können. Der Umfang dieser nicht zurechenbaren Kosten hängt dabei vom jeweils verwendeten Zurechnungsprinzip und der zu Grunde gelegten Interpretation des Verteilungsprinzips ab. Die Verteilung solcher Kosten kann aber beispielsweise für die Kalkulation von Selbstkosten im Rahmen der Angebotspreisermittlung bei öffentlichen Aufträgen oder der steuerbilanziellen Bestandsbewertung erforderlich sein.[3] Zu diesem Zweck finden ebenfalls unterschiedliche Prinzipien[4] Anwendung, wobei dem Durchschnittsprinzip die weiteste Verbreitung zugesprochen wird.[5]

Auf Grund seiner breiten Interpretationsmöglichkeiten lässt dieses Prinzip der Kostenverteilung kaum konkrete Aussagen über die Durchschnittsbildung bzw. die ihr zu Grunde zu legenden Bezugsgrößen zu.[6] Vielfach wird das Durchschnittsprinzip jedoch dahingehend angewandt, dass die nicht durch das Verursachungs- oder Identitätsprinzip verteilten Kosten

---

1 Vgl. Zimmermann (1994), S. 329 ff., sowie für die Einwände Riebel (1969), S. 54 f.; Hohenbild (1974), S. 247 und 237.

2 Vgl. Zimmermann (1994), S. 338.

3 Vgl. hierzu die Ausführungen zur Kostenträgerrechnung im Abschnitt 3.4.3.

4 Häufig wird in diesem Zusammenhang von Anlastungsprinzipien gesprochen, vgl. z. B. Riebel (1969), S. 64; Börner (1993), Sp. 1284.

5 Vgl. z. B. Mrosek (1983), S. 129; Schweitzer (1977), S. 485; Börner (1993), Sp. 1284.

6 Vgl. Börner (1993), Sp. 1284; Kilger (1987), S. 77.

auf identische Bezugsgrößen (im Sinne des Verursachungs- oder Identitätsgedankens) bezogen und den Kalkulationsobjekten zugerechnet werden.[1] Zur Anwendung können aber auch andere Schlüsselgrößen kommen, die geeignet sind, eine rechnerische Proportionalität zwischen Güterverbrauch und Leistung zu erreichen.[2] Das Fehlen zwingender Kriterien zur Bildung von Schlüsselgrößen legitimiert bei der Anwendung des Durchschnittsprinzips häufig eine mehr oder minder willkürliche Kostenverteilung. Diesen Mangel versucht das Kostentragfähigkeitsprinzip zu vermeiden und wählt bei der Zurechnung der Kosten Bezugsgrößen, die in Abhängigkeit der Absatzpreise oder Deckungsbeiträge (Bruttogewinne) von Leistungen ermittelt werden.[3] Je höher die Maßgröße für die Tragfähigkeit, desto mehr Kosten werden dem Kalkulationsobjekt nach diesem Prinzip zugerechnet, was im Falle eines Mehrproduktunternehmens zu einer horizontalen Subvention zwischen den unterschiedlichen Produktarten führen kann.

Zu den unterschiedlichen Prinzipien der Kostenverteilung kann abschließend festgehalten werden, dass sich trotz einer eingehenden theoretischen Diskussion kein allgemeingültiges Verteilungsprinzip etablieren konnte. Vielmehr wird speziell in den jüngeren betriebswirtschaftlichen Auseinandersetzungen zu dieser Problematik der Anspruch der Allgemeingültigkeit aufgegeben und eine Abhängigkeit des Kostenverteilungsprinzips vom jeweils verfolgten Rechnungsziel hervorgehoben.[4] Die Wahl eines solchen Prinzips muss sich in diesem Sinne an seiner speziellen Eignung zur zweckentsprechenden Realisation orientieren und die formale Frage einer isomorphen Abbildung des verfolgten Rechnungsziels beantworten.[5] Da vielfach unterschiedliche Rechnungszwecke verfolgt werden, kann es erforderlich sein, mehrere Verteilungsrechnungen auf der Grundlage verschiedener Verteilungsprinzipien durchzuführen.[6]

---

1 Vgl. Kilger (1987), S. 77.

2 Vgl. z. B. Zdrowomyslaw (1995), S. 158; Coenenberg (1997), S. 47 f.; Haberstock (1997), S. 51, Fußnote 128.

3 Vgl. z. B. Schweitzer / Küpper (1998), S. 92; Zdrowomyslaw (1995), S. 158; Seicht (1995), S. 63; Kilger (1993), S. 6.

4 Vgl. Schweitzer / Küpper (1998), S. 87; Börner (1993), Sp. 1287 f.; Freidank (1988), S. 179; Schneider (1961), S. 693.

5 Vgl. Menrad (1978), S. 61 f.

6 Vgl. Schweitzer / Küpper (1998), S. 87.

3.6 Klassifikation bedeutender Kosten- und Erlösrechnungssysteme

Als Informationsgenerator der Unternehmensleitung sind verschiedene Systeme (Konzepte) der Kosten- und Erlösrechnung entwickelt worden, die spezifische Kalkülstrukturen besitzen und mit Hilfe festgelegter Regeln (Deduktions- und Transformationsregeln) zweckadäquate quantitative Informationen bereitstellen. Für eine Klassifikation der vielfältigen Erscheinungsformen dieses Informationsinstruments können folgende Kriterien herangezogen werden:[1]

- Rechnungszielorientierung
  - Abbildung und Dokumentation,
  - Planung,
  - Verhaltenssteuerung;
- Zeitbezug der Rechnung
  - Istrechnung,
  - Prognoserechnung;
- Art und Umfang der Verrechnung
  - Vollkosten- und -erlösrechnung,
  - Teilkosten- und -erlösrechnung,
  - Kombinierte Kosten- und Erlösrechnungen.

Im Rahmen dieser Systemkriterien kann der Rechnungszielorientierung eine grundlegende Bedeutung für die Gestaltung der Rechnung beigemessen werden, da die unterschiedlichen

---

[1] Vgl. Schweitzer / Küpper (1998), S. 69 ff., wobei diese Autoren zusätzlich das Kriterium der Bezugnahme auf die Planungs- und Steuerungshierarchie hervorheben. Eine verfeinerte Gliederung findet sich auch bei Schweitzer (1992), S. 187 ff. Vielfach findet sich in der einschlägigen Literatur eine Klassifikation der Kosten- und Erlösrechnungssysteme lediglich nach der Art und dem Umfang der Kostenverrechnung sowie ihrem zeitlichen Bezug, vgl. anstelle vieler Dellmann (1998), S. 594 f.; Kilger (1997), S. 172 ff.; Zimmermann (1998), S. 6 f.; Hummel / Männel (1986), S. 42; Freidank (1988), S. 177 ff.; Olfert (1996), S. 73 f.; Hoitsch (1995), S. 170 f. Hierdurch könnten jedoch die neueren Ansätze der verhaltenssteuerungsorientierten Systeme nicht explizit klassifiziert werden, vgl. auch Küpper (1997), S. 22. Die Notwendigkeit einer solchen eigenständigen Klassifikation von Kosten- und Erlösrechnungssystemen in Bezug auf Steuerungsaspekte fordert ebenfalls *Pfaff*, vgl. Pfaff (1996), S. 151 ff.

Systeme hinsichtlich ihrer spezifischen Zielsetzungen konzipiert sind.[1] So werden zum Zwecke der Abbildung und Dokumentation des Unternehmensprozesses Konzepte benötigt, mit deren Hilfe Informationen bezüglich der realisierten Kosten und Erlöse bereitgestellt werden können, die gleichzeitig die Grundlage weiterer Rechnungsziele bilden.[2]

Dagegen werden zur Entscheidungsfindung und zur Beurteilung von Handlungsalternativen Prognosedaten in Form von Kosten-, Erlös- und Erfolgsgrößen benötigt, durch die zieloptimale Handlungsalternativen ermittelt werden können. Auf die Prognose ausgerichtete Kosten- und Erlösinformationen sind folglich geeignet, die Grundlage des Rechnungsziels der Planung zu bilden.[3]

Ein weiteres Rechnungsziel bildet die Steuerung der in der Planung getroffenen Entscheidung, wobei der Verhaltenssteuerung im Rahmen der Klassifikation von Kosten- und Erlösrechnungssystemen eine zunehmende Bedeutung zugerechnet werden kann.[4] Solche verhaltenssteuerungsorientierten Konzepte stellen auf Entscheidungsträger oder ausführende Personen ab und berücksichtigen explizit die Notwendigkeit von Verhaltenssteuerungsmaßnahmen im Falle eines simultanen Auftretens von asymmetrischer Informationsverteilung und Interessendivergenzen.[5]

Aus diesen Ausführungen zur Rechnungszielorientierung kann unmittelbar das Kriterium des Zeitbezugs der Rechnung für die Klassifikation von Kosten- und Erlösrechnungssystemen abgeleitet werden. So werden zum einen vergangenheitsorientierte Istgrößen in Form von realisierten Kosten und Erlösen benötigt (vergangenheitsorientierte Rechnung oder Istrechnung) und zum anderen Kosten- und Erlösinformationen in Bezug auf das künftige Geschehen (zukunftsorientierte Rechnung oder Prognoserechnung).

---

[1] Vgl. Schweitzer / Küpper (1998), S. 69.

[2] Vgl. hierzu auch die Ausführungen in Abschnitt 3.3.

[3] Vgl. Schweitzer / Küpper (1998), S. 70.

[4] Das Rechnungsziel der Steuerung im Sinne von Kontrolle der Planerreichung und dem Initiieren von Anpassungsentscheidungen entspricht in seiner Struktur weitestgehend der Struktur des Rechnungsziels der Planung und wird aus diesem Grund nicht als eigenständiges Systemkriterium verstanden, vgl. Schweitzer / Küpper (1998), S. 70 f.

[5] Vgl. hierzu ausführlich Pfaff (1996), S. 151 ff.

Ein weiteres wichtiges Systemkriterium ist die Art und der Umfang der Kosten- und Erlösverrechnung auf die Kalkulationsobjekte, wodurch eine Differenzierung nach Systemen der Voll- und Teilkostenrechnung erreicht wird.[1] In Systemen der Vollkostenrechnung werden alle Kosten eines Unternehmens in Form von Einzelkosten direkt bzw. als Gemeinkosten indirekt mit Hilfe von Verteilungsschlüsseln auf die entsprechenden Kalkulationsobjekte verteilt. Teilkostenrechnungen beschränken sich dagegen auf eine teilweise Verteilung der Kosten auf Kostenträger und verzichten demnach grundsätzlich auf die Verteilung echter Gemeinkosten mit Hilfe des zuvor erörterten Durchschnitts- oder Kostentragfähigkeitsprinzips.

Die Kombination der hier verwendeten (oder auch weiterer denkbarer) Klassifikationskriterien führt zu einer Fülle unterschiedlicher Kosten- und Erlösrechnungssysteme, die *Schweitzer / Küpper* sehr treffend als „Instrumentenkasten" der Unternehmung beschreiben.[2] Der Einsatz eines spezifischen Informationssystems ist dabei von den jeweiligen Zwecken und unternehmensindividuellen Bedingungen abhängig.[3] Abb. 21 zeigt unter Berücksichtigung von in der Theorie und Praxis bedeutenden Kosten- und Erlösrechnungssystemen[4] eine Klassifikationsmöglichkeit hinsichtlich der Kriterien Rechnungszielorientierung und Umfang und Art der Verrechnung. Zu diesem Zweck ist das Kriterium „Umfang und Art der Verrechnung" um die Ausprägung der „Einflussgrößenbezogene Rechnungen" erweitert, so dass ebenfalls solche Systeme erfasst werden können, bei denen die Verteilung der Kosten eine untergeordnete Stellung einnimmt und die Abhängigkeit der Kosten und Erlöse von verschie-

---

1 Vgl. z. B. Kilger (1997), S. 177 f.; Dellmann (1998), S. 595; Zimmermann (1998), S. 6; Eilenberger (1995), S. 251 f.; Menrad (1991), S. 65; Kloock / Sieben / Schildbach (1993), S. 63 f.; Kloock (1993), Sp. 2357, wobei dieser Autor eine weitere Differenzierung der Teilkostenrechnung nach ein- oder mehrstufigem Fixkostenausweis vorschlägt.

2 Vgl. Schweitzer / Küpper (1998), S. 78.

3 Vgl. z. B. Zimmermann (1998), S. 6; Schweitzer / Küpper (1998), S. 78.

4 Vgl. hierzu auch die Zusammenstellung empirischer Untersuchungsergebnisse in Ewert / Wagenhofer (1997), S. 637. Durch diese Eingrenzung beschränken sich die im weiteren Verlauf der Arbeit einzubeziehenden divergierenden Systeme der Kostenrechnung auf die in Theorie und Praxis als bedeutend einzustufenden und sich aus diesem Grund existentiell legitimierenden Kostenkonzeptionen. Von der Betrachtung ausgeschlossen werden somit jüngere Systeme, die bis zum heutigen Zeitpunkt einen noch relativ geringen Bekanntheitsgrad aufweisen. Ohne einen Anspruch auf Vollständigkeit erreichen zu wollen, können hier beispielsweise die Systeme von *Glaser*, vgl. Glaser (1998), *Mayer*, vgl. Mayer (1997) sowie Mayer (1998a), *Schweitzer / Friedl*, vgl. Schweitzer / Friedl (1994), S. 83 ff., und Schweitzer / Küpper (1998), S. 536 ff., *Vikas*, vgl. Vikas (1996) genannt werden.

Rechnungsziel-orientierung / Umfang und Art der Verrechnung	Ermittlungsorientierte Kosten- und Erlösrechnungen	Planungsorientierte Kosten- und Erlösrechnungen	Verhaltenssteuerungs-orientierte Kosten- und Erlösrechnungen
Einfluss-größen-bezogene Rechnungen		Investitionstheoretische Kostenrechnung Periodische Planerfolgsrechnung	Behavioral Accounting
Vollkosten- und -erlös-rechnungen	Istkosten- und Isterlösrechnungen auf Vollkostenbasis	Starre und flexible Plankostenrechnungen auf Vollkostenbasis Prozeßkostenrechnung	Target Costing
Teilkosten- und -erlös-rechnungen	Istkosten- und Isterlösrechnungen auf Teilkostenbasis	Grenzplankosten- und Deckungsbeitrags-rechnung Einzelkosten- und Deckungsbeitrags-rechnung	
Kombinierte Rechnungen		Grenzplankosten- und Deckungsbeitrags-rechnung als kombi-nierte Teil- und Voll-kostenkonzeption	

Abb. 21: Klassifikation bedeutender Kosten- und Erlösrechnungssysteme[1]

denen Einflussgrößen im Vordergrund steht.[2] Auf eine Vertiefung der in Abb. 21 eingeordneten Informationssysteme soll an dieser Stelle unter Bezugnahme auf die einschlägige Fach-

---

[1] Quelle: Eigene Darstellung in Anlehnung an die Klassifikation von Schweitzer / Küpper (1998), S. 79, wobei die eingeordneten Kostenrechnungssysteme teilweise von den von *Schweitzer / Küpper* als „wichtig" erachteten Kosten- und Erlösrechnungssystemen abweichen.

[2] Vgl. Schweitzer / Küpper (1998), S. 80.

literatur verzichtet werden, wobei der Umfang der jeweils aufgeführten Literaturquellen die später vorzunehmende vertiefende Analyse berücksichtigt.[1]

Diese klassifizierten bedeutenden Systeme der Kosten- und Erlösrechnung bilden durch ihre unterschiedliche, spezifische Informationsbereitstellung das rechnungszweckorientierte Informationssystem der Unternehmung, dessen kritische Würdigung in der betriebswirtschaftlichen Literatur häufig im Hinblick auf das Postulat der Bereitstellung entscheidungsrelevanter Kosten- und Erlösinformationen im Rahmen multipler Entscheidungssituationen bzw. zweckpluralistischer Strukturen erfolgt.[2] Die Ausführungen der vielfach publizierten Untersuchungen hinsichtlich der Anwendbarkeit von Kosten- und Erlösrechnungssystemen sind auf Grund dieser idealisierten Maxime des Zweckpluralismus jedoch zu allgemein gehalten und können für die spezifische Entscheidungssituation der Konditionengestaltung nur wenig Hilfestellung bieten.

Aus diesem Grund ist in den weiteren Ausführungen die spezifische Entscheidungssituation hinsichtlich ihrer Informationsanforderungen an die Kosten- und Erlösrechnung vertiefend zu untersuchen. Ziel kann es hierbei jedoch nicht sein, jede Entscheidungssituation darzustellen, da die hierfür erforderliche totale Enumeration nicht möglich ist. Vielmehr ist zum Zwecke der Ableitung des spezifischen Informationsbedarfs und einer hieran anschließenden Systemauswahl eine zielentsprechende Typisierung der Entscheidungssituationen vorzunehmen. Hierbei wird der in den vergangenen Jahren verstärkt in den Vordergrund tretenden Forderung einer kundenorientierten Neuausrichtung der Unternehmung und dem hiermit verbun-

---

1 Vgl. zur Istkosten- und Isterlösrechnung z. B. Kloock / Sieben / Schildbach (1993), S. 67 ff. Zur investitionstheoretischen Kostenrechnung z. B. Küpper (1990); Schweitzer / Küpper (1998), S. 212 ff. Zur periodischen Planerfolgsrechnung (Betriebsplankostenrechnung) z. B. Laßmann (1993a). Zur starren und flexiblen Plankostenrechnung auf Vollkostenbasis z. B. Kilger (1993), S. 36 ff. Zur Prozeßkostenrechnung z. B. Horváth / Mayer (1989) und zum Activity-Based Costing z. B. Cooper (1992). Zur Grenzplankosten- und Deckungsbeitragsrechnung z. B. Plaut (1992); Kilger (1993). Zur relativen Einzelkosten- und Deckungsbeitragsrechnung Riebel (1994). Zur Kombination isolierter Teil- und Vollkostenrechnungen z. B. Schweitzer / Küpper (1998), S. 521 ff. Zum Behavioral Accounting z. B. Schoenfeld (1993); Birnberg (1993). Zum Target Costing z. B. Franz (1993); Warschburger / Hans (1998); Horváth / Seidenschwarz (1992); Seidenschwarz (1991); Seidenschwarz (1994); Peemöller (1993); Hahn (1993).

2 Vgl. anstelle vieler Köhler (1992), S. 837 ff.; Hummel (1992), S. 76; Lackes (1990), S. 329. Diese Forderung wurde auch von *Schmalenbach* aufgestellt, vgl. Schmalenbach (1963), S. 268 f., und durch *Riebel* in Form der Entwicklung einer detaillierten zweckneutralen Grundrechnung umgesetzt, vgl. Riebel (1992), Sp. 374 f.; Riebel (1979), S. 785 ff., sowie die Ausführungen bei Koch (1992), S. 7 ff.

denen Grundgedanken einer ganzheitlichen Betrachtung Rechnung getragen und die weiterführende Untersuchung in eine prozessorientierte Sichtweise der Unternehmung eingebettet.

4 Ermittlung der entscheidungsspezifischen Kosteninformationen

4.1 Kennzeichnung der Entscheidungssituation

4.1.1 Prozessorientierte Sichtweise als Ausgangsbasis der Analyse

Die prozessorientierte Sichtweise der Unternehmung findet ihren Ursprung primär in wettbewerbsstrategischen Gründen. In zunehmendem Maße anspruchsvoller werdende Kunden in gesättigten Käufermärkten, die in immer kürzeren Intervallen innovative Produktideen sowie individuelle Problemlösungen verlangen, verkürzte Produktlebenszyklen, ein sich verschärfender Wettbewerb und die zunehmende Globalisierung werden häufig als Ursache einer Abkehr von der Maxime einer „funktionalen Exzellenz" genannt.[1] Die zunehmende Dynamik der Märkte vieler Branchen zwingt die Unternehmen zu einer erhöhten Flexibilität, für die eine historisch gewachsene Organisationsstruktur im Sinne des *Taylorismus* nur bedingt geeignet ist. Vielmehr wird für die Erhaltung der langfristigen Wettbewerbsfähigkeit einer Unternehmung von Theorie und Praxis die Notwendigkeit einer konsequenten Ausrichtung an den Bedürfnissen des Marktes konstatiert.[2]

Die bislang überwiegende organisatorische Ausrichtung der Unternehmung auf die einzelnen Funktionsbereiche wie beispielsweise Forschung und Entwicklung, Beschaffung, Fertigung und Vertrieb vermochten in Zeiten eines statischen Unternehmensumfeldes eine zieladäquate Sichtweise der Unternehmung gewährleisten. Sie vernachlässigt jedoch Interdependenzen zwischen den einzelnen Verrichtungen, da die in ihren zeitlichen und logischen Abläufen zusammengehörigen Tätigkeiten auf verschiedene isolierte Funktionsbereiche aufgeteilt sind.[3] Hierdurch bleiben die Verknüpfungen zwischen den Funktionsbereichen weitestgehend unberücksichtigt, was mit Inflexibilität, Reibungsverlusten, erhöhtem Kommunikations- und Ko-

---

[1] Vgl. z. B. Porter (1999), S. 21; Gaitanides / Scholz / Vrohlings / Raster (1994), S. 13 f.; Bogaschewsky / Rollberg (1998), S. 23; Hammer / Champy (1994), S. 18 ff.; Scheer (1994), S. 6; Wittlage (1998), S. 77.

[2] Vgl. z. B. Krallmann / Röpnack / Schwartz (1997), S. 253.

[3] Vgl. Grochla (1982), S. 136 ff.

ordinationsaufwand, zeitlichen Verschleppungen und redundanten Ausführungen von Funktionen einhergeht.[1]

Vor diesem Hintergrund verfolgt die prozessorientierte Ausrichtung der Unternehmung das Ziel, Unternehmensaktivitäten und -ressourcen auf eine kundenorientierte Optimierung der Wertschöpfungsprozesse, beispielsweise hinsichtlich Prozesszeit, -qualität, -kosten oder -flexibilität, zu fokussieren.[2] Im Mittelpunkt der Optimierungsbestrebungen stehen nicht mehr die einzelnen Funktionsbereiche, sondern vielmehr die Unternehmensprozesse, wodurch eine erhöhte Transparenz von bisher vielfach im Verborgenen ablaufenden Aktivitäten, deren Ressourcenverzehr und Wertschöpfungsbeitrag erzielt werden kann.[3]

Als eines der grundlegenden Instrumentarien einer prozessorientierten, ganzheitlichen Sichtweise der Unternehmung und des hieraus resultierenden Wechsels vom funktionalen zum prozessorientierten Denken kann die Wertkette (*Value Chain*)[4] nach *Porter* gekennzeichnet werden.[5] Dieser Autor definiert eine solche Wertschöpfungskette als eine Ansammlung von Tätigkeiten, die charakteristisch miteinander verknüpft sind und allgemeingültig durch neun Grundtypen von Aktivitäten dargestellt werden können.[6] Wertaktivitäten stellen hierbei die aus Sicht des Abnehmers wertschöpfenden Verrichtungen dar, die gemeinsam mit der Gewinnspanne das Modell einer Wertkette der Unternehmung bilden.[7] Abb. 22 visualisiert eine solche Wertschöpfungskette nach *Porter*. Die unternehmensindividuelle Ausführung jeder einzelnen Aktivität entscheidet nun darüber, ob ein Unternehmen im Vergleich zu seinen

---

[1] Vgl. Scheer (1997), S. 26; Nippa (1995), S. 43.

[2] Vgl. Picot / Franck (1995), S. 25; Gaitanides / Scholz / Vrohlings / Raster (1994), S. 14 ff., wobei diese Autoren die Flexibilität unter der Kundenzufriedenheit subsumieren.

[3] Vgl. Winz / Quint (1997), S. 11.

[4] Häufig findet in der deutschsprachigen Literatur der Begriff der „Wertschöpfungskette" synonym Verwendung.

[5] Im Vordergrund der Überlegungen dieses Autors stehen dabei weniger organisationstheoretische Aspekte als vielmehr die Generierung von Wettbewerbsvorteilen mit Hilfe der Wertkettenanalyse.

[6] Vgl. Porter (1999), S. 65.

[7] Vgl. Porter (1999), S. 68.

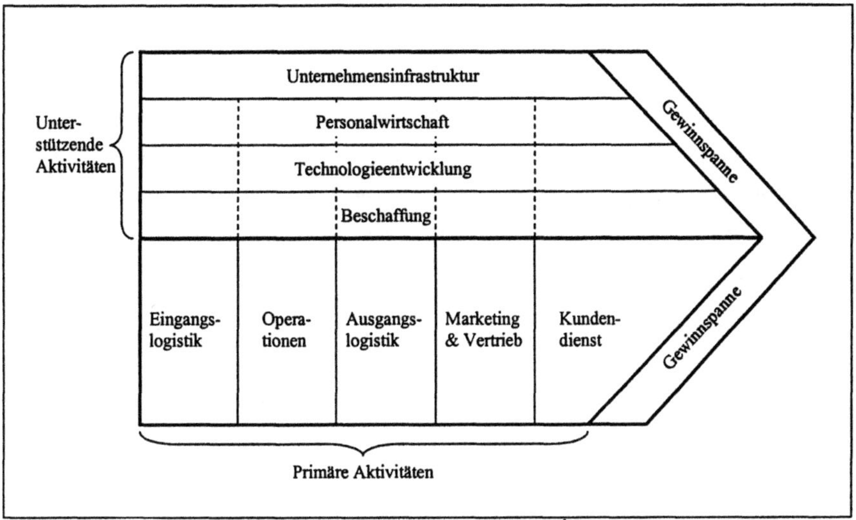

Abb. 22: Darstellung des Modells einer Wertkette nach *Porter*[1]

Mitbewerbern Kostenvorteile erlangen kann und sich in Bezug auf die Bedürfnisbefriedigung seiner Abnehmer von der Konkurrenz differenzieren kann.[2]

In der einschlägigen betriebswirtschaftlichen Literatur zur ganzheitlichen Betrachtung der Unternehmung findet der o. g. Begriff der Wertaktivitäten allerdings kaum Anwendung. Vielmehr wird von einer Vielzahl von Autoren in diesem Kontext der Begriff des Prozesses präferiert und teilweise unterschiedlich weit definiert. Für die weiteren Überlegungen muss daher zunächst eine Abgrenzung des Prozessbegriffs erfolgen, um hierdurch die Konsistenz der weiteren Ausführungen und die Konformität zu den Überlegungen von *Porter* zu gewährleisten.[3] Ziel ist es hierbei nicht, den in der Literatur zahlreich vorhandenen Definitionen des Begriffs „Prozess“ [4] eine zusätzliche Definition anzufügen, vielmehr soll eine begriffliche Klärung mit Hilfe der begriffsbestimmenden, charakteristischen Merkmale erfolgen, die sich

---

1 Quelle: Eigene Darstellung in Anlehnung an Porter (1999), S. 66.

2 Vgl. Porter (1999), S. 69.

3 *Porter* weist in diesem Zusammenhang explizit auf eine identische gedankliche Grundlage der Begriffe „Wertaktivität“ und „Prozess“ hin, vgl. Porter (1999), S. 15, Fußnote 1.

4 Vgl. hierzu z. B. die Zusammenstellung von Wittlage (1998), S. 86 f.

wie folgt darstellen:[1]

- Aspekt der zeitlichen Abfolge:
  Ein Prozess ist durch eine zeitlich-logische Abfolge von Aktivitäten gekennzeichnet, die in sich inhaltlich abgeschlossen ist und die durch das Eintreten eines Ereignisses ausgelöst und mit der Erfüllung der ihm zu Grunde liegenden Aufgabe abgeschlossen wird. Ein Prozess besitzt demnach einen definierten Beginn sowie ein definiertes Ende.[2]

- Aspekt des Objektbezugs:
  Innerhalb eines Prozesses werden materielle oder informelle Basisobjekte transformiert. Solche relevanten Objekte sind beispielsweise Bestellungen, Aufträge, Transporteinheiten oder Rechnungen.[3]

- Aspekt der Input-Output-Beziehung:
  Zur Transformation von relevanten Objekten und zur Messung der hierzu erforderlichen Leistung ist eine eindeutige Definition des Prozess-Inputs (Initialzustand) und des Prozess-Outputs (Finalzustand) erforderlich, der zur Wertschöpfung des Unternehmens beiträgt.[4]

- Aspekt der Kundenorientierung:
  Der Input eines Prozesses wird in einen anforderungsgerechten Output für interne oder externe Kunden transformiert.[5]

- Aspekt der Zielorientierung:
  Prozesse sind an den Zielen der Unternehmung ausgerichtet, zu deren Verwirklichung der Zielerreichungsgrad der Prozesse hinsichtlich zeitlicher, qualitativer, kostenmäßiger oder auf den Kundennutzen bezogener Aspekte bestimmt werden kann.[6]

---

1 Vgl. zu diesen konstitutiven Merkmalen des Prozesses auch die Ausführungen von *Hirschmann*, deren Grundgedanken hier weitestgehend Eingang finden, vgl. Hirschmann (1998), S. 34 f.

2 Vgl. Scheer (1997), S. 49 f.; Bogaschewsky / Rollberg (1998), S. 185.

3 Vgl. Winz / Quint (1998), S. 19; Nippa (1995), S. 50 f.

4 Vgl. Wittlage (1998), S. 87; Bea / Schnaitmann (1995), S. 280; Hammer / Champy (1994), S. 52; Porter (1999), S. 68.

5 Vgl. z. B. Wittlage (1998), S. 87; Bogaschewsky / Rollberg (1998), S. 189.

6 Vgl. Gaitanides / Scholz / Vrohlings / Raster (1994), S. 14 f.; Bea / Schnaitmann (1995), S. 280.

Unter Berücksichtigung dieser Abgrenzung zeigt die in Abb. 22 dargestellte Wertschöpfungskette nach *Porter* fünf unterschiedliche Kategorien primärer wertschöpfender Prozesse (Aktivitäten)[1] sowie vier Kategorien unterstützender Prozesse (Aktivitäten), die verallgemeinert über alle Branchen Gültigkeit besitzen. Dabei sind die primären Prozesse dadurch gekennzeichnet, dass sie sich auf die physische Herstellung eines Produktes, dessen Absatz und Übermittlung an die Abnehmer sowie den Kundendienst beziehen.[2] Ihre unternehmensspezifische Differenzierung erfahren diese primären Prozesskategorien durch eine weitere Aufspaltung in eine tiefer liegende Prozesshierarchie, die beispielhaft wie folgt gegliedert werden kann:[3]

- Eingangslogistik = Prozesse im Zusammenhang mit dem Empfang, der Lagerung und Distribution von produktbezogenen Betriebsmitteln wie z. B.
  - Vortransporte zur Produktionsstätte,
  - Eingangkontrolle,
  - Lagerung,
  - Innerbetriebliche Transporte;
- Operationen = Prozesse im Zusammenhang mit der Transformation der Inputs in die endgültige Produktform wie beispielsweise
  - Maschinelle Bearbeitung,
  - Verpackung,
  - Einrichten und Instandhaltung von Maschinen,
  - Qualitätsüberwachung;
- Marketing und Vertrieb = Prozesse zur Sicherstellung der Produktdistribution und der Förderung des Abverkaufs wie z. B.
  - Pflege der Absatzwege,
  - Gestaltung von Werbekampagnen,

---

1 Hinsichtlich der Anzahl von wertschöpfenden Kernprozessen (primäre Prozesse) herrscht allerdings keine einheitliche Auffassung. *Wittlage* stellt hierzu fest, dass die in der Literatur angegebene Anzahl von Kernprozessen in einer Bandbreite von drei bis mehr als zehn anzutreffen ist, mithin nicht eindeutig festgelegt werden kann, vgl. Wittlage (1998), S. 89.

2 Vgl. Porter (1999), S. 69.

3 Vgl. hierzu auch Porter (1999), S. 70 f.

- Preisfestsetzung,
- Planung und Koordination von Außendienstaktivitäten;

- Ausgangslogistik = Prozesse in Zusammenhang mit der Bearbeitung von Kundenaufträgen, Lagerung und physischen Distribution der Produkte wie
  - Fertigwarenlagerung,
  - Auftragsabwicklung,
  - Warenlieferung,
  - Retourenabwicklung;
- Kundendienst = Prozesse in Zusammenhang mit Dienstleistungen zur Förderung oder Werterhaltung des Produkts wie z. B.
  - Installation,
  - Reparaturen,
  - Ersatzteillieferung,
  - Schulungen.

Unterstützende Prozesse dienen dagegen in erster Linie der Aufrechterhaltung primärer wertschöpfender Prozesse, indem sie die Beschaffung der notwendigen Inputs, der adäquaten Technologien, menschlicher Ressourcen sowie weiterer benötigter Funktionen sicherstellen. Hierbei können die unterstützenden Prozesse der Personalwirtschaft, der Beschaffung sowie der Technologieentwicklung sowohl einzelne primäre Prozesse als auch die gesamte Wertkette unterstützen (dieser Sachverhalt wird in Abb. 22 durch die unterbrochenen Linien angedeutet).[1] Analog der primären Prozesse können die unternehmensindividuellen Strukturen durch eine Aufspaltung dieser Prozesskategorien in detailliertere Hierarchien aufgezeigt werden.[2]

Wie bereits mit dem konstitutiven Prozessmerkmal der Kundenorientierung (Output = Input interner / externer Kunden) indiziert, stellen die Prozesse einer Unternehmung nun keineswegs eine Ansammlung unabhängiger Aktivitäten dar, sondern bilden ein verknüpftes System

---

[1] Vgl. Porter (1999), S. 69.

[2] Vgl. hierzu ausführlich Porter (1999), S. 71 ff.

interdependenter wertschöpfender Aktivitäten, die Ressourcen verbrauchen. Zur Visualisierung dieser Beziehungen zwischen den einzelnen Prozessen kann eine vereinfachte Form des Prozessketteninstrumentariums herangezogen werden,[1] die im Hinblick auf ihren formalen Aufbau in Abb. 23 am Beispiel einer Auftragseingangsbearbeitung dargestellt ist.

In dem hier gewählten Beispiel erscheint es trivial darauf hinzuweisen, dass die Warenverfügbarkeitsprüfung der Auftragsdisposition zeitlich vorgelagert erfolgen sollte, um z. B. ein administratives Chaos bei der Auslieferung der Waren im Falle einer *Out of Stock Situation* zu vermeiden. Weniger intuitiv einsichtig ist dagegen ein vollständiges, detaillierte Aufzeigen der Auswirkungen auf den Unternehmenserfolg von beispielsweise Einkaufsaktivitäten für in Fremdwährung gehandelte Rohwaren an internationalen Warenmärkten in Bezug auf Transportsynergien, Lagerkapazitäten, Qualitätssicherung, Losgröße, Verpackungsmaterialien, *Cash Management*, Verkaufsförderungsaktivitäten etc. Hier kann erst die ganzheitliche Sicht der Unternehmung, graphisch dargestellt durch das Prozessketteninstrumentarium, die relevanten Interdependenzen vollständig aufzeigen und die Ermittlung der erfolgswirksamen Implikationen von Handlungsalternativen ermöglichen.

Verknüpfungen bestehen jedoch nicht nur innerhalb der Wertschöpfungskette einer Unternehmung, sondern ebenfalls in der Beziehung zu ihren Lieferanten und Abnehmern. Abb. 24 zeigt solche typischen Verknüpfungen der Wertschöpfungsketten am Beispiel eines Unternehmens und seines Abnehmers in schematischer Form. Eine umfassende Betrachtung dieser unternehmensübergreifenden Prozesse ist bislang in den betriebswirtschaftlichen Publikationen eher zurückhaltend erfolgt,[2] obgleich *Porter* bereits Mitte der achtziger Jahre auf die

---

[1] Dieses Instrumentarium basiert in seiner ursprünglichen Form auf der Visualisierung, Analyse und Gestaltung logistischer Wertketten. Unter Berücksichtigung der Themenstellung dieser Arbeit wird jedoch auf die Verwendung der stark formalisierten Darstellungsform dieses Instrumentariums zu Gunsten eines pragmatischen graphischen Ansatzes verzichtet. Vgl. zum ursprünglichen Prozessketteninstrumentarium z. B. Kuhn / Manthey (1996), S. 130 ff.; Winz / Quint (1997), S. 17 ff. und S. 54 ff., sowie die dort angegebene weiterführende Literatur.

[2] Vgl. z. B. Hirschmann (1998), wobei die Autorin den Aspekt der Gestaltung und der EDV-technischen Umsetzung unternehmensübergreifender Prozesse in den Vordergrund ihrer Überlegungen stellt.

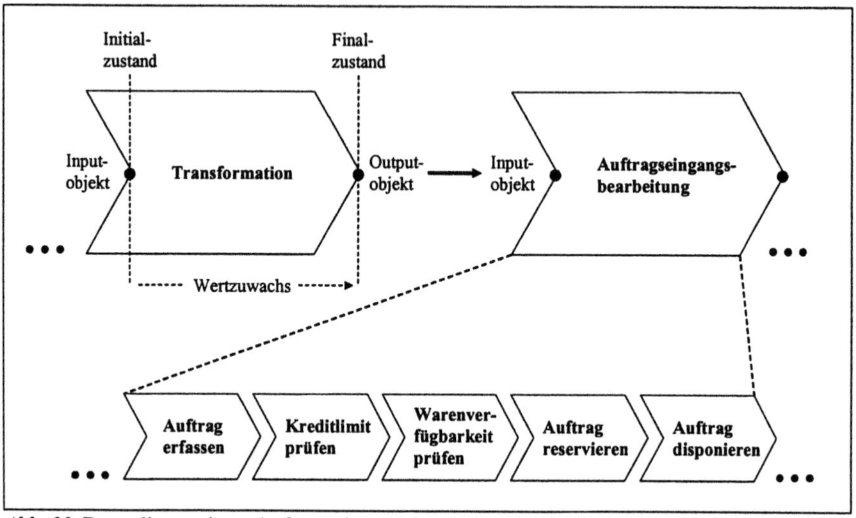

Abb. 23: Darstellung einer Auftragseingangsbearbeitung mit Hilfe des Prozesskettenistrumentariums[1]

signifikanten Einflüsse derartiger Verknüpfungen zwischen den Wertschöpfungsketten im Rahmen wettbewerbsstrategischer Überlegungen hingewiesen hat.[2]

Auf diese Beziehungen zwischen der Wertschöpfungskette einer Unternehmung und ihrer Lieferanten und Abnehmer, die *Porter* als vertikale Verknüpfung bezeichnet, können die vorangegangenen Ausführungen im Grundsatz durch eine erweiterte Betrachtung der Prozessketten über die Grenzen der Unternehmung hinweg übertragen werden.[3] Dies scheint insbesondere vor dem Hintergrund der in Abschnitt 2.3 dargestellten Bestimmung der optimalen Leistungstiefe unschwer einsichtig, da das bis zur endgültigen Verwendung der Güter notwendige Aktivitätenbündel nicht zwangsläufig von den Unternehmensgrenzen determi-

---

[1] Quelle: Eigene Darstellung am Beispiel des zuvor betrachteten Nahrungsmittelherstellers.

[2] Vgl. Porter (1985), S. 33 ff., jedoch werden (auch in der jüngsten Auflage dieses Standardwerks) keine konkreten methodischen Hinweise für die Gestaltung unternehmensübergreifender Prozesse gegeben.

[3] Vgl. hierzu ausführlich Porter (1999), S. 83 ff. und S. 113 ff.

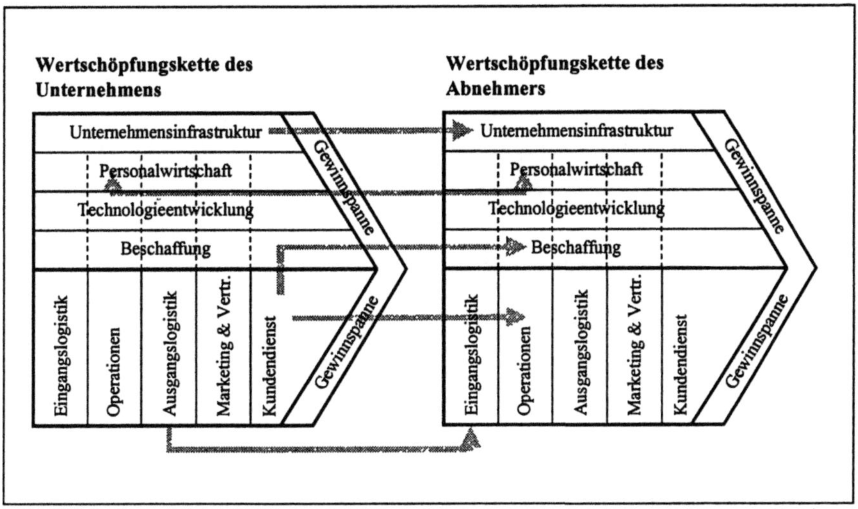

Abb. 24: Typische Verknüpfungen der Wertschöpfungskette eines Unternehmens mit seinem Abnehmer[1]

niert wird.[2] Es existieren also auch hier wechselseitige Beziehungen zwischen den Prozessen, die mit Hilfe des folgenden Beispiels näher erläutert werden können.[3]

Den Ausgangspunkt bilden ein Industrie- und ein Handelsunternehmen, wobei der Absatzmittler ein Zentrallager unterhält und die Feindistribution der Produkte zu seinen *Outlets* in eigener Regie durchführt. In Abb. 25 kennzeichnet die Prozesskette *A* das Aktivitätenbündel, das sich unter Berücksichtigung dieser Strukturen für die physische Distribution ergibt, und visualisiert mit Hilfe des Prozessketteninstrumentariums die Verknüpfungen, die sowohl innerhalb der Unternehmen als auch über deren Grenzen hinweg existieren. Diese ganzheitliche Sichtweise des Prozesses über die Schnittstelle zwischen beiden Unternehmungen hinaus ermöglicht im Rahmen kooperativer Optimierungsbemühungen eine effizientere Gestal-

---

1 Quelle: Porter (1999), S. 185.

2 Intransparenz bzw. fehlende Koordination zwischen den am Prozess beteiligten Unternehmungen kann allerdings zu Ineffizienzen und/oder mangelnder Effektivität führen.

3 Dieses Beispiel basiert auf den praktischen Erfahrungen des Verfassers bei dem bereits zuvor angesprochenen Hersteller von Nahrungsmitteln.

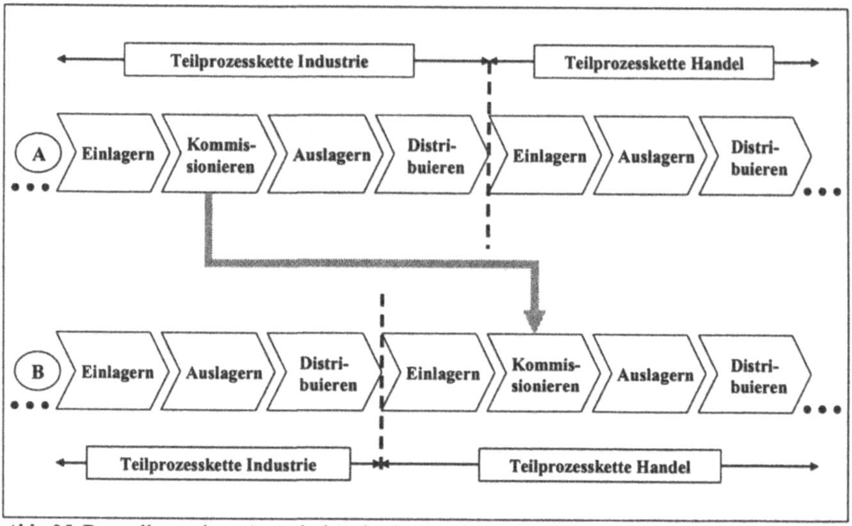

Abb. 25: Darstellung eines Ausschnitts der Prozesskette der physischen Distribution zwischen Industrie und Handel (unter Berücksichtigung eines Handelszentrallagers)[1]

tung der *Supply Chain*, indem die auf die einzelnen Verkaufstellen des Handels bezogene Kommissionierung durch das Industrieunternehmen erst im Zentrallager des Absatzmittlers durchgeführt wird. Hierdurch kann eine erhöhte Auslastung der Transportkapazitäten erreicht werden, da auf Seiten des Herstellers logistisch effizientere Transporteinheiten (Vollpaletten oder „lagenreine" Paletten) transportiert werden und der Handel durch die Kommissionierung in seinem Zentrallager eine effizientere Bündelung mit Produkten weiterer Hersteller für die Auslieferungen erzielen kann. Die sich hieraus ergebende unternehmensübergreifende Optimierung führt zu der in Abb. 25 dargestellten Prozesskette *B*, in der die suboptimalen Strukturen von Industrie und Handel aufgebrochen wurden und durch eine für beide Seiten effizientere Synthese des Aktivitätenbündels neu strukturiert wurden.

Zusammenfassend bleibt festzuhalten, dass die prozessorientierte Sichtweise der Organisation auf Grund seiner kundenbezogenen Ausrichtung und der Berücksichtigung von Verknüpfungen, speziell über die Unternehmensgrenzen hinweg, geeignet ist, Implikationen von Aktivi-

---

[1] Quelle: Eigene Darstellung.

täten ganzheitlich zu erfassen. Diese Eigenschaft gibt wichtige Anhaltspunkte für die Evaluation der *Efficiency Terms* und bildet daher einen tragenden Baustein der weiteren Analyse.

4.1.2 Konkretisierung der Team-Produktionsfunktion unter Bezugnahme auf die prozessorientierte Sichtweise der Unternehmung

In Abschnitt 2.5 konnte die ökonomische Legitimation leistungskonformer Konditionen mit Hilfe des Konzeptes der *Team Production* nach *Alchian / Demsetz* am Beispiel einer *Cobb-Douglas-Funktion* abgeleitet werden. Vermochten die stark stilisierten Überlegungen der Erreichung eines *PARETO*-Optimalen Zustands, mithin einer effizienten Leistungsverteilung im Distributionssystem genügen, so können sie für die Ableitung des konkreten Kosteninformationsbedarfs nur wenig hilfreich sein. Aus diesem Grund wird die zwischen Industrie und Handel existierende Team-Produktionsfunktion unter Verwendung der zuvor erläuterten prozessorientierten Sicht konkretisiert und hierdurch die Voraussetzung einer näheren Kennzeichnung der Entscheidungssituation geschaffen.

Zu diesem Zweck kann die gemeinsame Güterversorgung der Konsumenten mit den nachgefragten Distributionsobjekten durch Industrie und Handel im Distributionssystem als ein zielgerichtetes Aktivitätenbündel aufgefasst werden. Der Prozess-Input wird hierbei von den Elementen des Distributionssystems durch eine Kette von wertschöpfenden Aktivitäten und dem hiermit verbundenen Einsatz von Ressourcen in einen nachfragegerechten Prozess-Output transformiert. Dieser Prozess der Güterversorgung kann wiederum vor dem Hintergrund einer nicht-separablen Produktionsfunktion in die spezifischen Teilprozesse von Industrie und Handel zerlegt werden.[1] Unter Berücksichtigung der zeitlich-logischen Abfolge dieser Aktivitätenbündel obliegt nun dem Hersteller die Transformation von Inputs in anforderungsgerechte Outputs, die als Input in den Prozess des Absatzmittlers eingehen. Diese Überlegungen zur Konkretisierung der Team-Produktionsfunktion auf Basis einer Prozessorientierung sind durch das Prozesskelteninstrumentarium in Abb. 26 schematisch dargestellt.

---

[1] Für den Fall einer separablen Produktionsfunktion ist die Notwendigkeit der Existenz zweier verbundener Teilprozesse nicht zwingend gegeben, da sowohl der Hersteller als auch der Absatzmittler einen vorgegebenen Output mit Hilfe seines individuellen Aktivitätenbündels separat erstellen könnte.

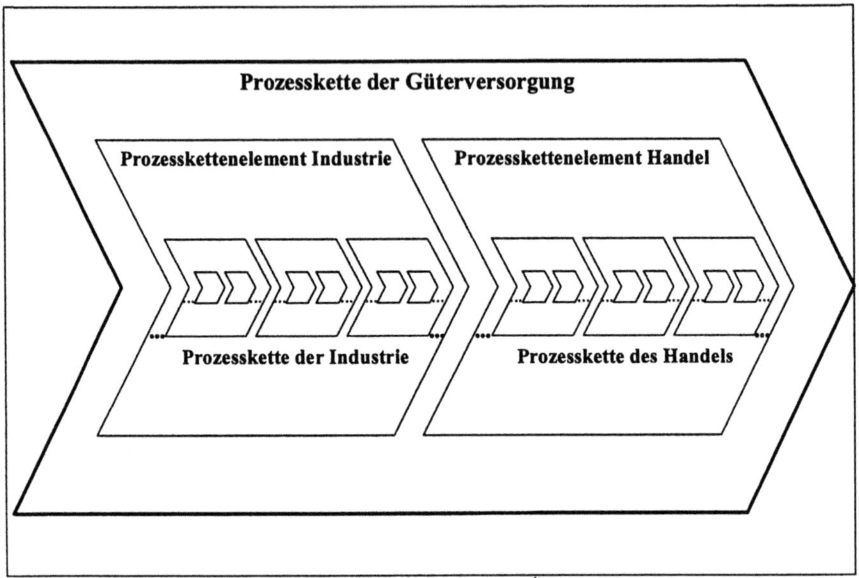

Abb. 26: Illustration der Prozesskette der Güterversorgung[1]

Die Vorteilhaftigkeit der Interpretation der Team-Produktionsfunktion im Sinne des Prozessketteninstrumentariums liegt jedoch nicht nur in der Visualisierung kundenorientierter Aktivitäten und deren Verknüpfung auf einer identischen Detaillierungsebene. Als vorteilhaft erweist sich hier ebenfalls die Eigenschaft, dass jedes Prozesskettenelement bei einer detaillierteren Betrachtung in feinere Prozesse zerlegt werden kann, deren Elemente ihrerseits aus weiteren Prozessketten mit einer identischen Struktur aufgebaut sind (vgl. hierzu die Illustration in Abb. 26).[2] Hierdurch kann der komplexe Prozess der Güterversorgung im Distributionssystem (oder die konkretisierte Team-Produktionsfunktion) in beherrschbare Teilprozesse zerlegt werden und Verknüpfungen sowie deren Wechselwirkungen sowohl innerhalb als auch über die Grenzen der Unternehmung hinweg offen gelegt werden.

---

1 Quelle: Eigene Darstellung.

2 *Winz / Quint* sprechen unter Berücksichtigung der Prozess-Strukturelemente Ressourcen, Strukturen, Lenkung und Prozesse in diesem Zusammenhang von der Selbstähnlichkeit der Prozessketten, da jedes Prozesskettenelement identisch aufgebaut ist wie über- oder untergeordnete Prozesskettenelemente. Durch diese Eigenschaft unterliegen die Prozesskettenelemente grundsätzlich einer gleichartigen Beeinflussungsmöglichkeit. Vgl. hierzu ausführlich Winz / Quint (1997), S. 18 ff., insbesondere S. 20.

Auf dieser Basis können, ausgehend von der Standardleistung des Herstellers und dem hiermit verbundenen fest definierten Prozess-Output, der seine erfolgswirksame Abbildung im Abgabepreis findet, alternative Outputs definiert und leistungskonform bewertet werden. Im Sinne der zuvor erläuterten „Mechanik" leistungskonformer Konditionen kann hierdurch eine *PARETO*-Optimale Leistungsverteilung zwischen Hersteller und Absatzmittler im Distributionssystem erreicht werden. Für einen konstanten Output des Güterversorgungsprozesses[1] bedeutet folglich eine Variation des Outputs, als Ergebnis des Herstellerprozesses, in Verbindung mit einem nutzenneutralen Leistungsartentausch eine äquivalente Veränderung der Prozesskette des Handels und umgekehrt. Die Ermittlung und Bewertung der Implikationen solcher Prozess-Output-Varianten stellt dabei eine komplexe Entscheidungssituation dar, die mit Hilfe der Prozessorientierung und der hiermit verbundenen Berücksichtigung zeitlich und logisch verknüpfter Aktivitäten handhabbar gemacht werden kann.

So beeinflusst z. B. die Auftragsgröße, deren Ausprägung in Form eines Auftragsgrößen- oder Bezugspunktrabatts im Konditionensystem vielfach berücksichtigt wird, nicht nur die physische Distribution der Produkte und führt durch einen degressiven Tarif zu geringeren Frachtkosten.[2] Vielmehr können entlang der Wertschöpfungskette verschiedenste Funktionsbereiche eines Unternehmens mit ihren spezifischen Aktivitäten hiervon berührt werden, was mit Hilfe der Verknüpfungen der Prozesskettenelemente offen gelegt werden kann. Beispielsweise können ceteris paribus ebenfalls die pro Produkt benötigten Kosten der administrativen Tätigkeiten der Auftragsbearbeitung (inklusive der Rechnungsbearbeitung), des Einsatzes von Außendienstmitarbeitern, der Produktion sowie der Beschaffung mit zunehmender Auftragsgröße sinken.

Unter Berücksichtigung dieser komplexen Problemstellung ist es für die weiteren Untersuchungen notwendig, eine detailliertere Betrachtung des Mechanismus zur Erreichung der effizienten Leistungsmengenkombination im Distributionssystem vorzunehmen. Hierzu ist es zunächst erforderlich, den substitutionalen Bereich der Team-Produktionsfunktion abzuleiten

---

1 Diese Annahme wurde als Abgrenzungskriterium der *Efficiency Terms* von den Absatzförderungskonditionen in Abschnitt 2.5 erörtert.

2 In diesem Beispiel wird der Zukauf der physischen Distributionsleistung von Absatzhelfern unterstellt.

und die konditionenrelevanten Prozesse zu identifizieren, deren Outputvarianten im Konditionensystem Berücksichtigung finden können.

4.1.3 Kennzeichnung der potentiellen substitutionalen Prozesse zwischen Industrie und Handel

Zur Bestimmung des substitutionalen Bereichs der Team-Produktionsfunktion als gestalterische Basis des Konditionensystems ist für eine objektive, logische und werturteilsfreie Analyse die Herleitung des Aktivitätenbündels von Hersteller und Absatzmittler erforderlich. Denn erst die Kenntnis der Leistungsbereiche dieser Wirtschaftssektoren kann spezifische Anhaltspunkte für die Identifikation konditionenrelevanter Prozesse geben, deren Bewertung und Offenlegung die notwendige Voraussetzung einer effizienten Leistungsverteilung im Distributionssystem bildet. Vereinfacht ausgedrückt können nur solche Aktivitäten im Rahmen der Evaluation der *Efficiency Terms* Berücksichtigung finden, die sowohl von der Industrie als auch vom Handel ausgeführt werden können bzw. einen substitutionalen Charakter aufweisen.

Eine gesamtwirtschaftlich-objektive Auseinandersetzung mit der Substitutionalität von Hersteller- und Handelsprozessen stößt jedoch schnell an ihre Grenzen. Dieser Umstand findet seine Begründung bereits in einer isolierten Betrachtung des handelsspezifischen Aktivitätenbündels und dem Versuch, diesem Wirtschaftssektor typische Funktionen zuzuordnen. Die klassische Lehre der Handelsfunktion kann hierzu nur unzureichende allgemeingültige Erkenntnisse hervorbringen.[1] So stellt auch *Keller* in seiner umfassenden theoretischen Untersuchung fest, dass die vorhandenen Ansätze der Systematisierung und Interpretation von Handelsleistungen im Hinblick auf die Konditionengestaltung ungeeignet sind.[2] *Hedderich* spricht in diesem Zusammenhang explizit von der Notwendigkeit einer ständigen Mutation der Art und des Umfangs der handelsseitig auszuführenden Prozesse als Reaktion auf eine sich ständig wandelnde Umwelt.[3] Infolge dieses Mangels an Erkenntnissen zur Ableitung der spezifi-

---

1 Vgl. hierzu Abschnitt 2.1.

2 Vgl. Keller (1991), S. 178 sowie ausführlich S. 158 ff.

3 Vgl. Hedderich (1986), S. 489.

schen Prozesse der Absatzmittler wird eine entsprechende theoretische Untersuchung herstellerspezifischer Aktivitätenbündel irrelevant.[1]

Wichtige Anhaltspunkte für die Bestimmung des substitutionalen Bereiches der Team-Produktionsfunktion geben jedoch *Steffenhagen / Keller*, die konditionenbegründende Handelsleistungen aus den Marktprozessen herleiten, in die Industrie und Handel eingebunden sind.[2] Ausgehend von dieser Überlegung interpretieren die Autoren eine konditionenbegründende Handelsleistung als Verhaltensweise (Aktivitäten) des Absatzmittlers, die für die unternehmerische Zielerreichung des Herstellers förderlich ist.[3] Diese Interpretation der Konditionenbegründung steht dabei keinesfalls im Widerspruch zu den Grundgedanken der vorliegenden Untersuchung, da unter Berücksichtigung des Herstellerziels „Kostenminimierung" (respektive „effiziente Leistungsverteilung im Distributionssystem") das Konzept der *PARETO*-Optimalen Team-Produktionsfunktion implizit auch bei *Steffenhagen / Keller* Berücksichtigung findet.

Als Wesensmerkmale solcher Marktprozesse, die in Abb. 27 dargestellt sind, sehen diese Autoren die Aktivierung von Austauschbeziehungen in Form einer tatsächlichen Kopplung[4] zwischen den Elementen des Distributionssystems, die sich im Austausch der Fließelemente Güter, Geld und Informationen ausdrücken. Demzufolge ergeben sich nach *Steffenhagen / Keller* potentielle konditionenbegründende Handelsleistungen durch die handelsseitige Mitwirkung an folgenden Prozessen:[5]

- Geld- und Güterlogistik:
  Die Prozesse der Geld- und Güterlogistik umfassen alle Aktivitäten im Zusammenhang mit der physischen Warenbewegung vom Hersteller zum Konsumenten sowie der korrespondierenden Zahlungsabwicklung zwischen den Marktteilnehmern. Der in diesem Sinne

---

[1] Durch die Unbestimmtheit der auf theoretischen Erkenntnissen beruhenden Handelsleistungen ist die Bestimmung der Substitutionalität von Leistungen zwischen Industrie und Handel unmöglich.

[2] Vgl. Steffenhagen / Keller (1990), S. 399; Keller (1991), S. 182 f.; Steffenhagen (1995), S. 41 ff.

[3] Vgl. Steffenhagen (1995), S. 41 ff.; Keller (1991), S. 182; Steffenhagen / Keller (1990), S. 399.

[4] Unter einer Kopplung wird im Sinne dieser Autoren eine nicht kontinuierliche Beziehung verstanden.

[5] Vgl. Steffenhagen (1995), S. 43 ff.; Keller (1991), S. 187 ff.

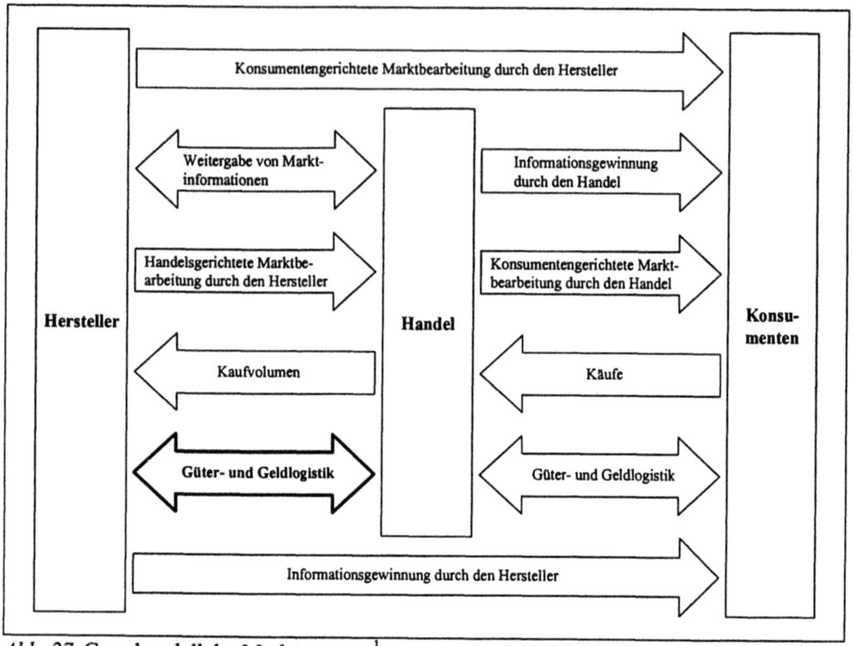

Abb. 27: Grundmodell der Marktprozesse[1]

weit gefasste Logistikbegriff schließt neben den Nominal- und Realgüterströmen alle hiermit in Verbindung stehenden Informationsströme ein (z. B. Warenbestellung oder Zahlungsanweisung).

- Absatzförderung:
  Hierunter werden spezifische Aktivitäten der Absatzmittler unter Rückgriff auf das ihnen zur Verfügung stehende übliche Beeinflussungsinstrumentarium wie beispielsweise das Führen eines Sortimentes, die Serviceleistung oder die Warenpräsentation subsumiert, die der konsumentengerichteten Marktbearbeitung dienen und die konsumentengerichtete Marktbearbeitung durch den Hersteller ergänzen.[2]

---

1 Quelle: Eigene Darstellung in Anlehnung an Steffenhagen (1995), S. 44; Steffenhagen / Keller (1990), S. 400.

2 Alternativ sehen die Autoren das wert- oder mengenmäßige Kaufvolumen als möglichen Ansatzpunkt (Indikator) einer konditionenbegründenden Absatzförderungsleistung, da zwischen der konsumentengerichteten Marktbearbeitung und der Höhe des Kaufvolumens enge Wirkungszusammenhänge bestehen, vgl. z. B. Steffenhagen (1995), S. 45.

- Erhebung und Weitergabe von Marktinformationen:
  Im Rahmen der Marktprozesse werden sowohl vom Handel als auch von der Industrie konsumentenbezogene Informationen erhoben. Die hierzu erforderlichen Aktivitäten der Elemente des Distributionssystems werden unter dem Prozess der Erhebung und Weitergabe von Marktinformationen zusammengefasst.

Die Konzeption zur Ableitung potentieller konditionenbegründender Handelsaktivitäten aus den Marktprozessen berücksichtigt somit die Schnittstellen unternehmensübergreifender Prozesse zwischen Industrie und Handel und ist aufbauend auf der Verzahnung ihrer Wertschöpfungsketten konzipiert.

Bedingt durch den konstanten Output des Prozesses der Güterversorgung als konstitutives Merkmal der *Efficiency Terms* und der Verknüpfung der Prozesskettenelemente zwischen Industrie und Handel stellt das vorgelagerte Aktivitätenbündel des Herstellers nunmehr eine Residualgröße dar. Unter Einbeziehung des konzeptionellen Bezugsrahmens von *Steffenhagen / Keller* könnten somit ebenfalls die relevanten Prozesse der Hersteller festgelegt sein,[1] mithin der substitutionale Bereich der gemeinsamen Team-Produktionsfunktion hinreichend beschrieben werden.

Im Rahmen der vorliegenden Problemstellung muss jedoch beachtet werden, dass den Aktivitäten zur Absatzförderung für die Erreichung einer *PARETO*-Optimalen Leistungsverteilung im Distributionssystem keine Bedeutung beigemessen werden kann, da durch die Annahme eines gegebenen Absatzvolumens diese Thematik nicht Gegenstand der vorliegenden Untersuchung ist. Für die Evaluation der *Efficiency Terms* besitzt die ergänzende handelsseitige Marktbearbeitung bzw. die Beeinflussung der Höhe des Kaufvolumens mit Hilfe des handelsspezifischen Leistungsspektrums keinerlei Relevanz, da hiervon speziell der limitationale Bereich der Team-Produktionsfunktion determiniert wird.[2]

---

1 Vor dem Hintergrund der Notwendigkeit zur Offenlegung der Teamleistungspreise durch den Hersteller spielen die Handelsaktivitäten für die Ermittlung von *Efficiency Terms* eine untergeordnete Rolle.

2 Vgl. Abschnitt 2.5.

Eine weitere thematische Ausgrenzung muss ebenfalls in Bezug auf die Prozesse der Erhebung und Weitergabe von Marktinformationen durch den Absatzmittler vorgenommen werden. Denn hier dürften vornehmlich limitationale Teamleistungen der Handelsunternehmung, wie beispielsweise die Erhebung und Auswertung von Scanner-Daten, aber auch spezielle, durch den Absatzmittler durchgeführten Konsumentenbefragungen innerhalb des *Outlet*, im Vordergrund stehen. Somit muss bezweifelt werden, ob es sich bei diesen Aktivitäten um Konditionen im zuvor konkretisierten Sinne oder vielmehr um die Honorierung einer limitationalen Leistung handelt, die es im Rahmen der Konditionengewährung über die Absatzmittler zu differenzieren gilt. Folglich kann der relevante substitutionale Bereich der Team-Produktionsfunktion zwischen Industrie und Handel und somit die weitere Analyse auf die unternehmensübergreifenden Prozesse der Geld- und Güterlogistik eingegrenzt werden.

Ergänzend sei darauf hingewiesen, dass Substitutionalität von Aktivitäten nicht notwendigerweise mit einem Fortfall und einer identischen Übernahme in Art und Umfang dieser Aktivität gleichzusetzen ist. Entscheidend ist im Sinne dieser Arbeit vielmehr, dass der Absatzmittler zur Erbringung eines fest definierten Outputs des Güterversorgungsprozesses sein spezifisches Aktivitätenbündel adäquat variiert. Dies wird ein gewinnmaximierender Handel nur dann umsetzen, wenn die durch einen veränderten Prozessoutput bedingte Vergütung des Herstellers seinen veränderten bewerteten Ressourcenverzehr mindestens kompensiert.

4.1.4 Leistungsvariation des Absatzmittlers als Determinante der konditionenrelevanten Prozesse des Herstellers

4.1.4.1 Ausgangspunkt der Analyse

Als Voraussetzung zur Erreichung eines effizienten Güterversorgungsprozesses wurde in den vorangegangenen Überlegungen die Notwendigkeit eines nutzenneutralen Leistungsartentausches seitens der Hersteller durch die Substitution von nicht-monetären durch monetäre Teamleistung (Konditionen) konstatiert. Unter Berücksichtigung der prozessorientierten Sichtweise sowie der zuvor festgelegten substitutionalen Aktivitätenbündel bedeutet dieses, dass die Bewertung und Offenlegung der relevanten Prozessveränderungen das Fehlen einer direktiven Instanz im Distributionssystem kompensieren kann. Das Ziel der folgenden Untersuchungen ist es daher, diese Leistungsvariationen des Absatzmittlers als Einflussgröße der Prozesskette der Industrieunternehmung näher zu analysieren.

Grundsätzlich sind hierzu zwei hinsichtlich ihrer zeitlichen Wirkungsdauer divergierende Arten von Variationen der Leistungsverteilung im Güterversorgungsprozess zu unterscheiden. Denn es sind nicht nur die in der betriebswirtschaftlichen Literatur häufig im Fokus stehenden optionalen auftragsbezogenen Leistungsvariationen des Handels sowie deren quantitative Ausprägungen, durch die eine korrespondierende Prozesskette des Herstellers determiniert wird. Vielmehr scheinen in den letzten Jahren zusätzlich obligatorische Vereinbarungen bezüglich der Leistungsaufteilung im Distributionssystem und entsprechende Forderungen der Absatzmittler ebenfalls an Bedeutung zu gewinnen. Dieser Entwicklung Rechnung tragend, werden in der weiteren Untersuchung sowohl das Leistungsausmaß optionaler auftragsbezogener Leistungsvariationen als auch obligatorische Vereinbarungen hinsichtlich der Leistungsaufteilung im Güterversorgungsprozess betrachtet.

Die Basis der weiteren Überlegungen bildet dabei das in Theorie und Praxis häufig propagierte Listenpreis-Plus-Konditionensystem auf der Basis von Preisnachlässen (Rabatten),[1] wenngleich die begriffliche Abgrenzung der Konditionen nach *Steffenhagen* ein solches Konditionensystem ebenfalls unter Berücksichtigung von Zuschlagssätzen einschließt.[2] Beide Ausprägungen des Listenpreis-Plus-Konditionensystems gehen dabei von einem fest definierten und für alle Kunden einheitlichen Listenpreis aus und führen in Abhängigkeit der jeweils erbrachten (Basis = Rabatte) bzw. nicht erbrachten (Basis = Zuschlagssätze) Handelsleistung zum Netto-Netto-Erlös des Herstellers (vgl. Abb. 28). Jedoch scheint eine Assoziation von Konditionen mit „Zuschlägen" im deutschsprachigen Raum zumindest für die Praxis

---

1 Vgl. hierzu z. B. Lange (1984), S. F 26; Lange (1990), S. J 100; Münzberg (1989), S. 270; o. V. (1991), S. J 50; Rüschen (1981), S. 246 f.; Knoben (1995), S. 72; Von Pilar (1998), S. 12.

2 Vgl. Steffenhagen (1995), S. 37 f. und S. 41.

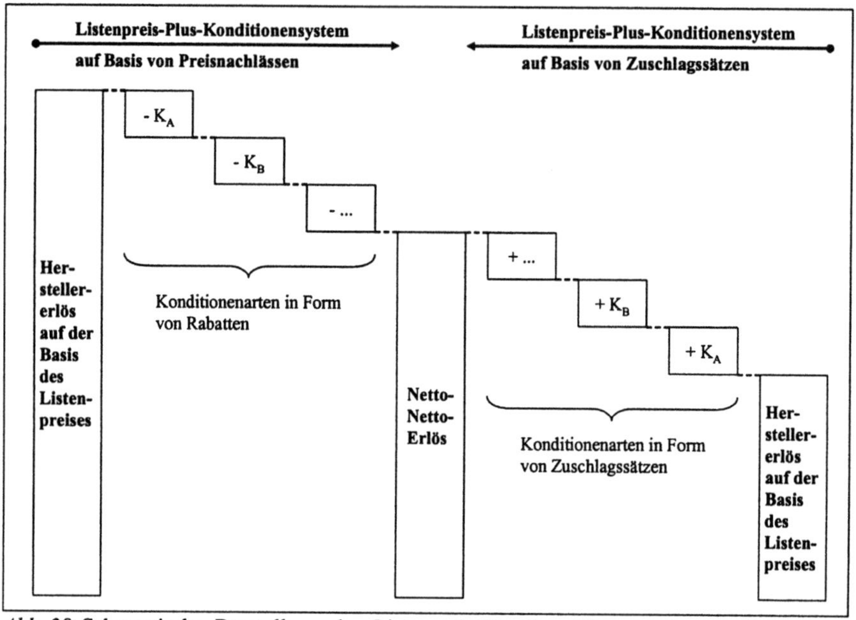

Abb. 28: Schematische Darstellung des Listenpreis-Plus-Konditionensystems auf der Basis von Preisnachlässen und Zuschlagssätzen[1]

undenkbar,[2] weshalb Listenpreis-Plus-Konditionensysteme auf der Basis von Zuschlagssätzen in den folgenden Überlegungen nicht berücksichtigt werden können.[3]

Eine weitere mögliche Preisdifferenzierung in Abhängigkeit der kundenindividuellen Leistungserbringung bildet daneben das so genannte Netto-Netto-Preissystem. Da der Netto-Netto-Preis einem um die Konditionen verminderten Listenpreis entspricht, müssen in diesem System die finanziellen Implikationen aller möglichen Handelsleistungen antizipiert und von vornherein im Herstellerabgabepreis verrechnet werden. Zwangsläufig führt diese Vorgehensweise in Anbetracht des breiten Spektrums alternativer Handelsleistungen (sowie deren

---

[1] Quelle: Eigene Darstellung.

[2] Diese Erkenntnis stützt sich auf zahlreiche Aussagen von Verantwortlichen im Vertriebsbereich des betrachteten Nahrungsmittelherstellers und wird ebenfalls durch die auf S. 33 genannten Konditionenarten bestätigt.

[3] Listenpreis-Plus-Konditionensysteme auf der Basis von Zuschlagssätzen sind dem Verfasser allerdings auf Grund seiner praktischen Erfahrung aus dem skandinavischen Raum bekannt.

Kombinationen) und der Sortimentsbreite der Hersteller zu einer unüberschaubaren Vielzahl unterschiedlicher Netto-Netto-Preise, was mit hoher Komplexität und Intransparenz einhergeht.[1] Speziell das Fehlen eines differenzierten Ausweises der bewerteten konditionenrelevanten Aktivitätenbündel verhindert die im Rahmen der vorliegenden Untersuchungen geforderte Offenlegung der Teamleistungspreise. So stellt ein Netto-Netto-Preissystem zwar eine denkbare Alternative der Berücksichtigung divergierender Handelsleistungen dar, jedoch kann ihm auf Grund dieser Problematik für die Gestaltung von *Efficiency Terms* keine Bedeutung beigemessen werden.

Des Weiteren ist als Ausgangspunkt der Kennzeichnung der Leistungsvariationen des Handels als Einflussgröße der Prozesskette der Industrieunternehmung die Bestimmung der Standardleistung von grundlegender Bedeutung. Unter Einbeziehung der vorangegangenen Ausführungen zur ökonomischen Legitimation der *Efficiency Terms* kann hierzu festgestellt werden, dass der Hersteller den konditionenrelevanten (substitutionalen) Prozess in vollem Umfang in den Kalkül einbeziehen muss, mithin als Basis der Kalkulation von einer vollständigen Bewertung des betreffenden Aktivitätenbündels auszugehen ist. Denn eine *PARETO*-Optimale Leistungsverteilung im Distributionssystem kann nur dann zielgerichtet erreicht werden, wenn der Hersteller den bewerteten Ressourcenverzehr der substitutionalen Prozesse vollständig offen legt und durch diese Informationen sowie geeignete Steuerungsmechanismen das Fehlen einer direktiven Instanz kompensiert. Für die konditionenrelevanten Prozesse wird unter Berücksichtigung dieses Aspektes und des zuvor festgelegten Listenpreis-Plus-Konditionensystems auf Basis von Preisnachlässen als Standardleistung ein maximaler Ressourcenbedarf, basierend auf einem Leistungsausmaß des Handels von Null indiziert.

4.1.4.2 Das Leistungsausmaß optionaler auftragsbezogener Leistungsvariationen als Einflussgröße der Prozesskette

Unter Berücksichtigung der im vorangegangenen Abschnitt erörterten Grundlagen unterstellt bzw. berücksichtigt der Listenpreis, dass für einen gegebenen Output des Güterversorgungs-

---

1 Vgl. hierzu auch Lange (1984), S. F 26; Münzberg (1989), S. 270 ff.; Keller (1991), S. 37 f.

prozesses das substitutionale Aktivitätenbündel in vollem Umfang durch den Hersteller ausgeführt wird. Mit Hilfe der entsprechenden Kondition als Ausdruck des eingesparten bewerteten Ressourcenverzehrs offeriert die Industrieunternehmung nunmehr die Übernahme der Leistung durch den Absatzmittler in Abhängigkeit des jeweiligen Leistungsausmaßes. Die im Konditionensystem verankerten Vergütungen haben somit einen optionalen Charakter und können von Auftrag zu Auftrag variieren.[1] Dieser Sachverhalt der Spannenbreite des Leistungsausmaßes (pro Auftrag von 0 % bis 100 %) bezeichnet die Spezifität der Entscheidungssituation, deren Auswirkungen auf die für den Prozess erforderlichen Ressourcen des Herstellers unter Zuhilfenahme eines Beispiels vertiefend erörtert werden kann.

Betrachtet wird ein Hersteller, dessen Konditionensystem eine Vergütung in EUR pro nicht kommissionierter Verkaufseinheit vorsieht. Zur Vereinfachung soll hier lediglich die Prozesskette der Kommissionierung betrachtet und Interdependenzen zu weiteren Prozessen wie Auftragsbearbeitung, physische Distribution etc. vernachlässigt werden. Bedingt durch die Optionalität der auftragsbezogenen Leistungsvariationen über die Gesamtheit seiner Kunden und des zuvor gekennzeichneten Listenpreis-Plus-Konditionensystems auf Basis von Preisnachlässen ist im Listenpreis der notwendige bewertete Ressourcenverzehr für den Fall einer hundertprozentigen Kommissionierquote antizipiert. Da der Hersteller jedoch in der Regel schon über einen längeren Zeitraum in das Distributionssystem eingebunden ist,[2] verfügt er über einen fundierten Erwartungswert hinsichtlich der zu kommissionierenden Verkaufseinheiten bzw. deren Streuung. Unter Einbeziehung dieser Informationen sowie der Berücksichtigung zeitlicher Bereitstellungsrestriktionen erfolgt eine anforderungsgerechte Ressourcenbereitstellung für das Aktivitätenbündel.[3] Beispielsweise ergab eine Analyse bei dem zuvor be-

---

1 Vgl. zum Auftragsbezug von beispielsweise Belieferungskonditionen als Teilbereich der hier betrachteten *Efficiency Terms* auch Steffenhagen (1995), S. 170 ff.

2 Die Gestaltung eines Konditionensystems kann sich somit üblicherweise nicht an einer *Green Meadow Vision* ausrichten.

3 Diese Annahme basiert auf den praktischen Erfahrungen im Bereich des Logistik-Controlling des Verfassers. Eine Verallgemeinerung dieser Vorgehensweise scheint jedoch unbedenklich, da es als unwahrscheinlich angesehen werden kann, dass ein Hersteller seine tatsächliche Ressourcenbereitstellung an einer auf fiktiven und nicht auf fundierten Daten basierenden Beschäftigung orientiert. Vgl. hierzu aber auch die *Case Study* von Batz / Schimpf / Eigenbrodt (1998), S. 367 ff., sowie vertiefend zur Ressourcenplanung anstelle vieler Schönsleben (1998), S. 339 ff.

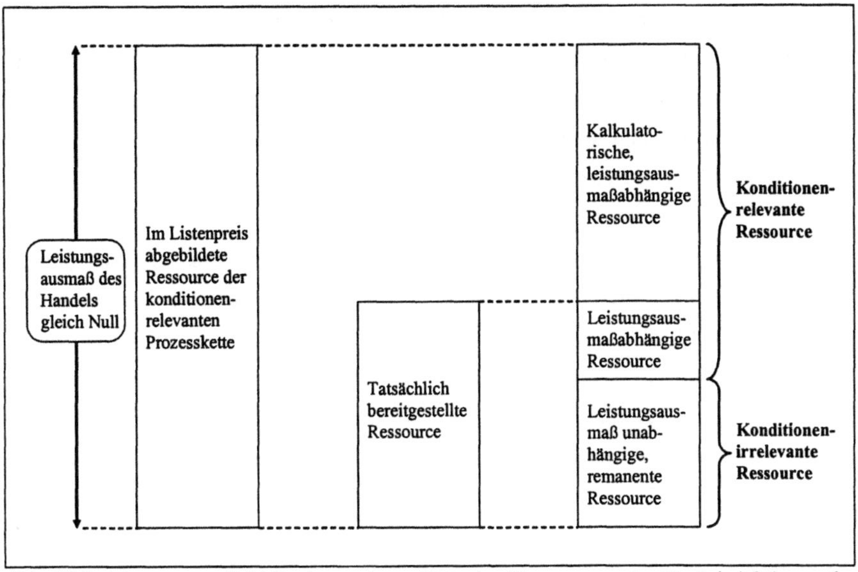

Abb. 29: Leistungsausmaßabhängige und -unabhängige Ressource unter Berücksichtigung der bereitgestellten Produktivfaktoren bei optionaler auftragsbezogener Leistungsvariation[1]

trachteten Nahrungsmittelhersteller eine Kommissionierquote im Jahr 1998 von 45,3 %,[2] an die sich unter Einbeziehung des zu erwartenden Abverkaufsvolumens und eventueller struktureller Veränderungen die Ressourcenplanung der kommenden Perioden in diesem Bereich orientiert.

Die entstehende Diskrepanz zwischen der im Listenpreis abgebildeten und der tatsächlich bereitgestellten bewerteten Ressource führt in Abhängigkeit des Leistungsausmaßes einer optionalen auftragsbezogenen Leistungsübernahme zu zwei grundsätzlich unterschiedlichen, im Kalkül zu berücksichtigenden Ansatzpunkten (vgl. Abb. 29). Hierbei honoriert die Differenz zwischen der im Listenpreis kalkulierten Ressource und der tatsächlich bereitgestellten Ressource die Einsparung aus den nicht zur Verfügung gestellten Produktivfaktoren der Pro-

---

1 Quelle: Eigene Darstellung.

2 Dieser Wert basiert auf der Anzahl der kommissionierten Kartons im Verhältnis zu der gesamt verkauften Kartonanzahl einer Sparte.

zesskette bzw. reflektiert den fiktiven Aufbau und Verzehr dieser Ressourcen. So müssen im Falle einer Ausdehnung der Kommissionierleistung über die tatsächlich bereitgestellte Kapazität die benötigten Ressourcen wie Lagerraum, Personal etc. kalkulatorisch durch den Listenpreis abgedeckt werden. Dieser kalkulatorische Bereich ist in Abb. 29 als kalkulatorische leistungsausmaßabhängige Ressource gekennzeichnet.[1]

Dagegen muss sich die Vergütung eines Leistungsausmaßes innerhalb der bereitgestellten Ressource an deren leistungsausmaßabhängige Reagibilität orientieren, um der Maxime der Nutzenneutralität (Erfolgsneutralität) gerecht zu werden. Produktivfaktoren wie EDV-Equipment, langfristig durch Kauf oder Leasingverträge an die Unternehmung gebundene Lagerausstattung (z. B. Gabelstapler, Maschinen zum Einschrumpfen der Paletten) oder das leitende Personal besitzen bedingt durch den kurzfristigen Charakter der Entscheidungssituation eine Leistungsausmaßreagibilität von Null. Die hieraus resultierenden remanenten Ressourcen sind im Rahmen optionaler auftragsbezogener Konditionen entscheidungsirrelevant und erfahren ihre Abbildung konsequenterweise im Listenpreis. Dieser Kalkulationsbereich ist in Abb. 29 durch den Balken der tatsächlich bereitgestellten Ressource illustriert.

Unterstellt man gemäß dieser Argumentation eine tatsächlich bereitgestellte Ressource der Prozesskette der Kommissionierung für die zuvor erwähnte Quote von 45 % bei einer erwarteten Auftragsgröße von 100 Verkaufseinheiten, remanente, vom Leistungsausmaß unabhängige Ressource i. H. v. 70 %[2] und eine kalkulatorische bewertete Ressource pro kommissionierter Verkaufseinheit von 1,00 EUR, so ergibt sich der in Abb. 30 dargestellte bewertete Ressourcenverzehr in Abhängigkeit der kommissionierten Kolli. Mit Hilfe dieser Graphik können die zwei divergierenden Bereiche des Kalküls, deren Grenze durch das erwartete Leistungsausmaß determiniert wird, veranschaulicht werden. Dabei bildet die remanente, vom Leistungsausmaß unabhängige Ressource den Anfangspunkt der Funktion und besitzt bis zur

---

1 Eine tatsächliche Kapazitätserweiterung durch die Industrieunternehmung im Falle einer über das erwartete Leistungsausmaß hinausgehenden Beschäftigung erfolgt in der Regel nicht, da der Erwartungswert einen „Sicherheitspuffer" berücksichtigt bzw. eine ausreichende *Fall Back Capacity* für solche kurzfristigen Engpässe außerhalb der Unternehmung bereitzustellen ist.

2 Der Prozentsatz der remanenten Ressource wurde in diesem Beispiel frei gewählt, was unter Berücksichtigung der Zielsetzung einer Visualisierung der unterschiedlichen, in den Kalkül einzubeziehenden Bereiche des bewerteten Ressourcenverzehres unbedenklich ist.

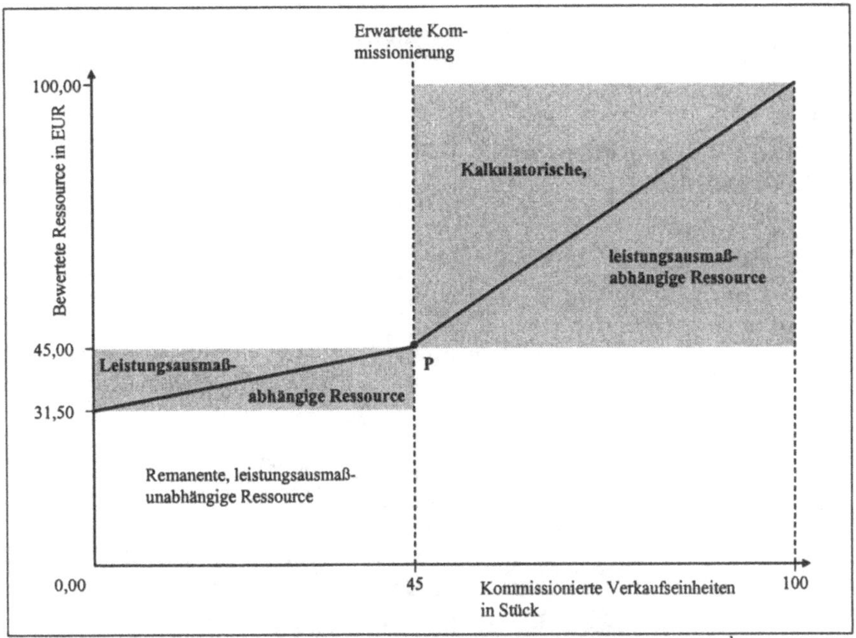

Abb. 30: Bewerteter Ressourcenverzehr in Abhängigkeit des Leistungsausmaßes[1]

erwarteten Kommissionierquote eine Steigung von 0,3. Beginnend in dem Punkt *P* (45,00 / 45) verändert sich diese Steigung und besitzt bedingt durch den kalkulatorischen Charakter dieses Kalkülbereichs eine Steigung von 1,0.

Unter Berücksichtigung dieser Ausgangssituation ergeben sich nunmehr die in Abb. 31 dargestellten Kurvenverläufe von durchschnittlich bewerteter Ressourcenremanenz des Herstellers und durchschnittlicher Vergütung an den Handel in Abhängigkeit des Leistungsausmaßes.[2] Der bewertete Ressourcenverzehr in Abhängigkeit optionaler auftragsbezogener Leistungsvariationen erfährt ab einer Kommissionierquote von 45 % einen geänderten Verlauf, der aus der tatsächlich bereitgestellten Ressource und der hiermit verbundenen Remanenz von Pro-

---

[1] Quelle: Eigene Darstellung.

[2] Zur Vereinfachung und unter Berücksichtigung der Praxisrelevanz wurde in diesem Beispiel ein linearer Ressourcenverzehr unterstellt.

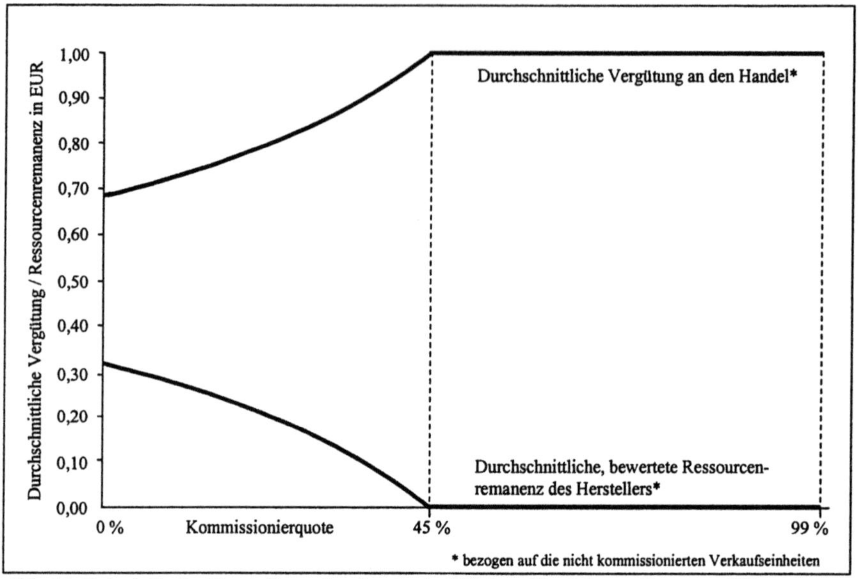

Abb. 31: Beispielhafte Darstellung der durchschnittlichen Handelsvergütung und Ressourcenremanenz des Herstellers in Abhängigkeit des Leistungsausmaßes[1]

duktivfaktoren resultiert. Die Berücksichtigung der Maxime der Nutzenneutralität führt nun unweigerlich zu einem inversen Verlauf der durchschnittlichen Vergütung an den Handel, durch den die Unveränderlichkeit der remanenten Ressourcen reflektiert wird.

Zur Realisation der effizienten Leistungsverteilung im Distributionssystem müssen diese Überlegungen auf die Vielzahl konditionenrelevanter Aktivitätenbündel und unterschiedliche Kunden eines Herstellers übertragen werden, die durch ihr spezifisches Leistungsausmaß eine individuelle Differenzierung erfahren. Denn nur die Berücksichtigung der kundenindividuellen tatsächlich bereitgestellten Ressourcen kann die Erreichung der jeweiligen *PARETO*-Optimalen Zustände gewährleisten. Eine auf Durchschnittsbetrachtungen basierende einheit-

[1] Quelle: Eigene Darstellung.

liche Vergütung solcher optionalen Leistungsvariationen führt dagegen zu Quersubventionen und ineffizienten Lösungen innerhalb der Team-Produktionsfunktionen.[1]

Diese Ausführungen konnten zeigen, dass die konditionenrelevanten Aktivitätenbündel der Industrie im Falle einer optionalen auftragsbezogenen Leistungsvariation zwei unterschiedliche, in den Kalkül einzubeziehende Bereiche aufweisen. Diese Bereiche sind zum einen auf die kalkulatorischen, in vollem Umfang vom Leistungsausmaß des Absatzmittlers abhängigen Ressourcen und zum anderen auf die kurzfristig in Abhängigkeit der Leistungsvariation nicht veränderbaren tatsächlich bereitgestellten Ressourcen zurückzuführen. Dabei ist die reale Bereitstellung von Produktivfaktoren auf Basis von Prognosedaten unumgänglich, da trotz des optionalen Charakters die Ressourcenplanung der Aktivitätenbündel bedingt durch zeitliche Restriktionen an der erwarteten Beschäftigung auszurichten ist.

4.1.4.3 Einfluss obligatorischer Leistungsvariationen

Neben der optionalen Leistungsvariation, deren charakteristisches Merkmal die auftragsbezogene Spannenbreite des Leistungsausmaßes bildet, kann eine Veränderung konditionenrelevanter Aktivitätenbündel ebenfalls einen obligatorischen Charakter aufweisen. Im Rahmen dieser Leistungsvariationen ist eine auftragsbezogene Spannenbreite des Leistungsausmaßes nicht existent, denn das betreffende Aktivitätenbündel kann nur in vollem bzw. fest vereinbarten Umfang von Industrie oder Handel erbracht werden, ohne dass es sich hierbei um limitationale Aktivitäten des Güterversorgungsprozesses handelt. Insbesondere die mit zunehmender Intensität geführte Diskussion bezüglich der physischen Distribution der Produkte bzw. die Selbstabholungsintention des Handels und die hiermit verbundene Rabattforderung

---

[1] Beliefert ein Hersteller beispielsweise zwei Kunden mit einer erwarteten Kommissionierquote von 80 % bzw. 10 %, so ergibt sich bei gleicher Absatzmenge ein Durchschnittswert von 45 %. Eine Vergütung, basierend auf diesem Durchschnittswert, würde den Kunden mit der geringeren Kommissionierquote (= höheres Leistungsausmaß) benachteiligen, da die für ihn bereitgestellte Ressource bei 10 % liegt. Die durchschnittliche Vergütung an diesen Kunden würde aber bereits ab 45 % auf Grund der (auf einer Durchschnittsbetrachtung basierenden) remanenten Ressource sinken.

stellt ein populäres Beispiel solcher Leistungsvariationen dar und kann als Schwerpunkt der weiteren Erörterungen herangezogen werden.[1]

Wie im vorangegangenen Abschnitt wäre auch hier zunächst von einer vollständigen Leistungserbringung des Herstellers auszugehen, die im Listenpreis Berücksichtigung findet. Eine Veränderung des Einflusses auf die Prozesskette am Beispiel der Selbstabholung durch den Handel ergibt sich jedoch durch den Umstand, dass eine solche Leistungsübernahme nur auf der Basis einer generellen strukturellen Veränderung und eines obligatorischen Ressourcenaufbaus erfolgen kann. Die verknüpften Wertschöpfungsketten der Elemente des Distributionssystems werden hierdurch grundlegend beeinflusst, respektive reorganisiert. So müssen beispielsweise für die Abholung der Produkte an der Rampe der Industrie die erforderlichen Transportkapazitäten durch den Handel selbst angeschafft oder im Zuge eines *Outsourcing* durch entsprechende vertragliche Verpflichtungen bereitgestellt werden, wohingegen der Hersteller die betroffenen Produktivfaktoren abbauen müsste. Eine Veränderung der Leistung von Auftrag zu Auftrag mit divergierenden quantitativen Ausprägungen wird hierdurch ökonomisch nicht sinnvoll, da in diesem Fall sowohl der Absatzmittler als auch der Hersteller längerfristig gebundene Ressourcen zur Verfügung stellen müsste, was zwangsläufig zu dauerhaften Überkapazitäten führen würde. Im Hinblick auf die Zeitspanne zwischen den Bestellzyklen kann somit von einem strategischen Obligo hinsichtlich der Ressourcenbereitstellung der physischen Distribution ausgegangen werden, bei dem auftragsbezogene Leistungsvariationen ausgeschlossen werden. Hieraus ergibt sich nun die Möglichkeit eines vollständigen Abbaus der benötigten Ressourcen seitens des Herstellers, so dass im Rahmen obligatorischer Vereinbarungen die Vergütung an den Handel grundsätzlich ein höheres Niveau erreichen kann als im Falle der optionalen Prozessleistungsänderungen.[2]

Diese Ausführungen verdeutlichen, dass die vermehrt aufkommenden Forderungen der Absatzmittler hinsichtlich einer Vergütung auf Grund obligatorischer Leistungsvariation im Güterversorgungsprozess letztlich mit einer kundenindividuellen Reorganisation der *Value*

---

[1] Vgl. zur Diskussion um die Selbstabholung durch den Handel z. B. o.V. (1999), S. 12. Die Relevanz dieser Thematik kann ebenfalls auf Grund zahlreicher Handelsanfragen bei dem betrachteten Nahrungsmittelhersteller und Diskussionen des Verfassers mit Vertretern der Handelslogistik unterstrichen werden.

[2] Existiert bei auftragsbezogenen optionalen Leistungsvariationen keinerlei Ressourcenremanenz, erreichen die Vergütungen beider Arten der Leistungsvariationen ein identisches Niveau.

Chain einhergehen. Die hierdurch indizierte Entscheidungssituation besitzt jedoch im Gegensatz zu den optionalen Leistungsveränderungen keinen operativen, sondern strategischen Charakter. Bestehende Strukturen der unternehmensübergreifenden Prozessketten und deren Verknüpfungen müssen im Rahmen einer solchen Analyse in Frage gestellt und neu verknüpft bzw. reorganisiert werden, wobei das Ergebnis dieser strategischen Entscheidung die Basis der im Rahmen einer operativen Entscheidungssituation festzulegenden auftragsbezogenen Handelsleistungsvergütung bildet.

Eine Einschränkung dieser strategischen Problemstellung auf das Kriterium der Effizienz unter Bezugnahme auf die *Team Production* nach *Alchian / Demsetz* und auf der Informationsgrundlage der Kostenrechnung erfasst jedoch die Parameter der Entscheidungssituation nur ungenügend. Denn es muss bezweifelt werden, dass die Forderung der Nutzenneutralität auf Seiten des Herstellers lediglich auf der Basis einer Substitution von nicht-monetärer durch monetäre Teamleistung gewahrt werden kann. Zwar kann ebenfalls im Rahmen einer kundenindividuellen Optimierung der Wertschöpfungskette postuliert werden, dass derjenige Akteur einen bestimmten Prozess ausführen sollte, der hierzu den effizienteren Ressourceneinsatz benötigt,[1] jedoch müssen zusätzliche Einflussfaktoren in der Analyse berücksichtigt werden, was die folgenden praxisorientierten Ausführungen verdeutlichen können.[2]

Es erscheint speziell bei den *Key Player* des Handelssektors auch unter Verzicht einer detaillierten Strukturanalyse plausibel, dass eine Abholung der Produkte insbesondere bei kleineren und mittleren Industrieunternehmungen auf Grund des hohen Bündelungspotentials der Absatzmittler und der Möglichkeit der Realisation von Synergieeffekten effizienter erfolgen kann als im Falle zahlreicher separater Anlieferungen. Aus Sicht der Hersteller sind jedoch in

---

1 Explizit sei an dieser Stelle darauf hingewiesen, dass eine Vernachlässigung der Selbstabholung in der vorliegenden Untersuchung nicht durch das von *Steffenhagen* vorgebrachte Argument von erheblichen Abwicklungsproblemen bzw. deren Kostenkonsequenzen auf Herstellerseite begründet wird, vgl. Steffenhagen (1995), S. 56. Denn der Argumentation dieses Autors kann hier nicht gefolgt werden, da die zusätzlich in Kauf zu nehmenden Kosten im Sinne eines nutzenneutralen Leistungsartentausches durch eine Verrechnung mit den durch die Selbstabholung eingesparten Kosten der physischen Distribution berücksichtigt werden können. Erzielt der Absatzmittler entsprechend hohe Synergieeffekte, so kann die gestiegene Komplexität des Herstellers kompensiert werden und zu einer effizienteren Struktur im Distributionssystem führen.

2 Für eine eher theoretisch orientierte Sichtweise bzgl. der Einflussfaktoren der Arbeitsaufteilung der Wertschöpfungskette im Distributionssystem vgl. auch Stieglitz (1999), S. 42 ff. sowie die dort angegebenen Literaturhinweise.

Abhängigkeit der unternehmensindividuellen Zielpräferenzen folgende Aspekte zu berücksichtigen:[1]

- Das Eindringen des Absatzmittlers in die historisch gewachsene *Value Chain* des Herstellers bedeutet eine tief greifende Veränderung der bestehenden Prozesse, deren Anpassung auf die kundenindividuellen Gegebenheiten längerfristig vertraglich fixierte Vereinbarungen erfordert. Tendenziell wird sich hierdurch ein Abhängigkeitsverhältnis einstellen, in dem der Absatzmittler in zunehmendem Maße die Ressourcen der Wertschöpfungskette kontrolliert und sein Machtpotential weiter ausbauen kann.
- Wettbewerbsstrategische Nachteile sind zu befürchten für Produzenten, deren Produkte im Hinblick auf die physische Distribution optimiert sind (z. B. in Bezug auf Versandeinheiten) bzw. positive Größeneffekte erzielen. Erfolgt hier keine herstellerdifferenzierende Verrechnung der vergüteten Distributionskosten seitens des Handels, können Subventionseffekte zwischen den Industrieunternehmen auftreten, die zu einer Verschlechterung der Rentabilität im Zuge der Produktkalkulation der Handelsunternehmung führen.
- Die Übernahme der physischen Distribution der Waren durch den Absatzmittler wird in der Regel mit einer regionalen Zentrallagerkonzeption einhergehen. Befürchtungen hinsichtlich einer Verlagerung der Warenverfügbarkeitsverantwortung von den einzelnen *Outlets* zu zentralen Institutionen des Handels scheinen hierdurch durchaus begründet. Eine Einflussnahme durch den Vertrieb (*Push Strategy*) auf die einzelnen Verkaufstellen bzw. die Marktleiter kann somit nicht mehr erfolgen.
- Die Industrie verliert einen Teil ihrer Einflussmöglichkeit einer zielentsprechenden Präsentation ihrer Produkte am *Point of Sale*. So ist z. B. die termingerechte Warenpräsenz einer vom Hersteller durch Werbemaßnahmen (z. B. Fernsehspots) unterstützen Aktion von wesentlicher Bedeutung. Eine entsprechende Disposition der Waren liegt jedoch nicht mehr in dessen Verantwortungsbereich und entzieht sich seiner Einflussnahme. Gleiches gilt in Bezug auf die Sicherung einer vom Konsumenten erwarteten Qualität der Produkte.

---

[1] Die hier angeführten Aspekte erheben keinesfalls einen Anspruch auf Vollständigkeit und basieren auf den Erfahrungen des Verfassers mit der Problemstellung der Selbstabholung durch den Handel.

Beruhen obligatorische Leistungsvariationen auf strategischen Entscheidungen, ergibt sich eine thematische Ausgrenzung dieser Problemstellung ebenfalls auf Grund der Fokussierung der vorliegenden Untersuchung auf den auf operative Entscheidungen ausgerichteten Informationsgenerator der Kostenrechnung. Das für strategische Entscheidungen geeignete traditionelle Informationssystem der Unternehmung bildet dagegen die Investitionsrechnung mit ihren spezifischen Erfolgsgrößen.[1]

Schlussfolgernd werden strategische obligatorische Leistungsvariationen im Rahmen der Evaluation von *Efficiency Terms* nicht weiter betrachtet, obgleich dieser Themenbereich interessante Möglichkeiten für weitere Untersuchungen bietet. Generell scheinen Handelsleistungen auf der Grundlage einer kundenindividuellen Reorganisation der Wertschöpfungskette ihrem Wesen nach im Konditionensystem, das vom *Key Account* der Industrie im Zuge der Jahresgespräche präsentiert wird, deplatziert, ohne an dieser Stelle den Handlungsbedarf einer solchen Neustrukturierung in Frage stellen zu wollen. Als Basis einer gemeinsamen Erschließung solcher Optimierungspotentiale bedarf es jedoch sicherlich eines auf Partnerschaft (Kooperation) aufgebauten Fundaments und weniger eines bis dato durch Verschleierungstaktik bzw. Sanktionspotential geprägten Umfeldes.

---

[1] Vgl. hierzu jedoch auch die aufschlussreiche Untersuchung im Hinblick auf die Eignung der in den vergangenen Jahren verstärkt diskutierten strategischen Kostenrechnung bei Baden (1998), S. 606 ff.

4.2 Ableitung des Kosteninformationsbedarfs für die Ermittlung der *Efficiency Terms*

4.2.1 Generelle Kennzeichnung

Wie in Abschnitt 2.4.2 erörtert, bilden Konditionen eine auf dem Prinzip von Leistung und Gegenleistung beruhende abnehmerspezifische Berücksichtigung von Leistungsunterschieden der Absatzmittler, deren systematisches Regelungswerk das Konditionensystem bildet. Hierin ist festzulegen, welche Konditionen in welcher Form und Höhe für den Eintritt von in der Zukunft liegenden, eindeutig definierten Ereignissen Berücksichtigung finden sollen. Die Aufgabe der Gestaltung eines Konditionensystems ist es somit, im Rahmen der Entscheidungssituation präskriptive (normative) Aussagen hinsichtlich der Konzeption eines solchen Regelungswerks zu gewinnen und die in Bezug auf den Zielerreichungsgrad optimale Handlungsalternative bewusst auszuwählen.[1]

Der Zweck der Kosten- und Erlösrechnung als Informationsgenerator der Unternehmung liegt vor diesem Hintergrund in der Bereitstellung entscheidungsrelevanter Informationen, um einen nutzenneutralen (erfolgsneutralen) Leistungsartentausch seitens des Herstellers mit Blickrichtung auf das zukünftige Geschehen zu gewährleisten. In einer ersten, noch unspezifischen Kennzeichnung des Kosteninformationsbedarfs kann folglich das Postulat nach solchen Informationen formuliert werden, die geeignet sind, die Wirkungen zukünftiger Handlungsmöglichkeiten im Rahmen der zuvor geschilderten Entscheidungssituation zu antizipieren. Der entscheidenden Instanz müssen Kosteninformationen zu Verfügung gestellt werden, die in der Lage sind, sachlich notwendige Daten für die rechnerische Vorbereitung und die Entscheidungsbegründung zu liefern.[2] Dabei besitzen Erlösinformationen vor dem Hintergrund der zuvor geschilderten Problemstellung keinerlei Relevanz, weshalb in den weiteren Ausführungen auf den Terminus „Kosten- und Erlösrechnung" zu Gunsten der „Kostenrechnung" verzichtet werden kann.

---

[1] Vgl. zur präskriptiven Entscheidungstheorie z. B. Laux (1998), S. 1 ff.

[2] Vgl. hierzu auch die Ausführungen von Hummel (1992), S. 76.

Mit der Forderung nach Informationen, die eine Bestimmung der kostenmäßigen Konsequenzen von Handlungsalternativen aufzeigen, ist unmittelbar die Forderung nach Informationen für die Steuerung der Planrealisation verknüpft.[1] Denn prinzipiell basieren unternehmerische Entscheidungen nicht auf vollkommener bzw. sicherer Information, so dass die Entscheidung im Rahmen der Planung durch eine zieladäquate Steuerung ergänzt werden muss.[2] Die hierdurch indizierten Kosteninformationen umfassen vor allem Daten bezüglich der Feststellung von Abweichungen zwischen Plan- und Vergleichsgrößen sowie zur Analyse von Abweichungsursachen und bilden die Grundlage der Initiierung von Anpassungsentscheidungen.[3]

Des Weiteren rückt das Wesensmerkmal der Konditionen, eine kundenindividuelle Differenzierung infolge divergierender Leistungserbringung zu erreichen, eine kundenorientierte Fokussierung der Kosteninformationen in den Vordergrund der Betrachtung. Für die Evaluation der *Efficiency Terms* und die Bereitstellung der erforderlichen entscheidungsrelevanten Informationen bedeutet dieser Aspekt, dass die Leistung der Absatzmittler zum Bezugsobjekt der Kostenrechnung avanciert. Die in der Kostentheorie und in der Praxis häufig im Mittelpunkt stehenden klassischen Kosteneinflussgrößen[4] müssen vor diesem Hintergrund eine Erweiterung erfahren. Die Kostenrechnung muss für den spezifischen Kalkül die Ausprägung der Leistung des Handels, respektive das Leistungsausmaß als Einflussgröße des sachzielbezogenen Güterverzehrs der Industrieunternehmung berücksichtigen und deren Veränderung offen legen.

Die Leistungsvariation der Absatzmittler determiniert dabei die substitutionalen Aktivitätenbündel und die hierfür erforderlichen spezifischen Ressourcen der Industrieunternehmung, die in den verschiedenen Funktionsbereichen organisatorisch verankert sind. Kosteninformationen können sich daher nicht auf eine isolierte Betrachtung der Organisationseinheiten beschränken, sondern müssen im Sinne einer prozessorientierten Sichtweise das komplexe Leistungsgeflecht der Unternehmung, respektive die mannigfaltigen Interdependenzen zwi-

---

1 Vgl. hierzu auch Abschnitt 3.3.

2 Vgl. z. B. Männel (1993), S. 70.

3 Vgl. zum Prozess der Steuerung Schweitzer / Küpper (1998), S. 5 f.

4 Vgl. hierzu auch Abschnitt 3.4.1.

schen den einzelnen Aktivitäten berücksichtigen.[1] Für die Ermittlung der mit der Bereitstellung und dem Verzehr von Ressourcen verbundenen Kosten in Abhängigkeit der Ausprägung der Handelsleistung bedarf es somit einer ganzheitlichen Betrachtung der relevanten Prozessketten und des mit ihnen einhergehenden bewerteten sachzielbezogenen Güterverzehrs.

In Form eines Zwischenergebnisses kann eine erste Kennzeichnung des Informationsbedarfs für die Ermittlung der *Efficiency Terms* durch die Notwendigkeit der Bereitstellung erwarteter zukünftiger, noch beeinflussbarer alternativenspezifischer Kosten erfolgen. Diese in der betriebswirtschaftlichen Literatur als entscheidungsrelevante Kosten (*Relevant Costs*) bezeichneten Informationen[2] müssen die Leistung des Handels als Kosteneinflussgröße unter Einbeziehung komplexer Verknüpfungen im Leistungsgeflecht der Unternehmung berücksichtigen. Diese Anforderungen an die Kosteninformationen sind jedoch für die vorliegende Untersuchung noch zu unspezifisch.[3] Daher ist in den folgenden Ausführungen eine weitere Detaillierung der spezifischen Informationsanforderungen vorzunehmen. Als Grundlage einer solchen vertiefenden Diskussion ist allerdings zuvor die Betrachtung des für die vorliegende Problemstellung anzuwendenden adäquaten Kostenbegriffs unumgänglich, dessen unterschiedliche Wertkomponenten auf divergierenden kostentheoretischen Konzeptionen begründet sind.[4]

4.2.2 Überlegungen zur Wertextension des Kostenbegriffs

Für die folgende Diskussion hinsichtlich der Wertkomponente des Kostenbegriffs im Rahmen der spezifischen Problemstellung der *Efficiency Terms* stehen die wertmäßige und die pagatorische Konzeption des Kostenbegriffs im Mittelpunkt. Der von *Riebel* entwickelte entscheidungsorientierte Kostenbegriff, als Abwandlung der pagatorischen Interpretation, soll demzufolge an dieser Stelle noch nicht eingehender untersucht werden, da sich in diesem Konstrukt

---

1 Vgl. Abschnitt 4.1.1.

2 Vgl. anstelle vieler z. B. Hummel (1993), Sp. 1713 ff.; Hummel (1992), S. 79; Horngren / Foster (1987), S. 301.

3 Vgl. auch Brink (1992), S. 174.

4 Vgl. hierzu Abschnitt 3.2.

sowohl die Wertextension als auch die Zurechnungsphilosophie der Kosten durch das Identitätsprinzip widerspiegeln.[1] Unter Berücksichtigung sachlogischer Gesichtpunkte ist es jedoch zweckmäßig, die Auswahl der Kostenverteilungsprinzipien an anderer Stelle zu erörtern und für die Überlegungen der Wertextension den entscheidungsorientierten Kostenbegriff zunächst unter dem pagatorischen Konzept zu subsumieren. In diesem Sinne stellt die wertmäßige „Bepreisung" des sachzielbezogenen Güterverzehrs den Ausgangspunkt der folgenden Untersuchung dar, die hieran anschließend um die pagatorische Konzeption und deren Eignung für die vorliegende Problemstellung erweitert wird.

Der Kostenwert in der auf *Schmalenbach* zurückzuführenden wertmäßigen Kostentheorie setzt sich, wie in Abschnitt 3.2 ausgeführt, aus zwei Bestandteilen zusammen, der Grenzausgabe und dem Grenzgewinn je Faktoreinheit der vorteilhaftesten, nicht realisierten Verwendungsrichtung des Produktionsfaktors. Folglich wird in dieser Konzeption unterstellt, dass der Verbrauch eben dieser Güter zwangsläufig mit einem Verzicht auf ihre anderweitige wirtschaftliche Verwendung, also einem Nutzenentgang, verbunden ist.[2] Individuelle subjektive Nutzenvorstellungen werden hierdurch in den Kalkül einbezogen, und der Kostenwert basiert nicht allein auf Gegebenheiten des Beschaffungsmarktes, sondern bezieht die gesamte Unternehmenssituation und die Zielsetzung der Wirtschaftssubjekte in die Wertfindung ein.[3]

Die im Mittelpunkt dieses Kostenwerts stehende Intention der Berücksichtigung von Grenznutzenvorstellungen in Form von Opportunitätskosten als Opfer der entgangenen Gelegenheit[4] ist jedoch für die vorliegende Problemstellung aus folgenden Gründen ungeeignet:

- Eine besondere Bedeutung im Rahmen der Konditionengestaltung kommt der Objektivität der im Konditionensystem offen zu legenden Teamleistungspreise zu. Die offerierten Konditionen der Industrie an den Handel müssen glaubhaft und somit intersubjektiv nachvollziehbar sein, soll die Akzeptanz eines Konditionensystems nicht von vornherein gefährdet werden. Ein Kostenwert, der die individuelle Nutzenfunktion der Unternehmung

---

[1] Vgl. hierzu auch Wilden (1992), S. 462.

[2] Vgl. Mellerowicz (1973), S. 4.

[3] Vgl. Adam (1970), S. 30 f.

[4] Dabei scheint die Frage, ob Opportunitätskosten als Kosten im eigentlichen Sinne aufgefasst werden können, nicht unumstritten, vgl. Adam (1970), S. 37.

berücksichtigt, lässt diese notwendige Objektivität vermissen. Die Absatzmittler könnten sich für eine identische Leistung mit signifikanten Konditionendifferenzen ihrer Lieferanten konfrontiert sehen, die durch unterschiedliche Nutzenvorstellungen (z. B. dem kalkulatorischen Unternehmerlohn) der Hersteller hervorgerufen werden. Eine Plausibilisierung der Konditionen bzw. ein Konditionenvergleich (*Benchmarking*) wird für den Handel unmöglich.

- Vermag die Stringenz des Bewertungskonzeptes von *Schmalenbach* aus kostentheoretischer Sicht als ein ökonomisch zweckmäßiger Ansatz zu bestechen, so offenbaren sich hinsichtlich seiner praktischen Umsetzung jedoch erhebliche Schwierigkeiten. Denn die laufende Ermittlung der Opportunitätskosten als Äquivalent der entgangenen Gelegenheit ist mit einem für die Praxis prohibitiv hohen Aufwand verbunden und nicht operabel. Die praktische Ausrichtung der vorliegenden Problemstellung verlangt jedoch nach in Bezug auf ihre Praktikabilität ausgerichteten Lösungen, bei denen ein solch theoretisches, kaum praxisorientiertes Konstrukt keine Berücksichtigung finden kann.[1] Zusätzlich ist zu beachten, dass ungeachtet dieser praktischen Hemmnisse das zu Grunde liegende Entscheidungsfeld für die Gültigkeitsdauer eines Konditionensystems (i. d. R. ein Jahr) Bestand haben müsste, sollen permanente Veränderungen in der Konditionenhöhe durch die Dynamik im Umfeld der Unternehmung vermieden werden.

- Durch das Postulat eines nutzenneutralen Leistungsartentausches auf Seiten der Industrie als Voraussetzung zur Erreichung einer effizienten Leistungsverteilung im Distributionssystem sind in der Praxis anwendbare pauschale kalkulatorische Ansätze, wie z. B. der kalkulatorische Eigenkapitalzins, die auf eine Unterlassungsalternative und der hiermit verbundenen alternativen Verwendung des freiwerdenden Kapitals abzielen, ungeeignet. Denn im Rahmen der zu untersuchenden Problemstellung i. e. S. sind alternative Verwendungsmöglichkeiten in Bezug auf die Entscheidung nicht-monetäre Teamleistung oder monetäre Teamleistung (Konditionen) nicht existent, da entweder eine Auszahlung für die eingesetzten Produktivfaktoren oder ein entsprechendes monetäres Äquivalent für die Handelsleistung erfolgt. Die Opportunitätskosten sind auf Grund dieser fehlenden alternativen Verwendungsmöglichkeit per se gleich Null. Somit würde ein praktikabler pauscha-

---

[1] Dem Verfasser ist basierend auf seiner praktischen Erfahrung und zahlreicher Gespräche kein Nahrungsmittelhersteller, Lieferant, Dienstleister oder Handelsunternehmen bekannt, bei dem ein Wertansatz im Sinne der wertmäßigen Konzeption konsistent Anwendung findet.

ler wertmäßiger Ansatz des sachzielbezogenen Güterverzehrs, der auf eine freie Verfügbarkeit von Nominalgütern im Falle der Unterlassung abstellt, zur Auszahlung kalkulatorischer Kostenbestandteile führen und die Maxime der Nutzenneutralität verletzen.

Die hier vorgebrachten Einwendungen an der wertmäßigen Interpretation des Kostenbegriffs im Rahmen der Evaluation der *Efficiency Terms* können im Hinblick auf das pagatorische Konzept nicht aufrecht erhalten werden. Eine besondere Eignung des pagatorischen Kostenbegriffs erwächst in der vorliegenden Problemstellung speziell durch die intersubjektive Nachprüfbarkeit und somit durch die Glaubhaftigkeit des Wertansatzes bei der Konditionengestaltung. Denn die „... Wertfindung wird bereits auf dem Beschaffungsmarkt durch das Zusammenspiel von Angebot und Nachfrage vollzogen"[1] und nicht durch die Berücksichtigung von Nutzenvorstellungen aus den individuellen betrieblichen Gegebenheiten abgeleitet. Der pagatorische Kostenwert besitzt für alle Wirtschaftssubjekte Gültigkeit, die am Markt zu den geltenden Preisen einkaufen und ist objektiv (speziell aus Sicht der Handelsunternehmungen) nachvollziehbar.

Auch den Anforderungen einer praktisch orientierten Ausrichtung der Kostenrechnung kann das auszahlungsäquivalente Konstrukt gerecht werden, da die Datenbasis für Planungs- und Kontrollrechnungen aus der Finanzbuchhaltung übernommen und entsprechend verifiziert werden kann. Diese strikte Orientierung an Zahlungsmittel- bzw. Geldbewegungen der „Pagatoriker", in der sämtliche sachzielbezogenen Güterverbräuche für die Kostenbetrachtung außer Ansatz bleiben, die nicht mit Ausgaben (Auszahlungen) verbunden sind,[2] bedeutet ebenfalls, dass dem Postulat des nutzenneutralen Leistungsartentausches durch das Fehlen von alternativen, gewinnerzielenden Verwendungsmöglichkeiten im Falle pauschaler kalkulatorischer Ansätze in vollem Umfang Rechnung getragen werden kann.

Diese Überlegungen hinsichtlich der Ausgestaltung der Wertextension des Kostenbegriffs im Rahmen der Evaluation der *Efficiency Terms* konnten zeigen, dass der in der Kostentheorie häufig propagierte wertmäßige Kostenbegriff für die vorliegende Problemstellung keine Anwendung finden kann. Insbesondere der von den Verfechtern des pagatorischen Konzeptes

---

1 Adam (1970), S. 28.

2 Vgl. auch Wilden (1992), S. 461.

vorgebrachte Einwand einer fehlenden intersubjektiven Nachprüfbarkeit bzw. der Objektivität verhindert eine Anwendung des wertmäßigen Konstruktes, so dass für die vorliegende Untersuchung das Postulat nach einem pagatorischen Wertansatz konstatiert wird.

4.2.3 Spezifischer Kosteninformationsbedarf im Rahmen optionaler auftragsbezogener Leistungsvariationen

4.2.3.1 Kalkulatorischer leistungsausmaßabhängiger Ressourcenbereich

Zur Ermittlung der im Listenpreis abzubildenden vollständigen Leistungsübernahme durch den Hersteller ist es zunächst erforderlich, den hierdurch indizierten Ressourcenbedarf der konditionenrelevanten Prozessketten kundenübergreifend zu bestimmen.[1] Die Basis dieses durch die substitutionalen Prozesse abzudeckende Leistungsspektrums bildet hierbei die tatsächlich bereitgestellte, an der erwarteten Prozessoutputmenge ausgerichtete Ressource. Hierauf aufbauend muss alsdann die zusätzliche kalkulatorische Prozessoutputmenge und die für diese zusätzlich auszuführenden Aktivitäten benötigten Ressourcenbedarfe mit Hilfe von Produktionsfunktionen (Input-Output-Funktionen) oder Schätzungen[2] prognostiziert werden.

Auf der Grundlage der in Abb. 32 dargestellten Datenkonstellation zeigt Abb. 33 in graphischer Form am Beispiel der zuvor erörterten Kommissionierleistung und des hiermit einhergehenden spezifischen Aktivitätenbündels die Ermittlung einer solchen Prozessoutputmenge. Dabei wurde von der vereinfachten Annahme ausgegangen, dass der Kundenstamm des Herstellers lediglich zwei Kunden umfasst, die jeweils monatlich bestellen. Die durchgezogene Line kennzeichnet in der Graphik die erwartete Prozessoutputmenge (im Jahresdurchschnitt beträgt die Kommissionierquote 45 %) und kennzeichnet hierdurch die tatsächlich bereitgestellte Ressource. Unter Berücksichtigung der zeitlichen Verteilung der Aufträge muss eine

---

[1] Eine kundenindividuelle Differenzierung der Ressourcenbedarfsermittlung ist an dieser Stelle nicht erforderlich, da die Bestimmung des maximalen, auf einer hundertprozentigen Leistungsübernahme der Industrieunternehmung basierenden bewerteten Ressourcenbedarfs der Kalkulation eines für alle Kunden einheitlichen Listenpreises dient.

[2] Vgl. auch z. B. Schweitzer / Küpper (1998), S. 248 f.

	Jan	Feb	Mär	Apr	Mai	Jun	Jul	Aug	Sep	Okt	Nov	Dez	TOTAL
Verkaufseinheiten Kunde A	20	30	20	14	20	30	20	12	20	30	20	14	**250**
davon zu kommissionieren	10	18	8	6	12	15	8	8	12	17	9	8	**131**
in %	*50*	*60*	*40*	*43*	*60*	*50*	*40*	*67*	*60*	*57*	*45*	*57*	***52***
Verkaufseinheiten Kunde B	40	50	12	9	30	25	10	10	40	50	15	9	**300**
davon zu kommissionieren	18	17	7	6	12	6	8	1	16	19	6	3	**119**
in %	*45*	*34*	*58*	*67*	*40*	*24*	*80*	*10*	*40*	*38*	*40*	*33*	***40***
Erwartete KE	28	35	15	12	24	21	16	9	28	36	15	11	**250**
in %	*47*	*44*	*47*	*52*	*48*	*38*	*53*	*41*	*47*	*45*	*43*	*48*	***45***
Konditionenrelevante KE	60	80	32	23	50	55	30	22	60	80	35	23	**550**
in %	*100*	*100*	*100*	*100*	*100*	*100*	*100*	*100*	*100*	*100*	*100*	*100*	***100***
KE = Kommissioniereinheiten	In tausend Stück												

Abb. 32: Beispielhafte Datenkonstellation zur Ermittlung der konditionenrelevanten Prozessoutputmenge[1]

Evaluation des zusätzlichen kalkulatorischen Ressourcenbedarfs nun auf der Grundlage einer konditionenrelevanten Prozessoutputmenge, also einer hundertprozentigen Kommissionierquote, erfolgen. Diese fiktive Prozessleistungserhöhung der Industrieunternehmung ist durch die Fläche zwischen der gestrichelten und der durchgezogenen Linie visualisiert. Die für die Listenpreiskalkulation erforderliche Mengenkomponente des bewerteten Ressourcenverzehrs der Kommissionierleistung wird somit durch die konditionenrelevante Prozessoutputmenge (unterbrochene Linie) beschrieben.

Die für diese Leistungsmenge benötigte Ressource muss unter Einbeziehung der zuvor ausgewählten pagatorischen Wertkonzeption um die „Bepreisung" ergänzt werden und die konditionenrelevanten (maximalen) Kosten in der Preiskalkulation Berücksichtigung finden. Der Bruttoabgabepreis eines Produkts beinhaltet vor diesem Hintergrund implizit eine vollständige Leistungsübernahme des Herstellers und die hierfür erforderlichen Kosten des tatsächlichen sowie fiktiven Ressourcenverzehrs. Die Aufgabe der Kostenrechnung liegt folglich im

[1] Quelle: Frei gewählte Daten des Verfassers.

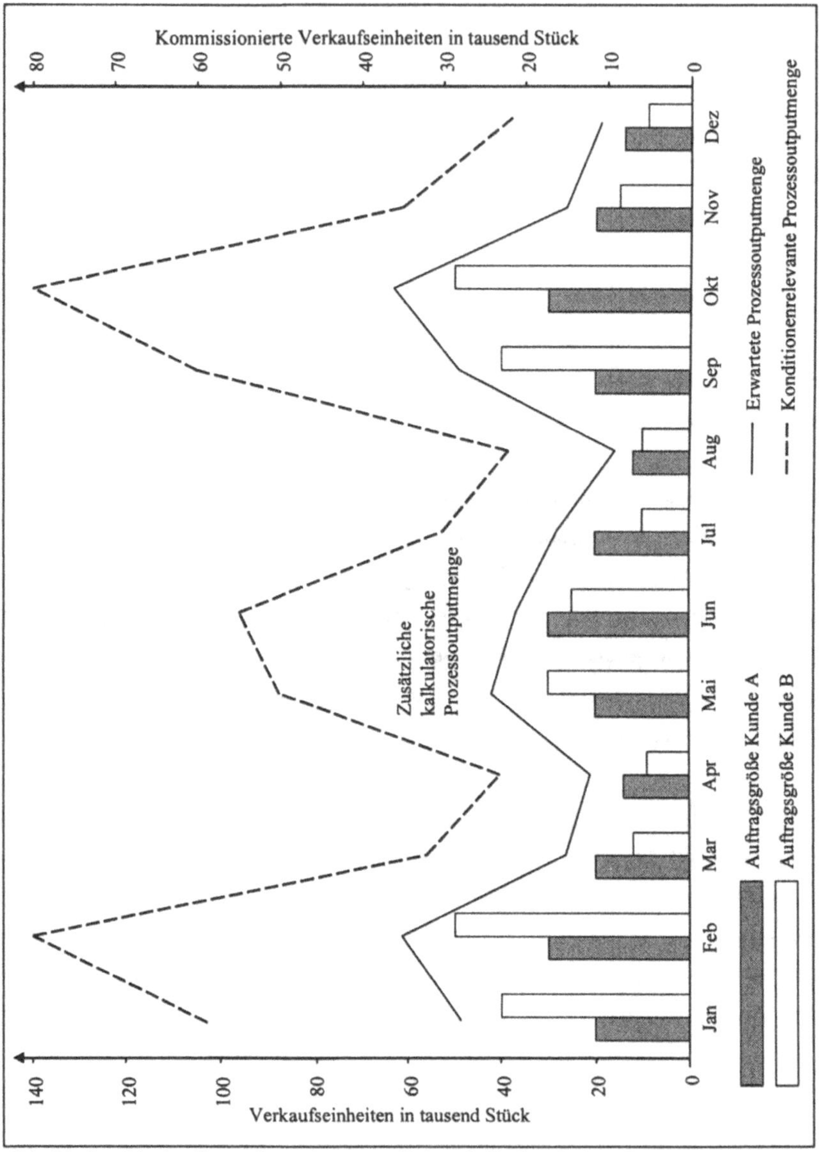

Abb. 33: Graphische Darstellung der zusätzlichen kalkulatorischen Prozessoutputmenge der Kommissionierung am Beispiel zweier Kunden[1]

---

[1] Quelle: Eigene Darstellung.

Bereich der Preiskalkulation in der Bereitstellung von solchen Daten, die geeignet sind, die durch die konditionenrelevante Prozessoutputmenge verursachten Kosten zu bestimmen.[1]

Im Sinne des Postulats nach einem nutzenneutralen (erfolgsneutralen) Leistungsartentausch müssen die mit der zusätzlichen kalkulatorischen Prozessoutputmenge einhergehenden Kosten in Abhängigkeit des Leistungsausmaßes der Absatzmittler in vollem Umfang im Konditionensystem zur Honorierung der Leistungsübernahme angeboten werden. Das traditionelle Verursachungsdenken in der Kostenrechnung wird auf Grund dieser Überlegungen für den kalkulatorischen Ressourcenbereich umformuliert. So sind realiter beispielsweise die Kosten eines leitenden Angestellten, die in Bezug auf die Prozessleistungsvariation von Auftrag zu Auftrag einen fixen Charakter aufweisen, in der klassischen Kostentheorie generell entscheidungsirrelevant, müssen jedoch in der vorliegenden Problemformulierung proportionalisiert werden. Diese Vorgehensweise steht dabei keinesfalls im Missverhältnis zur Intention der Kostenrechnung, da sich die Informationsbereitstellung dieses Instruments der Unternehmensleitung nicht an der „Richtigkeit" und in diesem Sinne an einer Abbildung realer Sachverhalte, sondern vielmehr am Rechnungszweck orientiert. Dieser Zweck liegt in der Erreichung einer effizienten Leistungsverteilung im Güterversorgungsprozess mit Hilfe zielentsprechender Kosteninformationen, die trotz „unrichtiger" (realitätsferner) Abbildungen zum optimalen Erfolg führen. „Richtige" Rechnungen sind dagegen im Rahmen des betrieblichen Rechnungswesens von der Investitions-, Bilanz- und Finanzierungsrechnung gefordert.

Für den Bereich der kalkulatorischen Ressource bleibt festzuhalten, dass der Kostenrechnung die Aufgabe der Bereitstellung solcher Kosteninformationen obliegt, die in der Lage sind, den fiktiven bewerteten Ressourcenverzehr vollständig abzubauen. Dabei ist es unerheblich, ob es sich hierbei um prozessleistungsfixe oder -variable Kosten handelt, da im fiktiven Kalkulationsbereich keinerlei remanente Ressource existiert bzw. unter Wahrung der Nutzenneutralität auf Seiten der Hersteller existieren darf.

---

[1] Die Problemstellung der Verteilung dieser Kosten auf die einzelnen Erzeugnisse soll für die Ableitung der Anforderungen an die Kostenrechnung im Rahmen der Konditionengestaltung unberücksichtigt bleiben, da diese Thematik nur auf Grund der Annahme eines Listenpreis-Plus-Konditionensystems auf der Basis von Preisnachlässen von Bedeutung ist, nicht jedoch bei einer Ausprägung auf der Basis von Zuschlagssätzen.

4.2.3.2 Kalkülbereich innerhalb der tatsächlich bereitgestellten Ressource

Ein zu den vorangegangenen Überlegungen geänderter Kosteninformationsbedarf ergibt sich jedoch im Bereich der tatsächlich bereitgestellten Ressource. In diesem Kalkülbereich ist die Berücksichtigung der mit dem Leistungsausmaß der Absatzmittler als Kosteneinflussgröße verbundenen Verhaltensweise der Kosten gegenüber Leistungsvariationen unumgänglich. Denn die Kennzeichnung der Entscheidungssituation innerhalb der real bereitgestellten Ressource zeigte die Abhängigkeit der Kapazitäten in diesem Kalkulationsbereich vom Leistungsausmaß des Handels sowie die hierdurch bedingte Problematik der remanenten Ressource. Zur Ermittlung der mit der Bereitstellung dieser Ressource verbundenen Kosten ist eine Trennung des bewerteten sachzielbezogenen Güterverzehrs, bezogen auf das Leistungsausmaß, in fixe und proportionale[1] Kosten unerlässlich.

Die Kostenrechnung muss im Rahmen dieser Situation einerseits Informationen in Bezug auf die proportionalen Kosten bereithalten, die sich automatisch, ohne Zutun der Unternehmensleitung ändern, wenn das Leistungsausmaß der Prozesskette variiert. Andererseits werden Informationen in Bezug auf leistungsausmaßfixe Kosten benötigt, für deren Veränderung ein dispositiver Akt der Unternehmensleitung erforderlich ist, der sich nicht unmittelbar auf eben dieses Leistungsausmaß bezieht.[2] Eine Gliederung der Kosten in diesem Sinne bildet die Grundvoraussetzung für die Bestimmung der entscheidungsrelevanten Kosten bzw. der Ausgrenzung des entscheidungsirrelevanten bewerteten sachzielbezogenen Güterverbrauchs.

Des Weiteren könnte für die Ermittlung der mit der remanenten Ressource verbundenen Kosten die Kenntnis der zeitlichen Struktur und somit der Veränderlichkeit der in Bezug auf die Prozessleitung fixen Kosten von Bedeutung sein. Diese in der Theorie der entscheidungsorientierten Kostenrechnung häufig hervorgehobene Informationsanforderung resultiert aus dem „Quantencharakter" fixer Kosten, die auf Grund der Unteilbarkeit von Produktivfaktoren nur sprunghaft in bestimmten Intervallen und häufig nur zu bestimmten Terminen verändert

---

1 Häufig wird für die variablen Kosten ein proportionaler Verlauf unterstellt, vgl. z. B. Layer (1982), S. 748 f.

2 Vgl. für diese Definition fixer und variabler Kosten *Layer*, wobei dieser Autor als Kosteneinflussgröße die Beschäftigung in den Mittelpunkt stellt, vgl. Layer (1976), S. 117.

werden können (wie z. B. durch Kündigungs- bzw. Vertragsfristen).[1] Innerhalb dieser Zeitspanne können solche fixen Kosten keine Veränderung erfahren, und die Zeitspanne, die von einem Zeitpunkt der Beeinflussbarkeit bis zum darauf folgenden Zeitpunkt der Beeinflussbarkeit vergehen muss,[2] könnte folglich in Bezug auf die vorliegende Entscheidungssituation eine prägnante Information darstellen.

Beispielsweise kann sich der in den Kalkül einzubeziehende Kostenverlauf der Abb. 30 unter Berücksichtigung einer Auftragsvorlaufzeit von acht Wochen für Bestellungen verändern. Denn ausgehend von der tatsächlichen Ressource werden z. B. leistungsausmaßfixe Kosten mit einer Zeitspanne der Unveränderlichkeit kleiner als acht Wochen nunmehr ebenfalls entscheidungsrelevant. So stellen die Lohnkosten der Kommissionierarbeiter mit einer Kündigungsfrist von vier Wochen zwar keine leistungsausmaßproportionalen Kosten dar, führen jedoch unter Berücksichtigung ihrer zeitlichen Struktur zu einem stufigen Verlauf des bewerteten Ressourcenverzehrs in Abhängigkeit der kommissionierten Verkaufseinheiten. Dieser Aspekt ist illustrativ in Abb. 34 durch einen von der Ordinate bis zum Punkt *P* gekennzeichneten stufigen Verlauf berücksichtigt, wohingegen die gestrichelte Gerade lediglich die in Abhängigkeit des Leistungsausmaßes proportionalen Kosten berücksichtigt.

Die Fragestellung der Berücksichtigung zeitlicher Strukturen prozessleistungsfixer Kosten korreliert in der vorliegenden Problemstellung insofern zunächst mit der zeitlichen Dimension der Entscheidung, die von der Zeitspanne vom Auftragseingang bis zum vom Absatzmittler gewünschten Anliefertermin bestimmt wird. Die Höhe einer spezifischen Konditionenart in diesem Kalkülbereich hängt folglich unter Einbeziehung theoretischer Aspekte nicht nur von dem direkten Leistungsausmaß, sondern zusätzlich von der Auftragsvorlaufzeit als indirekte

---

[1] Vgl. auch Riebel (1979a), S. 874; Männel (1983), S. 1189 f.

[2] *Layer* spricht in diesem Zusammenhang von einer „Mindestdauer der Unveränderlichkeit", vgl. Layer (1976), S. 119.

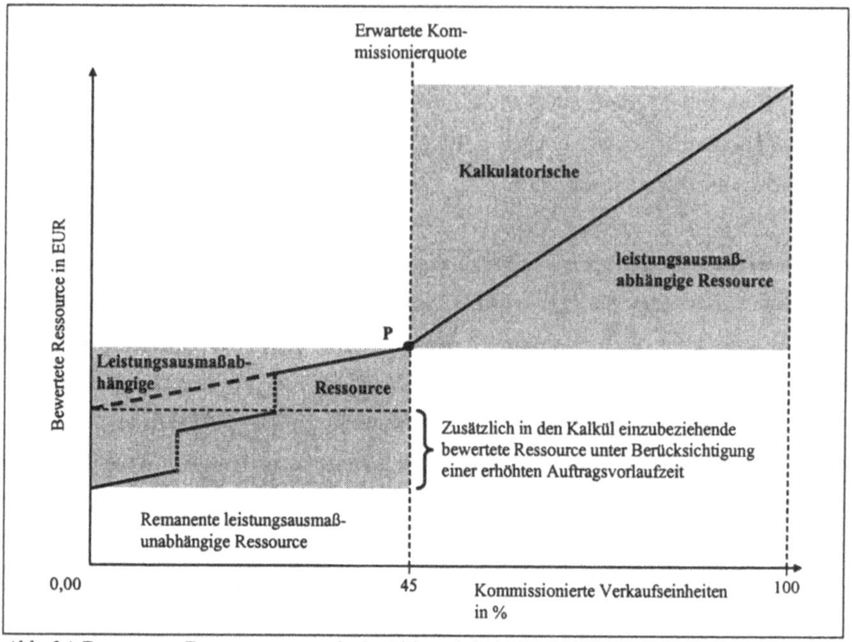

Abb. 34: Bewerteter Ressourcenverzehr in Abhängigkeit des Leistungsausmaßes der Kommissionierung unter Berücksichtigung des „Quantencharakters" leistungsausmaßfixer Kosten und deren zeitlicher Struktur[1]

Einflussgröße ab.[2] Aus Sicht der praktischen Relevanz muss der Einbeziehung dieses Sachverhalts jedoch Folgendes entgegengehalten werden:

- Die aus der praktischen Übung bzw. den spezifischen Marktgegebenheiten im Nahrungsmittelsektor resultierende Auftragsvorlaufzeit kann als relativ kurz eingestuft werden, so dass eine Variation dieser Größe in der relevanten Zeitspanne nur geringfügige und vernachlässigbare Veränderungen in den einzubeziehenden prozessleistungsfixen Kosten

---

1 Quelle: Eigene Darstellung.

2 Daneben kann die Auftragsvorlaufzeit sicherlich auch als direkte Einflussgröße und somit als eigenständige Konditionenart verstanden werden, falls z. B. eine direkte Korrelation zwischen den Ressourcen der Produktlagerung und der Auftragsvorlaufzeit besteht. So könnten durch eine frühzeitige Abnahmeverpflichtung der Absatzmittler Sicherheitsbestände minimiert und „Schnellschüsse" vermieden werden. Dieser Themenkomplex bleibt jedoch durch die hier angesprochene indirekte Einflussnahme der Auftragsvorlaufzeit unberührt.

nach sich zöge. So ergaben beispielsweise die in Abb. 35 graphisch dargestellten Auftragsvorlaufzeiten zweier divergierender Segmente des bereits mehrfach angesprochenen Nahrungsmittelherstellers für das Jahr 1998, dass in Sparte *A* mehr als 85 % und in Sparte *B* mehr als 83 % des Auftragsvolumens lediglich eine Vorlaufzeit von bis zu zwei Wochen besaßen. Hierbei ist jedoch zu beachten, dass diese Datenerhebung nur auf der Basis einer bestehenden (und hinsichtlich seiner Leistungskonformität fraglichen) Vergütung für gleich oder größer 6 bzw. 13 Tage (vgl. schattierte Balken) Auftragsvorlaufzeit erfolgen konnte. Wäre eine Bereinigung des Bestellverhaltens um diesen Anreiz möglich, so würden sich die Anteile der kurzfristigeren Aufträge sicherlich noch erhöhen.

- Die Berücksichtigung der zeitlichen Dimension müsste konsequenterweise für jede Konditionenart und jede Ausprägung des Leistungsausmaßes erfolgen. Ein in dieser Weise gestaltetes und in Abb. 36 illustriertes Konditionensystem dürfte kaum das Kriterium der Transparenz erfüllen und im Hinblick auf seine praxisnahe Handhabung weder von der Industrie noch vom Handel die erforderliche Akzeptanz erfahren.

Dieser Argumentation folgend ist die Kenntnis der zeitlichen Struktur prozessleistungsfixer Kosten durch die fehlende Möglichkeit ihrer Beeinflussbarkeit im Rahmen auftragsbezogener Leistungsvariationen, deren Wirkungsdauer als sehr gering angesehen werden muss, nur von geringfügiger Bedeutung.

Dagegen ist das Wissen um die Veränderlichkeit solcher Kosten für Anpassungsentscheidungen im Konditionensystem und eine hiermit verbundene Variation der tatsächlich bereitgestellten Ressourcen unabdingbar. Denn nur durch die Kenntnis bezüglich der beeinflussbaren prozessleistungsfixen Ressourcen kann die im Konditionensystem verankerte Leistungsübernahme korrektiv bewertet bzw. im Zuge von Anpassungsentscheidungen innerhalb der tatsächlich bereitgestellten Ressource abgebildet werden. So könnte z. B. die Verringerung der Anzahl der Anlieferstellen durch eine Reorganisation der *Outlet*-Strukturen oder die Einrichtung von Zentrallägern[1] durch den Handel zu längerfristigen Veränderungen hinsichtlich der

---

[1] Vgl. zur Abkehr von der Strecken- zur Zentrallagerbelieferung durch die Errichtung von Zentrallägern durch die Absatzmittler auch Puhlmann (1996), S. 67, oder o.V. (1994), S. 1 und 3.

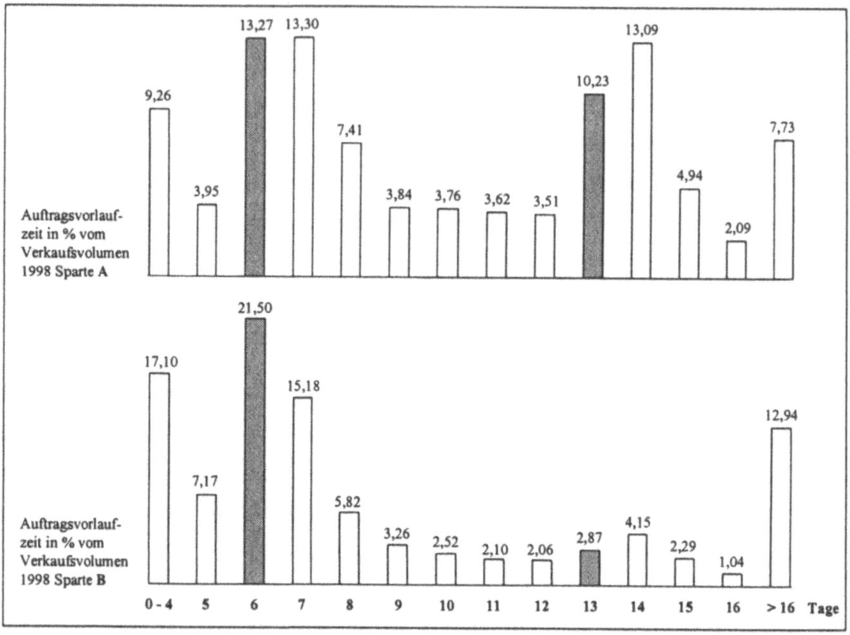

Abb. 35: Graphische Darstellung der Auftragsvorlaufzeiten zweier Sparten eines Nahrungsmittelherstellers für das Jahr 1998[1]

erwarteten Leistungsübernahme und der hiermit verbundenen tatsächlich bereitzustellenden Ressource führen. Die Auftragsgröße wird sich ceteris paribus durch solche Maßnahmen erhöhen und gegebenenfalls zur Veränderlichkeit (Reduktion) prozessleistungsfixer Ressourcen führen, was mit der Notwendigkeit einer Ausdehnung des kalkulatorischen leistungsausmaßabhängigen Kalkülbereichs des konditionenrelevanten Prozesses für diesen Kunden einhergeht (vgl. Abb. 37). Anderenfalls sähe sich das Handelsunternehmen durch die dauerhafte Veränderung seiner potentiellen auftragsbezogenen Leistungsvariation nicht adäquat belohnt und vermutet permanente Überkapazitäten oder eine latente Erfolgsverbesserung der Industrieunternehmung.

---

[1] Quelle: Eigene Darstellung auf der Datenbasis des betrachteten Nahrungsmittelherstellers.

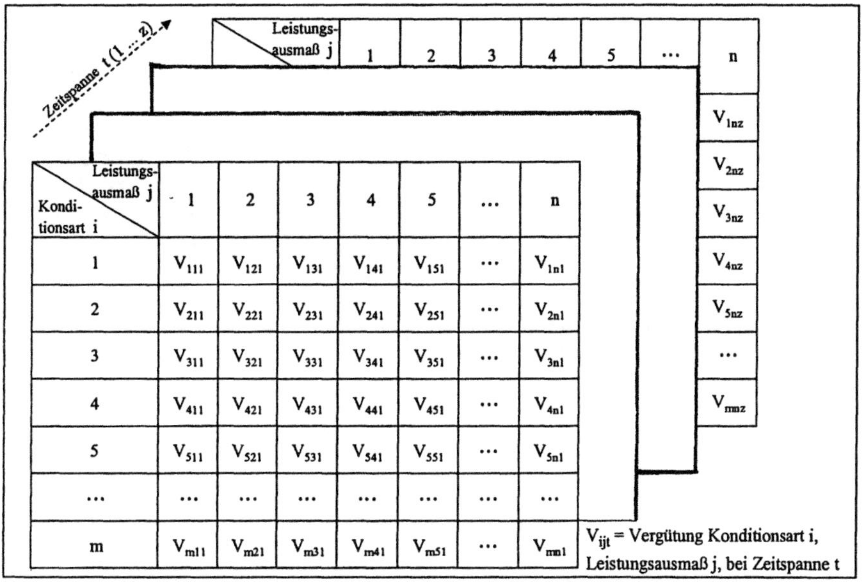

Abb. 36: Schematische Illustration der Vergütungsstaffel unter Berücksichtigung der Zeitdimension in der Entscheidung[1]

Die Höhe der mit der Ressource verbundenen entscheidungsrelevanten Kosten wird somit nicht nur durch den leistungsausmaßproportionalen bewerteten sachzielbezogenen Güterverbrauch determiniert. Mit Hilfe der Berücksichtigung der zeitlichen Strukturen leistungsausmaßfixer Kosten muss zusätzlich deren Veränderlichkeit in die Entscheidungssituation einbezogen werden.

Abschließend bleibt die Frage zu klären, ob und inwieweit die Kostenrechnung Informationen bereitzustellen hat, die einer kundenbezogenen Allokation der real bereitgestellten Ressource, mithin der Datengenerierung für die kundenindividuelle Evaluation der divergierenden Kalkülbereiche dienen kann. Hierzu kann festgestellt werden, dass die Kostenrechnung i. e. S. nur eingeschränkt Hilfestellung geben kann, da die Verteilung der tatsächlich bereitgestellten Ressource lediglich die Mengenkomponente umfasst und die Preiskomponente vernachlässigt

[1] Quelle: Eigene Darstellung.

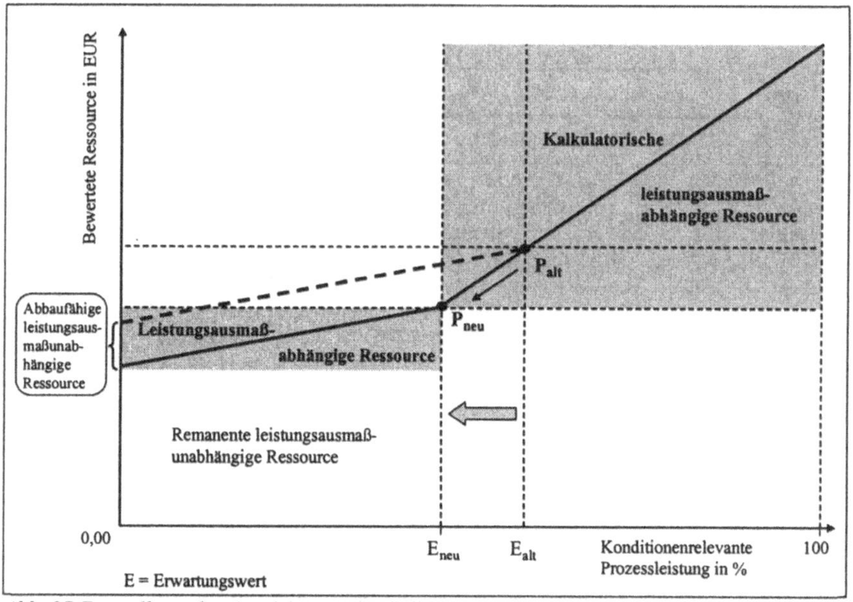

Abb. 37: Darstellung der Ausdehnung des kalkulatorischen Kalkülbereichs durch die Abbaufähigkeit leistungsausmaßfixer Ressourcen[1]

werden kann. Entscheidend für diese Fragestellung ist die in Bezug auf die mengenmäßige Beanspruchung der Prozessressource verursachungsgerechte Allokation. Die hierfür erforderlichen Daten sind nicht von der Kostenrechnung, sondern vielmehr im Rahmen der Ressourcenplanung respektive der kundenindividuellen Erwartungswertbildung bereitzustellen.

4.2.4 Zusammenfassung der Ergebnisse

Die vorangegangenen Ausführungen zur Ableitung des problemspezifischen Kosteninformationsbedarfs durch optionale auftragsbezogene Leistungsvariationen sind in komprimierter Form illustrativ in Abb. 38 für eine Periode bei konstanten Erwartungswerten der Prozessleistungen zusammengefasst. Diese Darstellung visualisiert die kostenmäßigen Implikationen

---

[1] Quelle: Eigene Darstellung.

des Leistungsausmaßes der Absatzmittler auf die Industrieunternehmung, aus denen sich der spezifische Informationsbedarf an die Kostenrechnung ergibt. Dabei bildet die Ausgangbasis dieser Illustration die praxisnahe Prämisse eines Listenpreis-Plus-Konditionensystems, so dass die kumulierten prozessspezifischen Kosten des Ressourcenverzehrs ein Handelsleistungsausmaß von Null indizieren. Durch die auftragsbezogenen, in Abhängigkeit einer kundenindividuellen Leistungserbringung differenzierten Vergütungen an die Handelsunternehmungen werden unter dem Aspekt der Nutzenneutralität die abbaufähigen Kosten weitergereicht. Damit sind die Teamleistungspreise der Hersteller zur Erreichung eines effizienten Güterversorgungsprozesses offen gelegt.

Zusammenfassend lässt sich ein entscheidungsspezifischer Informationsbedarf in der Bereitstellung der relevanten Kosteninformationen zum Zwecke der Planung und Steuerung formulieren, der geeignet ist, unter Berücksichtigung der komplexen Verknüpfungen im Leistungsgeflecht der Unternehmung, respektive der konditionenrelevanten Prozesse der Wertschöpfungskette, und auf der Basis eines pagatorischen Kostenwertes

- Kosteninformationen hinsichtlich des mit der konditionenrelevanten Prozessoutputmenge verbundenen Ressourcenverzehrs, der ein Leistungsausmaß der Absatzmittler von Null indiziert, zur Verfügung zu stellen.
- Kosteninformationen unter Berücksichtigung der divergierenden auftragsbezogenen Leistungen der Handelsunternehmungen mit der Zielsetzung eines vollständigen Abbaus des fiktiven bewerteten Ressourcenverzehrs zu generieren. Hierdurch muss der in der traditionellen Kostenrechnung vorherrschende Verursachungsgedanke umformuliert werden.
- Kosteninformationen bereitzustellen, die eine auftragsbezogene Abbaufähigkeit des mit der Ressource verbundenen sachzielbezogenen Güterverzehrs im Bereich der tatsächlich bereitgestellten Ressource und in Bezug auf das Leistungsausmaß der Absatzmittler berücksichtigen. Hierfür ist grundsätzlich eine Trennung in prozessleistungsfixe und -variable Kosten erforderlich. Zusätzlich sind im Zuge der Initiierung von Anpassungsentscheidungen Informationen hinsichtlich der zeitlichen Struktur prozessleistungsfixer Kosten zur Verfügung zu stellen.

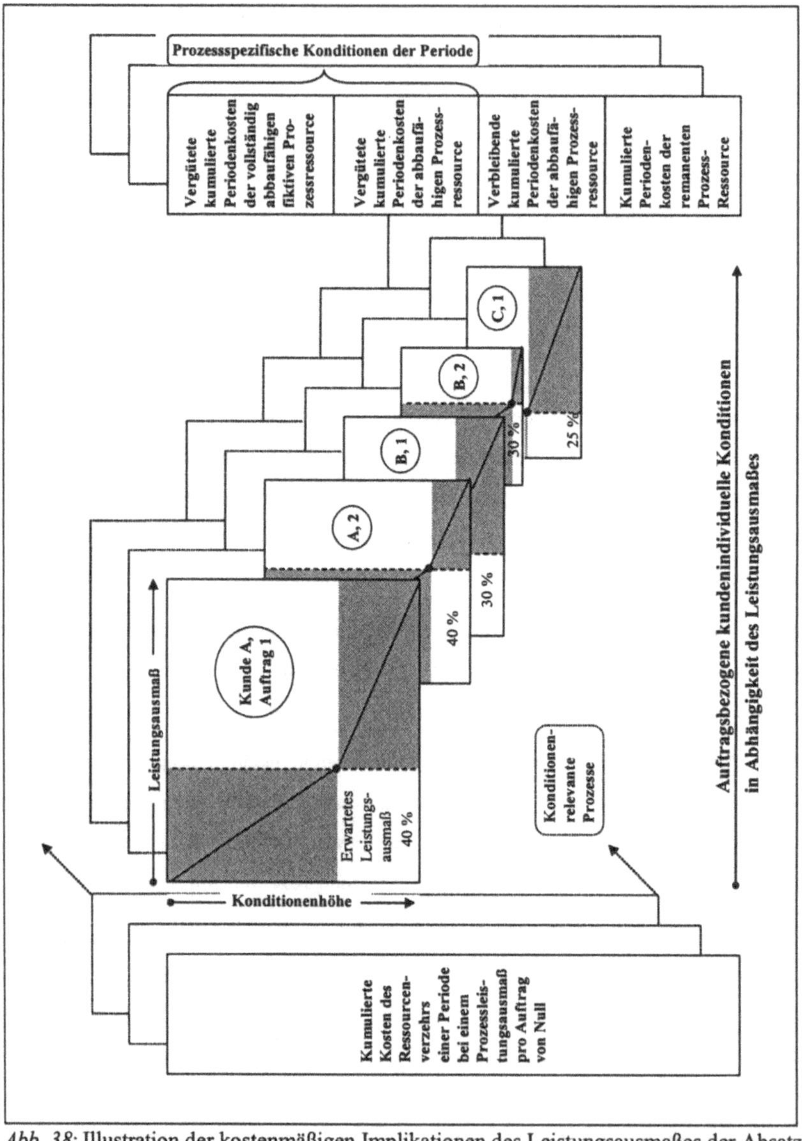

Abb. 38: Illustration der kostenmäßigen Implikationen des Leistungsausmaßes der Absatzmittler einer Periode[1]

---

[1] Quelle: Eigene Darstellung, wobei von einem Leistungsausmaß der Absatzmittler ausgegangen wird, das mindestens der Höhe des Erwartungswertes entspricht.

Die Bereitstellung dieser zweckorientierten Kosteninformationen hat dabei nach Maßgabe der allgemeingültigen Prinzipien der Kostenrechnung zu erfolgen. Insbesondere können hier die Prinzipien der Wirtschaftlichkeit, der Flexibilität in Bezug auf eine Veränderung der betrieblichen Aktivitäten, aber auch die Möglichkeit einer Unterstützung durch moderne EDV-Instrumente genannt werden.[1]

---

1 Vgl. z. B. Schweitzer / Küpper (1998), S. 84 f.; Lackes (1990), S. 331 f.; Brink (1992), S. 176; Schweitzer (1977), S. 483.

5 Spezifische Informationsgenerierung und Beurteilung bedeutender Systeme der Kostenrechnung

5.1 Vorgehensweise

Um Aussagen im Hinblick auf die zielentsprechende Anwendbarkeit der verschiedenen Konzepte der Kostenrechnung treffen zu können, sind im Anschluss an die vorangegangene Kennzeichnung der durch die Entscheidungssituation determinierten Kosteninformationsbedarfe die systemspezifischen Informationsbereitstellungen zu ermitteln und hinsichtlich ihrer Eignung auf die Problemstellung zu untersuchen. Der quantitative Umfang der sich aus der in Abschnitt 3.6 ergebenen Klassifikation bedeutender Kostenrechnungssysteme erlaubt es jedoch nicht, jeden spezifischen Informationsgenerator hierzu eingehender zu untersuchen. Unter Berücksichtigung dieses Aspekts wird in einem vorangestellten Abschnitt eine erste Eingrenzung des Entscheidungsfeldes auf der Grundlage der Gliederungskriterien der Rechnungszielorientierung sowie des Umfangs und der Art der Verrechnung vorgenommen. Gegebenenfalls kann sich hierdurch eine detaillierte Prüfung der dieser Klassen zugehörigen Konzepte der Kostenrechnung erübrigen.

Eine zusätzliche Vereinfachung der folgenden Analyse ergibt sich in Bezug auf das Postulat eines pagatorischen Wertansatzes als spezielle Ausgestaltung der Wertextension des Kostenbegriffs, da eine systemspezifische Prüfung dieses Kriteriums vernachlässigt wird. Diese Vorgehensweise kann sich durch den Umstand legitimieren, dass mit Ausnahme des von *Riebel* entwickelten Kostenrechnungssystems keine zwingende Kopplung der einzelnen Systeme an die Wertextension des Kostenansatzes erkennbar ist. Da der entscheidungsorientierte Kostenbegriff in der Einzelkosten- und Deckungsbeitragsrechnung jedoch ebenfalls auf der pagatorischen Wertextension beruht und eine isolierte Prüfung dieser Anforderung ohne eine simultane Berücksichtigung des Identitätsprinzips als Zuordnungsregel unmöglich ist, kann das Postulat eines pagatorischen Kostenwerts im weiteren Verlauf der Untersuchungen unberücksichtigt bleiben. Diese Anforderung an die Kostenrechnung wird als konstitutives Merkmal der Konditionengestaltung durch die inhärenten gestalterischen Freiräume der einzelnen Kostenrechnungssysteme erfüllt.

5.2 Eingrenzung des Entscheidungsfeldes auf der Grundlage der Rechnungszielorientierung und des Verrechnungsumfangs der Kostenrechnungssysteme

Bereits die einführende, noch relativ unspezifische Kennzeichnung des Informationsbedarfs in Abschnitt 4.2.1 konnte die Notwendigkeit der Bereitstellung erwarteter zukünftiger, noch beeinflussbarer alternativenspezifischer Kosten unter Berücksichtigung der Handelsleistung als Kosteneinflussgröße im komplexen Leistungsgeflecht der Unternehmung aufzeigen. Diese grundlegenden Informationsanforderungen können unschwer verdeutlichen, dass Konzepte der Kostenrechnung, deren Zielsetzung in der ausschließlichen Ermittlung von Vergangenheitsgrößen zur Abbildung und Dokumentation der Unternehmensprozesse liegt,[1] für die vorliegende Problemstellung keinerlei Relevanz besitzen.[2] Eine vertiefende Betrachtung der Informationsbereitstellung der ermittlungsorientierten Kostenrechnungssysteme wird folglich redundant.

Eine Ausgrenzung für den weiteren Verlauf der Untersuchungen müssen ebenfalls verhaltenssteuerungsorientierte Ansätze der Kostenrechnung erfahren. Analog der obigen Ausführungen scheitert eine Anwendung dieser Klasse von Informationsgeneratoren daran, dass sie die geforderten entscheidungsrelevanten Kosteninformationen für die Entscheidungsvorbereitung und Steuerung der Planrealisation nicht bereitstellen können. Denn im Mittelpunkt der Kostenrechnung zum Zwecke der Verhaltenssteuerung steht nicht die Informationsbereitstellung als Grundlage der Entscheidungen der Unternehmensleitung, sondern die Beeinflussung von Entscheidungen anderer Entscheidungsträger in der Unternehmung.[3] Der konzeptionelle Schwerpunkt dieser Systeme liegt auf der Durchführung der Planung unter Einbeziehung von Verhaltensinterdependenzen, jedoch nicht auf den zu treffenden Sachentscheidungen in der Phase des Führungsprozesses,[4] die den Kern der vorliegenden Überlegungen bilden.

---

1 Vgl. auch Abschnitt 3.6.

2 Zwar bilden Istkostenrechnungen die Grundlage für weiterer Rechnungsziele, jedoch bedeutet die Beschränkung auf lediglich tatsächlich entstandene Kosten einen Ausschluss für die weitere Betrachtung, da Prognosedaten in diesen Konzeptionen nicht bereitgestellt werden.

3 Vgl. Ewert / Wagenhofer (1997), S. 8.

4 Vgl. auch Schweitzer / Küpper (1998), S. 549.

Doch selbst bei einer Erweiterung des Analysespektrums durch die Berücksichtigung von Aspekten zur Entscheidungssteuerung können die bisher in der betriebswirtschaftlichen Literatur diskutierten Ansätze kaum weiterführende Erkenntnisse einbringen. Der Grund hierfür liegt in der Tatsache, dass die primäre Intention verhaltensorientierter Kostenrechnungssysteme in der Verhaltensbeeinflussung von untergeordneten Entscheidungsträgern oder ausführenden Personen innerhalb einer Unternehmung liegt.[1] Die Zielsetzung der Erreichung eines effizienten Güterversorgungsprozesses unter der Prämisse der Erfolgsneutralität auf Seiten des Herstellers bedeutet nun aber, dass der eigentliche (operative) Entscheidungsakt sowie dessen Durchsetzung einem Außenstehenden obliegt. Die benötigten Informationen der Entscheidungsvorbereitung sind in einem Konditionensystem des Herstellers fixiert, auf dessen Basis eine Leistungsübernahme des Absatzmittlers unter Berücksichtigung seiner individuellen Ziele erfolgen kann. Eine Beeinflussung der Entscheidungsträger müsste vor diesem Hintergrund über die Unternehmensgrenze hinweg erfolgen und berücksichtigen, dass die Ziele des Handels sich nicht den Herstellerzielen unterordnen,[2] wobei die Entscheidungsträger in Bezug auf die Industrieunternehmung keinesfalls weisungsgebunden sind. Die bislang konzipierten Kostenrechnungen zur Verhaltenssteuerung können diesen spezifischen Gegebenheiten nicht gerecht werden.

Eine Betrachtung der Kategorie der einflussgrößenbezogenen Rechnungen verlangt im Gegensatz zu dem vorangegangenen Gliederungskriterium nach einer differenzierten Betrachtung der dieser Klasse zugehörigen Systeme. Dieser Umstand ist darauf zurückzuführen, dass in dieser Kategorie solche Konzepte eingeordnet sind, die hinsichtlich ihrer Zielsetzungen und Strukturen gänzlich unterschiedlich sind. Ihr gemeinsames Merkmal bildet lediglich die Tatsache, dass Kostenverteilungs- und Kostenauflösungsregeln bei ihnen eine untergeordnete Rolle spielen.[3] Nach Ausschluss einer weitergehenden Betrachtung der ermittlungs- und verhaltenssteuerungsorientierten Kostenrechnungskonzepte verbleiben in dieser Kategorie die investitionstheoretischen Ansätze sowie die periodische Planerfolgsrechnung (Betriebsplankostenrechnung).

---

1 Dieser Sachverhalt wird implizit unterstellt, vgl. z. B. Pfaff (1996), S. 151 ff.; Schweitzer / Küpper (1998), S. 549 ff.; Ewert / Wagenhofer (1997), S. 8 ff.; Schoenfeld (1993), Sp. 282.

2 Vgl. hierzu auch die systemimmanenten Zielkonflikte in Abschnitt 2.2.

3 Vgl. auch die Ausführungen in Abschnitt 3.6.

Die Forderung einer investitionstheoretisch orientierten Kostenrechnung als Ergebnis einer Verknüpfung der betriebswirtschaftlichen Teildisziplinen der Investitionsrechnung und Kosten- und Erlösrechnung resultiert primär aus der Problematik einer zeitlichen Abgrenzbarkeit beider Systeme.[1] Denn tendenziell unterstützt die Kostenrechnung mit ihren Maßausdrücken Kosten und Erlöse eher kurzfristige, die dynamische Investitionsrechnung auf der Basis von diskontierten Ein- und Auszahlungen[2] eher längerfristige Bereiche.[3] Dabei orientieren sich sowohl die Kosten- als auch die Investitionsrechnung i. d. R. an ein und derselben übergeordneten Zielfunktion der Unternehmung, die durch die Maximierung der Einzahlungsüberschüsse gekennzeichnet ist.[4] Die operativ ausgerichtete Kostenrechnung muss sich jedoch der für die langfristige Kapazitätsplanung verantwortlichen Investitionsrechnung unterordnen[5] und kann die Wirkung von Zahlungsströmen nicht unbeachtet lassen.[6] Somit wird das Ergebnis der langfristig ausgelegten Investitionsrechnung zum Datum für die Kostenrechnung, wobei eine willkürfreie Abgrenzung zwischen lang- und kurzfristiger Planung kaum möglich ist.[7] Schlussfolgernd ergibt sich in jüngerer Zeit das Postulat einer Verknüpfung beider Informationssysteme für das betriebliche Rechnungswesen auf Basis einer einheitlichen investitionstheoretischen Grundlage.

Ohne die mit diesem investitionstheoretischen Ansatz eingehenden Grundprinzipien näher betrachten zu wollen,[8] kann in der vorliegenden, einem starken praktischen Bezug unterliegenden Untersuchung diese eher theoretische Konzeption keine Berücksichtigung finden. Hierfür fehlt es bisher an praktisch anwendbaren Rechnungsverfahren,[9] deren Entwicklung

---

1 Vgl. Schweitzer / Küpper (1998), S. 213; Koch (1999), S. 195; Küpper (1990), S. 254.

2 Statische Methoden der Investitionsrechnung arbeiten mit den periodisierten Erfolgsgrößen der Kosten und Erlöse, vgl. z. B. Kruschwitz (1998), S. 28 ff.

3 Vgl. auch Abschnitt 3.1.

4 Vgl. Bohr (1988), S. 1173; *Küpper* spricht in diesem Zusammenhang von finanzwirtschaftlichen übergeordneten Unternehmenszielen, vgl. Küpper (1990), S. 254.

5 Die längerfristige dominiert die kurzfristige Sicht.

6 Vgl. Bohr (1988), S. 1172; Küpper (1990), S. 254; für ein konkretes Beispiel des Zusammenhangs beider Rechnungen vgl. auch Fickert (1986), S. 26 ff.

7 Vgl. Küpper (1990), S. 255; Schweitzer / Küpper (1998), S. 213.

8 Vgl. hierzu Schweitzer / Küpper (1998), S. 213 f.

9 Vgl. auch Schweitzer / Küpper (1998), S. 213.

jedoch in der Zukunft verstärkt in den Mittelpunkt ökonomischer Forschungsbemühungen gerückt werden dürfte.[1]

Der vor allem durch *Laßmann* geprägten periodischen Planerfolgsrechnung (Betriebsplankostenrechnung) kann dagegen ein fehlender praktischer Bezug nicht angelastet werden. Jedoch ist die primäre Zielsetzung dieses Systems und die intendierte Informationsgenerierung für die vorliegende Problemstellung ungeeignet. Die Begründung hierfür findet sich darin, dass dieser Ansatz konzeptionell auf der Erkenntnis basiert, dass kostenträgerbezogene Erfolgsgrößen (Deckungsbeiträge) für Planungs- und Kontrollrechnungen nur unter relativ einfachen Produktions- und Marktbedingungen anwendbar sind.[2] „Bei vielfach vorkommenden Betriebsbedingungen mit Freiheitsgraden in der Prozeß- und Produktionsablaufgestaltung ... ist es sachgerechter, eine Plankostenrechnung auf Basis von Betriebsmodellen anzuwenden, die alle wesentlichen Kosten- und Erlösabhängigkeiten eines Unternehmens integrativ erfaßt und den Periodenerfolg von Planungsalternativen simultan berechenbar macht“[3].

Die Zielgröße der Betriebsplankostenrechnung bildet demzufolge der monats- oder quartalsbezogene Periodenerfolg auf der Grundlage von Betriebsmodellen, die eine funktionale Abbildung der Gesamtheit der Einflussgrößenbeziehungen (Verbrauchs- und Potentialfaktoreinsatzfunktionen) konkreter Produktionsprozesse abbilden[4] und die Planung und Kontrolle der Produktionskosten fokussieren. Eine in diesem Sinne undifferenzierte Informationsbereitstellung des bewerteten sachzielbezogenen Güterverzehrs einer Periode, deren Schwerpunkt im Bereich der Produktionsprozesse liegt,[5] kann im Rahmen einer auftragsbezogenen Konditionengestaltung unter Einbeziehung der ganzheitlichen Sichtweise der Unternehmung nur wenig adäquate Ergebnisse hervorbringen.

---

1 Anhaltspunkte hierfür geben die jüngsten Ergebnisse von *Koch*, der in dem Konzept der „abschnittsbezogenen Planerfolgsrechnung“ sowohl für einzelne als auch für mehrere Abrechnungsperioden das einzige mit dem Unternehmenszweck zu vereinbarende System sieht, vgl. Koch (1999).

2 Vgl. Laßmann (1983), S. 91; Laßmann (1976), S. 54.

3 Laßmann (1993), Sp. 169.

4 Vgl. hierzu Laßmann (1993), Sp. 170 ff.

5 Häufig steht die Planung und Kontrolle der Periodenerfolge in der Eisen- und Stahlindustrie im Mittelpunkt der Überlegungen, vgl. z. B. Laßmann (1976), S. 50 ff.; Schweitzer / Küpper (1998), S. 358, sowie die weiterführende Literatur bei Laßmann (1993), Sp. 182 f.

Durch die sich ergebende Eingrenzung des Entscheidungsfeldes in Bezug auf die Gliederungskriterien „Rechnungszielorientierung“ und „Umfang und Art der Verrechnung“ verbleiben planungsorientierte Kostenrechnungssysteme auf der Basis von Voll- und Teilkosten sowie kombinierte Rechnungen als Gegenstand der weiteren Analyse. Die durch diese Merkmale charakterisierten und spezifisch entwickelten Informationsgeneratoren sind in ihren Transformations- und Deduktionsregeln detaillierter darzustellen und hinsichtlich ihrer Eignung auf die vorliegende Entscheidungssituation zu beurteilen.

5.3 Informationsbereitstellung und Beurteilung planungsorientierter Konzepte der Kostenrechnung

5.3.1 Systeme der Vollkostenrechnung

5.3.1.1 Flexible Plankostenrechnung auf Vollkostenbasis

Ihren Ursprung findet die flexible Plankostenrechnung auf Vollkostenbasis in der eingeschränkten Möglichkeit einer wirkungsvollen Kostenkontrolle durch die starre Plankostenrechnung, die das Fundament der modernen Kostenplanung und -kontrolle bildete.[1] Im Mittelpunkt der flexiblen Plankostenrechnung auf Vollkostenbasis steht folglich neben der betrieblichen (Kosten-)Planung die Intensivierung der Kontrolle der Kostenwirtschaftlichkeit durch kontinuierlich durchzuführende Soll-Ist-Vergleiche.[2] Zur Lösung dieser Aufgaben ist die Kenntnis der Beziehung zwischen den Plankosten und ihren Einflussgrößen, mithin die funktionale Abhängigkeit von Plankosten und Kosteneinflussgrößen erforderlich.[3] Die in der Praxis relevante Standardform der flexiblen Plankostenrechnung berücksichtigt hierbei lediglich die Beschäftigung als einzige Kosteneinflussgröße und unterstellt die Konstanz aller übrigen Bestimmungsfaktoren auf der Basis fest vorgegebener Plangrößen.[4] Da sich in der Regel jedoch nicht alle Plankosten durch die Variation der Beschäftigung ändern, bildet eine

---

1 Auf eine tiefergehende Darstellung der starren Plankostenrechnung wird hier verzichtet, da ihr höchstens noch eine historische Bedeutung beigemessen wird, vgl. Kloock (1993a), Sp. 1557, sowie für den Aufbau dieses Kostenrechnungssystems z. B. Kilger (1993), S. 36 ff.; Haberstock (1986), S. 18 ff.; Kloock / Sieben / Schildbach (1993), S. 200 f.; Hummel / Männel (1983), S. 133 ff.; Kilger (1970), Sp. 1343 f.

2 Vgl. Kilger (1975), Sp. 2984; Diercks / Petzold (1953), S. 486; Kilger (1959), S. 457; Plaut (1980), S. 12; Kilger (1993), S. 40.

3 Vgl. z. B. Kloock / Sieben / Schildbach (1993), S. 201; Freidank (1985), S. 57.

4 Vgl. Kloock (1993a), Sp. 1557; Freidank (1985), S. 57; Kloock / Sieben / Schildbach (1993), S. 201; Haberstock (1986), S. 23; Hummel / Männel (1983), S. 139. Die Berücksichtigung der funktionalen Beziehung zwischen allen Kostenbestimmungsfaktoren als unabhängige Variable und den Kosten wird zum gegenwärtigen Stand der betriebswirtschaftlichen Forschung als unmöglich angesehen bzw. als überflüssig erachtet, vgl. Haberstock (1986), S. 23 f.; Kilger (1970), Sp. 1345, wobei dieser Autor sich auf die von *Neumayer* entwickelte Voll-Flexible Plankostenrechnung bezieht.

planmäßige Kostenauflösung in beschäftigungsfixe und -proportionale[1] Kosten die grundlegende Voraussetzung dieses Informationssystems, das in den weiteren Ausführungen näher skizziert wird.

Für die Ermittlung der Plankosten in der flexiblen Plankostenrechnung auf der Basis von Vollkosten kann grundsätzlich auf die in Abschnitt 3.4 vorgestellten traditionellen Teilbereiche der Kostenarten-, Kostenstellen- und Kostenträgerrechnung zurückgegriffen werden.[2] Folgt man vor allem den Ausführungen von *Kilger*, so kann sich die Kostenplanung in Unternehmungen mit standardisierten Fertigungsprogrammen[3] in den folgenden Stufen vollziehen:[4]

1. Für jede Kostenstelle wird eine Maßgröße der Kostenverursachung (Bezugsgröße) festgelegt.[5]
2. Unter Abstimmung mit dem System der betrieblichen Planung wird die voraussichtliche Planbeschäftigung ermittelt und für die Kostenstellen mit Hilfe der Planbezugsgrößenmenge quantifiziert.[6]
3. Auf der Grundlage dieser Planbeschäftigung werden, getrennt nach einzelnen primären Kostenarten, die beschäftigungsproportionalen Plan-Einzelkosten kalkuliert.[7]
4. Ausgehend von der Planbezugsgrößenmenge erfolgt für jede Kostenstelle, getrennt nach einzelnen primären Kostenarten, die Ermittlung der beschäftigungsproportionalen und beschäftigungsfixen Plan-Gemeinkosten. Hierzu können unterschiedliche Verfahren wie

---

1 Unter Berücksichtigung der praktischen Anwendbarkeit wird häufig ein linearer Kostenverlauf unterstellt und folglich die Gleichsetzung variabler mit proportionalen Kosten legitimiert, vgl. Kloock / Sieben / Schildbach (1993), S. 201 f.; Kilger (1993), S. 39; Kilger (1987), S. 60; Kloock (1993a), Sp. 1557; Troßmann (1992), S. 229.

2 Vgl. auch Kloock / Sieben / Schildbach (1993), S. 202.

3 Diese Einschränkung ist für den Bereich der Nahrungsmittelindustrie mit ihren vorwiegend standardisierten Massenprodukten unbedenklich.

4 Vgl. Kilger (1993), S. 36 ff., aber auch Freidank (1985), S. 57.

5 Vgl. hierzu auch Abschnitt 3.4.2.

6 Die Festlegung der Planbeschäftigung in Abstimmung mit dem Gesamtsystem der betrieblichen Teilpläne wird vor allem von *Plaut* vertreten und durch die Ausrichtung am Minimumsektor der Planung als „Engpassplanung" bezeichnet, vgl. Plaut (1951), S. 534; Plaut (1952), S. 399. Zur kritischen Auseinandersetzung mit weiteren Verfahren der Bestimmung der Planbeschäftigung vgl. auch ausführlich Plaut (1953), S. 352 ff.; Plaut (1976), S. 15 ff.; Kilger (1970a), S. 1796 f.

7 Einzelkosten weisen in der Regel einen proportionalen Charakter auf, vgl. auch Kloock / Sieben / Schildbach (1993), S. 202.

beispielsweise statistische Auswertungen basierend auf Istkosten vergangener Perioden (Streupunktdiagramme) oder analytische Methoden der Kostenplanung zur Anwendung kommen.[1] Werden der Kostenartenindex mit v (1 ... z), die beschäftigungsproportionalen Plankosten mit $K_P^{(p)}$, die beschäftigungsfixen Plankosten mit $K_F^{(p)}$ sowie die Planbeschäftigung mit $B^{(p)}$ bezeichnet, ergibt sich die Plankostensumme $K^{(p)}$ einer Kostenstelle als:

$$K^{(p)} = \sum_{v=1}^{z} K_{Fv}^{(p)} + \sum_{v=1}^{z} K_{Pv}^{(p)}(B^{(p)})$$

Unter Berücksichtigung der in der flexiblen Plankostenrechnung geltenden zentralen Prämisse, dass sich die variablen Kosten proportional zur Bezugsgröße verhalten und die fixen Kosten keine Kostensprünge beinhalten,[2] wird die Kostenplanung in diesem Kostenrechnungssystem auf der Basis linearer Kostenfunktionen vorgenommen. Den Kostenstellen werden durch die Ermittlung dieser proportionalen Beziehungen Sollkostenfunktionen vorgegeben, die angeben, „... wie sich die Kosten einer Kostenstelle in Abhängigkeit von der Beschäftigung verhalten *sollen*“[3].

5. Durch die Division der Plan-Gemeinkosten einer Kostenstelle durch die zu Grunde gelegte Planbezugsgröße werden die Plankostenverrechnungssätze je Kostenstelle ermittelt, die dem Aufbau der Plankalkulation dienen. Die hierzu notwendige Sekundärkostenrechnung als Grundlage der Berechnung der Plan-Gemeinkosten der Hauptkostenstellen wird mit Hilfe fester Verrechnungssätze vorgenommen.[4]

6. Für sämtliche Erzeugnisse der Unternehmung werden im Zuge der Plankalkulation sowohl die Einzelkosten als auch die über die Kostenstellen verrechneten beschäftigungsfixen und -proportionalen Kosten als Plankosten verrechnet. Die kalkulatorische Verrechnung der Kostenstellenkosten wird in der Weise vorgenommen, dass die Planbezugsgrößen je Kalkulationseinheit (Kostenträger) mit den korrespondierenden Plankostenverrechnungssätzen multipliziert werden. Die hieraus resultierenden Plankalkulationen der Erzeugnisse

---

[1] Vgl. für diese Verfahren z. B. Kilger (1993), S. 341 ff.; Haberstock (1986), S. 226 ff.; weitere Verfahren werden bei *Kloock* genannt, vgl. Kloock (1993a), Sp. 1556 f., sowie die dort angeführten Literaturhinweise.

[2] Vgl. Kilger (1993), S. 40.

[3] Kilger (1993), S. 39, und hierzu ebenfalls Scherrer (1991), S. 101.

[4] Vgl. auch Kloock / Sieben / Schildbach (1993), S. 205; Freidank (1985), S. 57.

sowie die hierfür notwendigen Verrechnungssätze behalten für die Dauer einer Abrechnungsperiode (in der Regel ein Jahr) ihre Gültigkeit.[1]

Zusätzliche Erkenntnisse für die Unternehmensplanung und -steuerung erwachsen durch die flexible Plankostenrechnung auf Vollkostenbasis gegenüber ihrer starren Erscheinungsform jedoch nicht in der Kostenplanung, sondern in der Kontrolle der Kostenwirtschaftlichkeit. Denn mit Hilfe der Berechnung der Sollkostenfunktionen, getrennt nach Kostenarten, können für jede Kostenstelle die Plankosten bei alternativen Beschäftigungsgraden ermittelt und flexible Anpassungen der Kostenvorgaben an die Istbeschäftigung einer Abrechnungsperiode vorgenommen werden. Eine solche Adjustierung der Plankosten in Bezug auf die Istbeschäftigung zum Zwecke der Kostenkontrolle bildet das charakteristische Merkmal der flexiblen Plankostenrechnung.[2] Die spezifische Informationsbereitstellung mit der Intention einer Kontrolle der Kostenwirtschaftlichkeit kann mit Hilfe der Abb. 39 näher erörtert werden.

Der Kostenkontrolle obliegt die Aufgabe, die in jeder Abrechnungsperiode effektiv angefallenen Kosten nach Kostenstellen differenziert auf ihre Ursachen und folglich auch in Bezug auf ihre Wirtschaftlichkeit zu untersuchen.[3] Die Grundlage hierzu bildet zunächst die Berechnung der Sollkosten, die sich aus der Anpassung der Kostenvorgabe mit Hilfe der Sollkostenfunktion an die tatsächliche Beschäftigung einer Periode ergeben. Die in dieser Weise ermittelten Sollkosten der Istbeschäftigung $K^{(s)}$ werden nach Kostenarten differenziert mit den Istkosten $K^{(i)}$ verglichen und ergeben durch Subtraktion die Verbrauchsabweichung.[4] Unter der Prämisse, dass die Ist-Fixkosten gleich den Soll-Fixkosten und durch die Ausschaltung von möglichen Preisschwankungen durch den Ansatz (sowohl im Plan, als auch im Ist) von festen Verrechnungspreisen sollten die Verbrauchsabweichungen im Idealfall die quantitativen innerbetrieblichen Unwirtschaftlichkeiten widerspiegeln.[5] Da jedoch solche Abweichun-

---

1 Vgl. Kilger (1970), Sp. 1355; Kilger (1975), Sp. 2994.

2 Vgl. Plaut (1961), S. 461; Matz (1954), S. 65 f.; Kilger (1987), S. 60; Plaut (1980), S. 12; Kilger (1993), S. 39; Haberstock (1986), S. 22.

3 Vgl. z. B. Kilger (1959), S. 457.

4 Vgl. z. B. Kilger (1993), S. 42; Haberstock (1986), S. 25 f.; Scherrer (1991), S. 104; Freidank (1988), S. 196.

5 Vgl. z. B. Freidank (1988), S. 197.

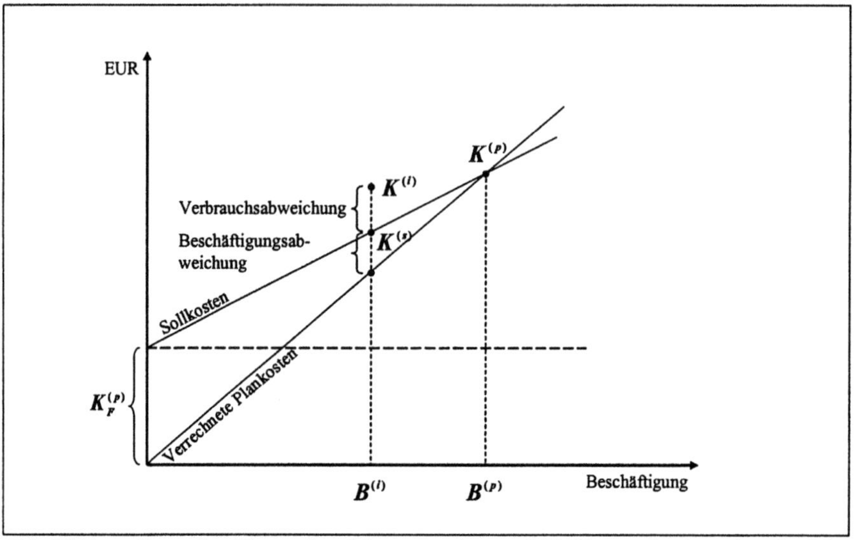

Abb. 39: Darstellung der Kostenabweichung in einer auf Vollkosten basierenden flexiblen Plankostenrechnung[1]

gen ebenfalls aus Planabweichungen der Istausprägungen weiterer Kosteneinflussgrößen (wie beispielsweise der Leistungsintensität oder Auftragszusammensetzung) entstehen können, die der Kostenstellenverantwortliche häufig nicht (oder nur teilweise) beeinflussen kann, ist das Idealziel einer kostenstellenbezogenen Wirtschaftlichkeitsdifferenz durch eine Beschränkung auf die Ermittlung der Verbrauchsabweichung nur selten realisierbar.[2] Vielmehr sind weiterführende spezifische Analysen vorzunehmen, die aufzeigen, auf welche Ursachen die Abweichungen letztendlich zurückzuführen und welche betrieblichen Abrechnungsbereiche hierfür verantwortlich sind.[3]

---

[1] Quelle: Kilger (1993), S. 41; Haberstock (1986), S. 25; Scherrer (1991), S. 104; Kilger (1975), Sp. 2986; Kilger (1970), Sp. 1345; Kilger (1989), Sp. 599. Auf eine weitere Differenzierung in Bezug auf eine beschaffungsmarktorientierte Preisabweichung, die auf eine Divergenz von Plan- und Istpreisen der Faktoreinsatzmengen zurückgeführt werden kann, soll in dieser vereinfachten Darstellung verzichtet werden. Vgl. hierzu jedoch z. B. Troßmann (1992), S. 228.

[2] Eine detaillierte Darstellung bedeutsamer Spezialabweichungen findet sich bei Haberstock (1986), S. 313 ff., sowie Kilger (1993), S. 632 ff.

[3] Vgl. z. B. Kilger (1959), S. 467; Freidank (1988), S. 198; Haberstock (1986), S. 306 ff.

Die zweite Teilabweichung stellt die so genannte Beschäftigungsabweichung dar, deren Entstehung ursächlich auf die vollständige Verrechnung der (beschäftigungsfixen und -proportionalen) Plangemeinkosten einer Kostenstelle durch den Plankostenverrechnungssatz zurückgeführt werden kann. Diese Abweichungsart indiziert durch die Beibehaltung fester Plankostenverrechnungssätze bei alternativen Beschäftigungen solche Kostendifferenzen, die zwischen der Kostenstellen- und der Kostenträgerrechnung bei dem Versuch einer Allokation beschäftigungsfixer Kosten entstehen.[1] Die Berechnung zielt somit auf die Kontrolle der Auslastung des Fixkostenblocks (Nutz- und Leerkostenanalyse) ab,[2] für die bei Beschäftigungsabweichung

$$B = K_F^{(p)}(1 - \frac{B^{(i)}}{B^{(p)}})$$

eine positive Ausprägung die Höhe der Leerkosten einer Unterbeschäftigung angibt bzw. ein negativer Wert die kalkulatorisch „zuviel“ verrechneten Kosten der Überbeschäftigung kennzeichnet.[3]

Zur Beurteilung der Anwendbarkeit der flexiblen Plankostenrechnung auf Vollkostenbasis für die vorliegende Problemstellung spielt die hier vorgestellte Informationsbereitstellung im Rahmen der Kostenkontrolle allerdings eine untergeordnete Rolle, da eine Steuerung stets auf der Planung des Unternehmensprozesses basiert. Vor diesem Hintergrund stehen die auf Vollkosten basierenden Verrechnungssätze der Kostenstellen und ihre Verknüpfungen über die Bezugsgrößen zum Zwecke der Kalkulation im Mittelpunkt der sich anschließenden kritischen Auseinandersetzung mit diesem Informationssystem.

Den Ausgangspunkt hierzu bildet das Postulat der Berücksichtigung einer ganzheitlichen prozessorientierten Sichtweise der Unternehmung, auf deren Basis konditionenrelevante Prozessoutput-Variationen und die damit einhergehenden kostenmäßigen Implikationen des Herstellers aufgezeigt werden können. Zu dieser Forderung kann festgestellt werden, dass die

---

1 Vgl. Kilger (1993), S. 42.

2 Vgl. Freidank (1988), S. 195; Kosiol (1975), S. 60.

3 Vgl. z. B. Kilger (1987), S. 60 f.; Freidank (1988), S. 195 f.; Scherrer (1991), S. 107; Hummel / Männel (1983), S. 138; Kloock / Sieben / Schildbach (1993), S. 231; Kilger (1993), S. 42.

flexible Plankostenrechnung auf Vollkostenbasis in ihrer Grundkonzeption dieser Notwendigkeit nicht gerecht wird. Denn im Fokus dieses Informationsgenerators steht die Verrechnung der Kosten auf Kostenträger (Erzeugnisse) sowie die Kontrolle der auf eine vertikale Organisationsform zugeschnittenen Kostenstellen und weniger die horizontal ausgerichteten Aktivitätenbündel der Wertschöpfungskette.[1] Zwar scheint eine Prozessorientierung durch eine entsprechende Strukturierung speziell der Hilfskostenstellen möglich,[2] jedoch liefern die betriebswirtschaftlichen Publikationen hierfür kaum gestalterische Anhaltspunkte.

Zu einem negativen Ergebnis führt ebenfalls die Prüfung der Bereitstellung solcher Informationen, die geeignet sind, den relevanten Ressourcenverzehr in Bezug auf ein Leistungsausmaß des Handels von Null zu evaluieren und deren Kosten zu ermitteln. Dieser Sachverhalt liegt darin begründet, dass in der Standardform der flexiblen Plankostenrechnung lediglich die Ausbringung der betrieblichen Teilbereiche (Beschäftigung) als Kosteneinflussgröße berücksichtigt wird und die vereinfachte kostentheoretische Vorstellung der homogenen Kostenverursachung Anwendung findet.[3] Zwar könnte der Ansatz von nur einer Bezugsgröße beispielsweise in Form der Anzahl kommissionierter Verkaufseinheiten für eine entsprechend abgegrenzte Kostenstelle das Kostenverhalten adäquat widerspiegeln, jedoch kann diese Prämisse Handelsleistungen, deren Auswirkungen sich in einer mehrvariabligen Kostenfunktion niederschlagen, nicht berücksichtigen. Häufig sind es jedoch gerade diese vernachlässigten Kosteneinflussgrößen (z. B. die Anzahl der Positionen je Auftrag, die Zeitspanne zwischen dem Auftragseingang und der Anlieferung oder der Rechnungsstellung und dem Zahlungseingang) als weitere Ausprägungsform der Beschäftigung, deren Einflüsse auf die Kosten einer Kostenstelle die Handelsleistung reflektieren.

Ein anschauliches Beispiel hierfür liefern die Kosten der physischen Distribution, deren Basis in der Regel ein nach Gewicht und Entfernung gestaffelter, in Abb. 40 beispielhaft aufge-

---

1 Vgl. auch Küting / Lorson (1991), S. 1425, wobei diese Autoren sich hierbei auf die Grenzplankostenrechnung beziehen. Eine Gleichsetzung der Plankostenrechnung auf Vollkostenbasis mit der Grenzplankostenrechnung in Bezug auf die organisatorische Sichtweise der Unternehmung kann hier jedoch auf Grund der Strukturgleichheit beider Systeme ohne Bedenken vorgenommen werden.

2 So können die Hilfskostenstellen hinsichtlich ihrer Kostenverrechnung auf weitere Hilfs- oder Hauptkostenstellen derart angeordnet werden, dass eine prozessorientierte Bewertung der benötigten Ressourcen für Aktivitätenbündel erfolgen kann.

3 Vgl. Kilger (1993), S. 149.

zeigter Frachtkostentarif darstellt.[1] Wie aus diesem Tarif ersichtlich, ist die Bestimmungsgröße des bewerteten Ressourcenverzehrs nicht nur die transportierte Menge, sondern ebenfalls die Sendungsgröße sowie die zurückzulegende Entfernung. Die sich hieraus ergebenden Sollkostenfunktionen der Kostenstelle „Distribution" sind unter Vernachlässigung der Entfernungskomponente in Abb. 41 dargestellt und zeigen, dass für eine betrachtete Planbeschäftigung (Transportmenge) alternative Kosten der physischen Distribution in Abhängigkeit der Sendungsgröße existieren. Wird das Leistungsausmaß der Absatzmittler als *Every Day a Single Tray* und folglich eine vollständige Leistungsübernahme dieses Prozesses durch die Industrie angenommen, so können die korrespondierenden Kosten durch die Vernachlässigung der Auftragsgröße (bzw. durch die Unterstellung einer durchschnittlichen konstanten Ausprägung dieser Variablen) nicht bestimmt werden. Die benötigten Informationen zur Offenlegung des Leistungspreises des Herstellers in Form von Konditionen können durch dieses Kostenrechnungssystem nicht bereitgestellt werden.

Ungeachtet der obigen Beurteilung kann hinsichtlich des vollständigen Abbaus des fiktiven bewerteten Ressourcenverzehrs konstatiert werden, dass der in der flexiblen Plankostenrechnung auf Vollkostenbasis zur Verfügung gestellte Plankostenverrechnungssatz, in dem die fixen Kosten künstlich proportionalisiert werden, geeignet ist, dieses Postulat zu erfüllen. Dagegen kann die Ignorierung des in der Kostenrechnung vorherrschenden Verursachungsgedankens für den Bereich der tatsächlich bereitgestellten Ressource zu keinen adäquaten Kosteninformationen führen. Eine Vergütung auf der Basis vollständig proportionalisierter Fixkosten lässt das Problem der Kostenremanenz außer Acht, und die Anwendung des Plankostenverrechnungssatzes würde unweigerlich der Notwendigkeit der Nutzenneutralität seitens der Industrie nicht gerecht. Ebenfalls mangelt es an Kosteninformationen, die im Rahmen der Initiierung von Anpassungsentscheidung die zeitliche Struktur leistungsausmaßfixer Kosten kennzeichnen und hierdurch deren Veränderbarkeit in dem Kalkül einbezogen werden kann.

---

[1] Ein unternehmenseigener Fuhrpark der Nahrungsmittelindustrie ist eher selten anzutreffen, vielmehr haben sich namhafte Speditionsunternehmen für den Transport von Nahrungsmitteln spezialisiert.

EUR / Tonne	Sendungsgewicht in Tonnen								
PLZ	0,0 - 0,399	0,4 - 0,999	1,0 - 1,599	1,6 - 2,499	2,5 - 3,599	3,6 - 4,999	5,0 - 7,499	7,5 - 9,999	ab 10,0
X_1	200,77	160,62	142,12	123,62	117,06	110,50	91,70	72,90	54,10
	205,77	165,62	147,12	128,62	122,06	115,50	96,70	77,90	59,10
	204,62	164,47	146,00	127,52	120,96	114,40	95,60	76,80	58,00
	173,38	141,19	107,54	105,81	98,61	91,40	75,60	59,80	44,00
	157,60	128,08	98,34	96,69	82,65	68,60	58,40	48,20	38,00
	164,25	129,25	97,14	92,95	82,28	71,60	62,40	53,20	44,00
•	142,81	117,18	90,26	82,34	69,17	56,00	50,00	44,00	38,00
•	161,11	125,17	90,68	87,63	72,57	57,50	53,00	48,50	44,00
•	152,50	119,38	89,63	89,00	76,10	63,20	54,80	46,40	38,00
	159,06	122,02	94,14	93,37	81,14	68,90	58,60	48,30	38,00
	160,05	125,17	111,16	97,16	82,58	68,00	58,00	48,00	38,00
	154,27	120,74	109,18	97,61	93,91	90,20	74,80	59,40	44,00
	164,14	130,68	98,13	82,90	70,20	57,50	53,00	48,50	44,00
	194,62	154,47	136,00	117,52	110,96	104,40	85,60	66,80	48,00
	193,44	155,22	123,73	100,91	89,60	79,17	67,86	57,43	53,14
	156,98	123,44	98,87	86,78	77,32	68,54	59,18	50,31	46,70
	171,89	137,77	111,05	95,65	85,12	75,27	64,64	54,80	50,70
X_{18}	156,49	127,43	104,33	93,80	83,36	73,91	63,47	53,82	49,92

Abb. 40: Ausschnitt eines Frachtkostentarifs im Bereich der physischen Nahrungsmitteldistribution[1]

5.3.1.2 Prozeßkostenrechnung

Die Prozeßkostenrechnung stellt das in den vergangenen Jahren wohl am intensivsten diskutierte „Novum" in der Disziplin der Kostenrechnung dar und entfachte einen nicht immer sachlich geführten Dogmenstreit. Den Ausgangspunkt dieser Diskussion um die Aktivitätsorientierung in der Kostenrechnung bildete der von *Miller / Vollmann* 1985 in den USA veröffentlichte Beitrag *„The hidden factory"*[2], in dem die Autoren einen zunehmenden Anteil der Gemeinkosten, deren Aufgabe in der Unterstützung der eigentlichen Fertigungsprozesse liegt, an den Gesamtkosten der Unternehmung feststellten.[3] Zugleich konstatierten sie eine Korrelation zwischen Aktivitäten (*Transactions*) und der Höhe der überwiegend fixen Gemeinkosten dieser indirekten Leistungsbereiche und kamen zu der Schlussfolgerung: „If, as we believe,

---

1 Quelle: Für das Jahr 2000 gültiger Frachtkostentarif des betrachteten Nahrungsmittelherstellers in EUR, wobei aus Datenschutzgründen die Werte mit Hilfe eines konstanten Faktors verschlüsselt wurden, der Ausgangsort nicht aufgeführt ist sowie die Postleitzahlen der Destinationen durch einen Platzhalter vom Verfasser ersetzt wurden.

2 Vgl. Miller / Vollmann (1985), S. 142 ff.

3 Der eigentliche Ursprung aktivitätsorientierter Ansätze der Kostenrechnung kann jedoch bis in die siebziger Jahre zurückverfolgt werden, vgl. Fröhling / Krause (1992), S. 385.

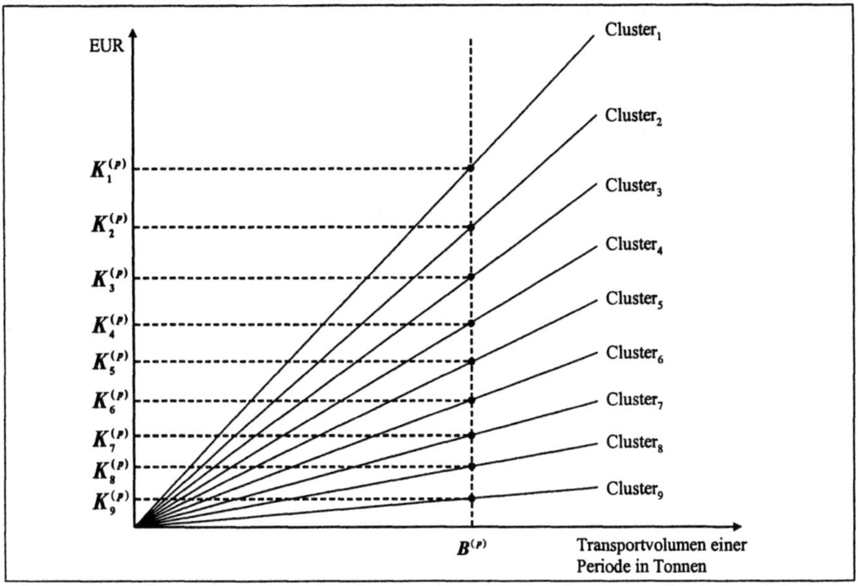

Abb. 41: Darstellung alternativer Plankosten einer Planbeschäftigung in Abhängigkeit der Gewichts-Cluster eines Frachtkostentarifs[1]

transactions are responsible for most overhead costs in the hidden factory, then the key to managing overheads is to control the transactions that drive them"[2]. Auf dieser Erkenntnis aufbauend, wurde in den USA insbesondere von *Cooper*, *Kaplan* und *Johnson* das Activity-Based Costing (oder auch Transaction Costing) entwickelt und verfeinert.[3] Die Grundidee des Activity-Based Costing wurde im Jahre 1989 von *Horváth* und *Mayer* aufgenommen und unter der Bezeichnung „Prozeßkostenrechnung"[4] zu einem pragmatischen, die in Deutschland dominierenden Strukturen der Kostenrechnung berücksichtigenden Verfahren weiterent-

---

1 Quelle: Eigene Darstellung, wobei auf eine Visualisierung möglicher Plankosten durch die Kombination der Cluster verzichtet wurde.

2 Miller / Vollmann (1985), S. 146.

3 Vgl. Johnson / Kaplan (1987); Cooper / Kaplan (1988); Cooper (1988); Cooper (1990); Cooper (1990a); Cooper (1990b); Cooper / Kaplan (1991); Kloock (1992), S. 184 ff.

4 Vgl. Horváth / Mayer (1989).

wickelt.[1] Da die konzeptionellen Grundlagen beider Systeme jedoch nicht weitreichend divergieren[2] und die von *Horváth / Mayer* geprägte Prozeßkostenrechnung die spezifischen Gegebenheiten deutscher Unternehmungen einbezieht, basieren die weiteren Ausführungen primär auf der deutschen Version dieses Systems der Kostenrechnung.

Analog der Entwicklung in den USA kann die Konzeption der Prozeßkostenrechnung nach *Horváth / Mayer* auch in Deutschland als Reaktion auf einen steigenden Anteil von Gemeinkosten in den indirekten Leistungsbereichen zurückgeführt werden.[3] Dabei stützen die Autoren die Notwendigkeit eines kostenrechnerischen Umdenkens in Bezug auf solche vorbereitende, planende, steuernde, überwachende und koordinierende Tätigkeiten in beispielsweise Forschung und Entwicklung, Beschaffung, Logistik, Produktionsplanung und -steuerung, Auftragsabwicklung, Vertrieb und Rechnungswesen auf die These, dass die traditionellen Kostenrechnungsverfahren durch den Ansatz überwiegend indirekter, wertmäßiger und undifferenzierter Bezugsgrößen diese Kosten nicht verursachungsgerecht widerspiegeln.[4] Das Bestreben der Prozeßkostenrechnung liegt in Anbetracht dieses Mangels in der Identifikation und kostenrechnerischen Handhabung von Kosteneinflussgrößen in den indirekten Leistungsbereichen (Gemeinkostenbereichen), wohingegen die bestehenden Kostenrechnungssysteme

---

1 Bis zu Beginn der achtziger Jahre war die Kostenrechnung in den USA durch eine Dominanz der Vollkostenrechnung gekennzeichnet, die sich an den Erfordernissen des externen Rechnungswesens respektive der bilanziellen Bestandsbewertung ausrichtete. Die Verrechnung der Gemeinkosten erfolgte in einer stark vereinfachten Weise, häufig in Form von volumenabhängigen Schlüsselgrößen wie Fertigungslohnstunden, was teilweise in Zuschlagssätzen von über 1000 % mündete. Die Verrechnung von Fertigungsgemeinkosten über differenzierte Bezugsgrößen waren der Praxis in den USA fremd, vgl. z. B. Gaiser (1998), S. 67 f.; Franz (1992), S. 606, sowie die dort angeführte Literatur. In Deutschland waren dagegen Systeme der Grenzplankostenrechnung (Flexible Plankostenrechnung auf Teilkostenbasis) mit detaillierten Kostenstellenrechnungen und weit differenzierten Bezugsgrößen für den Fertigungsbereich im Einsatz, und unter Berücksichtigung des bis Mitte der achtziger Jahre signifikanten Kostenanteils der Fertigungskosten waren diese Kostenrechnungssysteme auf der Basis funktional strukturierter und fein differenzierter Organisationseinheiten zweifelsohne *State of the Art*.

2 Vgl. hierzu ausführlich Gaiser (1998), S. 71 ff., sowie zu den Unterschieden der Prozeßkostenrechnung und des Activity-Based Costing auch Horváth / Mayer (1993), S. 15 f.; Horváth / Kieninger / Mayer / Schimank (1993), S. 610 f.; Küting (1993), S. 336 ff.

3 Vgl. Horváth / Mayer (1989), S. 214; Mayer (1991), S. 75; Horváth / Kieninger / Mayer / Schimank (1993), S. 609, sowie für die Ursachen des Anstiegs der Gemeinkosten z. B. Müller (1998), S. 14 ff.; Coenenberg / Fischer (1991), S. 22 ff.

4 Vgl. Horváth / Mayer (1989), S. 214 ff.; Horváth / Kieninger / Mayer / Schimank (1993), S. 609 f.; Remer (1997), S. 25 ff. Zum dogmatischen Methodenstreit, den diese These auslöste, vgl. Horváth / Kieninger / Mayer / Schimank (1993), S. 617 ff.; Küting / Lorson (1991); Kloock (1992); Kloock (1992a); Küpper (1991); Glaser (1992); Mayer / Glaser (1991). Eine abweichende Meinung vertritt jedoch Küpper (1991), S. 389, der diese These als irreführend bezeichnet.

(vorzugsweise die flexible Plankostenrechnung) in den direkten Unternehmensbereichen als adäquate Informationsgeneratoren erachtet werden.[1]

Die Prozeßkostenrechnung kann somit verstanden werden als eine Methodik zur Planung, Steuerung und Verrechnung der Kosten der indirekten Unternehmensbereiche mit den folgenden Zielsetzungen:[2]

- Erhöhung der Kostentransparenz in den indirekten Leistungsbereichen (Gemeinkostenbereichen) in Bezug auf bestehende Aktivitäten und ihre Ressourceninanspruchnahme;
- Sicherstellung eines effizienten Ressourcenverbrauchs durch eine verbesserte Gemeinkostenplanung und -kontrolle;
- Aufzeigen der Kapazitätsauslastung;
- Verbesserung der Produktkalkulation und somit Vermeidung strategischer Fehlentscheidungen.

Zur Erreichung dieser Zielsetzung stehen im Mittelpunkt dieses Kostenrechnungssystems die repetitiven Tätigkeiten der indirekten Leistungsbereiche der Unternehmung als Einflussfaktor der Gemeinkostenentstehung und deren Verdichtung über kostenstellenbezogene Teilprozesse zu kostenstellenübergreifenden Hauptprozessen. Hierdurch soll die Vielzahl von Kosteneinflussfaktoren in den indirekten Bereichen auf einige wenige, für das Kostenvolumen verantwortliche reduziert und handhabbar gemacht werden.[3] Auf Grund dieser Beschränkung der Prozeßkostenrechnung auf die Gemeinkosten der Unternehmung kann sie die in einem Unternehmen bestehende Kostenrechnung keinesfalls ersetzen, vielmehr ergibt sich die Notwendigkeit einer Integration oder eines Parallelbetriebes dieses Systems.[4] Der Ablauf bzw. die Vorgehensweise der Prozeßkostenrechnung wird in den weiteren Ausführungen näher skiz-

---

[1] Vgl. Horváth / Mayer (1993), S. 16; Mayer (1990), S. 308.

[2] Vgl. Horváth / Mayer (1989), S. 216; Horváth / Kieninger / Mayer / Schimank (1993), S. 612; Biel (1991), S. 86.

[3] Vgl. Mayer (1991), S. 85.

[4] Vgl. Müller (1998), S. 97; Horváth / Kieninger / Mayer / Schimank (1993), S. 624.

ziert, wobei von einer Einführung dieses Systems und nicht von einem permanenten Einsatz ausgegangen werden soll.[1]

Die Grundlage der Prozeßkostenrechnung bilden die traditionellen Teilgebiete der Kostenarten- und Kostenstellenrechnung.[2] Hierauf aufbauend werden zunächst jene betrieblichen Teilbereiche (Kostenstellen) ermittelt, in denen überwiegend repetitive Tätigkeiten[3] ausgeführt werden, deren Einfluss auf die Gemeinkosten im Mittelpunkt der Prozeßkostenrechnung steht und die folglich das Untersuchungsspektrum eingrenzen.[4] Aus Gründen der Wirtschaftlichkeit wird es ebenfalls als sinnvoll erachtet, eine Beschränkung auf solche Gemeinkostenbereiche vorzunehmen, die im Hinblick auf die Kostenhöhe als relevant erachtet werden und deren Ressourcenverzehr mit Hilfe des bestehenden Kostenrechnungssystems nicht verursachungsgerecht abgebildet werden kann.[5] Des Weiteren sollten bereits in dieser Phase unter Berücksichtigung der unternehmensspezifischen Strukturen Hypothesen über Hauptprozesse und deren kostenbeeinflussende Größen formuliert werden, um erste Anhaltspunkte der Strukturierung des Aufgabenvolumens einer Kostenstelle zu gewinnen.[6]

In einem weiteren Schritt erfolgt eine Tätigkeitsanalyse zur Generierung von Teilprozessen in den jeweiligen Kostenstellen. Ziel ist es hierbei, repetitive homogene Tätigkeiten, die (oder

---

1 Vgl. zum Ablauf der Prozeßkostenrechnung z. B. Mayer (1998), S. 12 ff.; Mayer (1991), S. 85 ff.; Horváth / Mayer (1989), S. 216 ff.; Horváth / Mayer (1993), S. 19 ff.; Horváth / Renner (1990), S. 102 ff.; Coenenberg / Fischer (1991), S. 25 ff.; Horváth / Kieninger / Mayer / Schimank (1993), S. 612 ff.; Müller (1998), S. 102 ff.; Franz (1992), S. 607 ff.; Götze / Meyerhoff (1993), S. 69 ff. Dabei kann es sich hier nur um einen Vorschlag der Schrittfolge bei der Einführung der Prozeßkostenrechnung handeln, der keinesfalls als starres und unabänderliches Schema zu verstehen ist. Vgl. hierzu auch Remer (1997), S. 64 f.; Götze / Meyerhoff (1993), S. 77 f.

2 Vgl. Schweitzer / Küpper (1998), S. 325; Friedl (1994), S. 145; Biel (1991), S. 89, wobei dieser Autor die Notwendigkeit einer fallweisen Erweiterung der Kostengliederung in der Kostenartenrechnung („tertiäre Kostenarten") betont, auf die im Rahmen der Vorstellung in Form eines komprimierten Überblicks nicht näher eingegangen wird.

3 Als Tätigkeit werden im Sinne der Prozeßkostenrechnung Vorgänge bezeichnet, die Produktionsfaktoren verzehren. Diese Tätigkeiten können immer durch ein Verb umschrieben werden wie z. B. „Annahme eines Materials" oder „Eingabe eines Auftrages", vgl. Franz (1990), S. 116.

4 Vgl. Horváth / Mayer (1993), S. 20.

5 Vgl. z. B. Cooper / Kaplan (1988), S. 98, und für eine weitere Eingrenzungen in Bezug auf einzubeziehende Funktionsbereiche und spezifische Zielsetzungen auch Horváth / Mayer (1993), S. 20.

6 Vgl. Mayer (1998), S. 12; Horváth / Mayer (1993), S. 20; Mayer (1991), S. 85 f.; Horváth / Kieninger / Mayer / Schimank (1993), S. 613; Mayer (1990), S. 310.

deren Ergebnis) als Mengengröße erfassbar sind,[1] zu Teilprozessen zu konsolidieren, die als Bindeglied zwischen den Kostenstellenkosten und den kostenstellenübergreifenden Hauptprozessen fungieren (vgl. auch Abb. 42).[2] Neben diesen in der Regel rein physischen Teilprozessen können allerdings auch wertmäßige Vorgänge wie Verzinsung von Lagerbeständen oder Abschreibung als Teilprozesse definiert werden.[3] Homogenität im Sinne der Prozeßkostenrechnung bedeutet, nur solche Aktivitäten (bzw. Aktivitätenbündel) zusammenzufassen,[4] die sich in Ablauf, Struktur und Arbeitsaufwand und dem hiermit verbundenen Ressourcenverzehr nicht grundsätzlich unterscheiden.[5] So sollte beispielsweise die Auftragsabwicklung bei der Teilprozessbildung in unterschiedliche Auftragsklassen (wie Inlandsauftragsabwicklung und Auslandsauftragsabwicklung) unterteilt werden, falls sie signifikante Divergenzen in der Kostenverursachung aufweisen.[6]

Die Tätigkeitsanalyse in den einzelnen Kostenstellen kann auf der Basis einer Primärerhebung, wie beispielsweise durch Interview des Kostenstellenverantwortlichen,[7] oder durch einen Rückgriff auf bereits vorliegende Analyseergebnisse wie z. B. einer kürzlich durchgeführten Gemeinkostenwertanalyse[8] erfolgen.[9]

Nach der Identifikation der Teilprozesse einer Kostenstelle sind diese nun dahingehend zu untersuchen, inwieweit sie sich in Abhängigkeit des in der Kostenstelle zu erbringenden Leis-

---

1 Vgl. Biel (1991), S. 88; Franz 1992), S. 607.

2 Vgl. Mayer (1998), S. 8; Horváth / Mayer (1993), S. 17; Horváth / Kieninger / Mayer / Schimank (1993), S. 613; Franz (1991), S. 537.

3 Vgl. Horváth / Mayer (1989), S. 216; Coenenberg / Fischer (1991), S. 27.

4 Die Forderung der Homogenität hat ebenfalls für die später darzustellende Hauptprozessbildung Gültigkeit.

5 Vgl. Mayer (1998), S. 6 ff.

6 Vgl. Horváth / Mayer (1993), S. 17; Mayer (1990), S. 308 sowie Abb. 8 auf S. 310.

7 Vgl. z. B. Cooper / Kaplan (1988), S. 99; Mayer (1991), S. 86.

8 Vgl. hierzu Müller (1998), S. 55 ff. sowie die dort angeführte Literatur.

9 Vgl. Horváth / Mayer (1989), S. 216; Mayer (1991), S. 87, allerdings betont dieser Autor die Problematik einer nicht zweckentsprechenden und zu detaillierteren Strukturierung bei der Anwendung der Gemeinkostenwertanalyse. Als „Nebenprodukt" der Tätigkeitsanalyse wird eine Identifikation von werterhöhenden und nicht-werterhöhenden Tätigkeiten ermöglicht und hierdurch die Basis einer Ablaufoptimierung durch eine mögliche Eliminierung unnötiger, nicht-wertschöpfender Aktivitäten geschaffen, vgl. Glaser (1992), S. 277; Küting / Lorson (1991), S. 1425.

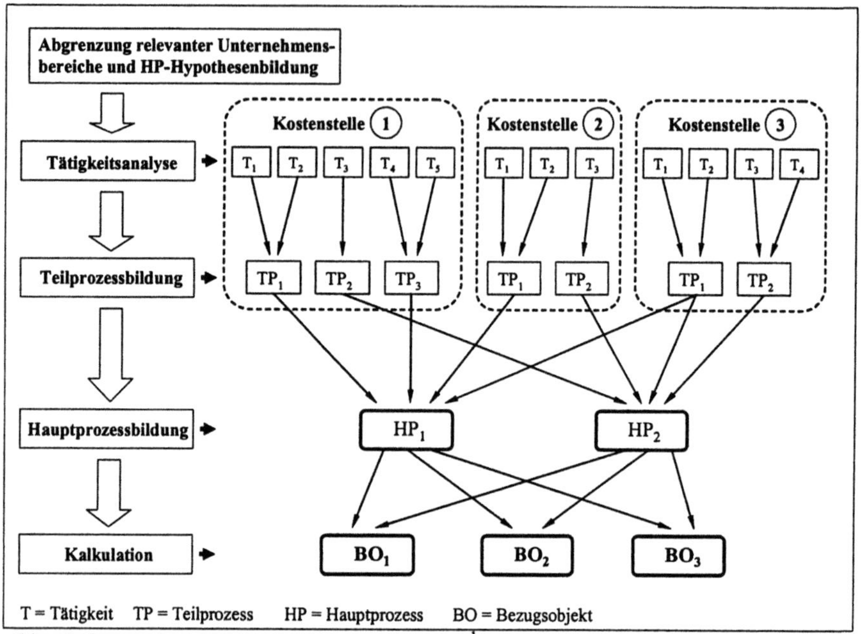

Abb. 42: Grundschema einer Prozeßkostenrechnung[1]

tungsvolumens mengenvariabel oder mengenfix verhalten und generell anfallen.[2] Dabei werden Prozesse, deren Menge bzw. Häufigkeit von der Kostenstellenleistung abhängt (z. B. die „Auftragserfassung mit Hilfe der EDV" in der Kostenstelle „Auftragsbearbeitung") als leistungsmengeninduzierte und Prozesse, die unabhängig von der Leistung der Kostenstelle anfallen und eine Grundlast darstellen (z. B. „Abteilung leiten"), als leistungsmengenneutrale Teilprozesse bezeichnet.[3] Für die leistungsmengeninduzierten Aktivitätenbündel gilt es in einem nächsten Schritt jeweils eine geeignete Maßgröße zu bestimmen, mit deren Hilfe die Teilprozesse mengenmäßig quantifiziert werden können. Für leistungsmengenneutrale Teilprozesse ist dagegen eine solche Bestimmung nicht notwendig.[4]

---

1 Quelle: Eigene Darstellung in Anlehnung an Mayer (1991), S. 86; Rieg (1995), S. 235.

2 Vgl. Horváth / Mayer (1989), S. 216; Mayer (1990), S. 307; Horváth / Mayer (1993), S. 20 f.

3 Vgl. z. B. Mayer (1998), S. 12 f.; Mayer (1990), S. 307; Horváth / Kieninger / Mayer / Schimank (1993), S. 613.

4 Vgl. Mayer / Glaser (1991), S. 297; Mayer (1991), S. 87; Horváth / Mayer (1993), S. 21.

Im Hinblick auf die sich anschließende Festlegung der Planprozessmenge der leistungsmengeninduzierten Teilprozesse sollte eine analytische Planung gemäß dem „Ausgleichsgesetz der Planung“ aus den Leistungsanforderungen der betrieblichen Engpassbereiche erfolgen.[1] Auf der Basis dieses Mengengerüstes kann für jeden Teilprozess eine analytische Kapazitäts- und Kostenplanung unter Bezugnahme auf die Ausführungen von *Kilger*[2] für alle Kostenarten durch technisch-kostenwirtschaftliche Analysen vorgenommen werden.[3] Da diese Vorgehensweise jedoch sehr aufwendig ist, kann die Planung ebenfalls auf der Grundlage von Vorjahres- oder Budgetzahlen der Kostenstellen erfolgen. Die Vorzüge eines solchen pragmatischen und mit relativ geringem Aufwand durchzuführenden Verfahrens[4] bergen jedoch die Gefahr, unwirtschaftliche Abläufe festzuschreiben und durch Vorgaben zu legitimieren.[5]

Sind die Planteilprozessmengen sowie die hiermit verbundenen Kapazitäten und Kosten bestimmt, so wird durch eine einfache Division der Prozesskosten durch die Prozessmenge ein leistungsmengeninduzierter Prozesskostensatz ermittelt. Zusätzlich erfolgt eine Umlage der leistungsmengenneutralen Prozesskosten proportional zur Kostenhöhe der leistungsmengeninduzierten Teilprozesse, und durch Addition der jeweiligen Umlagebeträge zu den leistungsmengeninduzierten Prozesskosten ergeben sich die Gesamtprozesskosten sowie, analog dem leistungsmengeninduzierten Prozesskostensatz, ein Gesamtprozesskostensatz.[6] Der in dieser Weise ermittelte (leistungsmengeninduzierte bzw. Gesamt-)Prozesskostensatz spiegelt

---

[1] Vgl. Horváth / Mayer (1989), S. 217, und zum „Ausgleichsgesetz der Planung“ Gutenberg (1983), S. 163 ff. *Remer* hält dagegen den hiermit verbundenen Aufwand zumindest in der Einführungsphase für nicht zweckmäßig, vgl. Remer (1997), S. 112; *Cooper / Kaplan* schlagen dagegen eine Prozessleistungsmengenplanung aus dem Leistungsvermögen gemäß der Kapazitätsplanung vor, vgl. Cooper / Kaplan (1993), S. 9.

[2] Vgl. Kilger (1993), S. 348 ff.

[3] Vgl. Horváth / Mayer (1989), S. 217; Mayer (1991), S. 90; Horváth / Mayer (1993), S. 21. Diese Vorgehensweise kann jedoch auf die Personalkosten beschränkt werden, sofern deren Kostenanteil dominiert und die übrigen Kosten wie Raum-, Strom- und Büromaterialkosten auf der Basis von Normalkosten der Kostenstelle proportional zu den Personalkosten auf die Prozesse verteilt werden.

[4] Bei diesem Vorgehen werden die Kosten mit Hilfe eines Schlüssels (z. B. der Mitarbeiterzahl) auf die jeweiligen Teilprozesse verteilt, vgl. Horváth / Mayer (1989), S. 217.

[5] Aus diesem Grund ist eine jährliche Vorgabe von Optimierungszielen in der Budgetplanung unerlässlich, vgl. Horváth / Mayer (1993), S. 22.

[6] Vgl. z. B. Horváth / Mayer (1993), S. 22.

die durchschnittlichen Kosten für die einmalige Durchführung eines Teilprozesses wider.[1] Diese Vorgehensweise sowie deren Ergebnisse sind in Form eines Beispiels in Abb. 43 veranschaulicht.

In diesem Beispiel sind die Kostenstellenkosten der Kostenstelle „Einkauf" im Verhältnis der Mitarbeiterkapazitäten (Mannjahre) je Teilprozess allokiert. Zum Ausweis des Gesamtprozesskostensatzes werden zusätzlich die Kosten des leistungsmengenneutralen (lmn) Teilprozesses „Abteilung leiten" durch eine Gewichtung über die leistungsmengeninduzierten (lmi) Prozesskosten auf diese Teilprozesse umgelegt. Eine solche Verrechnung und Proportionalisierung der leistungsmengenneutralen Teilprozesskosten ist zwar nicht zwingend erforderlich, wird jedoch zum Zwecke der Planung und Steuerung empfohlen, da diese Gemeinkostenblöcke ansonsten der Einflussnahme entzogen und als unabänderlich festgeschrieben werden.[2]

Die methodische Spezialität der Prozeßkostenrechnung besteht im Anschluss an die Ermittlung von Teilprozessen sowie deren Kapazitäten und Kosten in der abteilungsübergreifenden Verdichtung der leistungsmengeninduzierten Aktivitätenbündel zu sogenannten Hauptprozessen.[3] Durch diese Aggregation wird die Vielzahl von Einflussfaktoren in den indirekten Leistungsbereichen auf einige wenige reduziert und horizontale (kostenstellenübergreifende) Vorgänge sowie deren Ressourcenverzehre erfasst.[4] Häufig werden in dieser Phase die eingangs formulierten Hypothesen bezüglich der Hauptprozesse nicht zwangsläufig bestätigt, so dass bis zur Festlegung der endgültigen Prozessstruktur mehrere Schleifen zu durchlaufen sind.[5]

---

1 Vgl. Horváth / Mayer (1989), S. 217; Mayer (1991), S. 91; Mayer (1998), S. 16.

2 Vgl. Mayer (1991), S. 92, wobei an dieser Stelle ausdrücklich darauf hingewiesen wird, dass für Einzelauswertungen stets die reinen leistungsmengeninduzierten Teilprozesskostensätze zur Verfügung stehen, so dass in Abhängigkeit der betrachteten Entscheidungssituation immer die relevanten Kosten zur Verfügung stehen, vgl. auch Mayer (1998), S. 15.

3 Vgl. Männel (1995), S. 20.

4 Vgl. Mayer (1990), S. 307.

5 Vgl. Mayer (1991), S. 85 f.

Kostenstelle: *EINKAUF*									
Teilprozess		Maßgröße		Kostenzuordnung	Prozesskosten (in EUR)			Prozesskostensatz (in EUR)	
Nr.	Bezeichnung	Art	Menge	Basis MJ	lmi	lmn	gesamt	lmi	gesamt
1	Rahmenverträge abschließen	Anzahl Rahmenverträge	70	0,7	70.000,00	10.000,00	80.000,00	1.000,00	1.142,86
2	Abrufe über Rahmenverträge	Anzahl Abrufe	5.000	1,5	150.000,00	21.428,57	171.428,57	30,00	34,29
3	Bestellungen Serienmaterial Einzelbestellungen	Anzahl Einzelbestellungen	2.000	2,0	200.000,00	28.571,43	228.571,43	100,00	114,29
4	Bestellungen Gemeinkostenmaterial	Anzahl Bestellungen	3.000	1,8	180.000,00	25.714,29	205.714,29	60,00	68,57
5	Kontakte mit Lieferanten halten	Anzahl Lieferanten	70	1,0	100.000,00	14.285,71	114.285,71	1.428,57	1.632,65
6	Abteilung leiten			1,0		100.000,00			
Summe				8,0			800.000,00	MJ = Mannjahre	

Abb. 43: Beispiel für die Ermittlung der Prozesskostensätze einer Kostenstelle[1]

Hinsichtlich eines Kriteriums zur Verdichtung von Teilprozessen zu Hauptprozessen werden in der betriebswirtschaftlichen Literatur unterschiedliche Auffassungen vertreten. Zum einen wird gefordert, Teilprozesse unter Berücksichtigung ihrer sachlichen Zugehörigkeit zu einem (oder mehreren) Hauptprozessen zuzuordnen und hierdurch Einsicht in die Kosten betrieblicher Abläufe zu ermöglichen.[2] Im Sinne dieser Aggregationsvorschrift wird unter einem Hauptprozess ein funktional abgeschlossener Aufgabenkomplex verstanden (und somit u. a. ein *Benchmarking* solcher Aktivitätenbündel ermöglicht)[3]. Zum anderen wird ein Hauptprozess definiert als „... eine Kette homogener Aktivitäten, die demselben Kosteneinflußfaktor unterliegen und für die Prozeßkosten ermittelt werden sollen“[4]. Der Vorteil dieser Auffassung eines Hauptprozesses liegt in der Vermeidung von vergröbernden Durchschnittswerten der

---

1 Quelle: Eigene Darstellung in Anlehnung an Mayer (1998), S. 14; Horváth / Mayer (1993), S. 22.

2 Vgl. Franz (1992), S. 608; Coenenberg / Fischer (1991), S. 26; Horváth / Kieninger / Mayer / Schimank (1993), S. 613; Niemand (1992), S. 165; Cooper (1989); S. 39.

3 Anmerkung des Verfassers.

4 Horváth / Mayer (1993), S. 16. Diese Sichtweise wird auch in dem von *Mayer* publizierten Fallbeispiel (Abb. 10) deutlich, vgl. Mayer (1990), S. 310.

Prozesskostensätze und der hiermit verbundenen Fragwürdigkeit der Entscheidungsrelevanz und Akzeptanz.[1] Auf Grund dieser Sichtweise bezieht sich ein Hauptprozess immer nur auf einen Teilabschnitt der Wertschöpfungskette mit identischen Maßgrößen. *Glaser* schlägt dagegen eine Berücksichtigung beider zuvor geschilderten Kriterien vor und postuliert eine Hauptprozessgliederung entsprechend dem funktionalen Ablauf und gegebenenfalls eine weitere Differenzierung unter Berücksichtigung der Kosteneinflussfaktoren.[2]

Ist die Aggregation von Teilprozessen zu Hauptprozessen abgeschlossen und sind die eingangs getroffenen Hypothesen bestätigt bzw. iterativ revidiert, wird für jeden Hauptprozess ein *Cost Driver* festgelegt. Diese Kostentreiber bilden im Konzept von *Horváth / Mayer* die kostenbeeinflussenden Größen eines Hauptprozesses in Form von Mess- bzw. Zählgrößen für die Anzahl der Prozessdurchführungen[3] und sind letztlich die gesamtunternehmerischen Bestimmungsgrößen des Kostenvolumens in den indirekten Bereichen.[4] Zusätzlich sollten sie eine direkte oder zumindest indirekte Beziehung zu den Kalkulationsobjekten aufweisen, da sie im Rahmen der Kalkulation als deren Maßstab der spezifischen Inanspruchnahme Verwendung finden.[5] Die Kosten der Hauptprozesse ergeben sich nun durch die Addition der in den betreffenden Hauptprozess eingehenden Teilprozesse,[6] und in Übereinstimmung mit der Bildung von Teilprozesskostensätzen können die Hauptprozesskostensätze mittels Division durch die *Cost Driver*-Menge (getrennt nach leistungsmengeninduzierten und Gesamthauptprozesskostensätzen) errechnet werden.[7]

Die mit Hilfe der erörterten Vorgehensweise gewonnenen Kosteninformationen der Prozeßkostenrechnung sollen als Instrument der Gemeinkostenplanung und -steuerung ein effektives

---

1 Vgl. Mayer (1998), S. 8.

2 Vgl. Glaser (1998), S. 31.

3 Vgl. Mayer (1998), S. 10.

4 Vgl. Mayer (1990), S. 307. So betont dieser Autor, dass in den meisten Fällen durch 7 bis 10 *Cost Driver* 80 % des Gemeinkostenvolumens beeinflusst werden können, vgl. Mayer (1991), S. 75.

5 Vgl. Biel (1991), S. 88; Braun (1999), S. 56; Roolfs (1995), S. 197 f. Häufig wird in diesem Zusammenhang auch von der „doppelten Funktion" der *Cost Driver* gesprochen, vgl. z. B. Müller (1998), S. 130.

6 Fließen die Leistungen eines Teilprozesses in mehrere Hauptprozesse (vgl. auch Abb. 42), so werden die Kosten gemäß der Leistungsinanspruchnahme auf die entsprechenden Hauptprozesse verteilt, vgl. Mayer (1990), S. 311.

7 Vgl. Mayer (1990), S. 311, Abb. 11.

Gemeinkostenmanagement mit folgenden Schwerpunkten ermöglichen:[1]

- Im Zuge der Einführung können durch die vorzunehmende Prozessstrukturierung und Tätigkeitsanalyse organisatorische Schwächen sowie unwirtschaftliche Abläufe aufgedeckt werden, deren Einsparungspotentiale nicht zu unterschätzen sind.[2]
- Der permanente Einsatz der Prozeßkostenrechnung ermöglicht eine mengenorientierte Planung der Gemeinkosten. Durch die Integration einer Prozessorientierung in der Budgetplanung können Rationalisierungsziele abgeleitet und mengenmäßige Veränderungen des Arbeitsvolumens auf Haupt- und Teilprozessebene sowie den korrespondierenden Kostenstellen ermittelt und deren Kostenkonsequenzen aufgezeigt werden.[3] Hierdurch wird die Gemeinkostenplanung in den indirekten Leistungsbereichen versachlicht, da ein objektiv nachvollziehbares Preis- und Mengengerüst zu Grunde liegt.
- Auf der Basis eines Soll-Ist-Vergleichs werden Unterauslastungen oder fehlende Kapazitäten aufgedeckt, und korrektive Maßnahmen können in der Folgeplanung Berücksichtigung finden.[4]
- Durch die Kenntnis der *Cost Driver* und deren Kostenverursachung können im Sinne eines mittel- und langfristigen Gemeinkostenmanagements gezielte Maßnahmen zur quantitativen Verringerung kostentreibender Prozesse vereinbart und verfolgt werden.

Zum Zwecke der Kalkulation liegt die Intention der Hauptprozesskostensätze in einer möglichst verursachungsgerechten Verrechnung der Gemeinkosten auf die Kostenträger unter Berücksichtigung der jeweiligen spezifischen Ressourcenbeanspruchung. Zu beachten ist hierbei jedoch, dass es sich bei der Konzeption von *Horváth / Mayer* nicht um eine Vollkostenrechnung in der „reinen Lehre“ handelt, da die Autoren eine Verrechnung von Kosten

---

1 Vgl. Horváth / Mayer (1989), S. 216; Mayer (1991), S. 94 f.; Mayer (1998), S. 24 ff.

2 Vgl. auch Küting / Lorson (1991), S. 1425.

3 Vgl. zur prozessorientierten Budgetplanung auch Mayer (1998), S. 25, Abb. 6.

4 Auf Grund des überwiegend fixen Charakters der Gemeinkosten und der hiermit verbundenen eingeschränkten Möglichkeit einer kurzfristigen Kostenveränderung wird ein monatlicher Soll-Ist-Vergleich für wenig sinnvoll erachtet. Teilweise wird eine jährliche Abweichungsanalyse und die Bereitstellung von Informationen bzgl. einer Kosten- und Kapazitätsplanung für die darauffolgende Jahresplanung empfohlen, vgl. Mayer (1991), S. 96; Mayer (1998), S. 24. Teilweise wird jedoch auch auf eine quartals- bzw. halbjahresbezogene Analyse verwiesen, vgl. Horváth / Mayer (1993), S. 24.

nichtrepetitiver Tätigkeiten[1] sowie des bewerteten sachzielbezogenen Güterverzehrs so genannter sekundärer Leistungsbereiche auf Bezugsobjekte negieren.[2] Diese Restriktion sowie weitere Verrechnungsregeln im Rahmen der Kalkulation nach *Horváth / Mayer* sind in Abb. 44 in komprimierter Form dargestellt.

Dieser Darstellung folgend, differenziert die Prozeßkostenrechnung in der Gemeinkostenverrechnung auf Produkte hinsichtlich des Produktbezuges sowie unterschiedlicher Prozessarten. So werden über die *Cost Driver* und Hauptprozesskostensätze nur Kosten von produktnahen Prozessen verrechnet, die durch einen unmittelbaren Zusammenhang zur Materialbeschaffung, Materiallogistik oder zur Auftragsplanung und -abwicklung gekennzeichnet sind.[3] Die Kosten produktferner Prozesse wie z. B. „Lieferanten betreuen“ werden dagegen über indirekte wertmäßige Kalkulationsbezugsgrößen, die nicht mit den *Cost Driver* identisch sind, auf die Kostenträger verrechnet. Nach der spezifischen Art der Aktivitätenbündel werden die produktnahen Prozesse in

- Vorleistungsprozesse,
- Betreuungsprozesse und
- Abwicklungsprozesse

kategorisiert.[4] Vorleistungsprozesse umfassen in diesem Sinne administrativ-planerische Aktivitäten in der Produktentstehungsphase, die nicht produktbezogen verrechnet werden, wie beispielsweise „Stammdaten einrichten“ oder „Händler informieren“. Die Kosten solcher Prozesse beziehen sich auf die Gesamtproduktionsmenge des Produktlebenszyklus und sind folglich nicht im Rahmen der Plankalkulation einer Periode zu berücksichtigen, sondern bei

---

1 Nichtrepetitive Tätigkeiten werden per se nicht in die Prozeßkostenrechnung einbezogen, vgl. hierzu die Ausführungen zur Teilprozessbildung und z. B. Küting / Lorson (1995), S. 93, Abb. 6.

2 Vgl. Horváth / Mayer (1993), S. 25. Des Weiteren kann hier angeführt werden, dass hinsichtlich der Verwendung des leistungsmengeninduzierten oder Gesamtprozesskostensatzes für die Verrechnung der Gemeinkosten keine eindeutigen Aussagen vorliegen. Wird von der Verwendung des Gesamtkostensatzes zum Zwecke der Kalkulation abgesehen, kann es sich ebenfalls nicht um ein reines System basierend auf Vollkosten handeln.

3 Vgl. Horváth / Mayer (1993), S. 25; Schweitzer / Küpper (1998), S. 341.

4 Vgl. Horváth / Mayer (1993), S. 17.

Produktnähe		Bezugsobjekt	Vorleistungsprozesse	Betreuungsprozesse	Abwicklungsprozesse
Primärer Leistungsbereich	Produktnahe Prozesse	Verrechnungsregel und Bezugsgröße	Verrechnung über *Cost Driver* auf die Gesamtproduktionsmenge im Produktlebenszyklus	Verrechnung über *Cost Driver* auf die Produktionsmenge der Periode	Verrechnung über *Cost Driver* auf Lose
		Ermittlung der Stückkosten	Zugerechnete Kosten dividiert durch die Gesamtproduktionsmenge im Produktlebenszyklus	Zugerechnete Kosten dividiert durch die Produktionsmenge der Periode	Zugerechnete Kosten dividiert durch die Losgröße
		Beispiele	Neuteile einführen, Neuprodukte einführen	Teile verwalten, Varianten verwalten	Beschaffung über Einzelverträge, Fertigungsauftragskommissionierung, Auftragsabwicklung Inland
	Produktferne Prozesse	Verrechnungsregel	Verrechnung über indirekte, wertmäßige Bezugsgrößen (Materialeinzelkosten, Herstellkosten)		
		Beispiele	Lieferanten betreuen, Kunden betreuen		
Sekundärer Leistungsbereich	Sekundäre Prozesse	Verrechnungsregel	Keine Verrechnung auf Objekte		
		Beispiele	Personal betreuen, Lohn- und Gehaltsabrechnung, Kostenplanung und -steuerung		
	Nichtrepetitive Tätigkeiten, für die keine Prozesse gebildet werden	Verrechnungsregel	Keine Verrechnung auf Objekte		
		Beispiele	Forschung und Entwicklung, Geschäftsführung		

Abb. 44: Verrechnungsregeln von Prozesskosten auf Produkte in der Prozeßkostenrechnung[1]

Kalkulationen, die sich auf eben diesen Lebenszyklus beziehen.[2] Dagegen werden Aktivitätenbündel, die grundsätzlich auf die Existenz eines Produkts, eines Teiles, eines Lieferanten oder eines Kunden zurückzuführen sind (und ohne einen Verkauf, eine Beschaffung, einen Lieferantenauftrag oder eine Kundenbelieferung anfallen), unter Betreuungsprozessen subsumiert und deren Kosten in Bezug auf die Periodenmenge verrechnet.[3] Schließlich werden Abwicklungsprozesse, verstanden als logistische und administrative Aktivitäten zur Beschaffung und Produktion von Objekten sowie zur Abwicklung von Kundenaufträgen, auf die jeweilige Losgröße bezogen.[4] Der strategische Vorteil einer solchen prozessorientierten Gemeinkostenzuordnung gegenüber der traditionellen Verrechnung durch indirekte wertmäßige

---

1 Quelle: Eigene Darstellung in Anlehnung an Schweitzer / Küpper (1998), S. 343.

2 Vgl. auch Schweitzer / Küpper (1998), S. 342.

3 Betreuungsprozesse können allerdings auch den Lebenszykluskosten hinzugerechnet werden, vgl. Horváth / Mayer (1993), S. 17.

4 Vgl. Horváth / Mayer (1993), S. 17.

Bezugsgrößen kann durch den Degressionseffekt, den Komplexitätseffekt sowie dem Allokationseffekt näher beschrieben werden.

Der Degressionseffekt erfasst die Tatsache, dass beispielsweise die Bearbeitung eines Kundenauftrags in der Regel einen weitgehend identischen Ressourcenverzehr in den indirekten Leistungsbereichen erfordert, der jedoch nicht von der bestellten Stückzahl abhängig ist. Mit Hilfe der Prozeßkostenrechnung wird nun versucht, eine möglichst verursachungsgerechte Zuordnung der Gemeinkosten auf solche Abwicklungsprozesse zu erreichen, und unter Berücksichtigung der zuvor erläuterten Verrechnungsregeln sinken die Prozesskosten pro Kostenträger mit steigender Auftragsgröße, Auflage oder Losgröße.[1] Dieser Effekt bleibt dagegen bei der herkömmlichen Anwendung prozentualer, auftragsgrößenunabhängiger Zuschlagssätze unberücksichtigt.

Des Weiteren ermöglicht die Prozeßkostenrechnung eine Berücksichtigung der Komplexität und des Variantenreichtums der Produkte als kostentreibende Faktoren, die auf einen unterschiedlichen Bedarf an gemeinkostenverursachenden Aktivitäten in Abhängigkeit des Komplexitätsgrades der Produktvarianten zurückgeführt werden können.[2] Die Erfassung dieses Komplexitätseffektes gelingt der Prozeßkostenrechnung durch den Ansatz von *Cost Driver* wie z. B. „Anzahl Bestellungen" oder „Anzahl Bearbeitungsschritte", durch die eine komplexitätsgerechte Gemeinkostenzuordnung erfolgen kann.

Da die Prozeßkostenrechnung auf eine Allokation der Gemeinkosten auf der Basis wertabhängiger Zuschlagssätze weitgehend verzichtet und diese Kosten durch die Inanspruchnahme der betrieblichen Ressourcen auf einzelne Kostenträger verteilt, ergibt sich auch unter der Prämisse gleicher Produktkomplexität und unter Vernachlässigung des Degressionseffektes eine geänderte Gemeinkostenallokation (Allokationseffekt).[3] Denn die Verzerrung in der traditionellen Kalkulation, bedingt durch beispielsweise unterschiedlich hohe Materialeinzel-

---

1 Vgl. Götze / Meyerhoff (1993), S. 81 f.; Horváth / Mayer (1989), S. 215; Coenenberg / Fischer (1991), S. 32 f.; Reichling / Köberle (1992), S. 23.

2 Vgl. z. B. Cooper / Kaplan (1988), S. 97; Franz (1992), S. 609; Coenenberg / Fischer (1991), S. 32; Wäscher (1987), S. 312.

3 Vgl. Coenenberg / Fischer (1991), S. 32.

kosten als Bezugsgröße und den hiermit einhergehenden unterschiedlichen Gemeinkostenbelastungen trotz identischer Tätigkeitserfordernisse, wird mit Hilfe der aktivitätsorientierten Prozesskostensätze vermieden.

Zur Beurteilung der Anwendbarkeit der Prozeßkostenrechnung auf die zu untersuchende spezifische Problemstellung ergibt sich in Erweiterung der zuvor erarbeiteten Informationsanforderungen zunächst die Notwendigkeit einer Prüfung, inwieweit die Beschränkung dieses Informationsgenerators auf die Gemeinkosten der Unternehmung eine Eignung von vornherein ausschließt. Dies wäre genau dann der Fall, wenn der Absatzmittler durch seine auftragsbezogene Leistungsvariation die Kostenträgereinzelkosten beeinflussen kann und hierdurch ebenfalls die Kostenhöhe der direkten Leistungsbereiche determiniert. Die konstitutive Prämisse einer gegebenen Absatzmenge und die Konkretisierung der potentiellen substitutionalen Prozesse in den Prozessen der Geld- und Güterlogistik kann den handelsseitigen Einfluss auf die Einzelkosten hierbei jedoch begrenzen. Denkbar erscheint aber eine Einflussnahme auf die Faktorpreise im Fertigungsbereich durch beispielsweise großvolumige Aufträge und / oder lange Vorlaufzeiten zwischen Auftragseingang und Anlieferung, die es dem Hersteller seinerseits ermöglichen, Volumenrabatte (vom Lieferanten) zu erzielen bzw. Lohnzuschläge durch Mehrarbeit zu vermeiden. Folgende Überlegungen sind hierbei allerdings zu berücksichtigen:[1]

- Vielfach existieren Rahmenkontrakte mit Lieferanten, die über Abrufe lediglich konkretisiert werden, so dass die Faktorpreise unabhängig der abgerufenen Menge auf das Gesamtabnahmevolumen einer Periode fixiert sind.
- Eingesetzte Rohwaren in der Nahrungsmittelindustrie werden in vielen Fällen spekulativ gehandelt, und der Einkauf erfolgt weitgehend emanzipiert von der Produktion unter zusätzlicher Berücksichtigung von Fremdwährungskursen.
- Bedingt durch die Kurzfristigkeit der Auftragseingänge im weitgehenden Massenmarkt des Nahrungsmittelsektors und die ausgeprägte industrielle Fertigung erfolgt primär eine auf längerfristige Absatzpläne basierende Lagerproduktion, die kurzfristige Produktionsprogrammänderungen kaum zulässt. Bei Frischeprodukten ist zusätzlich die Mindesthalt-

[1] Diese Ausführungen beruhen auf den Erfahrungen des Verfassers sowie zahlreichen Gesprächen mit verantwortlichen Personen in verschiedenen Produktionsstätten für unterschiedliche Nahrungsmittel.

barkeit zu beachten, wodurch der Einfluss von Vorlaufzeiten auf die Produktionsprogrammplanung stark eingeschränkt wird.[1]

- Eine zunehmende Flexibilisierung in Bezug auf Arbeitszeitregelungen (oder auch der flexible Einsatz von Humanressourcen ohne vertragliche Bindung) und die verstärkte Automatisierung lassen die Lohnzuschläge kontinuierlich an Bedeutung verlieren.

Die Berücksichtigung dieser Aspekte führt zu der Schlussfolgerung, dass die Ausgrenzung der direkten Leistungsbereiche durch die Prozeßkostenrechnung für die Anwendung auf die vorliegende Problemstellung unschädlich ist.

Im Zuge der detaillierteren Prüfung dieses Kostenrechnungssystems steht zunächst die Forderung nach Kosteninformationen, mit deren Hilfe die Leistungsvariationen der Absatzmittler als Einflussgröße der industriellen Prozessketten und die hiermit einhergehenden Kostenimplikationen aufgezeigt werden können. Hierzu kann konstatiert werden, dass die Prozeßkostenrechnung durch ihre methodische Konzeption gerade diesen Aspekt in den Mittelpunkt der Kostenplanung und -steuerung stellt. Die Entwicklung dieses Systems basiert speziell auf der Verdichtung funktionsübergreifender Aktivitätenbündel und der Erfassung ihrer Ressourceninanspruchnahme durch *Cost Driver*, wodurch die funktionale Sichtweise zu Gunsten einer horizontalen, aktivitätsorientierten Betrachtung der Unternehmung aufgegeben wird. Die komplexen Wirkungszusammenhänge der konditionenrelevanten Prozessoutputvariation werden mit Hilfe einer unternehmensindividuellen Hauptprozessbildung ganzheitlich erfasst und nicht auf organisatorische Funktionseinheiten beschränkt.

Für die Evaluation der *Efficiency Terms*, respektive der Handelsleistung als Kosteneinflussfaktor ist jedoch zu beachten, dass die Ermittlung der relevanten Kosten nur durch eine Hauptprozessbildung nach dem Kriterium der sachlichen Zugehörigkeit und der Interpretation eines Hauptprozesses als abgeschlossener Aufgabenkomplex gelingt. Werden dagegen Teilprozesse mit identischen Kosteneinflussfaktoren zu Hauptprozessen aggregiert, wird eine

---

[1] Beispielsweise hat eine Verlängerung der Auftragsvorlaufzeiten für Molkereiprodukte nur sehr geringen Einfluss auf die Möglichkeit einer Glättung der Produktionsspitzen, da die Zeitspanne zwischen Produktionsbeginn und Anlieferung sehr klein ist. Engpässe entstehen hier vornehmlich durch die Bestimmung des Anlieferzeitpunktes durch den Handel.

Isolation der Handelsleistung von weiteren Einflussfaktoren mit identischen Kostentreibern nicht gelingen. So kann z. B. die Anzahl der Auslagerungspaletten für „Auslagerung Werksentsorgung" und „Auslagerung Kundenlieferung aus Zentrallager" die Maßgröße beider Teilprozesse darstellen, jedoch könnten die benötigten Ressourcen der Werksentsorgung unter Gesichtspunkten der Beeinflussbarkeit durch den Kunden irrelevant sein. Für den Ressourcenverzehr des Warenausgangs vom Lager besteht dagegen infolge der Auftragsstruktur und Auftragsgröße i. d. R. die Möglichkeit einer Einflussnahme durch den Absatzmittler.[1]

Zu einem positiven Ergebnis führt ebenfalls die Prüfung des Postulats einer Evaluierung der Kosten, die durch ein Leistungsausmaß des Handels von Null induziert werden und den Ausgangspunkt der Konditionenermittlung bilden. Die Hauptprozesse (bzw. deren Output) müssen zu diesem Zweck hinsichtlich ihrer Beeinflussbarkeit durch den Handel in konditionenrelevante und -irrelevante Prozesse gegliedert und die relevanten Prozesse mit Hilfe der korrespondierenden *Cost Driver* auf ein Beschäftigungsniveau kalkuliert werden, das die vollständige Leistungsübernahme durch den Hersteller widerspiegelt. Der Prozeßkostenrechnung gelingt dabei die Berücksichtigung weiterer Kosteneinflussfaktoren neben der Beschäftigung durch die Aggregationsvorschrift zu Teil- und Hauptprozessen, in der das Kriterium der Homogenität manifestiert ist.[2] Ergeben sich z. B. im Falle eines gemieteten Fertigwarenlagers die Mietkosten in Abhängigkeit der Anzahl Palettenstellplätze und Anzahl Wochen, so kann dieser Prozess der Lagerung von Fertigwaren in mehrere Prozesse unterschiedlicher Lagerdauer mit entsprechenden Kostensätzen pro Palettenstellplatz transformiert werden.[3]

---

[1] Die Entsorgung der Produktionsstätte wird in der Regel nur durch Vollpaletten erfolgen, wohingegen der Kunde durch geringe Auftragsgrößen bzw. Kommissionierpaletten „Anbruchpaletten" erzeugt, die eine Erhöhung der Anzahl auszulagernder Paletten mit sich bringt.

[2] Vgl. S. 169 sowie S. 173 f.

[3] Ergeben sich die Mietkosten z. B. aus 1,00 EUR pro Palettenstellplatz pro Woche, so kann ein Prozess „Lagerung eine Woche" mit einem Prozesskostensatz von 1,00 EUR und einem *Cost Driver* „Anzahl Palettenstellplätze", ein weiterer Prozess „Lagerung zwei Wochen " mit einem Prozesskostensatz von 2,00 EUR usw. formuliert werden. Diese Vorgehensweise ist ebenfalls geeignet, den zuvor geschilderten Frachtkostentarif durch Bildung mehrerer Prozesse mit spezifischen Sendungsgrößenklassen in analoger Weise zu berücksichtigen.

Einwendungen könnten sich jedoch aus der implizit unterstellten proportionalen Beziehung zwischen Maßgrößen bzw. *Cost Driver* und Prozesskosten ergeben, die sich insbesondere[1] auf die Problematik der sprungfixen Kosten durch die Unteilbarkeit von Produktivfaktoren beziehen.[2] Denn die Prozeßkostenrechnung ignoriert die eingeschränkte Gültigkeit der Prozesskostensätze für abgegrenzte Leistungsbereitschaftsstufen bei der Gemeinkostenplanung. So ist beispielsweise für eine marginale Überschreitung der vorhandenen Lagerkapazität eine Investition für die Bereitstellung zusätzlicher Kapazitäten erforderlich, die unter Anwendung der Prozeßkostenrechnung für die Kostenplanung jedoch ignoriert wird. Diese realitätsferne Kostenabbildung erweist sich unter Einbeziehung der vorangegangenen Überlegungen zum fiktiven kalkulatorischen Kalkülbereich jedoch als zweckentsprechend, was mit Hilfe des folgenden Beispiels aufgezeigt werden kann.

Betrachtet wird ein Einproduktunternehmen, das seine Erzeugnisse lediglich an drei Abnehmer veräußert. Zwei dieser Kunden generierten in der Vergangenheit ein nahezu identisches sehr hohes Absatzvolumen mit einer Kommissionierquote von 100 %, wodurch das Kommissionierlager nahezu ausgelastet wurde. Der dritte Absatzmittler gehört nicht zur Gruppe der *Key Player* aus Sicht des Herstellers, übernimmt allerdings die Kommissionierleistung nahezu vollständig. Im Zuge der Kostenplanung des fiktiven Kalkülbereichs wird nun auch für diesen Kunden eine Prozessleistung des Herstellers von 100 % unterstellt, um ausgehend von einem einheitlichen Listenpreis das kundenindividuelle Leistungsausmaß zu honorieren. Wird nun der sprungfixe Charakter der Kosten in der Kalkulation berücksichtigt, führt dies ceteris paribus unweigerlich zu einem fiktiven Aufbau eines weiteren Kommissionierlagers, das auf Grund seiner technischen Merkmale Überkapazitäten hervorrufen kann. Die Kosten dieser Ineffizienz fließen nun in die Listenpreiskalkulation ein, wodurch die einheitliche Preisbil-

---

1 Kritisiert wird des Weiteren die schwach begründete Beziehung zwischen *Cost Driver* und Prozesskosten durch eine im Extremfall fünffache Schlüsselung, die zu einer nicht verursachungsgerechten Behandlung von Gemeinkosten führt, vgl. Glaser (1992), S. 287 f. Diesem sehr pauschalen Einwand ist entgegenzuhalten, dass mit Hilfe einer unternehmensindividuellen zweckentsprechenden Prozessgliederung (bzw. Anzahl der Prozesse) eine zieladäquate Genauigkeit der Kosteninformationen erreicht werden kann. Weitere kritische Einwendungen gegen die Prozeßkostenrechnung, die insbesondere von *Glaser* vorgebracht werden, sollen hier jedoch nicht angeführt und diskutiert werden, da sich die Kritik häufig aus einer komparativen Gegenüberstellung mit anderen Kostenrechnungssystemen (insbesondere der Grenzplankostenrechnung) ergibt. Das Ziel der vorliegenden Untersuchung muss es aber sein, jedes Konzept isoliert unter Berücksichtigung des spezifischen Kosteninformationsbedarfs zu beurteilen.

2 Vgl. z. B. Schweitzer / Küpper (1998), S. 351.

dung für alle Kunden unmöglich wird. Denn die Mehrkosten der Unterauslastung durch die Kalkulation des Leistungsausmaßes des dritten Kunden von Null führt zu erhöhten Konditionen, mit denen dieser fiktive bewertete Ressourcenverzehr abgebaut werden muss, und zwangsläufig zu einem höheren Listenpreis als für die *Key Player*. Wird die Betrachtung auf eine Vielzahl von Kunden erweitert, stellt sich zusätzlich das Problem einer Zuordnung von Leerkapazitäten auf die Absatzmittler. Denn erzeugt die Gemeinkostenplanung auf der Grundlage einer hundertprozentigen Leistungsübernahme durch die Industrie, für z. B. die Auftragsbearbeitung, einen kalkulatorischen Mitarbeiter, der nur zu 10 % ausgelastet ist, so stellt sich die Frage, welcher Kunde die Überkapazität zu verantworten hat. Dieses Problem scheint zumindest aus praktischer Sicht unlösbar und muss daher vernachlässigt werden.

Dieses Beispiel kann verdeutlichen, dass die als überwiegend kritisch erachtete Vernachlässigung von Sprüngen in der Leistungsbereitschaft durch die Prozeßkostenrechnung im Rahmen der Konditionengestaltung eine Notwendigkeit darstellt, deren Fehlen die Ermittlung eines einheitlichen Listenpreises verhindert.

Zur Honorierung der Leistungsübernahme durch die Absatzmittler im Bereich der kalkulatorischen Ressource müssen die mit dem konditionenrelevanten Aktivitätenbündel einhergehenden Kosten in Abhängigkeit des auftragsbezogenen Leistungsausmaßes in vollem Umfang vergütet werden. Die bereitgestellten Kosteninformationen zum Zwecke einer Kalkulation in diesem Sinne bilden in der Prozeßkostenrechnung die Prozesskostensätze, verstanden als durchschnittliche Kosten für die einmalige Prozessdurchführung. Dass der vollständige Abbau der fiktiven Ressource zur Wahrung der Nutzenneutralität des Herstellers mit Hilfe dieser Kosteninformationen gelingt, ist auf Grund der vorangegangenen Überlegungen nicht verwunderlich. Denn im Gegensatz zur Produktkalkulation, in der auch eine indirekte Beziehung zwischen Produkt und *Cost Driver* bestehen kann, ist das Kalkulationsobjekt hier das Leistungsausmaß des Handels, dessen Kostenimplikationen zuvor mit Hilfe eben dieser *Cost Driver* und Prozesskostensätze für die konditionenrelevanten Aktivitätenbündel kalkuliert wurde.

Dagegen kann die oben geschilderte zweckentsprechende Eigenschaft der Proportionalisierung fixer und sprungfixer Kosten, ausgedrückt in konstanten Prozesskostensätzen, und somit die Vernachlässigung der tatsächlichen Veränderbarkeit des Kostenanfalls in Abhängigkeit kurzfristiger auftragsbezogener Leistungsveränderungen den Anforderungen im Bereich der tatsächlich bereitgestellten Ressource nicht genügen. Zwar wird mit Hilfe der *Cost Driver* und Prozesskostensätze die Reagibilität des sachzielbezogenen Güterverzehrs auf Prozessoutputvariationen für prozessleistungsvariable, z. B. von außen bezogenen Leistungen (wie die physische Distribution oder Kreditfunktion im Rahmen der Geldlogistik) realitätsnah beschrieben, für den überwiegenden prozessleistungsfixen Gemeinkostenanteil der Unternehmung hingegen nicht. Der Hersteller würde auf der Basis dieses Vollkostensatzes die eingesparte Ressource stetig überbewerten und den Unternehmenserfolg bei einer Leistungsübernahme durch den Absatzmittler vermindern. Auch für Anpassungsentscheidungen im Rahmen einer kundenindividuellen Verschiebung zwischen dem fiktiven und dem Bereich der tatsächlich bereitgestellten Ressource werden keine Kosteninformationen zur Verfügung gestellt, da die zeitliche Struktur prozessleistungsfixer Kosten in der Konzeption von *Horváth / Mayer* nicht erfasst wird.

Für die Beurteilung der Prozeßkostenrechnung nach *Horváth / Mayer* bleibt festzuhalten, dass die aktivitätsorientierte Gemeinkostenplanung, -steuerung und -verrechnung durch ihre horizontale kundenorientierte Ausrichtung einen konzeptionellen Fortschritt in der Informationsbereitstellung gegenüber der flexiblen Plankostenrechnung auf Vollkostenbasis bedeutet. Zu einem negativen Ergebnis führt jedoch ebenfalls ihr Vollkostencharakter, der eine verursachungsgerechte Erfassung prozessleistungsfixer Kosten im Kalkülbereich der tatsächlich bereitgestellten Ressource verhindert.

5.3.2 Systeme der Teilkostenrechnung

5.3.2.1 Einzelkosten- und Deckungsbeitragsrechnung

Die bereits in den fünfziger Jahren von *Riebel* entwickelte und 1959 erstmals als eigenständige Konzeption der Kostenrechnung veröffentlichte Einzelkosten- und Deckungsbeitragsrechnung[1] beruht als ursprüngliches konstitutives Hauptprinzip auf einem generellen Verzicht jeglicher Schlüsselungen echter Gemeinkosten.[2] Hierdurch soll eine verzerrte Abbildung der Realität durch das Rechnungswesen bedingt vor allem durch die willkürliche Periodisierung periodenübergreifender Vorgänge, die Schlüsselung verbundener und die Proportionalisierung fixer Größen sowie der Ansatz fiktiver Konstrukte vermieden werden.[3] Der Entwicklung des Rechnungswesens zu einem entscheidungsorientierten Führungsinstrument Rechnung tragend,[4] muss die Kostenrechnung Informationen bereitstellen, in denen die Auswirkungen der ausgeführten oder geplanten Aktion auf die Zielgröße aufgezeigt werden. Dieses Postulat lässt sich nach *Riebel* jedoch nur dann erfüllen, wenn die in der Realität bestehenden Verbundheitsbeziehungen wirklichkeitsnah und intersubjektiv nachvollziehbar abgebildet werden und die spezifischen Kosten einer Disposition über ein betrachtetes Objekt isoliert, bzw. die Kosten, die dieses Objekt und weitere gemeinsam betreffen, differenziert dargestellt werden können.[5] Dem Konzept der Einzelkosten- und Deckungsbeitragsrechnung liegt somit die Modellvorstellung des Unternehmensgeschehens „... als ein zeitlich fortschreitendes Gefüge vieldimensional verbundener Entscheidungen und Maßnahmen unterschiedlicher sachlicher und zeitlicher Dimensionen (z. B. Quantengrößen, Reichweiten) ...“[6] zu Grunde.

---

1 Vgl. Riebel (1959a), aber auch Riebel (1956).

2 Vgl. z. B. Riebel (1994), S. 184; Riebel (1964), S. 584; Riebel (1984), S. 174.

3 Vgl. Riebel (1987), S. 1157; Riebel (1994), S. 601.

4 Vgl. hierzu auch Abschnitt 3.3.

5 Als eigentliches Kalkulationsobjekt versteht *Riebel* somit die hinter einer konkreten Maßnahme stehende Entscheidung oder Entscheidungsalternative als originäre Erlös-, Kosten- und Erfolgsquelle, so dass grundsätzlich alle beliebigen Maßnahmen zum Untersuchungsobjekt avancieren können, vgl. Riebel (1974), Sp. 1140.

6 Riebel (1987), S. 1158.

Für die Umsetzung dieser Überlegungen formulierte *Riebel* das Identitätsprinzip[1] als zwingend-logisches Zurechnungs- und Abbildungskriterium, welches die Zurechenbarkeit zweier Größen untereinander oder zu einem Bezugsobjekt nur zulässt, wenn sie auf einen gemeinsamen dispositiven Ursprung als deren positive oder negative Wirkung zurückgehen.[2] Diesem restriktiven Zurechnungsprinzip folgend, dürfte beispielsweise einem Last-Minute-Fluggast allenfalls der Papierverbrauch und sonstige benötigte Kleinmaterialien des *Check In* sowie der Verbrauch an Nahrungsmitteln für die Bewirtung an Bord zugerechnet werden.

Die Prüfung der Zurechenbarkeit nach dem Identitätsprinzip darf sich jedoch nicht nur auf Mengengrößen beschränken, da hiermit lediglich ein Einzelverbrauch von Repetier- oder Potentialfaktoren ermittelt werden kann. Vielmehr ist die Zuordnung von Ausgaben auf Kostengüter ebenfalls nach diesem Prinzip vorzunehmen, und ein Güterverbrauch bedingt in dieser Konzeption nur insoweit Kosten, als das durch die Entscheidung zusätzliche Ausgaben, auch unter Einbeziehung einer weiterführenden Dispositionskette hervorgerufen werden.[3] Handelt es sich bei den direkten Wirkungen einer elementaren Entscheidung also nicht um Zahlungen oder Zahlungsverpflichtungen, muss zur Ermittlung der relevanten Kosten die Entscheidungskette als zeitliche Reihung der durch die Initialentscheidung ausgelösten Folgedispositionen weiterführend untersucht werden.[4] Eine solche Kette von ausgelösten Maßnahmen ist in Abb. 45 am Beispiel benötigter Werkstoffe einer kundenspezifischen Sonderanfertigung dargestellt. Diesem Konstrukt folgend, erlangt in dem zuvor geschilderten Beispiel die Bewirtung des Last-Minute-Fluggastes erst durch den Umstand Kostencharakter, dass unter der Annahme einer längeren Haltbarkeit der Nahrungsmittel eine Ersatzbeschaffung erforderlich ist, die zu einer zusätzlichen Ausgabe führt. Handelt es sich dagegen um leicht verderbliche Waren, die am Zielort vernichtet werden müssten, liegen *Sunk Costs* vor, deren Entstehung auf eine zeitlich vorgelagerte Entscheidung zurückzuführen ist und dem Fluggast nicht zugeordnet werden können.

---

1 Vgl. hierzu auch die Ausführungen in Abschnitt 3.5.

2 Vgl. z. B. Riebel (1984a), S. 216; Riebel (1992), S. 259.

3 Vgl. Riebel (1974), Sp. 1141; Riebel (1993), Sp. 367 f.

4 Vgl. z. B. Riebel (1992), S. 261.

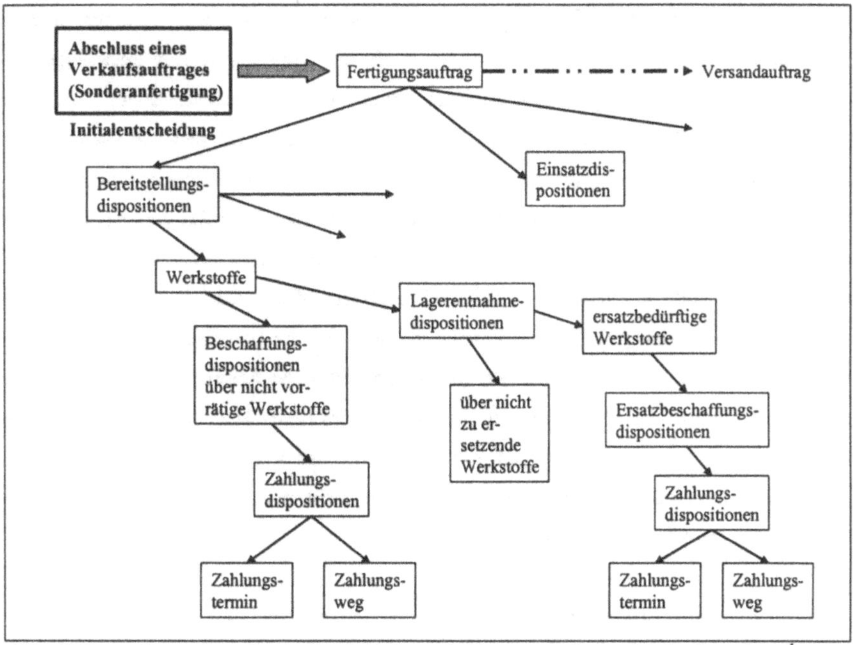

Abb. 45: Darstellung einer durch eine Initialentscheidung ausgelösten Maßnahmenkette[1]

Vor dem Hintergrund dieser Überlegungen lehnt *Riebel* eine übliche zweckbedingte Bewertung des Güterverbrauchs ab und definiert einen Wertansatz, der auf eine durch die Maßnahme ausgelöste Entgeltänderung abstellt.[2] Hierbei sieht der Autor jedoch keine zwingende Kopplung der Kostenentstehung an eine Realgüterbewegung (analog dem wertmäßigen Kostenbegriff) oder die Proportionalität von Entgelt und Gütermenge[3] und formuliert schlussfolgernd den in Abschnitt 3.2 erörterten entscheidungsorientierten Kostenbegriff für die Konzeption der Einzelkosten- und Deckungsbeitragsrechnung. Die nach dem Identitätsprinzip zurechenbaren Ausgaben stellen somit Einzelkosten dar, wohingegen Ausgaben, die das entsprechende Bezugsobjekt und andere Bezugsobjekte gemeinsam betreffen, Gemeinkosten bilden.[4]

---

1 Quelle: Eigene Darstellung in Anlehnung an Riebel (1978), S. 140; Riebel (1992), S. 261.

2 Vgl. z. B. Riebel (1994), S. 606.

3 Vgl. hierzu ausführlich Riebel (1978), S. 131 ff.

4 Vgl. z. B. Riebel (1967), S. 9; Riebel (1974a), S. 510.

Die systemimmanente Ablehnung der Schlüsselung echter Gemeinkosten, verbunden mit dem von *Riebel* aufgestellten Einzelkostenprinzip,[1] nach dem sämtliche Kosten eines Unternehmens als Einzelkosten des jeweils speziellsten Bezugsobjekts auszuweisen sind,[2] „... für das sie als Folge einer spezifischen Disposition ausgelöst werden und dem sie infolgedessen logisch zwingend zurechenbar sind“[3], führt unmittelbar zur Notwendigkeit einer Relativierung des in der traditionellen Kostenrechnung verwendeten Einzelkostenbegriffs.[4] Denn die Spezifikation eines Kostenelements hinsichtlich seines Einzel- oder Gemeinkostencharakters ist von dem jeweils betrachteten Untersuchungsobjekt abhängig, für das jeglicher interessierender Vorgang in Betracht kommt und nicht nur die von einer Unternehmung erstellten Absatzgüter (Kostenträger).[5] Beispielsweise stellen die Kosten der Werbekampagne eines Automobilherstellers im Zuge der Einführung eines neues Modelltyps Einzelkosten in Bezug auf diese Modellreihe dar, sind jedoch den einzelnen Varianten dieses Typs (Coupé, Limousine, Hubraumklasse oder anderen Teilmengen) nicht zwingend zurechenbar und folglich echte Gemeinkosten dieser Bezugsobjekte.

Maßgeblich für die Erfassung aller Kosten der Unternehmung als Einzelkosten ist dieser Logik folgend der Aufbau von Bezugsobjekthierarchien (Dispositions- oder Zurechnungshierarchien), die es ermöglichen, jedes Kostenelement als Einzelkosten zu erfassen, sei es beim Unternehmen als „Ganzes“.[6] Hierbei ist stets eine problemadäquate Ausrichtung zu beachten, so dass die Art der Untergliederung sowie der Detaillierungsgrad den Informationsbedürfnissen und den gegebenen produktions- und absatzwirtschaftlichen Verbundenheiten entsprechend erfolgen muss, gegebenenfalls sind mehrere Bezugsobjekthierarchien nebenein-

---

1 Vgl. auch Riebel (1984), S. 174; Riebel (1987), S. 1160.

2 Eine Ausnahme in Bezug auf dieses Prinzip kann sich allerdings aus Gründen der Wirtschaftlichkeit ergeben, falls Kostenarten (wie z. B. Kleinmaterial einer Kostenstelle) einem speziellen Bezugsobjekt originär zurechenbar wären, solche unechten Gemeinkosten aber bedingt durch einen unverhältnismäßigen Erfassungsaufwand für mehrere Objekte gemeinsam erfasst und ausgewiesen werden, vgl. Riebel (1984), S. 175.

3 Riebel (1992), S. 252.

4 Vgl. hierzu die Ausführungen in Abschnitt 3.4.1.

5 Vgl. z. B. Riebel (1993), Sp. 368.

6 Vgl. z. B. Riebel (1984), S. 174 f.

ander für den Kostenausweis erforderlich.[1] Beispielhaft ist eine solche Bezugsobjekthierarchie in Abb. 46 dargestellt.

Der Aufbau von Bezugsobjekthierarchien und die Relativierung des Einzelkostenbegriffs bezieht sich im *Riebel'schen* System jedoch nicht nur auf eine objektbezogene Zurechenbarkeit, vielmehr findet zusätzlich eine zeitliche Relativierung der Kostenzurechnung Berücksichtigung.[2] Speziell die Bereitschaftskosten,[3] an die das Unternehmen häufig für spezifische Zeiträume gebunden ist und deren Abbau erst nach Ablauf dieser Bindungsdauer möglich ist, werden nach ihrer Dauer und Lage zu den Rechnungsperioden differenziert. Durch diese Vorgehensweise wird dem Umstand Rechnung getragen, dass die Kosten nur ihrer Bindungsdauer als „Ganzes" zugerechnet werden können und in Bezug auf kürzere Zeiträume Gemeinkosten darstellen (vgl. Abb. 47). Die monatlichen Zahlungen z. B. für ein gemietetes Bürogebäude mit einer Kündigungsfrist von sechs Monaten auf Jahresende[4] sind daher lediglich als Ratenzahlungen auf die als Jahres-Einzelkosten auszuweisenden Ausgaben zu qualifizieren, die ihrerseits für kürzere Zeitabschnitte (kleiner als ein Jahr) Perioden-Gemeinkosten bedeuten. Ausgaben für Potentialfaktoren (wie z. B. die Anschaffungsausgaben einer Investition) mit ex ante noch unbestimmter Nutzungsdauer sind in zeitbezogenen Zurechnungshierarchien als Einzelkosten „offener" Perioden auszuweisen.[5]

Der strikte Verzicht der Schlüsselung echter Gemeinkosten sowohl in sachlicher als auch zeitlicher Hinsicht und das mit diesem Postulat verbundene Einzelkostenprinzip führen unweigerlich zu einem grundlegenden Umdenken in der Kostenrechnung und zur Unmöglichkeit des Ausweises üblicher Nettoerfolgs- bzw. Ergebnisrechnungen. Daher werden die weit

---

1 Vgl. Hummel / Männel (1983), S. 61.

2 Vgl. z. B. Riebel (1993), Sp. 368 f.

3 Hierunter versteht *Riebel* solche Kosten, die durch erwartungsbedingte Entscheidungen über Aufbau, Aufrechterhaltung, Anpassung und Abbau der Betriebsbereitschaft entstehen und die in der Regel von der Art, der Menge und dem Wert der tatsächlich erstellten Leistung unabhängig sind, vgl. hierzu ausführlich Riebel (1970), S. 374 ff.

4 Verstreicht der Zeitpunkt einer fristgerechten Kündigung, werden diese Kosten vor Beginn des neuen Kalenderjahres zu *Sunk Costs*, weshalb *Riebel* den Ausweis des Entscheidungszeitpunktes und der hiermit verbundenen irreversibel vordisponierten Entgelte für unabdingbar hält, vgl. z. B. Riebel (1992), S. 266.

5 Vgl. Hummel / Männel (1983), S. 65.

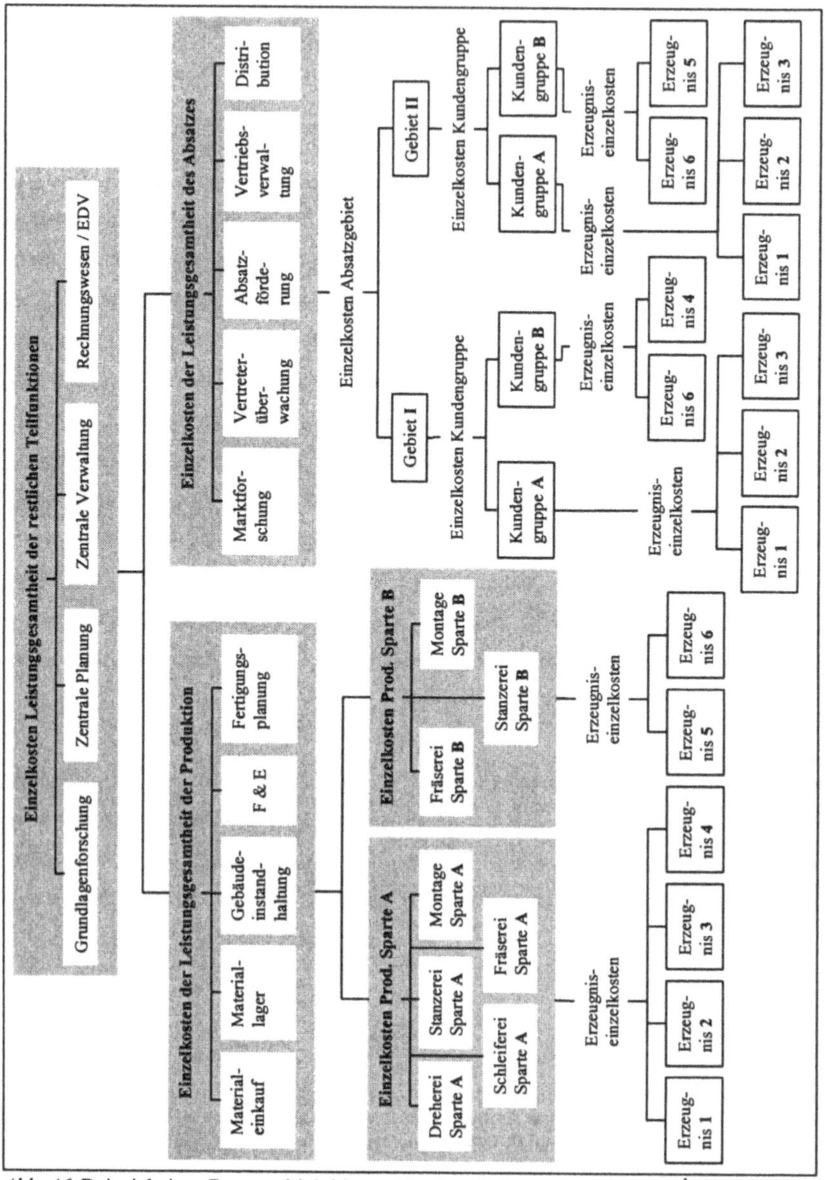

Abb. 46: Beispiel einer Bezugsobjekthierarchie eines Industrieunternehmens[1]

---

1 Quelle: Eigene Darstellung in Anlehnung an Layer (1967), S. 40 f.

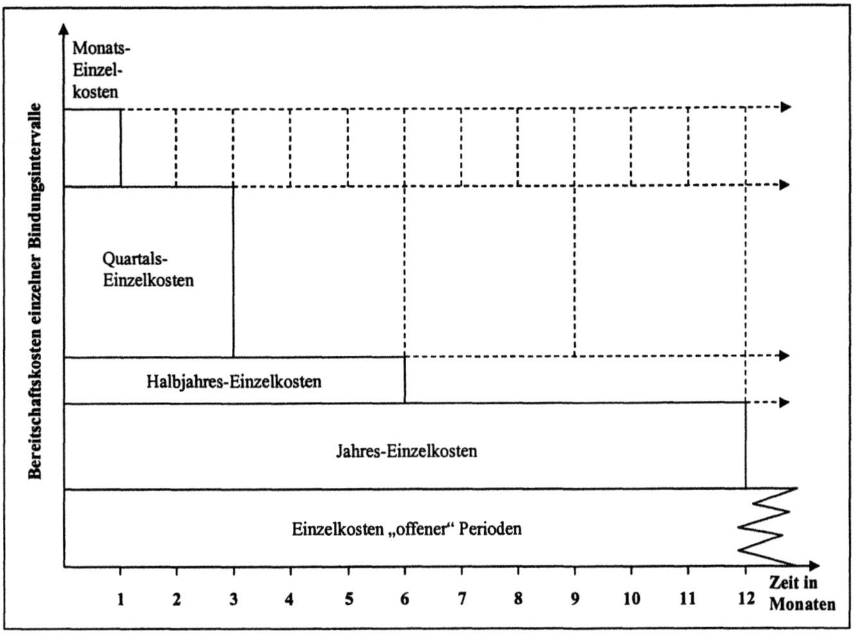

Abb. 47: Schematische Darstellung der Bindungsdauer der Bereitschaftskosten einer Unternehmung[1]

verbreiteten Kalkulationsschemata in der Einzelkosten- und Deckungsbeitragsrechnung durch das Deckungsprinzip und das Instrumentarium vieldimensionaler Deckungsbeitragsrechnungen substituiert.[2]

Das Deckungsprinzip basiert hierbei auf der elementaren Forderung, dass jede für den Absatzmarkt bestimmte Leistung oder Leistungskombination mindestens ihre Einzelkosten in voller Höhe kompensieren sollte, da es unter ökonomischen Aspekten ansonsten nicht sinnvoll ist, sie zu erbringen.[3] Des Weiteren sollte ein Überschuss generiert werden, der zur Deckung der nicht zurechenbaren (in der Hierarchie übergeordneten) Gemeinkosten und des

---

1 Quelle: Eigene Darstellung in Anlehnung an Hummel / Männel (1983), S. 64.

2 Vgl. Riebel (1992), S. 254; Riebel (1984), S. 176.

3 Vgl. Riebel (1992), S. 254; Riebel (1984), S. 176; Riebel (1974), Sp. 1140. Ausnahmen sieht *Riebel* in besonderen Fällen des produktions- oder absatzwirtschaftlichen Leistungsverbundes wie z. B. der Erschließung neuer Märkte.

Unternehmensgewinns beiträgt.[1] Der sich in diesem Sinne ergebende Deckungsbeitrag aus Einzelerlös[2] über Einzelkosten ist also analog der Definition der Einzelkosten ebenfalls zu relativieren und muss hinsichtlich seines sachlichen und zeitlichen Bezugs exakt spezifiziert werden. Ausgehend von einem Deckungsbeitrag je Leistungseinheit erfolgt eine schrittweise, von spezielleren zu allgemeineren Bezugsobjekten führende Aggregation der originären Deckungsbeiträge, die mindestens die Deckung gemeinsamer (verbundener) Kosten erreichen sollten, da diese echten Gemeinkosten letztlich auf eine gemeinsame Disposition zurückzuführen sind.[3] Der verbleibende Überschuss dient nun wiederum der Deckung von in der Bezugsobjekthierarchie übergeordneten Gemeinkosten usw., wobei das Deckungsprinzip auf jeder Ebene der Bezugsobjekthierarchie ihre Gültigkeit behält.[4] Im Rahmen dieser Vorgehensweise können durch mannigfaltige Kombinationen sachlicher und zeitlicher Ansatzpunkte unterschiedlichste Wege der Aggregation von Deckungsbeiträgen eingeschlagen werden, die zum Aufbau alternativer Deckungshierarchien führen.[5]

Unter Berücksichtigung dieser stringenten Prinzipien der *Riebel'schen* Konzeption kann die Abdeckung finanzieller Implikationen periodenübergreifender Maßnahmen konsequenterweise lediglich im Rahmen sequentieller, zeitlich fortschreitender Deckungsbeitragsrechnungen verfolgt werden,[6] und der Nettoerfolg kann streng genommen nur für die Gesamtlebensdauer eines Unternehmens ermittelt werden.

Zur Realisation der relativen Einzelkosten- und Deckungsbeitragsrechnung respektive als Datenbasis einer zweckgerichteten Informationsgewinnung fordert *Riebel* den Aufbau einer

---

1 Vgl. Riebel (1984), S. 176.

2 Die hier vorgestellten Prinzipien und Grundgedanken der Einzelkosten finden vom Grundsatz her ebenfalls auf der Erlösseite Anwendung, wobei eine detailliertere Erörterung hier nicht erfolgt, vgl. hierzu jedoch z. B. Riebel (1994), S. 98 ff.; Riebel (1992), S. 260 ff.

3 Wie hoch die einzelnen Deckungsbeiträge der Leistungen sein sollten, kann jedoch auf logisch zwingende Weise nicht angegeben werden, weshalb *Riebel* die Vorgabe von Soll-Deckungsbeiträgen in Abhängigkeit von unternehmenspolitischen Aspekten vorschlägt, vgl. hierzu Riebel (1980), S. 1130 ff.; Riebel (1993), Sp. 373 f.; Riebel (1992), S. 287 ff.; Riebel (1994), S. 649 ff.

4 Vgl. Riebel (1993), Sp. 371.

5 Vgl. hierzu Riebel (1992), S. 279 ff.

6 Vgl. Riebel (1992), S. 255.

zweckneutralen Grundrechnung im Sinne *Schmalenbachs*.[1] Hierin sind alle potentiell relevanten Geld- und Mengengrößen ex post und ex ante für Auswertungsrechnungen[2] bereitzustellen, so dass die Grundrechnung grundsätzlich keine relevanten Mengen- und Geldgrößen bereitstellen kann. Vielmehr bildet sie den Datenspeicher informatorischer Elemente, die mutmaßlich oder erfahrungsgemäß für Auswertungsrechnungen benötigt werden bzw. als bedeutsam abzubilden sind. Der Aufbau der Grundrechnung wird somit durch die Anforderungen der interessierenden Auswertungsmöglichkeiten determiniert,[3] so dass ihre Zweckneutralität insoweit ihre Grenzen findet.[4] Folgende Hauptmerkmale (Grundregeln) kennzeichnen die Grundrechnung als integrierte Datenbasis in der *Riebel'schen* Konzeption:[5]

- Aufnahme aller für die Auswertung bedeutsamen Vorgänge und Tatbestände als Bezugsobjekte (beispielsweise auch schwebende, geplante und erwartete Vorgänge und Gegebenheiten).
- Ausweis aller Rechengrößen bei dem speziellsten Bezugsobjekt, bei dem dies unter Beachtung des Identitätsprinzips möglich ist.
- Die Zusammenfassung heterogener Elemente (z. B. Bezugsobjekte oder Merkmale), die für Auswertungsrechnungen gesondert benötigt werden, ist zu unterlassen.
- Die Schlüsselung eines für ein Element homogen erfassten Betrages ist nur zulässig, soweit sich dieser Betrag (bzw. das betreffende Element) aus der Summe der korrespondierenden Teile (oder Subelemente) ergibt.[6]

---

[1] Vgl. z. B. Riebel (1992), S. 255; Riebel (1994), S. 149, sowie Schmalenbach (1963), S. 268 ff.; zur Historie der Idee einer zweckneutralen Grundrechnung vgl. Riebel (1979), S. 788 ff. und die dort angeführte Literatur.

[2] Solche Auswertungsrechnungen umfassen nach *Riebel* sowohl fallweise Sonderrechnungen für individuelle Fragestellungen und Situationen als auch laufend-systematisch organisierte Zweckrechnungen, vgl. Riebel (1979), S. 794.

[3] Vgl. Riebel (1993), Sp. 374; Riebel (1992), S. 268; Riebel (1979), S. 794.

[4] Die Zweckneutralität darf nach *Riebel* keinesfalls dahingehend interpretiert werden, dass für jeden nur denkbaren Zweck (unter Vernachlässigung der Bedeutsamkeit der Fragestellung) adäquate Informationselemente berücksichtigt werden müssen, vgl. z. B. Riebel (1974), Sp. 1148.

[5] Vgl. Riebel (1987), S 1161 f.; Riebel (1992), S. 268 f.

[6] Diese Regel bezieht sich primär auf die Problematik unechter Gemeinkosten. Werden solche Kosten auf einer höheren Ebene der Bezugsobjekthierarchie und nicht bei dem jeweils speziellsten Bezugsobjekt erfasst, so ist deren Aufteilung unter der Voraussetzung zulässig, dass die verwendeten Schlüssel die tatsächlichen Bestimmungsfaktoren ausreichend widerspiegeln und die Schlüsselung die logische Richtigkeit dieser Vorgehensweise nicht in Frage stellt, vgl. hierzu auch Riebel (1984), S. 175.

- Kennzeichnung der Bezugsobjekte durch alle für die Auswertungsrechnung bedeutsamen Merkmale, wie z. B. sachliche und zeitliche Dimensionen (Quantengrößen, Lage und Dauer der Bindung, etc.), Disponierbarkeit, Zahlungscharakter oder hierarchische oder sequentielle Verknüpfungen mit weiteren Bezugsobjekten.[1]

Diese komprimierten Ausführungen zu den grundlegenden Merkmalen der von *Riebel* postulierten Grundrechnung lassen bereits erkennen, dass deren Umsetzung durch konventionelle Mittel (z. B. Grundrechnungstabellen) mit zunehmender Anzahl von Bezugsobjekten, bedeutsamer Merkmale und Verknüpfungen erschwert und letztlich unmöglich wird. Daher soll die praxisorientierte Implementierung des Grundrechnungskonzeptes mit Hilfe von relationalen Datenbanken erfolgen, auf deren Betrachtung hier jedoch verzichtet wird.[2]

Soll die Einzelkosten- und Deckungsbeitragsrechnung den Anforderungen der vorliegenden Problemstellung genügen, so müssten zunächst die in der Grundrechnung bereitgestellten, vieldimensional gekennzeichneten Informationsbausteine durch eine problemadäquate Selektion und Verdichtung geeignet sein, relevante Kosteninformationen im Hinblick auf die konditionenrelevanten Prozesse zu generieren. Doch bereits die Prüfung dieses pauschalen Postulats an die Kostenrechnung zum Zwecke der Konditionengestaltung bereitet im Rahmen der von *Riebel* entwickelten Konzeption Schwierigkeiten. Dieser Umstand kann jedoch nicht verwundern, da die Grundrechnung per se zweckneutral und als Basis vielfältiger Auswertungsmöglichkeiten konzipiert ist und insoweit eine Prüfung spezifischer Informationsanforderungen nicht zulässt. Konkrete Beispiele von Auswertungsrechnungen beziehen sich überwiegend auf Entscheidungssituationen unter Einbeziehung von Deckungsbeiträgen, basierend auf Ist-Kosten und Ist-Erlösen,[3] und es mangelt an einem durchgängigen Modell, mit dessen Hilfe die über nahezu ein halbes Jahrhundert gesammelten Aufsätze für die Praxis an durchgängiger Verständlichkeit gewinnen könnten.[4]

---

1 Vgl. hierzu auch Riebel (1979), S. 869 ff.

2 Vgl. hierzu z. B. Riebel (1992), S. 269 ff., sowie Riebel (1993), Sp. 375 und die dort angegebene weiterführende Literatur.

3 Vgl. zum Vergangenheitsbezug der Rechnung auch Weber (1997), S. 286.

4 Vgl. zu diesem Kritikpunkt auch Mayer (1998a), S. 40.

So konstatiert beispielsweise *Mayer* in Bezug auf die Bereitstellung relevanter Kosten durch die Einzelkosten- und Deckungsbeitragsrechnung, dass die Aussagen von *Riebel* hinsichtlich der Entscheidungsrelevanz dieses Systems nur dann Gültigkeit besitzen, „... wenn in den Grundrechnungen für Folgeperioden alle erwarteten Konsequenzen der heute zu treffenden Entscheidungen in Bezug auf die daraus zu erwartenden Zahlungsstromänderungen ablesbar, also auswertbar sind. Wie eine solche „Plan-Grundrechnung" gefüllt werden könnte, wird von Riebel aber nirgends diskutiert"[1]. Hinweise auf eine konkrete Ausgestaltung der Grundrechnung in ihrer Funktion eines zukunftsorientierten Datenspeichers konnten ebenfalls vom Verfasser nicht gesichtet werden.

Gleiches gilt hinsichtlich der geforderten prozessorientierten Sichtweise der Unternehmung und deren Berücksichtigung durch die Kostenrechnung. Zwar ist eine Verknüpfung der Bezugsobjekte in einer Bezugsobjekthierarchie systemimmanent und konzeptionell unabdingbar, konkrete Gestaltungsempfehlungen in Anlehnung an eine praxisnahe Realisation werden hierzu jedoch nicht gegeben.[2] Vor diesem Hintergrund kann eine Beurteilung der Einzelkosten- und Deckungsbeitragsrechnung als theoretisch bestechendes Konstrukt, das zweifelsohne zur detailliertesten Abbildung der Realität im Rechnungswesen führt,[3] weniger anhand konkret bereitgestellter Kosteninformationen als vielmehr unter Zuhilfenahme des ihr zu Grunde liegenden Gedankengutes vorgenommen werden.

Die Intention *Riebels*, einen der Realität entsprechenden, konsequent an den verknüpften Entscheidungen der Unternehmung ausgerichteten Informationsgenerator zu entwickeln, in dem eine realitätsferne Schlüsselung relevanter Größen strikt abzulehnen ist, lässt bereits erkennen, dass dieses System der Kostenrechnung für die Bereitstellung von Informationen im Bereich der kalkulatorischen Ressource ungeeignet ist. Denn die problemadäquaten Kosteninformationen zum vollständigen Abbau der Kosten in diesem Kalkülbereich sind fiktiver

---

1 Mayer (1998a), S. 40.

2 Erste Ansätze hierzu finden sich jedoch bei *Rogalski*, die durch die Definition von Prozessen als Bezugsobjekte in der Einzelkosten- und Deckungsbeitragsrechnung eine Prozessorientierung auf theoretischer Basis für sinnvoll erachtet, vgl. Rogalski (1996).

3 Vgl. Weber (1997), S. 287.

Natur, eine Eigenschaft, deren Berücksichtigung in der Kostenrechnung von *Riebel* strikt negiert wird.

Beispielsweise müssen in Abhängigkeit des Leistungsausmaßes der Absatzmittler die Kosten eines kalkulatorisch aufgebauten Abteilungsleiters der Auftragsbearbeitung in Form einer auftragsbezogenen Vergütung in vollem Umfang durch die Konditionenvergabe abgebaut werden. Bestellt ein Kunde in einem wöchentlichen Rhythmus, verstößt eine Leistungsvergütung unter dieser Bedingung sowohl in zeitlicher als auch in sachlicher Hinsicht gegen eine Zurechenbarkeit auf die Handelsleistung, da das reale Kostenverhalten ignoriert werden muss. Die Kosten des leitenden Angestellten dieser Abteilung sind keinesfalls, weder von Woche zu Woche, noch im Hinblick auf eine Vielzahl von Kunden teilbar. In Anbetracht dieser grundsätzlichen Divergenz des Grundgedankens *Riebels* und des Informationsbedarfs im Rahmen der Konditionengestaltung kann eine weitere Prüfung der Anwendbarkeit der Einzelkosten- und Deckungsbeitragsrechnung unterbleiben.

Zusammenfassend bleibt festzuhalten, dass dieses Konstrukt auf Grund seiner bis zum heutigen Zeitpunkt noch zu unbestimmten praxisbezogenen Umsetzbarkeit, aber auch mit Blickrichtung auf seine Zielsetzung, eine verzerrte Abbildung realer Tatbestände zu vermeiden, den Informationsanforderungen der vorliegenden Problemstellung nicht gerecht werden kann.

5.3.2.2 Grenzplankosten- und Deckungsbeitragsrechnung

Die Entwicklung der Grenzplankosten- und Deckungsbeitragsrechnung in Deutschland kann als originäre Quelle auf *Plaut* zurückgeführt werden, der dieses Konstrukt erstmals im Jahre 1953 als geschlossenes System der Kostenrechnung veröffentlichte.[1] Dabei wurzelte die

---

[1] Vgl. Plaut (1953), S. 347 ff., und Plaut (1953a), S. 402 ff. Erste Hinweise auf die Entwicklung eines solches Systems finden sich bei diesem Autor jedoch schon in einer früheren Publikation, vgl. Plaut (1952), S. 400. Zur geschichtlichen Entwicklung vgl. z. B. Plaut (1980), S. 11 ff.; Seicht (1988), S. 43 ff.; Plaut (1987), S. 357 ff. In seiner ursprünglichen Form wählte *Plaut* für dieses Kostenrechnungssystem die Bezeichnung „Grenz-Plankostenrechnung“, vgl. Plaut (1953), jedoch sind in der heutigen Zeit die Begriffe „Grenzplankostenrechnung“, „Proportionalkostenrechnung“ oder auch „Deckungsbeitragsrechnung“ gebräuchlich, vgl. Kilger (1987), S. 65. Im weiteren Verlauf werden die Begriffe „Grenzplankostenrechnung“ und „Grenzplankosten- und Deckungsbeitragsrechnung“ synonym verwendet.

Motivation dieses Autors zur Konzeption einer modifizierten Form der Kostenrechnung auf der Erkenntnis, dass die bis dahin verbreitete flexible Plankostenrechnung auf Vollkostenbasis auf Grund ihrer rechnerischen Proportionalisierung fixer Kosten[1] für kurzfristige unternehmerische Entscheidungsprobleme, wie z. B. die Artikel- und Verfahrenswahl oder die Ermittlung einer gerechtfertigten Preisuntergrenze, ungeeignet sei und zu Fehlentscheidungen führe. Als einzig aussagefähige Steuergröße im Rahmen dispositiver Aufgaben der Unternehmensleitung sieht *Plaut* lediglich die Grenzkosten,[2] so dass fixe Kosten weder in die Verrechnungssätze innerbetrieblicher Leistungen, noch in die Kalkulationssätze der Hauptkostenstellen einbezogen werden dürfen.[3] Die Zielsetzung der Grenzplankostenrechnung liegt vor diesem Hintergrund in einer Verbesserung der Lenkungsfunktion der Kostenrechnung im Sinne der Bereitstellung relevanter Informationen für kurzfristige dispositive Aufgaben bei gegebenen Kapazitäten und kann als Wegbereiter der entscheidungsorientierten Form der Kostenrechnung charakterisiert werden.[4]

Der Aufbau der Grenzplankostenrechnung entspricht dabei weitgehend der in Abschnitt 5.3.1.1 dargestellten, auf Vollkosten basierenden flexiblen Plankostenrechnung[5] mit einer identischen Vorgehensweise im Hinblick auf eine nach Kostenstellen und Kostenarten differenzierte Kostenplanung.[6] Der konsequente Ausschluss beschäftigungsfixer Kosten bei der Kostenverrechnung auf Kostenstellen und Kostenträger führt jedoch zu einem signifikanten Unterschied beider Systeme, da die flexible Plankostenrechnung auf Vollkostenbasis eine Trennung von beschäftigungsfixen und beschäftigungsproportionalen Kosten lediglich zum Zwecke der Kostenkontrolle aufrecht erhält und für die Kostenverrechnung einen Vollkosten-

---

1 Vgl. auch Abschnitt 5.3.1.1.

2 Die Bezeichnung „Grenzplankostenrechnung" sowie der in diesem Zusammenhang häufig verwendete Begriff der „Grenzkosten" in diesem Plankostenrechnungssystem darf jedoch keinesfalls zu der Schlussfolgerung führen, dass in diesem Konzept von der in der Kostenrechnung dominierenden Annahme eines linearen Sollkostenverlaufs abgewichen wird. Denn die Grenzplankosten- und Deckungsbeitragsrechnung basiert ebenfalls auf der Prämisse einer Unabhängigkeit der Grenzkosten von der Beschäftigung und folglich auf einem proportionalen Verlauf der Sollkostenfunktion, vgl. z. B. Kilger (1987), S. 65; Hummel / Männel (1983), S. 140; Kilger (1993), S. 58.

3 Vgl. z. B. Plaut (1984), S. 20; Plaut (1961), S. 466 f.; Plaut (1955), S. 32 f.; Plaut (1953a), S. 403 ff., aber auch z. B. Kilger (1989), Sp. 600; Kilger (1975), Sp. 2988; Kilger (1970), Sp. 1346 f.

4 Vgl. Kilger (1993), S. 111.

5 Vgl. Scherrer (1991), S. 113; Kilger (1993), S. 59; Kilger (1987), S. 67.

6 Vgl. Scherrer (1991), S. 113 f.; Kilger (1987), S. 67.

satz verwendet. In der Grenzplankostenrechnung erfolgt hingegen eine solche Verrechnung der Kosten im Zuge der innerbetrieblichen Leistungsverrechnung und in der Kostenträgerstückrechnung lediglich unter Ansatz der beschäftigungsproportionalen Kosten. Die beschäftigungsfixen Kosten werden als Periodenkosten en bloc vorgegeben bzw. im Rahmen der Kalkulation des kurzfristigen Periodenerfolges en bloc abgezogen.[1]

Im Rahmen der Kostenkontrolle bedeutet diese geänderte kostenrechnerische Sichtweise, dass die beschäftigungsproportionalen Sollkosten stets mit den verrechneten Plankosten einer Kostenstelle übereinstimmen,[2] mithin die Kurve der verrechneten Plankosten und die Sollkostenkurve, wie in Abb. 48 dargestellt, keinen Schnittpunkt aufweisen. Die in der flexiblen Plankostenrechnung auf Vollkostenbasis typische Beschäftigungsabweichung, durch die „zuviel" oder „zuwenig" verrechnete Kosten auf Grund der Fixkostendegression indiziert werden, kann in der Grenzplankostenrechnung folglich nicht existieren.[3] Ansonsten wird der Soll-Ist-Kostenvergleich in gleicher Weise durchgeführt,[4] und mit Hilfe der Etablierung eines innerbetrieblichen Festpreissystems[5] spiegelt die Verbrauchsabweichung als einzig verbleibende Kostenabweichung die mengenmäßige Divergenz im Verbrauch der Produktivfaktoren wider. Dabei können in den Systemen allerdings unterschiedlich hohe Verbrauchsabweichungen auftreten, falls eine solche Abweichung auf sekundäre Kostenarten zurückzuführen ist, da in der auf Vollkosten basierenden flexiblen Plankostenrechnung die innerbetriebliche Leistungsverrechnung zu Vollkostensätzen, in der Grenzplankostenrechnung dagegen zu Proportionalkostensätzen vorgenommen wird.[6]

---

[1] Vgl. z. B. Hummel / Männel (1983), S. 140; Kilger (1987), S. 68. *Plaut* bemerkt hierzu jedoch, dass es letztlich nur auf den Ausweis und die Kenntnis der Grenzkosten bzw. des Grenzkostenergebnisses ankommt. „Wie die Betriebe dann mit ihren fixen Kosten weiter verfahren, ob sie sie in der Kostenträgerrechnung nicht nur in einer Summe zeigen, sondern nach dem einen oder anderen Verfahren noch umlegen, weil sie sich davon nicht lösen können, ist dann nicht so sehr interessant", Plaut (1955), S. 39. In der kurzfristigen Erfolgsrechnung werden somit zunächst nur beschäftigungsproportionale Kosten den Produkterlösen gegenübergestellt, aus deren Differenz sich die sogenannten „Deckungsbeiträge" ergeben. Diese Vorgehensweise bildet das konstitutive Merkmal der Grenzplankosten- und Deckungsbeitragsrechnung.

[2] Vgl. Scherrer (1991), S. 115; Kilger (1993), S. 60.

[3] Vgl. Plaut (1953), S. 362; Kilger (1993), S. 59.

[4] Vgl. Kilger (1993), S. 61; Kilger (1987), S. 68.

[5] Die Zugrundelegung eines solchen Festpreissystems wird von *Plaut* als unerlässlich erachtet, vgl. Plaut (1987), S. 360; Plaut (1976), S. 7 f.; Plaut (1984a), S. 68 f.; Plaut (1955), S. 30.

[6] Vgl. Scherrer (1991), S. 118 f.; Kilger (1993), S. 61.

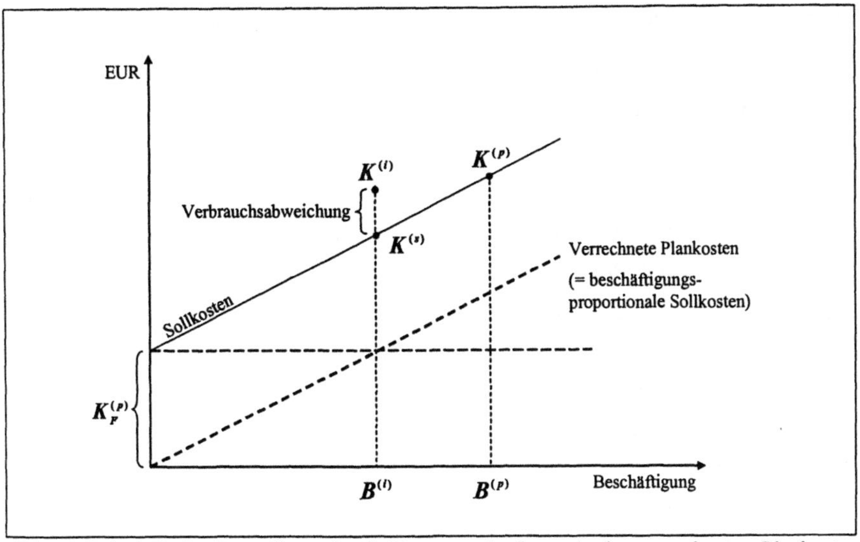

Abb. 48: Beispielhafte Darstellung des Sollkostenverlaufs sowie der verrechneten Plankosten in der Grenzplankostenrechnung[1]

Die Verdienste von *Kilger* liegen im Rahmen einer konzeptionellen Weiterentwicklung der zuvor erörterten Grenzplankosten- und Deckungsbeitragsrechnung vor allem in einer differenzierten und präzisen Analyse der verschiedenen Einflussgrößen auf die Kosten und der Formulierung der hieraus resultierenden kostentheoretischen Grundlagen. Zu diesem Zweck leitete der Autor zunächst die folgenden vier Hauptbestimmungsfaktoren ab, auf die der mengenmäßige Faktorverbrauch[2] im System betrieblicher Entscheidungsprozesse der meisten Industrieunternehmungen zurückgeführt werden kann:[3]

- Entscheidungen über den Aufbau zeitgebundener Nutzungspotentiale,
- Entscheidungen über die Kapazitäten betrieblicher Teilbereiche,

---

[1] Quelle: Eigene Darstellung in Anlehnung an Kilger (1993), S. 60. Zu den verwendeten Symbolen vgl. Abschnitt 5.3.1.1.

[2] Da auch *Kilger* von einer Bewertung der Verbrauchsmenge durch ein Standardpreissystem ausgeht, können Preis- und Lohnschwankungen in der Kostenplanung und Kostenkontrolle unberücksichtigt bleiben, vgl. Kilger (1993), S. 135; Kilger (1976), S. 680, sowie zur Annahme eines Festpreissystems auch Kilger (1980), S. 207.

[3] Vgl. Kilger (1993), S. 135; Kilger (1976), S. 680.

- Entscheidungen über die Verfahren betrieblicher Teilbereiche sowie
- Entscheidungen über die Ausbringung betrieblicher Teilbereiche (einschließlich der kurzfristigen Verfahrenswahl).

Da jedoch die Plankostenrechnung eher auf den Bereich kurzfristiger Entscheidungsprobleme ausgerichtet ist, können die Nutzungspotentiale, die Kapazitäten und das durch langfristige Maßnahmen bestimmte Verfahrensspektrum als gegeben angenommen werden. Als wichtigste Kostenbestimmungsfaktoren verbleiben Entscheidungen über die Ausbringung betrieblicher Teilbereiche (Kostenstellen), wobei sich die Ausbringung als Maßgröße des quantitativen Umfangs der innerhalb einer Periode erbrachten Leistungen definiert.[1] Solche Maßgrößen bezeichnet *Kilger* als Bezugsgrößen,[2] bei denen es sich aus kostentheoretischer Sicht um Kosteneinflussgrößen handelt, zu denen sich die beschäftigungsabhängigen Kosten proportional verhalten sollten.[3]

Die Basis der Kostenplanung und -kontrolle in der verfeinerten Grenzplankosten- und Deckungsbeitragsrechnung bilden unter Einbeziehung dieser Überlegungen die nach Kostenstellen und Kostenarten differenzierten linearen Sollkostenfunktionen,[4] bei denen die Bezugsgrößen als Maßgrößen der Kostenverursachung die unabhängigen Variablen bezeichnen. Liegt eine heterogene Kostenverursachung vor,[5] so wird die Genauigkeit der Rechnung wesentlich davon bestimmt, inwieweit es gelingt, das von mehreren Kosteneinflussgrößen (Kostenbestimmungsfaktoren) abhängige Kostenverhalten einer Kostenstelle durch die Formulierung einer additiv verknüpften, in ihren Teilfunktionen einvariablig-linearen Kostenfunktion zu erfassen. Werden mit K_{vj} die variablen Kosten einer Kostenstelle j, mit k_{vij} die variablen Kosten pro Bezugsgröße i der Kostenstelle j und mit b_{ij} die verschiedenen Be-

---

1 Vgl. Kilger (1993), S. 140; Kilger (1976), S. 682.

2 Vgl. z. B. Kilger (1993), S. 140 sowie die Ausführungen in Abschnitt 3.4.2.

3 Vgl. z. B. Kilger (1983), S. 60; Kilger (1979), S. 72.

4 Vgl. Kilger (1993), S. 151 und 159.

5 Zur homogenen Kostenverursachung vgl. Abschnitt 3.4.2 sowie z. B. die detaillierten Erörterungen bei Haberstock (1986), S. 59 ff.

zugsgrößen *i* (1 ... *m*) als unabhängige Variablen der Kostenstelle *j* bezeichnet, so ergibt sich die folgende mehrvariablige Kostenfunktion:[1]

$$K_{vj} = \sum_{i=1}^{m} k_{vij} \cdot b_{ij}$$

Kilger führt diese Heterogenität bzw. das Wirken mehrerer Kosteneinflussgrößen, die sich nicht proportional zueinander verhalten, auf die Formen der produktbedingten und verfahrensbedingten Heterogenität zurück.[2] Hierbei ist die produktbedingte Heterogenität der Kostenverursachung auf spezifische Eigenschaften der Erzeugnisse zurückzuführen, die den Ansatz mehrerer Bezugsgrößen erfordern, ohne dass die ausgelösten Kosteneinflussfaktoren in einem konstanten Verhältnis zueinander stehen.[3] Beispielsweise kann die Produktlagerung auf Grund unterschiedlicher physischer Produkteigenschaften divergierende beschäftigungsproportionale Kosten verursachen, für deren Entstehen die Berücksichtigung einer Bezugsgröße wie z. B. „Palettenanzahl“ nicht ausreicht. So könnten sich Kosten für den Wareneingang, die sich in Bezug auf die Vereinnahmung der Ware wie z. B. das „Scannen“ oder auch das Aufnehmen durch einen Gabelstapler in Abhängigkeit der Palettenanzahl variabel verhalten, die Kosten der anschließenden automatischen Weiterführung bzw. Beförderung (und gegebenenfalls Kühlung) innerhalb eines automatischen Hochregallagers jedoch vom jeweiligen Palettengewicht abhängig sein. In diesem Fall müssen sowohl die Palettenanzahl als auch das Palettengewicht nebeneinander als Einflussgrößen berücksichtigt werden um die Kostenverursachung zu erfassen.

Verfahrensbedingte Heterogenität liegt dagegen vor, wenn die Leistungen eines betrieblichen Teilbereichs mit unterschiedlichen Verfahrens- oder Prozessbedingungen realisiert werden kann und eine konstante Leistungsmenge in Abhängigkeit dieser Bedingungen unterschiedliche beschäftigungsvariable Kosten verursacht. Somit ist die Kostenverursachung nicht nur von Entscheidungen im Rahmen der Produktionsprogrammplanung, sondern ebenfalls von

---

1 Vgl. auch Schweitzer / Küpper (1998), S. 390.

2 Der Sonderfall der heterogenen Kostenverursachung durch intensitätsmäßige Anpassung wird hier nicht weiter betrachtet, vgl. hierzu jedoch Kilger (1993), S. 154 ff.

3 Vgl. Kilger (1993), S. 142; Kilger (1983), S. 60; Kilger (1979), S. 72 f.; Kilger (1976), S. 683.

Aktionsparametern der Produktionsvollzugsplanung abhängig.[1] Ein klassisches Beispiel hierzu bilden die Produktionsbereiche von Industriebetrieben mit Serienproduktion, in denen auflagenfixe Kosten durch Rüstzeiten für die Einrichtung von Maschinen auf die Produktion einer bestimmten Sorte neben den eigentlichen Fertigungszeiten anfallen, wobei unterschiedliche variable Kostensätze für Rüst- und Fertigungszeit existieren.[2] Dieser Tatbestand erfordert für die Abbildung der Kostenverursachung die Berücksichtigung der Bezugsgrößen „Rüstzeiten“ und „Fertigungszeiten“ nebeneinander.

Ein weiteres Beispiel, das in die Kategorie der verfahrensbedingten Heterogenität nach *Kilger* einzuordnen ist, stellen die variablen Kosten eines flexibel anzumietenden Ausweichlagers dar, wobei die Mietkosten von der Anzahl der eingelagerten Paletten und der Dauer der Anmietung abhängig sind. Die sich hieraus ergebende allgemeine Kostenfunktion der Mietkosten K_r lässt sich wie folgt formulieren:

$$K_r = f(a,t)$$

wobei

a = Anzahl eingelagerten Paletten

t = Verweildauer

Werden als Leistungsart eines betrieblichen Teilbereichs die zu disponierenden Paletten angesehen und der Mietkostensatz pro Tag und Palette als konstant angenommen, so kann die heterogene Kostenverursachung auf den Fall unterschiedlicher Verfahrens- oder Prozessbedingungen zurückgeführt werden, da eine konstante Anzahl eingelagerter Paletten zu unterschiedlichen variablen Kostensätzen, determiniert durch die Verweildauer im Lager, dispo-

---

[1] Vgl. Kilger (1993), S. 142; Kilger (1983), S. 60 f.; Kilger (1979), S. 73; Kilger (1976), S. 683.

[2] Dieses Beispiel findet sich in zahlreichen Veröffentlichung zu diesem Themenkomplex, vgl. z. B. Troßmann (1992), S. 238; Kilger (1993), S. 153 f.; Haberstock (1986), S. 66 ff.; Kilger (1985), S. 135; Kilger (1983), S. 61; Kilger (1979), S. 73.

niert werden kann. Die entsprechende Kostenfunktion einer Kostenstelle j besitzt im System von *Kilger* nunmehr folgende Gestalt:

$$K_{rj} = \sum_{i=1}^{m} k_{ri} \cdot b_i$$

mit

k_{ri} = Variable Mietkosten pro Palette für i Tage (1 ... m)

b_i = Bezugsgröße als jeweilige Anzahl der Lagerungspaletten für i Tage

Jede unterschiedlich ausgedehnte Mietdauer kann folglich als eine Verfahrens- oder Prozessbedingung mit einem spezifischen beschäftigungsproportionalen Kostensatz interpretiert werden, so dass die heterogene Kostenverursachung mit Hilfe von i linearen Kostenfunktionen abgebildet werden kann. „Zusammenfassend können wir feststellen, dass es in der Praxis keinen Fall heterogener Kostenverursachung gibt, bei dem es nicht möglich ist, die Kostenverursachung durch mehrere Bezugsgrößen zu erfassen, denen lineare Sollkostenfunktionen entsprechen“[1].

Im Rahmen seiner weiteren Überlegungen differenziert *Kilger* jedoch die Wahl der Bezugsgrößen in Bezug auf die Bereiche der primären Kostenstellen des Produktionsbereichs sowie der sonstigen primären Kostenstellen (wie Forschung und Entwicklung, Einkauf und Materialwirtschaft, kaufmännische Verwaltung und Verkauf), die Vorleistungen erbringen oder dispositive, planende, organisatorische und verwaltende Tätigkeiten ausführen.[2] Hierin konstatiert dieser Autor eine typische Identität zwischen Kostenverursachungsmaßstab (als Kostenkontrollfunktion) und Kalkulationsbezugsgröße (als Kalkulationsfunktion)[3] für die primären Kostenstellen des Fertigungsbereichs, wohingegen er für Bezugsgrößen primärer Kostenstellen, die diesem Betriebsbereich nicht angehören,[4] diese Eigenschaft negiert. „Wegen des fehlenden Bezugs zu den betrieblichen Erzeugnissen müssen zur kalkulatorischen Weiter-

---

1 Kilger (1993), S. 159.

2 Vgl. Kilger (1993), S. 316 ff. Zur Bezugsgrößenwahl sekundärer Kostenstellen vgl. Kilger (1993), S. 330 ff.

3 Zuvor wurde dieser Sachverhalt bereits als Doppelfunktion der Bezugsgrößen gekennzeichnet, vgl. S. 174.

4 Vgl. für eine beispielhafte Übersicht solcher Bezugsgrößen Kilger (1993), S. 327.

verrechnung auch für diejenigen Kostenstellen indirekte „Verrechnungsbezugsgrößen" verwendet werden, für die sich zum Zwecke der Kostenkontrolle direkte Bezugsgrößen finden lassen"[1]. So schlägt *Kilger* beispielsweise eine kalkulatorische Verrechnung in der Plankalkulation für Kostenstellen des Verwaltungs- und Vertriebsbereichs durch indirekte Bezugsgrößen wie „DM Grenzherstellkosten des Umsatzes" vor, wohingegen zur Kostenkontrolle direkte Bezugsgrößen auf der Grundlage arbeitswissenschaftlicher Funktionsanalysen Anwendung finden sollten.[2]

Als Weiterentwicklung der Standardform der Grenzplankosten- und Deckungsbeitragsrechnung bezieht *Kilger* schließlich verschiedene Fristigkeitsgrade bei der Kostenauflösung in beschäftigungsfixe und beschäftigungsvariable Kosten in seine Konzeption ein und reagiert damit auf die insbesondere von *Seicht* bereits in den sechziger Jahren postulierte Berücksichtigung der Abbaufähigkeit beschäftigungsfixer Kosten.[3] Denn definiert der Fristigkeitsgrad der Kostenplanung das Entscheidungsfeld für die einzelnen Kostenstellen im Rahmen der Anpassung der Potentialfaktoren an Beschäftigungsschwankungen als „Soll", werden hierdurch sowohl der Anpassungszeitraum als auch die realisierbaren Anpassungsmaßnahmen festgelegt.[4] Je länger der Anpassungszeitraum bzw. je längerfristiger die Entscheidung, desto höher wird der Anteil der beschäftigungsproportionalen, mithin der entscheidungsrelevanten Grenzkosten und umgekehrt.[5] In Konsequenz erfolgt in der erweiterten „dynamischen" Grenzplankosten- und Deckungsbeitragsrechnung die Auflösung der Kosten in beschäftigungsfix und -proportional innerhalb der Kostenplanung unter Berücksichtigung mehrerer Fristigkeitsgrade nebeneinander, wodurch der übliche einjährige Betrachtungszeitraum um kürzere Planungsperioden erweitert wird.[6] Am Beispiel zweier intervallfixer Kostenarten, deren treppenförmige Verläufe durch lineare Funktionen approximiert wurden,[7] sind die sich

---

[1] Kilger (1993), S. 328.

[2] Vgl. Kilger (1993), S. 329.

[3] Vgl. Seicht (1963), S. 703 ff. Als weitere Modifikation sieht *Kilger* die Notwendigkeit kurzfristiger Anpassungsmöglichkeiten der Plankalkulationen an Preis- und Lohnsatzschwankungen durch den gesonderten Ausweis der wichtigsten Kostenarten in der Kalkulation, vgl. hierzu Kilger (1993), S. 99.

[4] Vgl. Kilger (1993), S. 97.

[5] Vgl. Seicht (1963), S. 706; Kilger (1993), S. 97.

[6] Vgl. Kilger (1993), S. 99.

[7] Dies ist eine in der Praxis gebräuchliche Vorgehensweise, vgl. auch Kilger (1993), S. 160.

unter einer Differenzierung in drei Fristigkeitsgrade ergebenden Sollkostenfunktionen in Abb. 49 illustriert und zeigen die sinkenden Plankostenverrechnungssätze (abnehmende Steigung der Sollkostenfunktionen) mit abnehmender Wirkungsdauer der Entscheidung. Hierbei kennzeichnet

K_I den Sollkostenverlauf mit einem Anpassungszeitraum von z. B. 6-12 Monaten,

K_{II} den Sollkostenverlauf mit einem Anpassungszeitraum von z. B. 3-6 Monaten,

K_{III} den Sollkostenverlauf mit einem Anpassungszeitraum von z. B. 1-3 Monaten und

K_{FI}, K_{FII}, K_{FIII} die mit den entsprechenden Fristigkeitsgraden korrespondierenden, nicht abbaufähigen beschäftigungsfixen Kosten.[1]

Im Rahmen der Beurteilung der Grenzplankosten- und Deckungsbeitragsrechnung auf die vorliegende Problemstellung kann im Hinblick auf die Erfüllung des Postulats einer horizontalen prozessorientierten Sichtweise der Unternehmung auf die Ausführungen zur flexiblen Plankostenrechnung auf Vollkostenbasis verwiesen werden.[2] In Analogie zu diesem Informationsgenerator stehen im Fokus der Grenzplankosten- und Deckungsbeitragsrechnung die betrieblichen Absatzerzeugnisse als Kostenträger sowie eine vorgelagerte, auf eine vertikale Organisationsstruktur ausgerichtete Kostenstellenstruktur, die eine ganzheitliche Blickrichtung versperrt.

Zu einem abweichenden Ergebnis in Bezug auf die Informationsgenerierung, auf deren Basis eine vollständige Leistungsübernahme der Industrieunternehmung evaluiert werden kann, führt jedoch zunächst die von *Kilger* entwickelte Technik zur Abbildung der heterogenen Kostenverursachung. Denn wie die vorangegangenen Ausführungen gezeigt haben, könnten ebenfalls kostenmäßige Implikationen von Handelsleistungen erfasst werden, die sich in mehrvariabligen Kostenfunktionen niederschlagen und insbesondere auf eine verfahrensbedingte Heterogenität zurückzuführen sind. So könnten neben den geschilderten Beispielen die Kostenverursachungen durch mannigfaltige handelsseitige Leistungsvariationen für die Eva-

---

[1] Für ein Beispiel der detaillierten Kostenplanung einer Kostenstelle unter Einbeziehung eben dieser alternativen Fristigkeitsgrade vgl. Kilger (1993), S. 567 f.

[2] Vgl. S. 161 f.

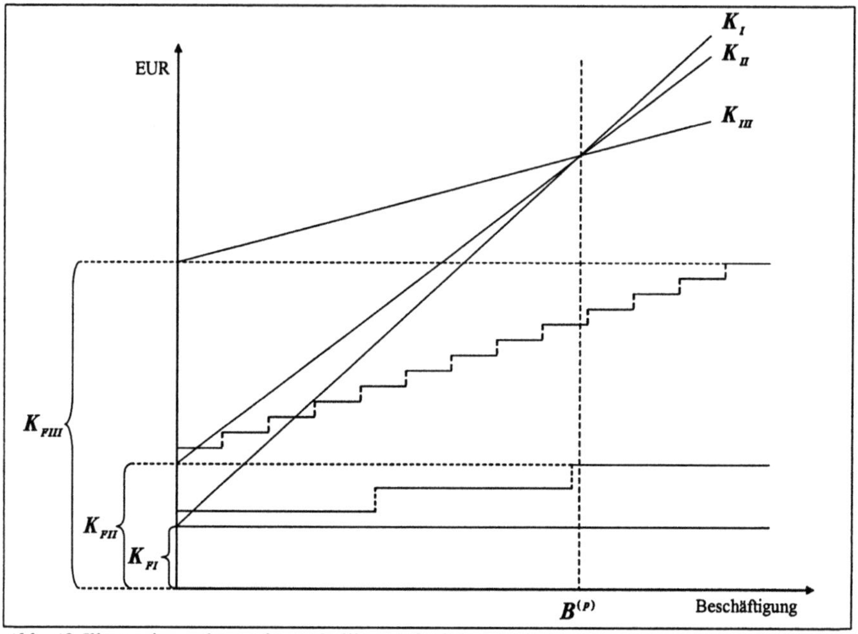

Abb. 49: Illustration alternativer Sollkostenfunktionen bei unterschiedlichen Fristigkeitsgraden[1]

luation der *Efficiency Terms* mit Hilfe der konzeptionellen Strukturmerkmale der Kostenplanung in der Grenzplankosten- und Deckungsbeitragsrechnung widergespiegelt werden. Eine positive Einschätzung kann jedoch durch die von *Kilger* in seinen weiteren Ausführungen zur Bezugsgrößenwahl vorgenommenen Empfehlungen bezüglich primärer Kostenstellen, die nicht dem Produktionsbereich angehören, nicht vorgenommen werden. Denn als Plankostenverrechnungssätze (und folglich zum Zwecke der Kalkulation) schlägt der Autor den Ansatz prozentualer Zuschlagssätze bezogen auf indirekte Bezugsgrößen vor, die keinesfalls als Maßstab der Kostenverursachung angesehen werden können und zur Simulation einer hundertprozentigen Leistungserbringung der Hersteller ungeeignet sind.[2]

---

1 Quelle: Eigene Darstellung in Anlehnung an Kilger (1993), S. 160.

2 So würden beispielsweise die beschäftigungsproportionalen Kosten einer Vertriebskostenstelle, deren Aufgabenbereich primär in der Auftragsbearbeitung liegen, mit Hilfe eines Prozentsatzes in Bezug auf die Grenzherstellkosten des Umsatzes verrechnet, vgl. Kilger (1993), S. 329. Ein solcher Prozentsatz ist jedoch zur Simulation des Szenario *Every Day a Single Tray* völlig ungeeignet, da die einzelnen Prozessleistungen im Hinblick auf ihre Beeinflussbarkeit durch den Handel nicht aufgezeigt und bewertet werden können.

Des Weiteren kann hinsichtlich der Erfüllung dieses Kriteriums festgestellt werden, dass durch die Beschränkung auf die beschäftigungsproportionalen Kosten in diesem System die Ermittlung des fiktiven bewerteten Ressourcenverzehrs, mithin eine Evaluation der Kostenimplikation einer Handelsleistung von Null und der hierfür erforderliche fiktive Aufbau der Produktivfaktoren, nicht gelingen kann. Diese Tatsache vermag jedoch nicht zu verwundern, da dieser Informationsgenerator als fundamentale Annahme von gegebenen Kapazitäten ausgeht, die im Rahmen kurzfristiger Entscheidungen als irrelevant angesehen werden.

Ebenso können die bereitgestellten beschäftigungsvariablen Plankostenverrechnungssätze als Offerte an die Handelsunternehmung für die Leistungsübernahme den Teamleistungspreis des Herstellers nicht adäquat widerspiegeln und hierdurch keinen zweckentsprechenden monetären Anreiz schaffen. So würde der Ansatz beschäftigungsproportionaler Kosten speziell in Bereichen, in denen ein signifikanter Anteil der Kosten einen fixen Charakter aufweisen, einen relativ geringen Ressourcenverzehr für die industrieseitigen Prozessleistungen suggerieren, der tendenziell zu einer Ausweitung der substitutionalen Aktivitätenbündel des Herstellers führen würde und eine zielgerichtete Erreichung der effizienten Leistungsverteilung im Distributionssystem verhindert. Des Weiteren ist zu beachten, dass es in Ausnahmefällen zu Kapazitätsengpässen bei den Industrieunternehmungen kommen kann und die entsprechenden Leistungen temporär extern „zugekauft" werden müssen. Der zu zahlende Marktpreis dürfte sich in der Regel jedoch weniger auf Grenzkostenbasis als vielmehr auf Basis von Vollkosten (unter Einbeziehung von Gewinnbestandteilen) ergeben. Die Diskrepanz zwischen Handelsvergütung und zu zahlendem Preis an den externen Dienstleister würde sich erfolgsschmälernd beim Hersteller auswirken und könnte der Maxime der Nutzenneutralität nicht entsprechen.

Im Kalkülbereich der tatsächlich bereitgestellten und durch das erwartete Leistungsausmaß der Absatzmittler determinierten Ressource können die Plankostenverrechnungssätze die notwendigen Kosteninformationen jedoch in vollem Umfang erbringen. Denn dieses Informationssystem wurde speziell für die Informationsbereitstellung im Rahmen kurzfristiger (operativer) Entscheidungssituationen auf der Grundlage gegebener Kapazitäten konzipiert, wobei unterschiedliche unterjährige Fristigkeitsgrade die Höhe der beschäftigungsproportionalen Kosten beeinflussen. Zum Zwecke einer solchen Dynamisierung der Rechnung werden ebenfalls die geforderten zeitlichen Strukturen der beschäftigungsfixen Kosten erfasst, und diese Informationen zur Abbaufähigkeit können im Zuge von Anpassungsentscheidungen berücksichtigt werden.

Diese Ausführungen verdeutlichen, dass die („dynamische") Grenzplankosten- und Deckungsbeitragsrechnung trotz der für ihre Entwicklung maßgeblichen Motivation, die Entscheidungsorientierung in der Kostenrechnung zu forcieren, die geforderten Kosteninformationen für die vorliegende Problemstellung nicht bereitstellen kann. Insoweit bildet dieses Konzept der Kostenrechnung keinesfalls eine adäquate Weiterentwicklung bzw. Verbesserung der flexiblen Plankostenrechnung auf Vollkostenbasis.

5.3.3 Grenzplankosten- und Deckungsbeitragsrechnung als kombinierte Teil- und Vollkostenkonzeption

Der Anstoß zur Akzeptanz und Befürwortung selbst durch die Vertreter der „reinen" Grenzplankosten- und Deckungsbeitragsrechnung für eine parallel zur Grenzplankostenkalkulation anzuwendende Vollkostenkalkulation, bei der den Kostenträgern ebenfalls beschäftigungsfixe Kosten zugerechnet werden, kann letztlich auf entsprechende Vorgehensweisen und Wünsche in der Praxis zurückgeführt werden. Ursächlich wird die Notwendigkeit einer solchen Parallel- oder Doppelkalkulation mit z. B. der Kalkulation öffentlicher Aufträge nach LSP, der steuerlichen und handelsrechtlichen Bewertung von Halb- und Fertigfabrikatbeständen, dem zwischenbetrieblichen Vergleich und der Berichterstattung (speziell in Konzernbetrieben), der Verrechnungspreisbildung in Beteiligungskonzernen sowie der Preispolitik begründet.[1]

Das Konzept einer solchen Kombination von Teil- und Vollkostenrechnung auf der Grundlage der Grenzplankostenrechnung besteht in der Ergänzung des auf beschäftigungsproportionalen Kosten basierenden Systems um eine parallel durchgeführte Verteilung der Fixkosten. Somit werden zusätzlich zu den Teilkosteninformationen Kosteninformationen auf Vollkos-

---

[1] Vgl. z. B. Kilger (1993), S. 679 f.; Kilger (1987), S. 68; Kilger (1978), S. 157; Kilger (1970a), S. 1796; Freidank (1988), S. 248; Plaut (1980), S. 20 f.; Plaut (1984), S. 25 f.; Plaut (1987), S. 364; Männel (1988), S. 24 f.

tenbasis bereitgestellt, wodurch die im Rahmen der Plankalkulation zur Verfügung gestellten proportionalen Verrechnungssätze um Vollkostenverrechnungssätze ergänzt werden.[1] Hierzu wird im Anschluss an die Kostenplanung eine sekundäre Fixkostenverteilung durchgeführt, mit deren Hilfe die beschäftigungsfixen Kosten der sekundären Kostenstellen im Zuge der innerbetrieblichen Leistungsverrechnung auf die primären Kostenstellen weiterverrechnet werden.[2] Werden hierauf aufbauend die Summen der primären und sekundären beschäftigungsproportionalen sowie beschäftigungsfixen Plankosten der Hauptkostenstellen ins Verhältnis ihrer Planbeschäftigung bzw. Planbezugsgrößen gesetzt, ergeben sich alternative Plankostenverrechnungssätze auf Basis variabler bzw. voller Plankosten.[3]

Grundsätzlich bedeutet diese Kombination der Grenzplankostenrechnung mit einer ergänzend durchgeführten Vollkostenrechnung eine Extension im Hinblick auf die Erfüllung der kostenrechnerischen Aufgaben durch die Nutzung der spezifischen Vorteile der einzelnen Systeme. Insbesondere *Kilger* weist jedoch explizit darauf hin, dass bei Anwendung einer Doppel- bzw. Parallelkalkulation die Grenzkostenrechnung stets als Hauptrechnung und die Vollkostenrechnung als Nebenrechnung zu konzipieren ist und hierdurch im Rahmen (kurzfristiger) dispositiver Aufgaben ausschließlich die Grenzkosteninformationen als relevant anzusehen sind.[4]

Liegt die Intention einer parallel durchgeführten Kalkulation auf Voll- bzw. Teilkostenbasis in der Realisation systemspezifischer Vorteile beider Konzeptionen, kann im Rahmen der kritischen Beurteilung dieser Rechnung grundsätzlich auf die Ausführungen in den Abschnitten 5.3.1.1 und 5.3.2.2 verwiesen werden. Zusätzliche Erkenntnisse hinsichtlich ihrer Anwendbarkeit könnten sich jedoch aus der Kombination beider Konstrukte ergeben, so dass sich die folgenden Überlegungen auf diesen Aspekt beschränken.

---

[1] Vgl. z. B. Schweitzer / Küpper (1998), S. 522; Kilger (1989), Sp. 603.

[2] Vgl. Kilger (1993), S. 438, wobei dieser Autor eine Belastung der empfangenden Kostenstellen mit den beschäftigungsfixen Kosten der sekundären Kostenstellen im Verhältnis ihrer planmäßigen durchschnittlichen Leistungsinanspruchnahme empfiehlt.

[3] Vgl. hierzu auch die Beispiele bei Schweitzer / Küpper (1998), S. 525 ff.; Freidank (1988), S. 248 f.

[4] Vgl. Kilger (1993), S. 680; Kilger (1970a), S. 1796; Kilger (1987), S. 68.

Ein negatives Ergebnis in Bezug auf die Evaluation einer hundertprozentigen Leistungsübernahme des Herstellers resultierte in der flexiblen Plankostenrechnung auf Vollkostenbasis auf der systemimmanenten Prämisse einer homogenen Kostenverursachung der jeweiligen Kostenstellen, wohingegen die Plankostenverrechnungssätze auf Vollkostenbasis prinzipiell dieses Kriterium erfüllen. Der Mangel einer solchen kostentheoretischen Vereinfachung wird dagegen in der von *Kilger* verfeinerten Erfassung heterogener Kostenverursachung vermieden, jedoch ist der Ansatz proportionaler Kosten für die Kalkulation des fiktiven Ressourcenaufbaus schädlich. Ein kombiniertes Konstrukt kann diese negativen Einschätzungen allerdings nicht beeinflussen, da sich eine verursachungsgerechte Kostenallokation mit Hilfe differenzierter Bezugsgrößen auf den Fertigungsbereich beschränkt und für primäre Kostenstellen außerhalb des Produktionsbereichs lediglich indirekte Bezugsgrößen Anwendung finden. „Da die Höhe der Fixkosten durch mittel- bis längerfristige Entscheidungen über die bereitzustellende Kapazität für innerbetriebliche Leistungen und nicht durch deren jeweilige Inanspruchnahme bestimmt ist, gibt es kein Prinzip, nach dem sie eindeutig und verursachungsgemäß auf die Endkostenstellen verrechnet werden können“[1]. Die parallele Vollkostenkalkulation in der kombinierten Rechnung dient lediglich einer scheinbar plausiblen Verteilung beschäftigungsfixer Kosten, ohne die subtilen Ansätze der Allokation beschäftigungsproportionaler Kosten der Produktionsbereiche zu transferieren.

Diese Überlegungen können ebenfalls auf das Postulat nach Kosteninformationen unter Berücksichtigung der divergierenden Handelsleistungen zum vollständigen Abbau des fiktiven bewerteten Ressourcenverzehrs übertragen werden, so dass die Grenzplankosten- und Deckungsbeitragsrechnung als kombinierte Teil- und Vollkostenkonzeption die Eignung der isolierten Systeme für die Evaluation der *Efficiency Terms* nicht erhöhen kann.

---

[1] Schweitzer / Küpper (1998), S. 522 f., wobei dieses Zitat sinngemäß auf die primären beschäftigungsfixen Kosten der Hauptkostenstellen in Bezug auf die Ermittlung der Plankostenverrechnungssätze übertragbar ist, Anmerkung des Verfassers.

5.4 Zusammenfassung der Ergebnisse und Schlussfolgerung

Die vorangegangene Darstellung und anschließende Beurteilung der als bedeutend einzustufenden Systeme der Kostenrechnung im Hinblick auf die vorliegende Problemstellung konnte zeigen, dass keine systemspezifische Kalkülstruktur geeignet ist, die geforderten entscheidungsrelevanten Kosteninformationen bereitzustellen. Vermag das Ergebnis insbesondere in Bezug auf die detaillierte Analyse planungsorientierter Vollkostenkonzeptionen auf Grund ihrer Missachtung der Kostenverursachung im Rahmen operativer Entscheidungssituationen durch eine realitätsferne Schlüsselung kurzfristig unveränderbarer Kosten nicht verwundern, so können auch die auf Teilkosten basierenden Ansätze von *Plaut*, *Kilger* und *Riebel* keine zweckentsprechenden Informationen zur Verfügung stellen.

Das Scheitern dieser entscheidungsorientiert ausgerichteten Konzeptionen der Kostenrechnung ist regelmäßig darauf zurückzuführen, dass sie sich zwingend an dem Versuch einer realitätsnahen Abbildung des Kostenverhaltens, die ihren Ausdruck in den unterschiedlichen Interpretationen des Verursachungsgedankens findet, ausrichten. In der zu untersuchenden Problemstellung ergibt sich jedoch teilweise die Notwendigkeit einer Missachtung dieses vorherrschenden Dogmas zu Gunsten der Zweckentsprechung der Informationen, die sich nicht zwangsläufig an der „Richtigkeit" im Sinne einer möglichst exakten Abbildung realer Sachverhalte manifestieren.

Hierbei erscheint es insbesondere erstaunlich, dass selbst die Einzelkosten- und Deckungsbeitragsrechnung nach *Riebel* in seiner Grundidee zur vorliegenden Problemstellung nicht kompatibel ist. Denn ungeachtet seines fehlenden praktischen Bezuges verhindert gerade die zwingende Stringenz zur Erfassung und zur Darstellung realer Tatbestände eine Anwendung auf die vorliegende Problemstellung. Die systemimmanente zweckneutrale Grundrechnung im Sinne von *Schmalenbach* kann nur als bedingt zweckneutral angesehen werden, wenngleich die Verwirklichung dieser Maxime in Verbindung mit adäquaten Kalkulationsmethoden die geforderten entscheidungsrelevanten Kostendaten generieren könnte.

Auf Grund der praktischen Relevanz der Themenstellung kann jedoch ein solches negatives Ergebnis in Bezug auf die Informationsbereitstellung bedeutender Kostenrechnungssysteme nicht befriedigen. Die Praxis verlangt nach zielgerichteten und unter Einbeziehung von Wirtschaftlichkeitsaspekten umsetzbaren Lösungen, mit deren Hilfe speziell in einem dynamischen und durch zunehmenden Wettbewerb geprägten Unternehmensumfeld die Marktposition gefestigt bzw. ausgebaut werden kann. Die Kostenrechnung als eines der maßgeblichen Steuerungsinstrumente der Unternehmensleitung durch die Datengenerierung für die Entscheidungsvorbereitung und Kontrolle darf vor diesem Hintergrund ebenfalls nicht stagnieren. Vielmehr gilt es der zunehmend geforderten Flexibilität der Unternehmung auch in dieser betriebswirtschaftlichen Teildisziplin mit ihren relativ inflexiblen Lösungsmustern Rechnung zu tragen.

Die folgenden Überlegungen einer kostenrechnerisch gestützten Evaluation der *Efficiency Terms* müssen sich schlussfolgernd vom Anspruch eines möglichst weitgehenden Zweckpluralismus zu Gunsten einer konsequent umzusetzenden Zweckentsprechung emanzipieren. Der Fokus kann demzufolge nicht auf einem noch immer vorherrschenden strukturellen Systemaufbau liegen, sondern vielmehr auf einer methodischen, in Bezug auf die vorliegende Problemstellung zweckentsprechenden Datengenerierung, deren praxisgerechte Umsetzung sich im Zeitalter einer rasant zunehmenden Leistungsfähigkeit der EDV als durchaus realisierbar darstellt. Dabei darf diese Vorgehensweise keinesfalls als Versuch einer Konzeption eines neuen Systems der Kostenrechnung missverstanden werden. Vielmehr soll die Evaluation der zweckentsprechenden Daten sowie deren methodische Generierung in den Mittelpunkt der weiteren Betrachtungen gerückt werden, die als parallel neben der implementierten Kostenrechnung durchzuführende Partialrechnung zu verstehen ist.

Eine Vereinfachung dieser Vorgehensweise kann sich unter Zuhilfenahme der in Abb. 50 dargestellten komprimierten Zusammenfassung der hinsichtlich ihrer Informationsbereitstellung untersuchten Kostenrechnungssysteme ergeben. Hieraus wird ersichtlich, dass die Prozeßkostenrechnung in ihren methodischen Strukturmerkmalen dem generellen Postulat einer Berücksichtigung der komplexen Verknüpfungen im Leistungsgeflecht der Unternehmung gerecht wird und die bereitgestellten Prozesskostensätze geeignet sind, die für die Kalkulation einer hundertprozentigen Leistungsübernahme der Industrie sowie der Honorierung der kundenindividuellen Leistungserbringung im fiktiven Kalkülbereich benötigten Kosteninformati-

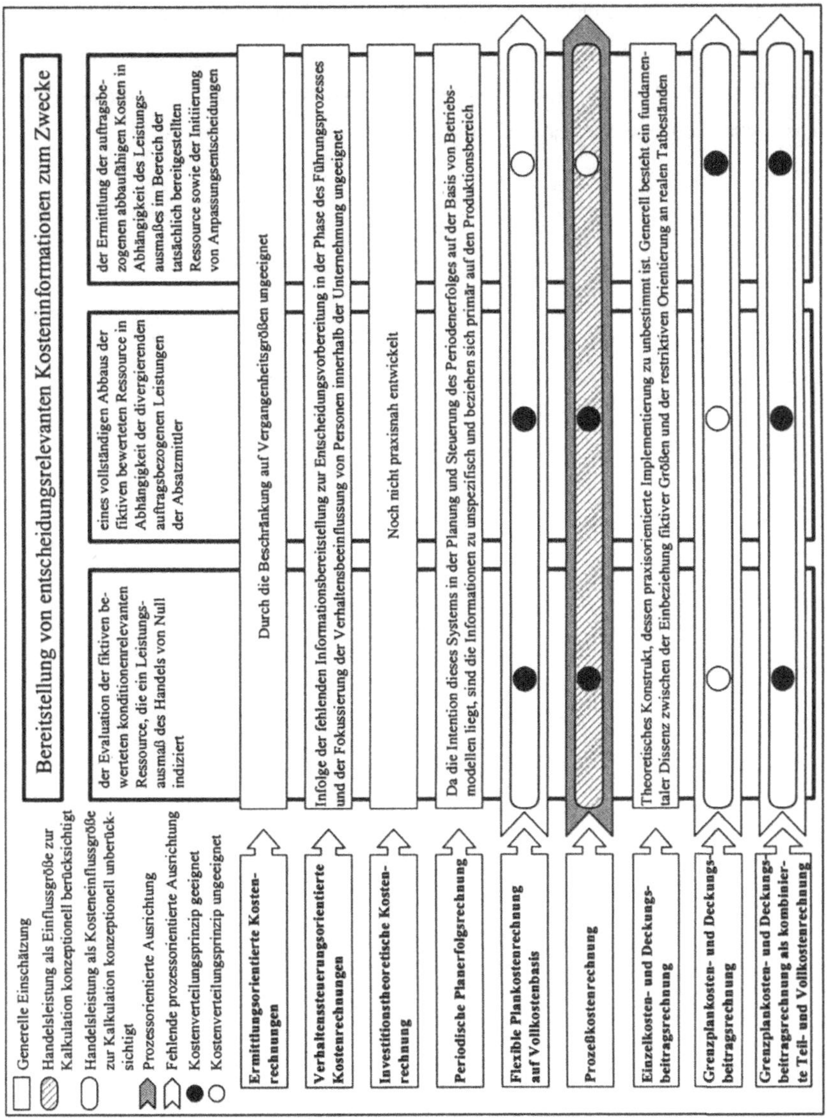

Abb. 50: Zusammenfassende Darstellung der untersuchten Kostenrechnungssysteme im Hinblick auf ihre Erfüllung der zweckspezifischen Anforderungskriterien[1]

[1] Quelle: Eigene Darstellung.

onen zu evaluieren. Der problemspezifische Erfüllungsgrad dieses Systems kann folglich als relativ hoch eingeschätzt werden, so dass die in Abschnitt 5.3.1.2 methodisch vorgestellte Informationsgenerierung der Prozeßkostenrechnung den Ausgangspunkt der zu entwickelnden parallelen Partialrechnung bilden kann.

6 Evaluation der *Efficiency Terms* auf der Grundlage einer parallel durchzuführenden prozessorientierten Partialrechnung

6.1 Methodische Generierung der entscheidungsrelevanten Kosteninformationen basierend auf der Prozeßkostenrechnung nach *Horváth* und *Mayer*

6.1.1 Vorgehensweise

Das Versagen der Prozeßkostenrechnung konnte darauf zurückgeführt werden, dass diese Konzeption im Bereich der tatsächlich bereitgestellten Ressource die Veränderbarkeit des bewerteten sachzielbezogenen Güterverzehrs, ausgelöst durch kurzfristige operative Prozessleistungsvariationen, nicht zweckadäquat erfassen kann. Die Ursache dieses für die vorliegende Problemstellung identifizierten Mangels ist in der strategischen Ausrichtung dieses Systems begründet, wodurch die Prämisse der auf operative Entscheidungsprobleme ausgelegten Konzepte fest vorgegebener Kapazitäten und der hiermit verbundenen Kosten durch die Annahme einer mittel- bis langfristigen Veränderbarkeit aufgehoben wird. Der Rechnungszweck legitimiert hierdurch die Proportionalisierung und Verrechnung beschäftigungsfixer Kosten.

Die weiteren Überlegungen verfolgen nunmehr das Ziel, in Anlehnung an die Prozeßkostenrechnung nach *Horváth / Mayer* eine prozessorientierte Partialrechnung zu konzipieren, in der sowohl die zuvor identifizierten systemimmanenten Mängel vermieden als auch konzeptionelle Freiräume in der ursprünglichen Form dieses Konstruktes zielgerichtet konkretisiert werden können. Insofern basiert die Partialrechnung zum Zwecke der Evaluation der *Efficiency Terms* auf der klassischen Kostenarten- und Kostenstellenrechnung, deren Existenz in der Industrieunternehmung als fundamentaler Bestandteil moderner Systeme der Kostenrechnung unterstellt werden kann.

Den Ausgangspunkt der weiteren Erörterungen bildet die in einem vorangestellten Abschnitt zu kennzeichnende erweiterte sachliche Eingrenzung der zu untersuchenden Unternehmensbereiche anhand des herstellerspezifischen Teilabschnitts der *Supply Chain*, durch die der relevante Analysebereich abgegrenzt werden kann und Hypothesen bezüglich der Hauptprozesse und *Cost Driver* formuliert werden können. Hierauf aufbauend wird die Analyse in Analogie der Implementierungsschritte der Prozeßkostenrechnung um eine zweckentsprechende

- Tätigkeitsanalyse zur Generierung von Teilprozessen,
- Ressourcen- und Kostenzuordnung auf die Teilprozesse und
- Verdichtung zu kostenstellenübergreifenden Hauptprozessen

ergänzt.

6.1.2 Eine auf Hypothesen gestützte sachliche Eingrenzung unter Bezugnahme auf die Einflussmöglichkeit durch den Handel

Die Kennzeichnung des potentiellen substitutionalen Bereichs der Team-Produktionsfunktion in Abschnitt 4.1.3 konnte unter Bezugnahme auf die Marktprozesse nach *Steffenhagen / Keller* potentielle konditionenbegründende Handelsleistungen in einer Variation der handelsseitigen Aktivitätenbündel in den Prozessen der Geld- und Güterlogistik identifizieren. Für die vorgelagerten Aktivitätenbündel des Herstellers wurde vor diesem Hintergrund und unter der konstitutiven Annahme eines konstanten Output des Güterversorgungsprozesses die Funktion einer Residualgröße konstatiert, wobei diese konditionenrelevanten Prozesse der Industrie im Rahmen der Beurteilung der Prozeßkostenrechnung in Form einer ersten Einschätzung auf die indirekten Leistungsbereiche begrenzt werden konnten.[1] Sind jedoch entscheidungsrelevante Kosteninformationen unter der Vorgabe einer ausschließlichen Zweckentsprechung bereitzustellen, ist diese Spezifikation der relevanten Unternehmensbereiche noch zu ungenau und erfordert eine weitergehende Untersuchung der durch die Han-

---

[1] Vgl. die Ausführungen auf S. 179 f.

delsleistung determinierten Prozesse und betroffenen Funktionsbereiche der Industrie, deren Ablauf den Fokus der weiteren Ausführungen bildet.

Bedingt durch die Abhängigkeit der Ablauf- als auch der Aufbauorganisation der Industrieunternehmungen von ihren individuellen Gegebenheiten ist die vorzunehmende sachliche Eingrenzung auf der Basis detaillierter und gleichzeitig allgemeingültiger Aussagen kaum möglich. Wesentliche Anhaltspunkte für die im Rahmen der Partialrechnung zu erhebenden Kostendaten bietet jedoch für potentielle Handelsleistungen im Bereich der Güter- und Geldlogistik eine Untersuchung des unternehmensspezifischen Abschnitts der *Supply Chain*, auf deren Basis retrograd Hypothesen in Bezug auf die konditionenrelevanten Prozesse und Teilbereiche der Industrieunternehmung aufgestellt werden können.[1]

In Anlehnung an die *Supply Chain* des bereits mehrfach in die Untersuchung einbezogenen Nahrungsmittelherstellers ist ein solches Teilstück der Lieferkette mit ihren wichtigsten, durch die unternehmensspezifischen Strukturen geprägten integrativen Prozessen in Abb. 51 dargestellt. Bereits die oberflächliche Betrachtung dieser Kette von Geschäftsprozessen zeigt, dass eine auftragsbezogene Leistungsvariation der Absatzmittler Funktionsbereiche wie Forschung und Entwicklung, Consumer Marketing, Personalwesen sowie weitgehende Teile des Controlling nicht berührt.

In einer vertiefenden Analyse und unter Zuhilfenahme eines *Cross Functional*-Expertenteams müssen im Anschluss an dieses erste Ausschlussverfahren die zu den Kettengliedern zugehörigen Prozesse durch die Ableitung von Hypothesen bezüglich ihrer kostentreibenden Faktoren dahingehend untersucht werden, ob eine Beeinflussung durch den Handel als möglich erachtet wird oder nicht. Da es sich bei dieser Methode zur sachlichen Eingrenzung der relevanten Kostendaten einerseits um eine komplexe Aufgabe, andererseits jedoch um eine stark

---

1 Die *Supply Chain* wird hier in einer engen Interpretationsform als Gesamtheit aller (vom Rohstofflieferanten bis zum Endverbraucher) operativen Auftragsabwicklungsprozesse zur Befriedigung der Endnachfrager nach Produkten oder Serviceleistungen verstanden, vgl. auch Jirik (1999), S. 547, sowie zu einer extensiveren Definition Hahn (2000), S. 14, und Buscher (1999), S. 449 f. Von daher grenzt sich der unternehmensspezifische Teilbereich der *Supply Chain* durch seine operative, für die Gestaltung auftragsbezogener Konditionen zweckentsprechende Ausrichtung von der Wertschöpfungskette des Unternehmens ab.

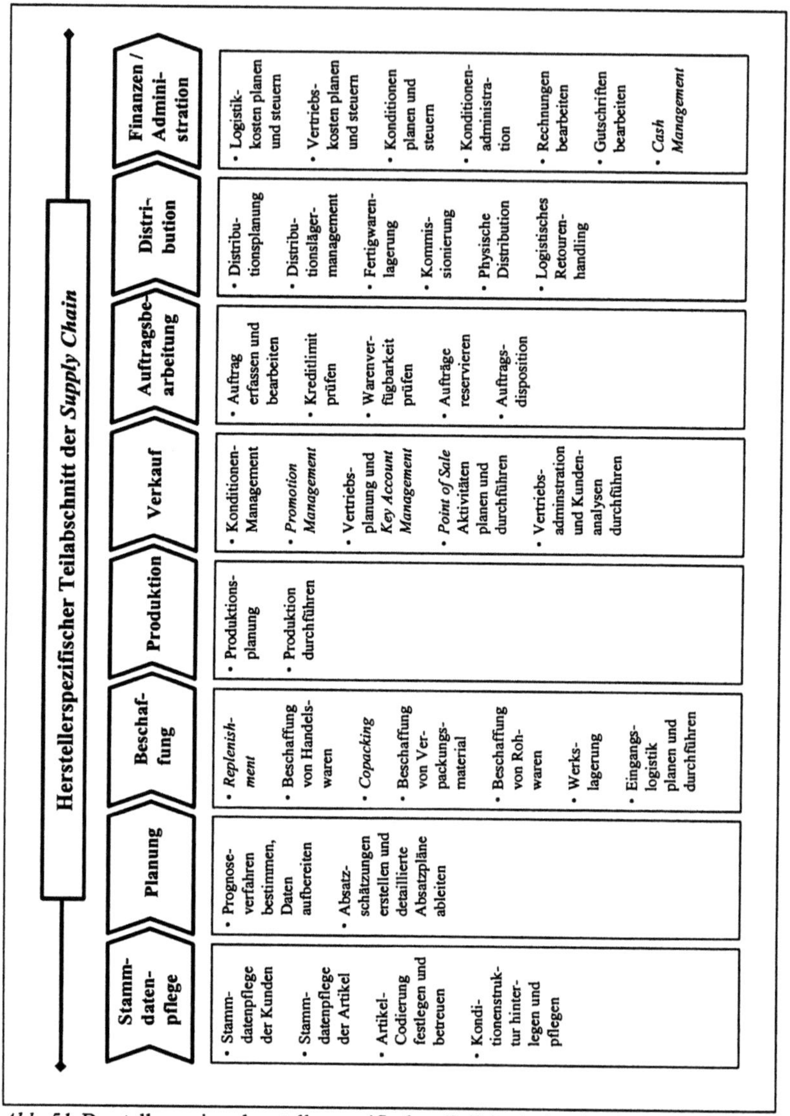

Abb. 51: Darstellung eines herstellerspezifischen Teilabschnitts der *Supply Chain* sowie der wesentlichen Prozesse der Lieferkettenglieder[1]

[1] Quelle: Eigene Darstellung in Anlehnung an die *Supply Chain* des betrachteten Nahrungsmittelherstellers, wobei die aufgeführten Prozesse weder einen Anspruch auf Vollständigkeit noch auf Allgemeingültigkeit erheben können.

pragmatisch ausgerichtete Vorgehensweise handelt, empfiehlt es sich, im Zweifelsfall die Hypothese der Beeinflussbarkeit zu unterstellen und hierdurch die Möglichkeit einer Bestätigung oder Negierung unter Bezugnahme auf eine spätere fundiertere Entscheidungsgrundlage zu erhalten.

Die Anwendung dieses praxisorientierten Verfahrens führte z. B. bei dem Nahrungsmittelhersteller zu einem kompletten Ausschluss des Kettenglieds der Produktion, da den Absatzmittlern keine Einflussnahme auf die Kostentreiber in den zugehörigen indirekten Leistungsbereichen zugesprochen werden konnte. Die Begründung hierfür findet sich zum einen in der unternehmensindividuellen Ablauf- und Aufbauorganisation, zum anderen aber auch in den Strukturen eines durch die industrielle Massenproduktion von Gütern des täglichen Bedarfs gekennzeichneten Absatzmarktes, in dem der Hersteller agiert. So ist das betrachtete Unternehmen in einen internationalen Konzern eingebunden, dessen Produktionsstandorte über mehrere europäische Länder angesiedelt sind und sich auf die Herstellung einzelner Segmente des Produktportfolios spezialisiert haben. Folglich wird das Produktionsprogramm eines Werkes nicht nur durch die Absatzmengen des nationalen Absatzmarktes, sondern ebenfalls durch die Bedarfsanforderungen weiterer europäischer Schwestergesellschaften determiniert. Eine auftragsbezogene Korrelation zu den kostentreibenden Faktoren wie beispielsweise der Anzahl an Rüstvorgängen kann hierdurch kaum hergestellt werden. Der Produktion vorgelagerte Prozesse, wie z. B. der Einkauf von Rohwaren und Verpackungsmaterial verbunden mit den Aktivitätenbündeln der Beschaffungs- und Werkslogistik, werden vor diesem Hintergrund ebenfalls irrelevant. Diese Argumentation kann für den spezifischen Hersteller von Nahrungsmitteln zusätzlich durch eine Betrachtung des Absatzmarktes und der Positionierung des Unternehmens hierin gestützt werden, in der das Kerngeschäft durch eine serielle Massenfertigung dominiert wird. Infolgedessen ist die Produktion von einem zeitnahen Verkauf weitgehend emanzipiert.

Die aus dieser Analyse resultierenden Ergebnisse bilden zunächst Hypothesen bezüglich der auf einem herstellerindividuellen Teilstück der *Supply Chain* basierenden konditionenrelevanten Prozesse, die unter Einbeziehung ihrer aufbauorganisatorischen Verankerung das Untersuchungsspektrum auf die relevanten Teilbereiche der Unternehmung eingrenzen. Folglich kann für die weitere Untersuchung auf die durch die Hypothesen indizierten Kostenstellen zurückgegriffen werden, die in ihrer Gesamtheit eine sachliche Eingrenzung für die Erhebung zweckentsprechender Kosteninformationen bilden. Es ist jedoch darauf hinzuweisen, dass jede identifizierte Kostenstelle in vollem Umfang einzubeziehen ist, da ansonsten eine Evaluation der für den Kalkül benötigten Gesamtprozesskostensätze nicht möglich ist.

6.1.3 Tätigkeitsanalyse und Teilprozessgenerierung

Innerhalb der mit Hilfe des herstellerspezifischen Ausschnitts der *Supply Chain* und der auf Hypothesen basierenden Prozesse und *Cost Driver* indizierten betrieblichen Abrechnungsbereiche schließt sich analog den Ausführungen in Abschnitt 5.3.1.2 die Tätigkeitsanalyse und Teilprozessermittlung mit dem Ziel der Analyse und Strukturierung der relevanten Abläufe an. Hierbei ist jedoch mit der Intention der Evaluation der *Efficiency Terms* insbesondere das Postulat der Homogenität der Aktivitätenbündel im Rahmen der Teilprozessbildung zu beachten, auf deren Grundlage häufig erst die Kostenimplikationen der Handelsleistungen erfasst werden können. Diese Vorgehensweise kann am Beispiel des in Abschnitt 5.3.1.1 dargestellten Frachtkostentarifs[1] verdeutlicht werden, wodurch die Kosten des Distributionsprozesses von der Transportmenge (transportierte Tonnen) einer Periode, vom Sendungsgewicht als auch von der zurückgelegten Entfernung determiniert werden und innerhalb des betrieblichen Teilbereichs eine verfahrensbedingte Heterogenität im Sinne von *Kilger* vorliegt.

Problematisch erweist sich bei der Bildung von Teilprozessen zunächst die Hypothese bezüglich der Beeinflussbarkeit der Kostenbestimmungsfaktoren innerhalb des physischen Distributionsprozesses. Denn unter Vernachlässigung der zu transportierenden Periodenmenge und folglich des Absatzvolumens als konstitutives Merkmal der *Efficiency Terms* kann für die verbleibenden Kostenbestimmungsfaktoren die Hypothese zwar für das Sendungsgewicht, nicht jedoch unter Einbeziehung praktischer Belange für die zurückzulegende Entfernung aufrecht erhalten werden.[2] Denn die Standortwahl der Absatzmittler kann im Sinne der vorlie-

---

[1] Vgl. S. 164.

[2] Zu einem negativen Ergebnis in Bezug auf die Berücksichtigung der Entfernungskomponente im Rahmen der Konditionengestaltung zwischen Industrie und Handel kommt ebenfalls *Steffenhagen*, vgl. Steffenhagen (1995), S. 179 f.

genden Untersuchung nicht als optionale auftragsbezogene Leistungsvariation angesehen werden, wenngleich ein Einfluss auf den Ressourcenverzehr durch die Entfernungskomponente nicht bestritten werden kann. Des Weiteren müssen die Konsequenzen in Form einer regionalen Preisdifferenzierung bedacht werden, die auch innerhalb eines Handelsunternehmens in Abhängigkeit der Entfernung des Anlieferpunktes vom Auslieferungslager der Industrie entstünden.

Diese Argumentation führt zu einer notwendigen und die Anzahl der zu bildenden Teilprozesse reduzierenden Transformation des Frachtkostentarifs, der um die Entfernungskomponente bereinigt ist und lediglich das Sendungsgewicht als handelspezifische Prozessleistungsvariation und deren Kostenimplikation auf die Industrieunternehmung erfasst. Eine solche gewichtete Durchschnittsbildung der Kostensätze je Gewichts-Cluster über die Entfernung kann auf der Grundlage von Vergangenheitswerten relativ unproblematisch durchgeführt werden.[1]

Wird auf dieser Grundlage die physische Distribution als Tätigkeit innerhalb einer Kostenstelle identifiziert, könnte sich eine Essenz der Tätigkeitsanalyse eines betrieblichen Abrechnungsbereichs wie in Abb. 52 visualisiert darstellen. Hierin ist schematisch dargestellt, dass einzelne Tätigkeiten zu einem Teilprozess zusammengefasst werden könnten (gestrichelt hinterlegter Prozess innerhalb der Kostenstelle), was jedoch durch den Umstand der fehlenden Homogenität der Aktivitäten der physischen Auslieferung durch die Struktur des Frachtkostentarifs verhindert wird. Folglich müssen mehrere Teilprozesse gebildet werden, deren Ressourcenverzehre sich weitgehend homogen verhalten, um signifikante Ungenauigkeiten auf Grund einer groben Durchschnittsbildung zu vermeiden.

Eine verallgemeinernde Aussage, ob sich, wie in diesem Beispiel vorgenommen, eine differenzierte Teilprozessgenerierung im Bereich der physischen Distribution an der jeweiligen Tarif-Clusterung zu orientieren hat oder aus Gründen der Reduzierung der Komplexität weiter

---

1 Einwendungen im Hinblick auf eine Verletzung des nutzenneutralen Leistungsartentausches durch diese vergröbernde Durchschnittsbildung kann entgegengehalten werden, dass es sich hierbei in der Regel nur um temporäre Effekte handelt, da sich im Zeitablauf positive und negative Abweichungen tendenziell neutralisieren.

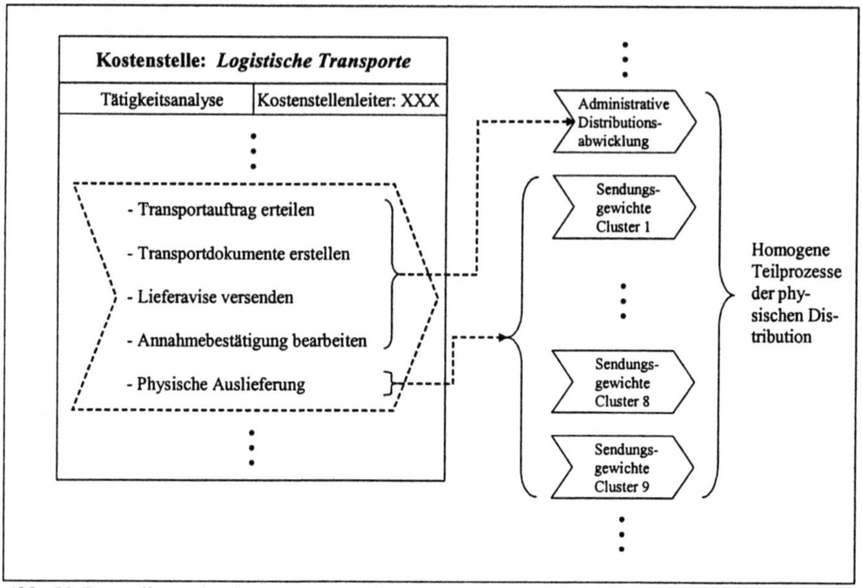

Abb. 52: Darstellung der homogenen Teilprozessbildung am Beispiel der physischen Distribution[1]

zusammengefasst werden sollte, kann jedoch an dieser Stelle nicht abgeleitet werden. Denn in Abhängigkeit der individuellen Auftragsstruktur eines Herstellers kann die Streuung der Aufträge über die verschiedenen Cluster zu divergierenden Risikopotentialen führen, die es bei der Prozessbildung zu minimieren gilt.[2]

Diese Überlegungen zur Konsolidierung von Aktivitätenbündeln einer Kostenstelle unter besonderer Beachtung des Postulats der Homogenität, dargestellt am Beispiel eines Frachtkostentarifs der physischen Distribution, der eine verfahrensbedingte Heterogenität indiziert, müssen auf alle in die Untersuchung einbezogenen Kostenstellen übertragen werden. Hierdurch wird die Basis einer zweckentsprechenden Abbildung heterogener Kostenverursachun-

---

[1] Quelle: Eigene Darstellung.

[2] Somit könnten bereits bei der Teilprozessbildung Erfahrungen bzw. Vergangenheitswerte einbezogen werden. Möglich ist beispielsweise eine von der Tarif-Clusterung abweichende, die Anzahl der zu differenzierenden Aktivitätenbündel reduzierende Prozesseinteilung auf der Grundlage der Ist-Daten vergangener Perioden, mit deren Hilfe die Häufigkeit der verschiedenen Sendungsgewichte innerhalb der Tarifstaffeln berücksichtigt werden kann und die Bildung von Teilprozessen hierdurch maßgeblich beeinflusst.

gen durch die Bildung additiv verknüpfter, in ihren Teilfunktionen einvariablig-linearen Kostenfunktionen geschaffen. Hinsichtlich der Subtilität einer solchen Differenzierung der Aktivitätenbündel muss an dieser Stelle jedoch auf die von *Kilger* vorgenommene Einschränkung im Rahmen der Bezugsgrößenwahl in der Grenzplankosten- und Deckungsbeitragsrechnung hingewiesen werden, der zu bedenken gibt, dass es zwar in allen Fällen möglich ist, sämtliche Kosteneinflussgrößen einer Kostenstelle richtig zu erfassen, eine kostentheoretische Konzeption jedoch auch in der Praxis funktionieren muss.[1]

6.1.4 Ressourcen- und Kostenzuordnung auf Teilprozesse

Ist die auf der Tätigkeitsanalyse aufbauende Teilprozessbildung in den relevanten Kostenstellen durchgeführt, schließt sich für die leistungsmengeninduzierten Teilprozesse die Festlegung der Planprozessmenge an. Die von *Horváth / Mayer* vorgeschlagene Evaluation dieses Mengengerüsts aus den Leistungsanforderungen der betrieblichen Engpassbereiche,[2] die sich in der Regel aus den Produktions- bzw. Absatzmengen als Minimumsektoren der Planung ergeben,[3] ist jedoch bei näherer Betrachtung weniger einfach aus den direkten auf die indirekten Leistungsbereiche übertragbar. Der Grund hierfür liegt vor allem darin, dass die Bestimmung der Planprozessmenge aus der Engpassplanung letztlich nur aus der Berücksichtigung eines einzelnen Einflussfaktors resultiert,[4] so dass beispielsweise die Absatzpläne kaum analytisch exakte Rückschlüsse auf die Anzahl der zu bearbeitenden Aufträge zulassen. Hilfsweise kann jedoch die Mengenplanung aus den Erfahrungs- bzw. den Erwartungswerten dieser Größen abgeleitet werden, auf denen letztlich die Ressourcen- und Kostenplanung in den jeweiligen Kostenstellen basiert, und somit die Parameter einer fundierten Budgetgenerierung darstellen.

Die Frage der Ermittlung der für die Planprozessmengen erforderlichen Ressourcen und Kosten bewegt sich im Spannungsfeld zwischen einer pragmatischen und wenig aufwendigen

---

[1] Vgl. Kilger (1993), S. 313.

[2] Vgl. die Ausführungen auf S. 171.

[3] Vgl. Kilger (1993), S. 337 f.

[4] Vgl. Glaser (1998), S. 42.

Schlüsselung der Kostenstellenbudgets bzw. der normalisierten Kosten auf der Grundlage von Ist-Daten[1] und der analytischen Planung jeder Kostenart, basierend auf Berechnungen, Messungen und Funktionsanalysen,[2] die zwar mit einer hohen Genauigkeit, aber auch mit einem wirtschaftlich kaum vertretbaren Aufwand einhergeht. Vermag die erstgenannte Verteilung der Kosten unter Berücksichtigung der strategischen Intention der Prozeßkostenrechnung dieser Konzeption weitgehend gerecht zu werden, so kann diese Vorgehensweise für die vorliegende Problemstellung keine Anwendung finden. Denn die Wahrung der Nutzenneutralität im Rahmen operativer auftragsbezogener Leistungsvariationen verlangt ein höheres Maß an Genauigkeit speziell in Bezug auf die Veränderbarkeit der Kosten im Bereich der tatsächlich bereitgestellten Ressource, wobei jedoch ein adäquates Kosten-Nutzen-Verhältnis zu beachten ist.

Eine zweckentsprechende Vorgehensweise kann jedoch in Anlehnung an die Ausführungen von *Gans*[3] oder auch *Glaser*[4] erarbeitet werden, deren Ausgangsbasis zunächst in einer Identifikation der für einen Teilprozess anfallenden Kostenarten liegt. Diese z. B. durch Interviews der Kostenstellenleiter und erfahrener Mitarbeiter gewonnenen prozessspezifischen Kostenarten können je Teilprozess mit Hilfe einer ABC-Analyse dahingehend untersucht werden, inwieweit ihr Einfluss auf die Teilprozesskosten als dominant oder weniger dominant eingestuft werden muss. Die analytische Ressourcen- und Kostenplanung auf der Grundlage technisch-kostenwirtschaftlicher Analysen kann sich aus den hieraus resultierenden Kostenarten mit signifikantem Einfluss auf das Kostenvolumen beschränken.[5] Alle übrigen weniger dominanten Kostenarten sowie die Kosten der leistungsmengenneutralen Teilprozesse sind mit Hilfe geeigneter Schlüssel analog der häufig empfohlenen Vorgehensweise[6] auf der Basis

---

1 Vgl. hierzu z. B. Remer (1997), S. 114.

2 Vgl. z. B. Horváth / Mayer (1989), S. 217.

3 Vgl. Gans (1988), S. 219.

4 Vgl. Glaser (1998), S. 43 f.

5 *Gans* stellt hierzu im Rahmen der analytischen Kostenplanung in der Grenzplankostenrechnung fest, dass in einer Kostenstelle normalerweise 3 bis 4 dominante Kostenarten auftreten, durch die 70 % bis 80 % des Kostenvolumens bezeichnet werden, vgl. Gans (1988), S. 219.

6 Vgl. z. B. Horváth / Mayer (1989), S. 217; Horváth / Mayer (1993), S. 22; Mayer (1998), S. 15.

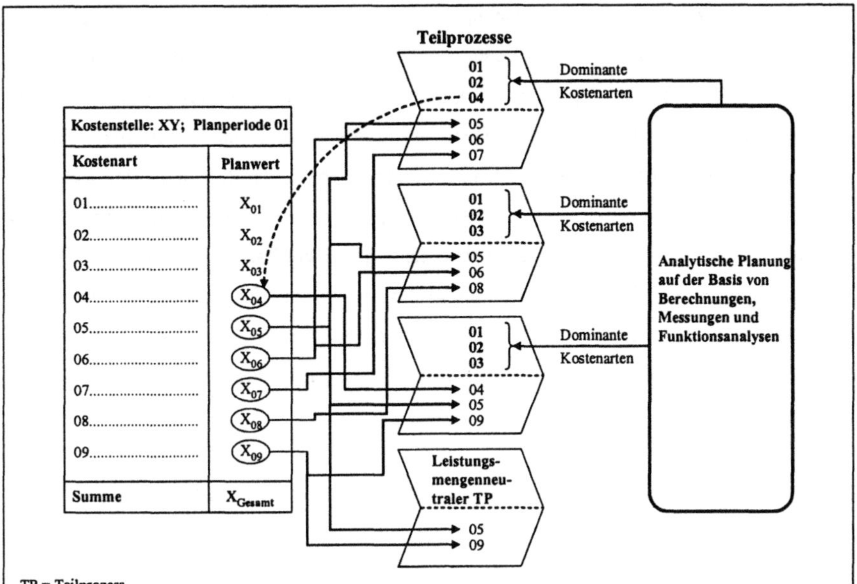

Abb. 53: Beispielhafte Darstellung der Vorgehensweise zur Kostenplanung der Teilprozesse[1]

der Kostenstellenbudgets[2] den Teilprozessen zuzuordnen (vgl. Abb. 53). Sollte hierbei der Fall auftreten, dass eine Kostenart für einen Teilprozess dominant ist und analytisch geplant wird, diese Kostenart für andere Aktivitätenbündel dagegen auf Grund eines weniger dominanten Charakters aus dem Kostenstellenbudget auf die Teilprozesse zu verteilen ist, so kann der Teil der Kosten, der sich aus der analytischen Planung ergibt, vom Planwert der Kostenstelle subtrahiert (vgl. die gekrümmte Linie zur Kostenart 04 in Abb. 53) und die verbleibende Größe verteilt werden.[3]

---

1 Quelle: Eigene Darstellung.

2 Die Frage, ob normalisierte Werte auf der Basis von Ist-Daten oder Budgetwerte anzusetzen sind, ist hierbei weniger entscheidend, da die Kostenstellenbudgets häufig auf der Grundlage vergangener Werte aufgebaut sind.

3 Sollte der so ermittelte Wert jedoch auf Grund einer zu ungenügenden Kostenstellenplanung nicht plausibel sein, kann hilfsweise nur auf Erfahrungswerte bzw. Schätzungen zurückgegriffen werden. Da sich diese Problematik nur bei wenig dominanten Kostenarten eines Prozesses ergeben kann, ist eine solche Vorgehensweise und die hierdurch indizierte Gefahr einer eventuellen Fehleinschätzung als relativ unkritisch anzusehen.

Diese Vorgehensweise zur Kostenplanung der Teilprozesse, die zum einen auf einer analytischen Datenermittlung und zum anderen auf den Kostenstellenbudgets basiert, wirft jedoch unmittelbar die Frage auf, welche Auswirkungen eine eventuelle Diskrepanz zwischen einer analytisch evaluierten dominanten Kostenart und den ursächlich auf Unwirtschaftlichkeiten zurückzuführenden entsprechend höheren Positionen in der Kostenstelle nach sich ziehen. So könnten sich z. B. die im Budget ausgewiesenen Kosten einer Lagerkostenstelle für auf Stundenbasis eingesetzte Arbeiter oder auch für eine angemietete Lagerfläche trotz eines identischen Mengengerüstes höher darstellen als in der analytischen Prozessplanung. Die Folgen einer solchen Situation in Bezug auf die Evaluation der *Efficiency Terms* sind in einer stark vereinfachten Form in Abb. 54 illustriert und können unter Zuhilfenahme dieser Graphik näher erörtert werden.

Betrachtet wird in diesem Beispiel lediglich die Lagerkostenstelle einer Unternehmung, deren Kosten des Teilprozesses „Lagern" sich aus den oben genannten dominanten Kostenarten zusammensetzt und ein Absatzmittler diesen Prozess durch seine Leistungsvariation vollständig beeinflussen kann. Bedingt durch ablauforganisatorische Schwächen in Bezug auf den Personaleinsatz sowie eine Unterauslastung der Lagerkapazität liegen signifikante Unwirtschaftlichkeiten in diesem Teilbereich vor, die im Zuge der Ist-Fortschreibung auch im Budget mitgeführt werden. Wird auf dieser Grundlage die Teilprozesskostenplanung durchgeführt, so wird die Kalkulation der Kosten, die ein Leistungsausmaß des Absatzmittlers von Null indizieren (und die in die Preiskalkulation einfließen), einen höheren Wert ergeben als eine entsprechende Evaluation auf der Basis der analytischen Planung, die diese Ineffizienz eliminiert. Hierdurch wird jedoch in beiden Szenarien ein nutzenneutraler Leistungsartentausch im Bereich der kalkulatorischen Ressource erreicht, da sowohl die Simulation des *Worst Case* als auch die Ermittlung der Vergütungshöhe auf jeweils niveaugleiche Teilprozesskostensätze zurückgreift.

Anders stellt sich dagegen die Situation im Bereich der tatsächlich bereitgestellten Ressource dar. Denn auf Grund der latenten Unwirtschaftlichkeit wird im Falle der abbaufähigen Personalkosten der Lagerarbeiter eine Vergütung bei Ausdehnung der Handelsleistung hiermit korrespondieren, nicht jedoch bei der analytischen Kostenplanung, deren Ergebnis diese

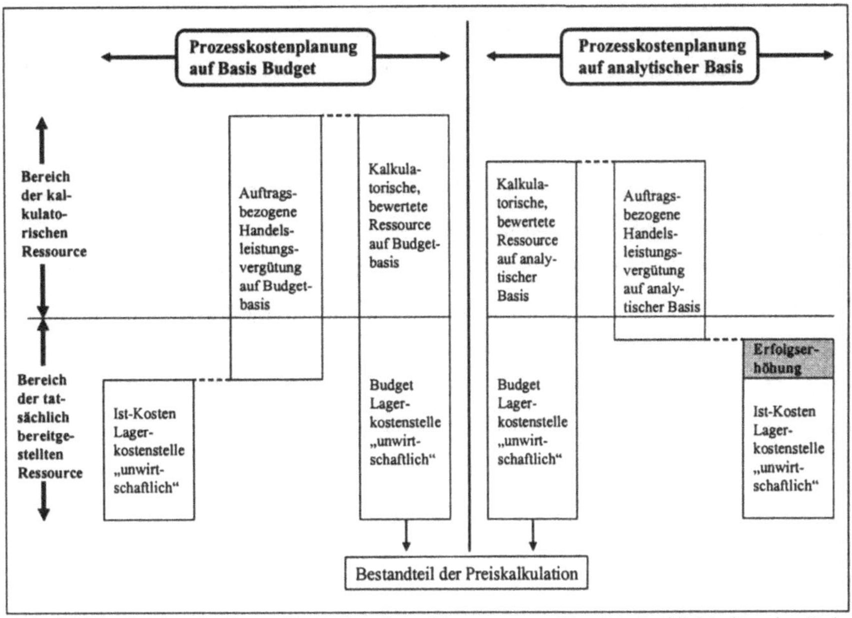

Abb. 54: Vergleichende Darstellung der Auswirkungen von Unwirtschaftlichkeiten im Rahmen der Prozesskostenplanung auf Budgetbasis und der analytischen Planung der Kosten[1]

Unwirtschaftlichkeit nicht zulässt und eine geringere Vergütungshöhe evaluiert. Folglich kommt es hier zu einer Erfolgserhöhung (vgl. den dunkel schattierten Block in Abb. 54), da sich die Kosten im Ist um einen durch die Unwirtschaftlichkeit hervorgerufenen höheren Wert reduzieren, was dem Postulat der Nutzenneutralität nicht gerecht wird. Dies kann nur dann verhindert werden, wenn die Summe der Kostenstellenkosten und die Summe der zugeordneten Kosten auf die entsprechenden Teilprozesse einen identischen Wert besitzen.

Für die auftragsbezogenen abbaufähigen Kosten, wie in diesem Beispiel die Löhne der Lagerarbeiter, scheint jedoch diese Feststellung keine bedeutsame und eher temporäre Problematik darzustellen und muss vielmehr als Chance verstanden werden, Rationalisierungspotential zu erkennen und erfolgswirksam zu realisieren. Von daher ist das Kostenstellenbudget zu revi-

---

[1] Quelle: Eigene Darstellung.

dieren und die Anwendung der analytischen Kostenplanung der dominanten Kostenarten auch in Bezug auf die vorliegende Problemstellung als vorteilhaft anzusehen. Bestehende Unwirtschaftlichkeiten können aufgezeigt und beseitigt werden.

Gleiches gilt bei längerfristig nicht abbaufähigen Kosten wie den Mietzahlungen für das im Beispiel genannte, durch Überkapazität gekennzeichnete Lager, falls eine über mehrere Perioden vereinbarte Bindungsdauer an das Unternehmen besteht. Zwar existiert hier keine Gefahr der Verletzung der Nutzenneutralität, da eine Vergütung lediglich außerhalb des Bereichs der tatsächlich bereitgestellten Ressource erfolgen kann (s. oben), jedoch werden wie aus der Graphik ersichtlich die in die Preiskalkulation einfließenden Kosten auf der Basis des die Unwirtschaftlichkeit widerspiegelnden Budgetwertes ungleich höher ausfallen als bei der analytischen Planung. Dies führt zu einem künstlichen „Aufblähen" des Abgabepreises des Herstellers. Ferner ist zu beachten, dass die *Efficiency Terms* verständlich und glaubhaft sein sollten und nicht den Anschein einer verdeckten absatzpolitischen Preiskorrektur erwecken dürfen.

Ist die Festlegung der Planprozessmengen und die Planung der Kosten der Teilprozesse abgeschlossen, sind die den jeweiligen leistungsmengeninduzierten Aktivitätenbündeln zugeordneten Kosten dahingehend zu untersuchen, inwieweit sie sich in Abhängigkeit der spezifischen Prozessleistung (ausgedrückt durch die Maßgröße) variabel oder fix verhalten. Der für diese Kostenauflösung zu Grunde zu legende zeitliche Anpassungsspielraum als Fristigkeitsgrad der Planung ergibt sich im Rahmen der Evaluation der *Efficiency Terms* über die Auftragsvorlaufzeiten, wodurch das mitunter bezüglich der zeitlichen Dimension unbestimmte Begriffspaar „fix/variabel" eindeutig abgegrenzt werden kann. Wie die Ausführungen in Abschnitt 4.2.3.2 gezeigt haben, ist dieser anzusetzende Fristigkeitsgrad bei dem betrachteten Nahrungsmittelhersteller ca. zwei Wochen.[1] Wird diesem Unternehmen ein repräsentativer Charakter zugesprochen, so ist tendenziell von einem relativ kurzen zeitlichen Horizont im Nahrungsmittelsektor auszugehen.[2]

---

[1] Vgl. hierzu auch die Abb. 35 auf S. 144.

[2] Ausnahmen können sich beispielsweise im Segment der Saisonartikel ergeben, für das bei eben diesem Hersteller eine bedeutend höhere Auftragsvorlaufzeit vorherrscht.

Unter Bezugnahme auf diesen Fristigkeitsgrad kann die Trennung in prozessleistungsfixe und -variable Kosten auf der Grundlage der planmäßigen Kostenauflösung nach *Kilger* erfolgen, in der für jede Kostenart eines Teilprozesses festgelegt wird, ob sie sich bei Variation der Prozessleistungsmenge automatisch ändern bzw. ob die Kosten auch dann noch anfallen sollen, wenn die Prozessleistung gegen Null tendiert und die Kapazität des Aktivitätenbündels unverändert aufrecht erhalten werden soll.[1] Die sich hieraus ergebenden prozessleistungsfixen Kosten können folglich in ihrer Höhe nur durch einen dispositiven Akt der Unternehmensleitung variieren, der auf eine Veränderung der Betriebsbereitschaft abzielt.

Bedingt durch das Postulat der Kenntnis der Veränderlichkeit der prozessleistungsfixen Kosten durch eine mögliche (dauerhafte) Erhöhung der erwarteten Leistungsübernahme der Absatzmittler und der hiermit einhergehenden Ausdehnung des kalkulatorischen Ressourcenbereichs des konditionenrelevanten Prozesses sind diese Kosten hinsichtlich ihrer zeitlichen Struktur näher zu klassifizieren. Eine solche Differenzierung in Bezug auf die Bindungsdauer an die Unternehmung kann sich jedoch aus Gründen der Wirtschaftlichkeit auf die wesentlichen Kostenarten beschränken und vielfach von der Anlagenbuchhaltung, der Personalabteilung etc. abgefordert werden. Existieren jedoch relativ stabile Strukturen zwischen Hersteller und Handel (der Erwartungswert der „normalen" Handelsleistungsübernahme gilt als relativ gesichert), so kann gegebenenfalls auf die o. g. Kennzeichnung der prozessleistungsfixen Kosten zu Gunsten einer fallweisen Erhebung gänzlich verzichtet werden.

Die per Definition von der Kostenauflösung in prozessleistungsfixe und -variable Bestandteile auszuschließenden Kosten der leistungsmengeneutralen Teilprozesse (als Grundlast einer Kostenstelle) können anlog der Prozeßkostenrechnung nach *Horváth / Mayer* den leistungsmengeninduzierten Teilprozessen, und hier in vollem Umfang den prozessleistungsfixen Kosten zugerechnet werden. Die durch diese Vorgehensweise bereitgestellten Kosteninformationen kennzeichnen somit zum einen die prozessleistungsvariablen Kosten eines Aktivitätenbündels, die sich automatisch ändern, wenn die Prozessleistung variiert, sowie die prozessleistungsfixen bewerteten sachzielbezogenen Güterverzehre, die der Aufrechterhaltung

---

[1] Vgl. Kilger (1993), S. 352, wobei auch *Haberstock* die planmäßige Kostenauflösung als das empfehlenswerteste Verfahren der Trennung in fixe und variable Kosten erachtet, vgl. Haberstock (1986), S. 235. Zu den spezifischen Problemen einer solchen Kostenauflösung vgl. auch Kilger (1980a), S. 44 ff.

der Betriebsbereitschaft dienen und folglich nur durch eine diesbezügliche Entscheidung der Unternehmensleitung verändert werden können. Durch Division der prozessleistungsvariablen und der gesamten Kosten durch die jeweiligen Planteilprozessleistungen (Maßgrößenmenge) zeigt das bisherige Ergebnis der zu entwickelnden Partialrechnung die Steigung der proportionalen Sollkostenfunktionen, die durchschnittlichen Kosten der einmaligen Durchführung der Teilprozesse und gegebenenfalls die spezifische Bindungsdauer der für die Betriebsbereitschaft bereitgestellten Ressource an die Unternehmung.

6.1.5 Zweckentsprechende Hauptprozessbildung

Für die Bildung von zweckentsprechenden Hauptprozessen sind zwei maßgebliche Kriterien zu berücksichtigen. Zum einen darf sich die Aggregation von Teilprozessen nur auf einen funktional abgeschlossenen Aufgabenkomplex beziehen, der es dem Absatzmittler ermöglicht, die Leistung der Industrie intersubjektiv nachzuvollziehen und optional durch eine adäquate Leistungsvariation zu substituieren. Eine ausschließliche Aggregationsvorschrift im Sinne einer Zusammenfassung homogener Aktivitäten, die einem identischen, vom Handel beeinflussbaren Kosteneinflussfaktor unterliegen, würde dem Absatzmittler die differenzierte Sicht auf die zu substituierende Leistung versperren. Doch gerade eine solche detaillierte Kenntnis und Bewertung der substitutiven Teamleistungen des Herstellers ermöglicht es dem Handel, die hierdurch indizierte eigene Teamleistungsveränderung zu ermitteln bzw. zu bewerten und die Voraussetzung der Erreichung einer effizienten Leistungsverteilung im Distributionssystem zu schaffen. Die Hauptprozessbildung und die hiermit einhergehende Auswahl geeigneter *Cost Driver* muss daher die Sicht- und Verhaltensweise der Handelsunternehmen antizipieren und den Maximen der Verständlichkeit und Glaubwürdigkeit genügen, was nur durch eine Aggregation von Teilprozessen nach dem Kriterium der sachlichen Zugehörigkeit zu einem logisch nachvollziehbaren Aufgabenkomplex gelingen kann.

Zum anderen muss jedoch die Kostenverursachung der zu aggregierenden Aktivitätenbündel jeweils auf einen möglichst identischen, vom Handelsunternehmen beeinflussbaren Kosteneinflussfaktor zurückgeführt werden können bzw. die Maßgrößen der Teilprozesse miteinander korrelieren. Anderenfalls könnten sich vergröbernde Durchschnittswerte ergeben, wodurch sich die Kosten eines Hauptprozesses nicht zwangsläufig proportional zu den jeweiligen Kostentreibern verändern und das Postulat der Nutzenneutralität missachtet wird. Tendenziell wird sich also die Anzahl der unter Berücksichtigung des o. g. Kriteriums zu verdichtenden Hauptprozesse durch die Forderung ihrer Homogenität erhöhen, wobei jedoch auch an dieser Stelle darauf hingewiesen werden muss, dass die separate Erfassung der Kosteneinflussgrößen nach Maßgabe wirtschaftlicher Aspekte zu erfolgen hat.

Zweifelsohne stellt eine solche Verdichtung von Teilprozessen zu zweckentsprechenden konditionenrelevanten Hauptprozessen unter Beachtung der zuvor erörterten Kriterien den schwierigsten Teil beim Aufbau einer zweckentsprechenden Partialrechnung dar, für dessen Durchführung der Rückgriff auf ein erfahrenes Expertenteam unerlässlich ist. Analog der Prozeßkostenrechnung wird sich hierbei ebenfalls ein iterativer Prozess ergeben, in dem die eingangs getroffenen Hypothesen mehrfach revidiert bzw. verfeinert werden dürften, bis die endgültige Prozesshierarchie bestimmt ist.

Hilfestellung bei der Bildung konditionenrelevanter Hauptprozesse, die das Postulat der Homogenität weitgehend erfüllen, ohne die Prozesskette aus Sicht der Handelsunternehmung in unverständliche Fragmente zu zerlegen, kann jedoch eine Berücksichtigung der Orderattribute sowie deren individuelle Ausprägungen geben. Solche Merkmale der Handelsorder können z. B. die Erfassungsart (z. B. per Telefon, per Fax oder über die Außendienstmitarbeiter), die Vorlaufzeit, die Auftragsgröße (Anzahl Verkaufseinheiten), die Auftragsstruktur (z. B. Kommissionierung, Anzahl Positionen), das Auftragsgewicht, die mit den Aufträgen verbundenen Attribute der Geldströme (beispielsweise die Zeitspanne zwischen Rechnungsstellung und Zahlungseingang) und letztlich die Bestellungen selbst (Anzahl der Aufträge) darstellen. Diese Attribute sind dahingehend zu untersuchen, inwieweit sie einen Einfluss auf die relevanten Aktivitätenbündel ausüben und welche Beziehungen zwischen den Maßgrößen und den Vorgaben der Absatzmittler bestehen, mit der Zielsetzung, die Kostenverursachung der zu bildenden Hauptprozesse möglichst auf ein spezifisches Orderattribut zurückführen zu können. Denn bilden diese Attribute die Basis der Hauptprozessverdichtung, so ist sichergestellt, dass die resultierenden Teilprozessaggregationen zwangsläufig vom Absatzmittler beeinflusst werden können und sich auf Grund ihrer kundenindividuellen Vorgaben intersubjektiv nachvollziehbar darstellen. Zu beachten ist im Rahmen dieser Vorgehensweise jedoch das konstitutive Merkmal der *Efficiency Terms* eines gegebenen Absatzprogramms einer Planperiode, so dass physische Produkteigenschaften als eine der Ausprägungen der Orderattribute zu vernachlässigen sind. Es kann somit keinesfalls als Handelsleistung interpretiert werden, dass ein Absatzmittler auf einem Auftrag lediglich Produkte aus dem Trockensortiment bestellt, deren Kosten für die Lagerung und die physische Distribution wesentlich geringer sind als die von Frischeprodukten, für die eine kostenintensive durchgehende Kühlung sichergestellt werden muss. Eine solche Diskrepanz hinsichtlich des Ressourcenverzehrs zwischen Kühl- und Trockensortiment ist ursächlich auf die Entscheidung des Absatzprogramms und nicht auf eine kundenindividuelle Leistungsvariation zurückzuführen.[1]

Zur Verdeutlichung der Hauptprozessbildung im Rahmen der prozessorientierten Partialrechnung unter Zuhilfenahme der Orderattribute kann auch hier ein verkürztes Beispiel auf der strukturellen Basis des betrachteten Nahrungsmittelherstellers herangezogen werden. Den Ausgangspunkt hierfür bildet der in Abb. 55 dargestellte Ausschnitt des Ergebnisses der Teilprozessgenerierung, deren Grundlage im Folgenden kurz skizziert wird.

Den Ausgangspunkt bildet ein zentrales Auslieferungslager, das durch mehrere Produktionsstandorte mit jeweils spezifischen Produktsorten bestückt wird. Jedes der Werke verfügt über ein gering dimensioniertes Werkslager, das kurzfristig die Produktionsmenge aufnehmen kann, um eine kontinuierliche Fertigung zu gewährleisten und möglichst große Partien (volle LKW) in das Zentrallager zu verbringen, aus dem die Kundenaufträge ausgeliefert werden. Aus Gründen der Effizienz ist der Hersteller jedoch bemüht, Direktbelieferungen aus dem Werk zum Handelsunternehmen zu realisieren, da hierdurch die Kosten der Umfuhr sowie der Ein- und Auslagerung im Auslieferungslager eingespart werden können. Dies kann jedoch nur dann gelingen, wenn ein Auftrag sortenrein zusammengesetzt ist und eine Mindestgröße erreicht, da die Kapazität an den Verladerampen begrenzt ist.

Des Weiteren werden die kundenindividuellen Aufträge im Auslieferungslager kommissioniert, wodurch sortenreine Vollpaletten durch das Lagerpersonal zu auftragsspezifischen

---

1 Anders verhält es sich dagegen bei einem in Bezug auf Trocken- bzw. Kühlsortiment sortenreinen Auftrag. Hierdurch kann eine ineffiziente Kühlung des Trockensortiments vermieden werden.

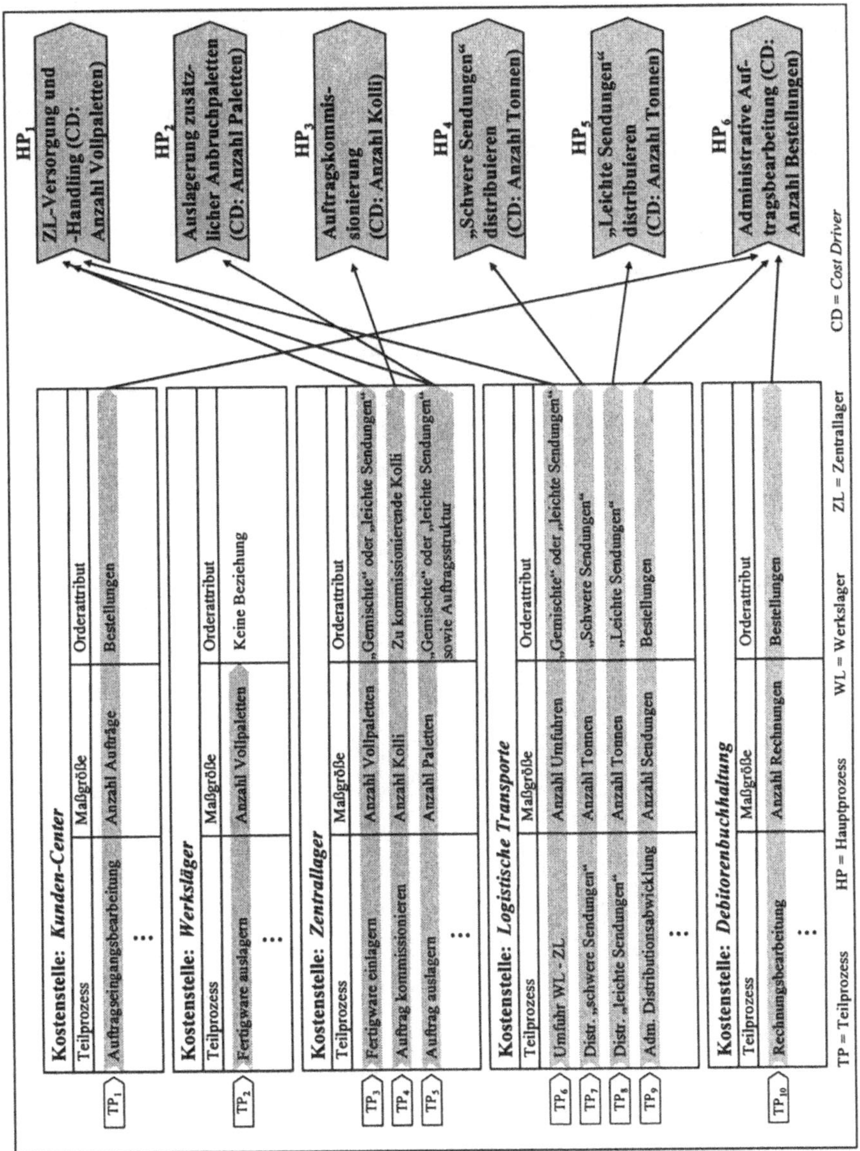

Abb. 55: Zweckentsprechende Hauptprozessverdichtung unter Einbeziehung konditionenrelevanter Orderattribute[1]

---

[1] Quelle: Eigene Darstellung.

Mischpaletten umgepackt werden, so dass die Anzahl der Sendungspaletten die Anzahl der Einlagerungspaletten i. d. R. übersteigt. Vereinfachend sei ferner angenommen, dass der Frachtkostentarif lediglich in schwere und leichte Sendungen differenziert und diese heterogene Kostenverursachung durch die Bildung zweier Teilprozesse berücksichtigt wird.

Auf Grund dieser ablauf- und aufbauorganisatorischen Strukturen des Nahrungsmittelherstellers visualisiert die Abb. 55 die relevanten Kostenstellen und die hierin verankerten Teilprozesse TP_1, ..., TP_{10} sowie deren korrespondierenden spezifischen Maßgrößen. Diesen Aktivitätenbündeln können in einem hierauf aufbauenden intendierten Analyseschritt und unter Mitwirkung eines fachkundigen Expertenteams spezifische Orderattribute zugeordnet werden, deren divergierende Ausprägungen zu einer Veränderung der Teilprozessleistungen führen und folglich in einer direkten Beziehung zur Kostenverursachung in den Kostenstellen stehen. Da es sich bei dieser Zuordnung von Attributen zu Teilprozessen und der hieraus abzuleitenden Hauptprozessbildung teilweise um eine komplexe Aufgabenstellung handelt, soll das dargestellte Ergebnis der Prozessverdichtung (vgl. Abb. 55) im Folgenden näher erörtert werden.

Die Zuordnung von spezifischen Orderattributen zu den jeweiligen Aktivitätenbündeln und die resultierende Aggregation der Teilprozesse TP_1, TP_9 und TP_{10} zu HP_6 gestaltet sich relativ unproblematisch, da die Teilprozessmengen offenkundig durch die Anzahl der Bestellungen der Absatzmittler determiniert werden. Weniger intuitiv einsichtig ist dagegen die Negierung eines Einflusses der Orderattribute der Handelsunternehmungen auf TP_2 („Fertigware auslagern"). Die Ausgrenzung dieses Aktivitätenbündels bei der Hauptprozessverdichtung ist auf den Umstand zurückzuführen, dass zwischen dem Bestellverhalten der Absatzmittler und dem Auslagerungsprozess des Werkslagers in diesem Beispiel keine konditionenrelevante Beziehung hergestellt werden kann, da kontinuierlich Vollpaletten ausgelagert werden und die Prozessleistung von der Destination der Ware („Kunde direkt" oder „Verbringung in das Zentrallager") und einer eventuellen Weiterbearbeitung (Kommissionierung) unabhängig ist.

Die Zusammenfassung von TP_3, TP_5 und TP_6 zu HP_1 ergibt sich in diesem Beispiel aus der unternehmensindividuellen Struktur, die eine Direktbelieferung aus den jeweiligen Werken unter der Voraussetzung eines entsprechenden Sendungsgewichts sowie einer ausschließlichen Order der in den Produktionsstätten hergestellten Artikel ermöglicht. Denn im Gegensatz zum Teilprozess „Fertigware auslagern" (TP_2) besteht hier die Möglichkeit einer individuellen Leistungserbringung der Absatzmittler, so dass in Abhängigkeit der zuvor benannten Orderattribute die Hauptprozessleistung „ZL-Versorgung und -Handling" variieren kann. Hierbei ist der Ansatz des *Cost Driver* „Anzahl Vollpaletten" im Hinblick auf das Postulat der Homogenität unbedenklich, da die Maßgröße von TP_6 „Anzahl Umfuhren" durch eine fest vorgegebene Ladekapazität (Palettenstellplätze) der LKW mit der „Anzahl Vollpaletten" korreliert.

HP_2 stellt abweichend zu HP_1 nicht auf Vollpaletten, sondern auf die zusätzliche Anzahl auszulagernder Ladungsträger auf Grund von Anbruchpaletten ab, die durch eine Kommissionierung respektive eine Transformation effizienter Originalpaletten zu weniger effizienten Einheiten infolge der Vorgabe des Handels entstehen. Neben der potentiellen Direktlieferung kann somit ebenfalls die Auslastung der Ladungsträger als direkte Einflussgröße der Handelsunternehmung im Rahmen der *Efficiency Terms* Berücksichtigung finden.

Schließlich sind in diesem Beispiel unter Berücksichtigung der Homogenität der Hauptprozesse sowie einer Aggregation unter Einbeziehung der Orderattribute zu logisch nachvollziehbaren Aufgabenkomplexen die Hauptprozesse HP_3, HP_4 und HP_5 zu bilden, die in der klassischen Form der Prozeßkostenrechnung als „unechte" Hauptprozesse bezeichnet werden, da sie nicht auf einer Zusammenfassung mehrerer Teilprozesse basieren.[1]

Auf die durch diese Vorgehensweise identifizierten Hauptprozesse ist im Rahmen der abschließenden Kostenzuordnung die in Abschnitt 6.1.4 erläuterte Kostenkategorisierung der Teilprozesskosten zu übertragen, so dass sich mittels Division der prozessleistungsvariablen Kosten bzw. der Gesamthauptprozesskosten (als Summe der in den jeweiligen Hauptprozess eingehenden Teilprozesskosten) durch die Planprozessmenge die zugehörigen Hauptprozesskostensätze analog der Teilprozesskostensätze ergeben. Diese entscheidungsrelevanten Kosteninformationen bilden die quantitative Grundlage zur Evaluation der *Efficiency Terms*, deren Ermittlung im Mittelpunkt der folgenden und abschließenden Überlegungen steht.

---

[1] Vgl. z. B. Remer (1997), S. 42. Gleiches gilt für HP_2.

Hierin kann, bedingt durch die thematische Eingrenzung der Problemstellung auf kostenrechnerische Aspekte der Konditionengestaltung, eine umfassende, alle Facetten einbeziehende Untersuchung jedoch nicht geleistet werden. Im Fokus stehen vielmehr die aus der zweckentsprechenden Konzeption einer prozessorientierten Partialrechnung hervorgehenden typischen Hauptprozesse, die im Hinblick auf die Existenz ihrer Beziehungen zu weiteren Aktivitätenbündeln in Abhängigkeit der Variation einer spezifischen Handelsleistung in unabhängige und verbundene konditionenrelevante Hauptprozesse klassifiziert werden.

6.2 Konditionenermittlung unter Differenzierung nach isolierten sowie auf Grund verfahrensbedingter Heterogenität verbundenen konditionenrelevanten Hauptprozessen

6.2.1 Ableitung der *Efficiency Terms* unter Berücksichtigung isolierter konditionenrelevanter Hauptprozesse

In Bezug auf spezifische Handelsleistungen isolierte konditionenrelevante Hauptprozesse können dadurch charakterisiert werden, dass eine Variation der Prozessleistung dieser Aktivitätenbündel unabhängig von der Veränderung weiterer Hauptprozessleistungen erfolgen kann. Somit bedeutet dieser Typus für die Ermittlung der *Efficiency Terms* hinsichtlich seiner Komplexität den einfachsten Fall, da lediglich die isolierte Einflussnahme der Absatzmittler auf einen einzelnen relevanten *Cost Driver* mit Hilfe der Hauptprozesskostensätze zu bewerten ist. Ein anschauliches Beispiel kann hierzu zunächst der Prozess der Auftragskommissionierung bilden, für den bei dem betrachteten Nahrungsmittelhersteller auf Grund eines *Outsourcing* lediglich prozessleistungsvariable Kosten entstehen und die Unternehmung mit einem Kostensatz pro kommissionierter Verkaufseinheit von einem Lagerdienstleister belastet wird.

Ausgehend von einer Simulation des *Worst Case*, in dem jede verkaufte Einheit an den Handel manuell auf einen zu transportierenden Ladungsträger umgepackt wird und dessen Ergebnis für den kalkulatorischen Bereich Eingang in die Preiskalkulation der Planperiode findet, beinhaltet der Bruttoabgabepreis eine hundertprozentige Leistungsübernahme durch den Hersteller. Eine auftragsbezogene Offerte der Leistungsübernahme im Konditionensystem, die auf eine Reduktion der Prozessleistung der Kommissionierung abstellt, kann folglich isoliert in Bezug auf diese Aktivitätenbündel unter Rückgriff auf die im Rahmen der Partialrechnung zur Verfügung gestellten Hauptprozesskostensätze erfolgen. Das Konditionenelement könnte in diesem Fall beispielsweise als Kommissionierrabatt im Konditionensystem berücksichtigt werden und auf Grund der vereinfachenden Annahme linearer Kostenfunktionen einen konstanten Vergütungssatz pro nicht kommissionierter Verkaufseinheit (bzw. für spezifische sortenreine Vollpaletten) zeigen, der sich aus dem korrespondierenden Hauptprozesskostensatz ergibt.

Sind dagegen zusätzlich prozessleistungsfixe Kosten zu berücksichtigen, so wird sich die Komplexität für eine Evaluation der im Konditionensystem offen zu legenden Vergütung für die optionale Leistungsübernahme durch den Absatzmittler trotz der Existenz eines isolierten konditionenrelevanten Hauptprozesses erheblich erhöhen. Die Begründung hierfür liegt zum einen in dem Umstand einer Teilung in einen kalkulatorischen Kalkülbereich und eine Kondition, in der die Remanenz prozessleistungsfixer Kosten reflektiert ist. Denn hierdurch werden vom Grundsatz her zwei unterschiedlich hohe Vergütungssätze in Abhängigkeit des Leistungsausmaßes erforderlich, deren Gültigkeitsbereiche durch die erwartete Handelsleistung und somit die tatsächlich bereitgestellte Ressource determiniert werden. Maßgeblich sind hier der Hauptprozessgesamtkostensatz für den kalkulatorischen Bereich sowie der auf den variablen Kosten basierende Hauptprozesskostensatz für den Bereich der tatsächlich bereitgestellten Ressource. Zu beachten ist hierbei jedoch die Sicherstellung der Reihenfolge der anzuwendenden Rabattsätze im Konditionensystem, die verlangt, dass zunächst der Gesamtprozesskostensatz für das Intervall von größer Null bis zum erwarteten Leistungsausmaß und erst dann der variable Prozesskostensatz für die hierüber hinausgehende Leistung des Handels im Bereich der tatsächlich bereitgestellten Ressource zur Anwendung kommt.[1]

Probleme speziell für die praktische Umsetzung bereitet zum anderen die Anzahl der Kunden, da deren individuell erwartete Prozessleistung zu evaluieren und im Konditionensystem zu berücksichtigen ist. So sind im Extremfall für jeden Kunden zwei divergierende, in ihrer Höhe zwar über alle Kunden identische Vergütungssätze, jedoch mit unterschiedlichen kundenindividuellen Gültigkeitsbereichen zu definieren. Um eine hiermit verbundene für die Praxis kaum umsetzbare Komplexität zu vermeiden, kann sich eine solche Differenzierung

---

[1] Es empfiehlt sich allerdings, die Angabe der Gültigkeitsbereiche der Vergütungssätze zu relativieren und das für das jeweilige Leistungsausmaß gültige Intervall in Prozent auszudrücken, da auch die Ressourcenplanung auf einer durchschnittlichen Betrachtung beruhen dürfte. Beispielsweise könnte das Konditionenelement „Kommissionierrabatt“ durch die Bereiche größer 0 % - 55 % und größer 55 % - 100 % auftragsbezogener, nicht kommissionierter Kolli gekennzeichnet werden und jeweils eine Vergütung pro nicht kommissionierter Verkaufeinheit vorsehen. Würden dagegen absolute Größen gewählt, so könnte dies z. B. bei saisonalen Schwankungen, die in einer bedarfsgerechten Ressourcenplanung berücksichtigt wurden, zu einer nicht nutzenneutralen Vergütung führen. Denn eine Begrenzung der Gültigkeitsbereiche durch größer 0 - 55 nicht kommissionierte Stück für den Gesamtprozesskostensatz sowie größer 55 - 100 nicht kommissionierte Einheiten für den variablen Kostensatz des Aktivitätenbündels ergibt bei einer Auftragsgröße von 300 Verkaufseinheiten (die vom Hersteller auch in dieser Höhe erwartet wurden), von denen 165 Stück (= 55 %) nicht nach Kundenwunsch individuell zusammengestellt werden müssen, nur für 55 Leistungseinheiten einen korrekten Rabatt. Weitere 55 Stück werden nur zu variablen Sätzen und die letzten 55 gar nicht vergütet.

der tatsächlich bereitgestellten Ressource hilfsweise auf die Großkunden beschränken und ein Durchschnittswert für die übrigen Abnehmer angesetzt werden. Des Weiteren ist eine kundenindividuelle Differenzierung nur bei einer signifikanten Divergenz in Bezug auf die tatsächlich bereitgestellte Ressource zu empfehlen, so dass gegebenenfalls eine Anwendung auf verschiedene Kunden-Cluster im Konditionensystem verankert werden kann.

6.2.2 Konditionenermittlung im Rahmen verbundener, auf verfahrensbedingter Heterogenität basierender konditionenrelevanter Hauptprozesse

Das charakteristische Merkmal verbundener konditionenrelevanter Hauptprozesse liegt im Gegensatz zur isolierten Ausprägungsform in ihren Beziehungen zueinander, die sich aus dem Postulat der Homogenität von Hauptprozessen und letztlich aus einer verfahrensbedingten Heterogenität der Kostenverursachung ergibt. Ein spezifisches Konditionenelement basiert in diesem Typus nicht auf einem einzelnen Hauptprozess, sondern kann nur unter Einbeziehung eines zusammengehörigen Bündels von relevanten Hauptprozessen in den Kalkül einbezogen werden. Jeder einzelne Prozess kennzeichnet ein spezifisches Verfahren der Leistungserstellung der Industrieunternehmung, deren auftragsbezogene Auswahl dem Absatzmittler obliegt. Die absolute Höhe der Mengenkomponente als unabhängige Variable der Kostenfunktionen, wie z. B. transportierte Gewichtstonnen oder der skontofähige Warenwert, spiegelt somit nicht die alleinige zu honorierende Handelsleistung wider. Vielmehr liegt die Ursache einer leistungskonformen Vergütung an den Handel ebenfalls in der Möglichkeit, die zu erbringende Prozessleistung mit Hilfe eines in Bezug auf den *Worst Case* kostengünstigeren Verfahrens zu realisieren. Hierbei ergibt sich die Zugehörigkeit spezifischer Prozesse zu einem Prozessbündel sowie deren Anzahl aus der im Rahmen der Teilprozessbildung vorgenommenen Abbildung heterogener Kostenverursachung mit Hilfe einvariablig-linearer Teilfunktionen. Auch hierzu kann zunächst ein Beispiel unter der Prämisse der Existenz ausschließlich prozessleistungsproportionaler Kosten die Evaluation der Vergütungssätze verdeutlichen.

Ausgehend von nicht frei zur Verfügung stehenden finanziellen Mitteln sowie einem für den Planungszeitraum prognostizierten Geldmarktzins z ergeben sich die Kosten der Finanzierung einer ausstehenden Forderung K_{Zins} an einen Kunden durch:

$$K_{Zins} = SWW \cdot \frac{T_{ZZ}}{360} \cdot \frac{z}{100}$$

wobei

SWW = Skontofähiger Warenwert

T_{zz} = Tage zwischen Rechnungseingang beim Kunden und Zahlungseingang beim Hersteller (= Zahlungsziel)

z = Geldmarktzins in Prozent

Wurde im Zuge der Teilprozessbildung diese Kostenfunktion in drei additiv verknüpfte Teilfunktionen für zehn, zwanzig und dreißig Tagen Zahlungsziel zerlegt, so ergeben sich drei unterschiedliche Verfahren der Leistungserstellung (konditionenrelevante Hauptprozesse), die zusammen das Prozessbündel „Skonto“ bilden. Unter der Annahme eines für die Planungsperiode konstanten Zinssatzes $\bar{z}$ können diese linearen Kostenfunktionen als Verfahren V_1, V_2 und V_3 näher beschrieben werden:

$$V_1 = \quad K_{Zins}^{V_1} = SWW \cdot \frac{30}{360} \cdot \frac{\bar{z}}{100} = SWW \cdot k_{prop}^{V_1}$$

$$V_2 = \quad K_{Zins}^{V_2} = SWW \cdot \frac{20}{360} \cdot \frac{\bar{z}}{100} = SWW \cdot k_{prop}^{V_2}$$

$$V_3 = \quad K_{Zins}^{V_3} = SWW \cdot \frac{10}{360} \cdot \frac{\bar{z}}{100} = SWW \cdot k_{prop}^{V_3}$$

wobei

$K_{Zins}^{V_1}$ = Zinskosten Verfahren 1 mit 30 Tagen Zahlungsziel

$K_{Zins}^{V_2}$ = Zinskosten Verfahren 2 mit 20 Tagen Zahlungsziel

$K_{Zins}^{V_3}$ = Zinskosten Verfahren 3 mit 10 Tagen Zahlungsziel

$k_{prop}^{V_i}$ = Prozessleistungsproportionaler Kostensatz für Verfahren i ($i = 1,2,3$)

Wird auf dieser Basis eine hundertprozentige Leistungsübernahme als *Worst Case* der Industrieunternehmung kalkuliert, so muss der Abgabepreis des Herstellers in Bezug auf jeden Auftrag einen Zahlungseingang nach dreißig Tagen (V_1) widerspiegeln. Hierzu sind die Kosten der zu diesem konditionenrelevanten Prozessbündel zugehörigen gesamten Leistungsmenge (skontofähiger Warenwert) mit Hilfe des proportionalen Kostensatzes des *Worst Case*-Verfahrens zu evaluieren und die Budgetwerte als Grundlage der Preiskalkulation des Herstellers entsprechend zu erhöhen.

Erfolgt die Zahlung eines Handelsunternehmens nunmehr abweichend nach zwanzig bzw. zehn Tagen, so reduziert sich die Prozessleistung des geplanten Verfahrens V_1, was mit einem in gleicher Höhe verbundenen Anstieg der unabhängigen Variable (*SWW*) von V_2 bzw. V_3 einhergeht. Hierdurch besteht eine Verbundenheit der Hauptprozesse, die zu einem Prozessbündel im Rahmen der Evaluation der *Efficiency Terms* zusammengefasst werden müssen. Folglich ergeben sich die einzelnen Vergütungssätze als Offerte für die Leistungsübernahme durch den Handel in gestaffelter Form durch:

Staffel 1: Zahlung innerhalb von 20 Tagen nach Rechnungserhalt:

$$(k_{prop}^{V_1} - k_{prop}^{V_2}) \text{ EUR pro } SWW\text{, bzw. } \frac{\bar{z}}{360} \cdot (30-20) \text{ Prozent vom } SWW;$$

Staffel 2: Zahlung innerhalb von 10 Tagen nach Rechnungserhalt:

$$(k_{prop}^{V_1} - k_{prop}^{V_3}) \text{ EUR pro } SWW\text{, bzw. } \frac{\bar{z}}{360} \cdot (30-10) \text{ Prozent vom } SWW.$$

Verallgemeinernd ist die Evaluation der Vergütungssätze am Beispiel des Prozessbündels „Skonto" unter Berücksichtigung von *n* divergierenden Verfahren der Leistungserstellung in Abb. 56 illustriert.

Eine weitere Erscheinungsform verbundener konditionenrelevanter Prozesse, deren Kosten sich ausschließlich prozessleistungsproportional verhalten, stellt beispielsweise die mit Hilfe unterschiedlicher Verfahrensbedingungen durch einen Dienstleister erstellten Kommis-

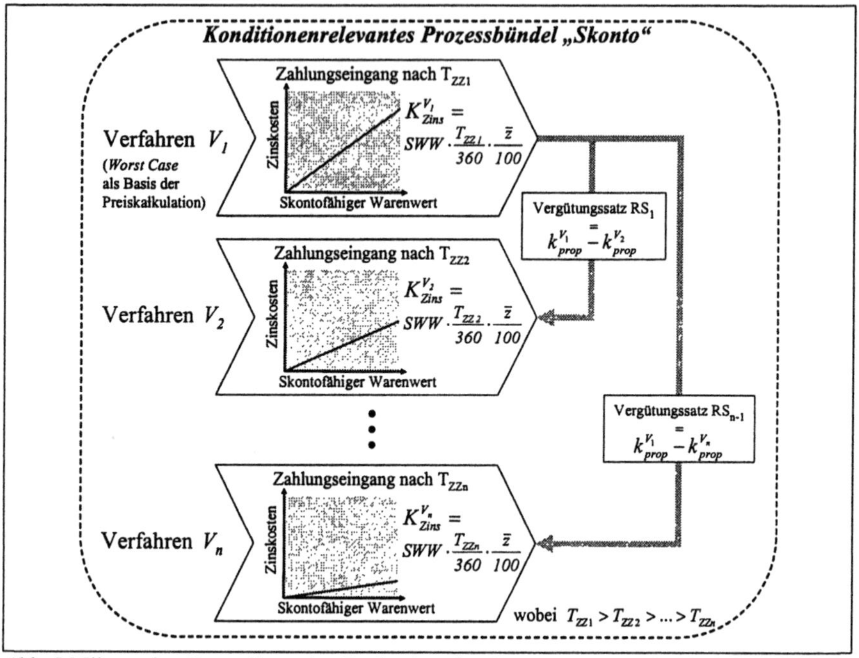

Abb. 56: Illustrative Darstellung der Evaluation der Vergütungssätze für das Prozessbündel „Skonto“[1]

sionierleistung dar, wie eine maschinell durchführbare lagenreine Kommissionierung und eine entsprechende konventionelle Durchführung. Die einem Hersteller durch den Dienstleister berechneten Kosten für eine maschinell kommissionierte Verkaufseinheit können hierbei wesentlich geringer ausfallen als bei einer manuellen Zusammenstellung des Auftrags. Voraussetzung hierfür ist jedoch eine artikelreine volle Lage, die maschinell auf eine Palette abgepackt werden kann.

Im Unterschied zum Prozessbündel „Skonto“, in dem die Handelsvergütung sich lediglich auf die Verfahrenswahl bei (in Summe über alle Verfahren) konstanter unabhängiger Variable (skontofähiger Warenwert) beschränkte, besteht für diesen Typus von verbundenen Prozessen zusätzlich die Möglichkeit einer auftragsbezogenen Variation dieser Variablen. So kann die

---

1 Quelle: Eigene Darstellung.

Prozessleistung der Industrieunternehmung manuell, maschinell oder überhaupt nicht erbracht werden. Die vorangegangenen Überlegungen zur Evaluation der Vergütungssätze können jedoch auch hier Anwendung finden, wenn hilfsweise ein fiktiver *Best Case*-Prozess gebildet wird, dessen proportionaler Kostensatz Null ist.

Wird die Problemstellung um die parallele Existenz prozessleistungsproportionaler und -fixer Kosten erweitert, so ist zur Evaluation der Vergütungssätze zusätzlich die Remanenz prozessleistungsfixer Kosten in die Überlegungen einzubeziehen. Die hiermit verbundene Problematik entsteht jedoch nicht erst im Rahmen einer Leistungsübernahme der Absatzmittler, die über die Erwartung der Industrie und somit über den kalkulatorischen Bereich hinausgeht. Denn wie das folgende Beispiel zur Evaluation der *Efficiency Terms* unter Berücksichtigung verbundener konditionenrelevanter Hauptprozesse zeigt, determiniert die Abbaufähigkeit prozessleistungsfixer Kosten ebenfalls die Simulation des *Worst Case*-Szenarios und hierdurch die zusätzlich in die Preiskalkulation einzubeziehenden Kosten.

Den Ausgangspunkt der Überlegungen bildet die in Abb. 57 dargestellte Datenkonstellation eines beliebigen konditionenrelevanten Prozessbündels mit den verbundenen Hauptprozessen (Verfahren) V_1, V_2, V_3 sowie einem fiktiven *Best Case*-Prozess V_4. In den Spalten sind die mit Hilfe der Partialrechnung für die jeweiligen Prozesse ermittelten prozessleistungsproportionalen Kostensätze, die Gesamtprozesskostensätze sowie ein über alle Kunden als Durchschnittswert errechneter Erwartungswert als Basis der Kapazitätsbereitstellung aufgeführt. V_1 kennzeichnet den Prozess mit dem höchsten Gesamtprozesskostensatz und dient als Grundlage der Simulation des *Worst Case* mit einem Bruttoabgabepreis, der eine vollständige Leistungsübernahme des Herstellers durch die Anwendung des ungünstigsten Verfahrens beinhaltet.

Die Evaluation und Bewertung der kalkulatorischen Ressource für V_4 gestaltet sich unproblematisch, da die zusätzlichen Kosten der fiktiven Prozessleistung (52 %) mit dem Gesamtprozesskostensatz von V_1 (2,00 EUR) als Wertansatz ermittelt werden können. Die zusätzlichen Kosten der Leistungserstellung unter der Prämisse einer ausschließlichen Verfahrenswahl der Absatzmittler in Form von V_1 ergeben sich in Bezug auf V_2 und V_3 jedoch nicht nur

	Prozessleistungs-proportionaler Kostensatz in EUR	Gesamtprozess-kostensatz in EUR	Auftragsbezogener Erwartungswert über alle Kunden als Basis der tatsächlich bereitgestellten Ressourcen in %
Verfahren V_1	0,80	2,00	20,0
Verfahren V_2	0,60	1,60	16,0
Verfahren V_3	0,40	1,30	12,0
Verfahren V_4	0,00	0,00	52,0

Abb. 57: Beispielhafte Datenkonstellation eines konditionenrelevanten Prozessbündels[1]

aus der Differenz zwischen den jeweiligen Gesamtprozesskostensätzen. Vielmehr ist zu berücksichtigen, dass in den ursprünglichen Kostenstellenbudgets die tatsächlich bereitgestellte Ressource bereits abgebildet ist, so dass beispielsweise ein Austausch der Leistungserbringung einer Einheit von V_2 durch V_1 zusätzliche Kosten von 2,00 EUR verursacht, die prozessleistungsfixen Kosten von V_2 jedoch nicht abbaufähig sind. Die zusätzlich in Kauf zu nehmenden Kosten pro Einheit ergeben sich folglich aus dem Gesamtprozesskostensatz von V_1 abzüglich des abbaufähigen prozessleistungsproportionalen Kostensatzes von V_2.

Wurde auf Grund dieser Überlegungen der kalkulatorische Ressourcenverbrauch bewertet und als Bestandteil des Bruttoabgabepreises in die Kalkulation übernommen, so könnten sich in Form eines Zwischenergebnisses die Vergütungssätze je Leistungseinheit sowie deren Gültigkeitsbereiche, unter der vereinfachten Annahme eines identischen Erwartungswertes für alle Kunden, wie folgt darstellen:

1 Quelle: Frei gewähltes Zahlenbeispiel.

Verfahrenswahl	Gültigkeitsbereich (%)	Vergütungssatz (EUR)	Gültigkeitsbereich (%)	Vergütungssatz (EUR)
V_2	> 0 - 16	1,40	> 16	0,40
V_3	> 0 - 12	1,60	> 12	0,70
V_4	> 0 - 52	2,00	> 52	2,00

Für Prozessleistung $V_2 + V_3 + V_4 \leq 80$ %.

Werden diese Offerten an die Handelsunternehmung näher betrachtet, so zeigen die verfahrensspezifischen Vergütungssätze von V_2 und V_3 in Abhängigkeit ihres spezifischen Gültigkeitsbereichs der tatsächlich bereitgestellten Ressourcen sowie der hierüber hinausgehenden Prozessleistung jeweils divergierende Vergütungssätze. Die Begründung hierfür findet sich in der Existenz prozessleistungsfixer Kosten der einzelnen Verfahren, die unter Berücksichtigung der erwarteten Handelsleistung aus der Kapazitätsbereitstellung resultieren. Für das fiktive *Best Case*-Verfahren V_4 sind dagegen auf Grund des Fehlens realer Kapazitäten die Sätze identisch. Die Wahl der Verfahren V_2 bzw. V_3 durch die Absatzmittler bedingt innerhalb ihrer jeweiligen Bereiche der tatsächlich bereitgestellten Ressource folglich eine Kostenreduktion in Höhe des Gesamtprozesskostensatzes von V_1 (Abbau des kalkulatorischen bewerteten Ressourcenverzehrs als *Worst Case*) abzüglich des jeweiligen prozessleistungsproportionalen Kostensatzes der Verfahren V_2 bzw. V_3, die durch die Erhöhung der Prozessleistungen zusätzlich in Kauf genommen werden müssen. Übersteigt die Handelsleistung jedoch die einzelnen Erwartungswerte im Hinblick auf die verfahrensspezifischen Prozessleistungen, so ergeben sich die Kostenreduktionen aus der Subtraktion der Gesamtprozesskostensätze der Verfahren vom Gesamtprozesskostensatz des *Worst Case*-Verfahrens V_1. Die Differenz zum Vergütungssatz einer Handelsleistung innerhalb des Bereichs der tatsächlich bereitgestellten Ressource reflektiert somit die zusätzlich entstehenden prozessleistungsfixen Kosten.

Zu beachten ist jedoch die Notwendigkeit einer weiteren Restriktion hinsichtlich der Anwendbarkeit der Vergütungssätze, die sich aus der *Worst Case*-Kalkulation der Verfahren V_2, V_3 und V_4 in Bezug auf V_1 und folglich für achtzig Prozent der Gesamtleistung des verbundenen Prozessbündels ergibt. Denn nur für diese Leistungsmenge wurde ein kalkulatorischer bewerteter Ressourcenverzehr in den Kalkül einbezogen, der mit einer abweichenden Verfahrenswahl durch die Absatzmittler abgebaut werden kann. Erhöht sich dagegen die Handelsleistung über die erwartete Summe der Leistung V_2, V_3 und V_4, so bedeutet die hierüber hinausgehende Menge eine Substitution der Verfahren mit der erwarteten Prozessleistung von V_1 innerhalb des Bereichs der tatsächlich bereitgestellten Ressource, die mit der Problematik remanenter Kosten dieses Verfahrens einhergeht und lediglich die Berücksichtigung der abbaufähigen prozessleistungsproportionalen Kostensätze erlaubt. Die korrespondierenden Vergütungssätze stellen sich alternativ wie folgt dar:

Verfahrenswahl	Gültigkeitsbereich (%)	Vergütungssatz (EUR)	Gültigkeitsbereich (%)	Vergütungssatz (EUR)
V_2	> 0 - 16	1,40	> 16	- 0,80
V_3	> 0 - 12	1,60	> 12	- 0,50
V_4	> 0 - 52	2,00	> 52	0,80

Für Prozessleistung $V_2 + V_3 + V_4 > 80$ %.

Die negativen Vergütungssätze (Zuschlagssätze) der Verfahren V_2 und V_3 ergeben sich in dieser alternativ unter der Bedingung $V_2 + V_3 + V_4 > 80$ % anzuwendenden Offerte an die Absatzmittler aus der Differenz der abbaufähigen prozessleistungsproportionalen Kosten von V_1 und den jeweiligen zusätzlich in Kauf zu nehmenden Gesamtprozesskostensätzen von V_2 und V_3. Auf Grund des Fehlens dieser Kosten bei dem fiktiven *Best Case*-Verfahren ist der Vergütungssatz bei V_4 gleich dem prozessleistungsproportionalen Kostensatz von V_1.

Ohne an dieser Stelle die einzelnen Handlungsalternativen der Handelsunternehmung detailliert aufzeigen zu wollen, entsteht auf der Basis der oben dargestellten Vergütungssätze jedoch grundsätzlich eine Verteilungsproblematik der bewerteten kalkulatorischen Ressourcen. Denn sollte beispielsweise trotz einer Erfüllung der Bedingung $V_2 + V_3 + V_4 > 80$ % die Prozessleistung des Verfahrens V_4 die erwartete Handelsleistung um 10 Prozentpunkte unterschreiten, die Verfahren V_2 und V_3 ihre spezifischen Erwartungswerte um jeweils 10 Prozentpunkte überschreiten, erwächst unweigerlich die Frage nach der Allokation der abbaufähigen fiktiven Ressource von V_4, die auf der Basis von 2,00 EUR erfolgt. Zwar besteht rechnerisch keine Diskrepanz hinsichtlich einer Zuordnung zu den Verfahren V_2 oder V_3, da die Differenz, die sich aus der kalkulatorischen Ressource als *Worst Case* von V_1 und den abbaufähigen prozessleistungsproportionalen Kosten eben dieses Verfahrens ergibt (2,00 – 0,80 = 1,20), in allen Verfahren berücksichtigt wurde (vgl. die Vergütungssätze größer der Erwartungswerte bei Prozessleistung $V_2 + V_3 + V_4 \leq 80$ % versus den Vergütungssätzen größer der Erwartungswerte bei Prozessleistung $V_2 + V_3 + V_4 > 80$ %). Dennoch ist im Rahmen dieser Problematik eine zusätzliche eindeutige Regelung erforderlich, die eine intersubjektiv nachvollziehbare Offerte und Vergütung an die Absatzmittler ermöglicht.

Vor dem Hintergrund dieser Überlegung und unter Berücksichtigung einer zusätzlichen Komplexitätssteigerung durch eine erweiterte kundenindividuelle Festlegung des erwarteten Leistungsausmaßes in Bezug auf jeden Prozess eines konditionenrelevanten Prozessbündels erscheint eine Berücksichtigung verbundener Prozesse bei paralleler Existenz prozessleistungsproportionaler und -fixer Kosten praxisfern. Hilfsweise empfiehlt es sich, die verfahrensbedingte Heterogenität durch eine entsprechende durchschnittliche Betrachtung in einen isolierten konditionenrelevanten Hauptprozess zu transformieren bzw. bei Dominanz der jeweiligen prozessleistungsproportionalen Kosten die zuvor erörterte Evaluation der Vergütungssätze unter Annahme der Existenz prozessleistungsproportionaler Kosten anzuwenden und die prozessleistungsfixen Kosten künstlich zu proportionalisieren.

7 Schlussbetrachtung

Die Untersuchungen der vorliegenden Arbeit konnten im Rahmen einer Vertiefung der Problemstellung zunächst zeigen, dass eine ökonomische Legitimation von *Efficiency Terms* mit Hilfe des Konzeptes der *Team Production* nach *Alchian / Demsetz* gelingt. Auf dieser Basis konnte die Notwendigkeit einer leistungskonformen Konditionenbewertung und -vergabe durch die Mechanik der Offenlegung von Teamleistungspreisen im Konditionensystem und hierdurch einer intendierten Erreichung der effizienten Leistungsverteilung im Distributionssystem zwischen Industrie und Handel vertiefend konkretisiert werden. Dem nutzenneutralen Leistungsartentausch auf Seiten der Hersteller fiel dabei im Rahmen dieser theoriegeleiteten Überlegungen eine entscheidende Rolle zu, so dass diese Maxime den Ausgangspunkt einer kostenrechnerisch gestützten Evaluation der *Efficiency Terms* bildete.

Mit dieser Zielsetzung wurde in der weiteren Analyse ein entscheidungsspezifischer Kosteninformationsbedarf durch die Typisierung der Entscheidungssituation abgeleitet, der auf der Basis des pagatorischen Kostenwerts und unter Einbeziehung der prozessorientierten Sichtweise der Unternehmung zunächst die Notwendigkeit der Bereitstellung von Kosteninformationen hinsichtlich des mit der konditionenrelevanten Prozessoutputmenge verbundenen Ressourcenverzehrs, der ein Leistungsausmaß der Absatzmittler von Null indiziert, ergab. Zum Zwecke eines vollständigen Abbaus dieses fiktiven bewerteten Ressourcenverzehrs in Abhängigkeit der divergierenden auftragsbezogenen Leistungen der Handelsunternehmungen wurden des Weiteren Kosteninformationen postuliert, die sich nicht nur auf prozessleistungsproportionale Kosten beschränken, sondern ebenfalls prozessleistungsfixe Kosten in den Entscheidungskalkül einbeziehen. Diese Forderung führt zur Notwendigkeit einer künstlichen Proportionalisierung dieser Kostenkategorie im Rahmen einer operativen Entscheidungssituation, wodurch das traditionelle Verursachungsdenken reformuliert werden muss, ohne dabei die Intention der Kostenrechnung zu missachten. Denn die Informationsbereitstellung dieses Instruments der Unternehmensleitung darf sich nicht an der „Richtigkeit", und in diesem Sinne an einer ausschließlichen Abbildung realer Sachverhalte, sondern vielmehr am Rechnungszweck orientieren. Dieser Zweck liegt im Rahmen der vorliegenden Untersuchung in der Erreichung einer effizienten Leistungsverteilung im Güterversorgungsprozess, für die ebenfalls die Abbildung eines „unrichtigen“ (realitätsfernen) Kostenverhaltens zum optimalen Erfolg führt.

Für den Kalkülbereich der tatsächlich bereitgestellten Ressource konnte die Notwendigkeit nach Kosteninformationen, die eine auftragsbezogene Abbaufähigkeit des mit der Ressource verbundenen sachzielbezogenen Güterverzehrs in Bezug auf das Leistungsausmaß der Absatzmittler berücksichtigen, abgeleitet werden. Mit dieser Intention ist grundsätzlich eine Trennung in prozessleistungsfixe und -variable Kosten erforderlich. Zusätzlich sind im Zuge der Initiierung von Anpassungsentscheidungen Informationen hinsichtlich der zeitlichen Struktur prozessleistungsfixer Kosten zur Verfügung zu stellen.

Ausgehend von diesem Kosteninformationsbedarf wurden die als bedeutend einzustufenden divergierenden Konzeptionen der Kostenrechnung vorgestellt und hinsichtlich ihrer Anwendbarkeit auf die spezifische Problemstellung untersucht. Im Rahmen dieser Prüfung wurde festgestellt, dass keine systemspezifische Kalkülstruktur die geforderten entscheidungsspezifischen Informationen generieren kann.

Dieses negative Ergebnis kann zusammenfassend unter Berücksichtigung der einschlägigen Differenzierung nach Teil- und Vollkosteninformationen dergestalt interpretiert werden, dass Kostenkonzeptionen, deren Deduktionsregeln entweder Vollkosten- oder Teilkosteninformationen hervorbringen, zum Zwecke der Konditionengestaltung ungeeignet sind. Denn hierzu bedarf es u. a. einer Kombination dieser konstitutiven Merkmale, deren Struktur sich weniger an ideologischen Standpunkten als vielmehr an einer konsequenten Ausrichtung am Rechnungszweck zu orientieren hat. Eine solch hohe Flexibilität ist allerdings keinem der untersuchten Kostenrechnungssysteme inhärent, wenngleich die Grenzplankosten- und Deckungsbeitragsrechnung als kombinierte Teil- und Vollkostenkonzeption zumindest ansatzweise diesen Weg zu verfolgen scheint. Leider mangelt es diesem Konstrukt jedoch an einer horizontalen Ausrichtung als Reaktion auf ein sich wandelndes Unternehmensumfeld sowie der Berücksichtigung der kostentreibenden Faktoren in den indirekten Leistungsbereichen analog der Prozeßkostenrechnung.

Wird dieses Resultat von der vorliegenden Problemstellung weitgehend abstrahiert, so vermag das Versagen traditioneller, und hier insbesondere der entscheidungsorientierten Konzepte der Kostenrechnung, jedoch weniger zu verwundern. Denn die konzeptionellen Wurzeln dieser Informationsgeneratoren können bis zum Anfang des vorigen Jahrhunderts zurückverfolgt werden, auf deren Basis zwar eine Verfeinerung speziell von *Plaut*, *Kilger* und *Riebel* erfolgte, ohne jedoch die in der heutigen Zeit geforderten Flexibilität integrativ zu antizipieren (oder antizipieren zu können). So scheint die mangelhafte Informationsbereitstellung unter Berücksichtigung des grundlegenden Merkmals der Zweckentsprechung der Rechnung die logische Konsequenz einer zunehmend dynamisch ausgeprägten Unternehmung, deren Einfluss sich ebenfalls in der Veränderung der Rechnungszwecke niederschlägt. Diese Zwecke können, wie gezeigt wurde, eine solch vielfältige Erscheinungsform besitzen, dass selbst „unrichtige", die Realität vernachlässigende Kostendaten als entscheidungsrelevant angesehen werden müssen.

Findet diese Argumentation Akzeptanz, so könnte in Form einer Hypothese generell bezweifelt werden, ob die bis dato anhaltenden Bemühungen einer Systementwicklung mit der Intention der Anwendbarkeit im Rahmen multipler Entscheidungssituationen nicht obsolet sind und der Einsicht weichen müssten, dass die einer Konzeption inhärenten spezifischen Kalkülstrukturen generell nicht in der Lage sein können, das gesamte Spektrum potentieller Informationsbedarfe abzudecken. Denn die Voraussetzung hierfür wäre eine vollständige und folglich kaum zu realisierende Antizipation möglicher Intentionen der Kostenrechnung, an der letztlich auch die hier betrachteten, sorgfältig konzipierten Informationssysteme gescheitert sind.

Bedingt durch die praktische Relevanz der Problemstellung erwies sich ein Abbruch der Untersuchungen an dieser Stelle jedoch als wenig zweckdienlich, weshalb im Mittelpunkt der weiteren Ausführungen die Evaluation der *Efficiency Terms* auf der Grundlage einer parallelen, neben der implementierten Kostenrechnungskonzeption stehenden prozessorientierten Partialrechnung stand. Auf der Grundlage einer zweckentsprechenden Verifikation der Prozeßkostenrechnung nach *Horváth / Meyer* wurde hierzu detailliert der Aufbau dieser Konzeption erörtert, deren Zielsetzung ausschließlich in der Bereitstellung entscheidungsspezifischer Kosteninformationen im Rahmen der Evaluation der *Efficiency Terms* begründet ist. Die vorherrschenden Dogmen in der betriebswirtschaftlichen Teildisziplin der Kosten- und Leistungsrechnung mussten vor diesem Hintergrund einer konsequent zu verfolgenden Zweckensprechung weichen.

Auf dieser quantitativen Grundlage konnte abschließend die eigentliche Evaluation der *Efficiency Terms* unter Differenzierung nach isolierten sowie auf Grund verfahrensbedingter Heterogenität verbundenen konditionenrelevanten Hauptprozessen erörtert werden. Insbesondere zeigte sich, dass die Verbundenheit von Prozessen, die aus der heterogenen Kostenverursachung resultiert, und die hiermit verbundene Konditionenermittlung innerhalb eines relevanten Prozessbündels im Falle einer parallelen Existenz prozessleistungsfixer als auch -variabler Kosten mit erheblicher Komplexität einhergeht. Deren praxistaugliche Reduktion konnte jedoch mit Hilfe plausibler Vereinfachungen erreicht werden und die thematische Behandlung der vorliegenden Problemstellung abrunden.

Literaturverzeichnis

Adam, Dietrich (1970): Entscheidungsorientierte Kostenbewertung, Wiesbaden 1970

Aghte, Klaus (1963): Kostenplanung und Kostenkontrolle im Industriebetrieb, Baden-Baden 1963.

Ahlert, Dieter (1981): Probleme und wechselseitige Abhängigkeiten einer betriebswirtschaftlichen, rechtlichen und volkswirtschaftlichen Beurteilung Vertraglicher Vertriebssysteme in: Ahlert, Dieter (Hrsg.): Vertragliche Vertriebssysteme zwischen Industrie und Handel, Wiesbaden 1981, S. 16-39

Ahlert, Dieter (1991): Distributionspolitik, 2. Aufl., Stuttgart - Jena 1991

Alchian, Armen A. / Demsetz, Herold (1972): Production, Information Costs, and Economic Organization, in: American Economic Review, Vol. 62 (1972), S. 777-795

Baden, Axel (1998): Die Strategische Kostenrechnung, in: ZfB, 68. Jg. (1998), Heft 6, S. 605-625

Baligh, Helmy H. / Richartz, Leon E. (1964): An analysis of vertical market structures, in: Management Science, Vol. 10 (1964), Heft 4, S. 667-689

Baligh, Helmy H. / Richartz, Leon E. (1967): Vertical market structures, Boston 1967

Bänsch, Axel (1998): Einführung in die Marketing-Lehre, 4. Aufl., München 1998

Barth, Klaus (1993): Betriebswirtschaftslehre des Handels, 2. Aufl., Wiesbaden 1993

Batz, Volker / Schimpf, Tobias / Eigenbrodt, Martin (1998): Prozeßorientierte Ressourcenplanung als Baustein eines integrativen Prozeßmanagements, in: Controlling, 10. Jg. (1998), Heft 6, S. 364-373

Bea, Franz Xaver (1993): Kosten- und Erlösartenrechnung, in: Chmielewicz, Klaus / Schweitzer, Marcell (Hrsg.): Handwörterbuch des Rechnungswesens, 3. Aufl., Stuttgart 1993, Sp. 1272-1280

Bea, Franz Xaver / Schnaitmann, Hermann (1995): Begriff und Struktur betriebswirtschaftlicher Prozesse, in: WiSt, 24. Jg. (1995), Heft 6, S. 278-282

Bechtold, Rainer (1999): Kartellgesetz, 2. Aufl., München 1999

Becker, Jochen (1998): Marketing-Konzeption, 6. Aufl., München 1998

Betge, Peter (1993): Primär- und Sekundärkosten, in: Chmielewicz, Klaus / Schweitzer, Marcell (Hrsg.): Handwörterbuch des Rechnungswesens, 3. Aufl., Stuttgart 1993, Sp. 1592-1598

Biel, Alfred (1991): Einführung der Prozeßkostenrechnung, in: krp, o. Jg. (1991), Heft 2, S. 85-90

Birnberg, Jacob G. (1993): Current Trends in Behavioral Accounting Research in the United States, in: DBW, 53. Jg. (1993), Heft 1, S. 5-25

Blattner, Niklaus (1977): Volkswirtschaftliche Theorie der Firma, Berlin - Heidelberg - New York 1977

Böcker, Franz (1975): Kontrolle der betrieblichen Distributionspolitik, in: Böcker, Franz / Dichtl, Erwin (Hrsg.): Erfolgskontrolle im Marketing, Berlin 1975, S. 232-237

Bogaschewsky, Ronald / Rollberg, Roland (1998): Prozeßorientiertes Management, Berlin - Heidelberg - u. w. 1998

Bohr, Kurt (1988): Zum Verhältnis von klassischer Investitions- und entscheidungsorientierter Kostenrechnung, in: ZfB, 58. Jg. (1988), Heft 11, S. 1171-1180

Börner, Dietrich (1993): Kostenverteilung, in: Chmielewicz, Klaus / Schweitzer, Marcell (Hrsg.): Handwörterbuch des Rechnungswesens, 3. Aufl., Stuttgart 1993, Sp. 1280-1289

Braun, Stephan (1999): Die Prozeßkostenrechnung, 3. Aufl., Berlin 1999

Brink, Hans-Josef (1992): Einflußfaktoren auf die Gestaltung der Kostenrechnungssysteme, in: Männel, Wolfgang (Hrsg.): Handbuch Kostenrechnung, Wiesbaden 1992, S. 167-181

Brink, Hans-Josef (1993): Einzel- und Gemeinkosten, in: Chmielewicz, Klaus / Schweitzer, Marcell (Hrsg.): Handwörterbuch des Rechnungswesens, 3. Aufl., Stuttgart 1993, Sp. 499-506

Budäus, Dietrich (1990): Industriebetriebe und Industriezweige in: Jacob, Herbert (Hrsg.): Industriebetriebslehre, 4. Aufl., Wiesbaden 1990, S. 5-23

Buscher, Udo (1999): ZP-Stichwort: Supply Chain Management, in: Zeitschrift für Planung, Band 10 (1999), S. 449-456

Busse von Colbe, Walther / Laßmann, Gert (1988): Betriebswirtschaftstheorie, Bd. I, 4. Aufl., Berlin - Heidelberg - u. w. 1988

Chmielewicz, Klaus (1993): Finanzierungsrechnung, in: Chmielewicz, Klaus / Schweitzer, Marcell (Hrsg.): Handwörterbuch des Rechnungswesens, 3. Aufl., Stuttgart 1993, Sp. 604-612

Christmann, Jürgen / Witthoff, Hans-Wilhelm (1994): Kosten- und Leistungsrechnung, Wiesbaden 1994

Chwallek, Andreas (1998): Allkauf bewegt Gemüter der Hersteller, in; Lebensmittelzeitung, Nr. 11/1998, S. 14

Coase, Ronald H. (1937): The Nature of the Firm, in: Economica, Vol. IV (1937), S. 386-405

Coenenberg, Adolf G. (1976): Ziele, Systeme und Hauptproblembereiche kosten- und leistungsorientierter Planungs- und Kontrollrechnungen, in: Coenenberg, Adolf G. (Hrsg.): Unternehmensrechnung, München 1976, S. 1-7

Coenenberg, Adolf G. (1997): Kostenrechnung und Kostenanalyse, 3. Aufl., Landsberg/Lech 1997

Coenenberg, Adolf G. / Fischer, Thomas M. (1991): Prozeßkostenrechnung - Strategische Neuorientierung in der Kostenrechnung, in: DBW, 51. Jg. (1991), Heft 1, S. 21-38

Cooper, Robin (1988): The Rise of Activity-Based Costing - Part One: What is an Activity-Based Cost System?, in: Journal of Cost Management, Vol. 2 (1988), Heft 2, S. 45-54

Cooper, Robin (1989): The rise of Activity-Based Costing - Part Four: What Do Activity-Based Cost Systems Look Like?, in: Journal of Cost Management, Vol. 3 (1989), Spring, S. 38-49

Cooper, Robin (1990): Activity-Based Costing - Was ist ein Activity-Based Cost-System?, in: krp, o. Jg. (1990), Heft 4, S. 210-220

Cooper, Robin (1990a): Activity-Based Costing - Wann brauche ich ein Activity-Based Cost-System und welche Kostentreiber sind notwendig? (Teil 2), in: krp, o. Jg. (1990), Heft 5, S. 271-279

Cooper, Robin (1990b): Activity-Based Costing - Einführung von Systemen des Activity-Based Costing (Teil 3), in: krp, o. Jg. (1990), Heft 6, S. 345-351

Cooper, Robin (1992): Activity-Based Costing, in: Männel, Wolfgang (Hrsg.): Handbuch Kostenrechnung, Wiesbaden 1992, S. 360-383

Cooper, Robin / Kaplan, Robert S. (1988): Measure Costs Right: Make the Right Decisions, in: Harvard Business Review, Vol. 66 (1988), Heft 5, S. 96-103

Cooper, Robin / Kaplan, Robert S. (1991): Profit Priotities from Activity-Based Costing, in: Harvard Business Review, Vol. 69 (1991), Heft 3, S. 130-135

Cooper, Robin / Kaplan, Robert S. (1993): Prozeßorientierte Systeme: Die Kosten der Ressourcennutzung messen, in: krp, o. Jg. (1993), Sonderheft 2, S. 7-14

Dellmann, Klaus (1980): Betriebswirtschaftliche Produktions- und Kostentheorie, Wiesbaden 1980

Dellmann, Klaus (1998): Kosten- und Leistungsrechnung, in: Bitz, Michael, u. w. (Hrsg.): Vahlens Kompendium der Betriebswirtschaftslehre, Bd. I, 4. Aufl., München 1998, S. 587-676

Diercks, Hans / Petzold, Franz (1953): Umstrittene Fragen der Plankostenrechnung, in: ZfhF, 5. Jg. (1953), Heft 10, S. 481-491

Diller, Hermann (1985): Preispolitik, Stuttgart - Berlin - Köln - Mainz 1985

Diller, Hermann (1988): Rabattspreizung, in: WiSt, 17. Jg. (1988), Heft 4, S. 188-190

Dingeldey, Klaus (1975): Herstellermarketing im Wettbewerb um den Handel, Berlin 1975

Dorn, Gerhard (1993): Geschichte der Kostenrechnung, in: Chmielewicz, Klaus / Schweitzer, Marcell (Hrsg.): Handwörterbuch des Rechnungswesens, 3. Aufl., Stuttgart 1993, Sp. 722-729

Drohner, Klaus (1994): Konditionenforderungen des Handels werden immer härter, in: Lebensmittelzeitung, Nr. 18/1994, S. 12

Ehrmann, Harald (1992): Kostenrechnung, München - Wien 1992

Ehrt, Robert (1967): Die Zurechenbarkeit von Kosten auf Leistungen, Stuttgart - Berlin - u. w. 1967

Eilenberger, Guido (1995): Betriebliches Rechnungswesen, 7. Aufl., München - Wien 1995

Eisele, Wolfgang (1985): Technik des betrieblichen Rechnungswesens, 2. Aufl., München 1985

Ewert, Ralf / Wagenhofer, Alfred (1997): Interne Unternehmensrechnung, 3. Aufl., Berlin - Heidelberg - u. w. 1997

Falk, Bernd / Wolf, Jacobs (1992): Handelsbetriebslehre, 11. Aufl., Landsberg/Lech 1992

Feldmann, Horst (1995): Eine institutionalistische Revolution?, Berlin 1995

Fickert, Reiner (1986): Investitionsrechnung und Kostenrechnung - Eine Synthese, in: krp, o. Jg. (1986), Heft 1, S. 25-32

Fischer, Marc (1993): Make-or-Buy-Entscheidungen im Marketing, Wiesbaden 1993

Franke, Jürgen (1995): Grundzüge der Mikroökonomik, 7. Aufl., München - Wien 1995

Franz, Klaus-Peter (1990): Die Prozeßkostenrechnung, in: Ahlert, Dieter / Franz, Klaus-Peter / Göppl, Hermann (Hrsg.): Finanz- und Rechnungswesen als Führungsinstrument, Wiesbaden 1990, S. 109-136

Franz, Klaus-Peter (1991): Prozeßkostenrechnung - Renaissance der Vollkostenidee?, in: DBW, 51. Jg. (1991), Heft 4, S. 536-540

Franz, Klaus-Peter (1992): Die Prozeßkostenrechnung, in: WiSt, 21. Jg. (1992), Heft 12, S. 605-610

Franz, Klaus-Peter (1993): Target Costing - Konzept und kritische Bereiche, in: Controlling, 5. Jg. (1993), Heft 3, S. 124-130

Freidank, Carl-Christian (1985): Die buchhalterische Organisation der kurzfristigen Erfolgsrechnung im System einer flexiblen Plankostenrechnung auf Vollkostenbasis, in: krp, o. Jg. (1985), Heft 2, S. 57-61

Freidank, Carl-Christian (1988): Kostenrechnung, 2. Aufl., München - Wien 1988

Friedl, Birgit (1994): Prozeßkostenrechnung als Instrument eines programmorientierten Kostenmanagements, in: Dellmann, Klaus / Franz, Klaus-Peter (Hrsg.): Neuere Entwicklungen im Kostenmanagement, Bern - Stuttgart - Wien 1994, S. 135-166

Fröhling, Oliver / Krause, Herbert (1992): DV-gestützte Prozeßkostenrechnung - Integrationsaspekte und Umsetzung auf Standard-Softwarebasis, in: Männel, Wolfgang (Hrsg.): Handbuch Kostenrechnung, Wiesbaden 1992, S. 384-394

Gaiser, Bernd (1998): Prozeßkostenrechnung und Activity Based Costing (ABC), in: Horváth & Partner GmbH (Hrsg.): Prozeßkostenmanagement: Methodik und Anwendungsfelder, 2. Aufl., München 1998, S. 65-77

Gaitanides, Michael / Scholz, Rainer / Vrohlings, Alwin / Raster, Max (1994): Prozeßmanagement, München - Wien 1994

Gans, Karl (1988): Die analytische Kostenplanung als Grundlage der Grenzplan-Kostenrechnung, in: Scheer, August-Wilhelm (Hrsg.): Grenzplankostenrechnung, Wiesbaden 1988, S. 209-227

Geisthövel, Manfred F. / Wolf, Günter (1993): Das Jahresgespräch, in: Markenartikel, 55. Jg. (1993), Heft 4, S. 153-156

Glaser, Horst (1992): Prozeßkostenrechnung - Darstellung und Kritik, in: ZfbF, 44. Jg. (1992), Heft 3, S. 275-288

Glaser, Katja (1998): Prozeßorientierte Deckungsbeitragsrechnung, München 1998

Götze, Uwe / Meyerhoff, Jens Christian (1993): Die Prozeßkostenrechnung - Stand und Entwicklungstendenzen, in: Zeitschrift für Planung, Bd. 4 (1993), Heft 1, S. 65-96

Grochla, Erwin (1982): Grundlagen der organisatorischen Gestaltung, Stuttgart 1982

Gümbel, Rudolf (1985): Handel, Markt und Ökonomik, Wiesbaden 1985

Gutenberg, Erich (1983): Grundlagen der Betriebswirtschaftslehre, Bd. I, Die Produktion, 24. Aufl., Berlin - Heidelberg - New York 1983

Gutenberg, Erich (1984): Grundlagen der Betriebswirtschaftslehre, Bd. II, 17. Aufl., Berlin - Heidelberg - New York - Tokyo 1984

Haberstock, Lothar (1986): Kostenrechnung II, 7. Aufl., Hamburg 1986

Haberstock, Lothar (1997): Kostenrechnung I, 9. Aufl., Hamburg 1997

Hahn, Dietger (1993): Target Costing - ein überlebenswichtiges Konzept, in: Controlling, 5. Jg. (1993), Heft 2, S. 110-111

Hahn, Dietger (2000): Problemfelder des Supply Chain Management, in: Wildemann, Horst (Hrsg.): Supply Chain Management, München 2000, S. 9-19

Hammer, Michael / Champy, James (1994): Business Reengineering, 3. Aufl., Frankfurt am Main - New York 1994

Hansen, Peter (1972): Die handelsgerichtete Absatzpolitik der Hersteller im Wettbewerb um den Regalplatz, Berlin 1972

Härdtl, Gunter (1995): Informationsgrundlage zur leistungsbezogenen Konditionengewährung, Wiesbaden 1995

Hedderich, Rudolf (1986): Die Grundlagen des Handelsbetriebes, in: ZfB, 56. Jg. (1986), Heft 6, S. 484-499

Hefermehl, Wolfgang (1998): Wettbewerbsrecht, 20. Aufl., München 1998

Heinen, Edmund (1966): Das Zielsystem der Unternehmung, Wiesbaden 1966

Heinen, Edmund (1976): Grundlagen betriebswirtschaftlicher Entscheidungen, 3. Aufl., Wiesbaden 1976

Heinen, Edmund (1983): Betriebswirtschaftliche Kostenlehre, 6. Aufl., Wiesbaden 1983

Heinen, Edmund (1990): Industriebetriebslehre als Entscheidungslehre, in: Heinen, Edmund (Hrsg.): Industriebetriebslehre, Wiesbaden 1990, S. 5-75

Heinen, Edmund / Dietel, Bernhard (1993): Kostenrechnung, in: Chmielewicz, Klaus / Schweitzer, Marcell (Hrsg.): Handwörterbuch des Rechnungswesens, 3. Aufl., Stuttgart 1993, Sp. 1234-1242

Heitkämper, Hermann (1992): Machtkampf oder Partnerschaft, in: absatzwirtschaft, 35. Jg. (1992), Heft 12, S. 56-62

Henzel, Friedrich (1967): Kosten und Leistungen, 4. Aufl., Essen 1967

Hirschmann, Petra (1998): Kooperative Gestaltung unternehmensübergreifender Geschäftsprozesse, Wiesbaden 1998

Hohenbild, Rolf (1974): Das Verursachungsdenken in der betriebswirtschaftlichen Kostenlehre, Frankfurt am Main 1974

Hoitsch, Hans-Jörg (1995): Kosten- und Erlösrechnung, Berlin - Heidelberg - u. w. 1995

Homburg, Christian / Daum, Daniel (1997): Auf der Suche nach den entgangenen Erlösen, in: absatzwirtschaft, 40. Jg. (1997), Heft 10, S. 96-101

Horngren, Charles T. / Foster, George (1987): Cost accounting, 6. Aufl., New Jersey 1987

Horváth, Péter / Kieninger, Michael / Mayer, Reinhold / Schimank, Christof (1993): Prozeßkostenrechnung - oder wie die Praxis die Theorie überholt, in: DBW, 53. Jg. (1993), Heft 5, S. 609-628

Horváth, Péter / Mayer, Reinhold (1989): Prozeßkostenrechnung. Der neue Weg zu mehr Kostentransparenz und wirkungsvolleren Unternehmensstrategien, in: Controlling, 1. Jg. (1989), Heft 4, S. 214-219

Horváth, Péter / Mayer, Reinhold (1993): Prozeßkostenrechnung - Konzeption und Entwicklung, in: krp, o. Jg. (1993), Sonderheft 2, S. 15-28

Horváth, Péter / Renner, Andreas (1990): Prozeßkostenrechnung, in: Fortschrittliche Betriebsführung und Industrial Engineering, 39. Jg. (1990), Heft 3, S. 100-107

Horváth, Péter / Seidenschwarz, Werner (1992): Zielkostenmanagement, in: Controlling, 4. Jg. (1992), Heft 3, S. 142-150

Hummel, Siegfried (1983): Entscheidungsorientierter Kostenbegriff, Identitätsprinzip und Kostenzurechnung, in: ZfB, 53. Jg. (1983), Heft 12, S. 1204-1209

Hummel, Siegfried (1992): Die Forderung nach entscheidungsrelevanten Kosteninformationen, in: Männel, Wolfgang (Hrsg.): Handbuch Kostenrechnung, Wiesbaden 1992, S. 76-83

Hummel, Siegfried (1993): Relevante Kosten, in: Chmielewicz, Klaus / Schweitzer, Marcell (Hrsg.): Handwörterbuch des Rechnungswesens, 3. Aufl., Stuttgart 1993, Sp. 1713-1717

Hummel, Siegfried / Männel, Wolfgang (1983): Kostenrechnung 2, 3. Aufl., Wiesbaden 1983

Hummel, Siegfried / Männel, Wolfgang (1986): Kostenrechnung 1, 4. Aufl., Wiesbaden 1986

Irrgang, Wolfgang (1989): Strategien im vertikalen Marketing, München 1989

Jirik, Christian Thomas (1999): Supply Chain Management, in: WiSt, 28. Jg. (1999), Heft 10, S. 547-550

Johnson, H. Thomas / Kaplan, Robert S. (1987): The Rise and Fall of Management Accounting, in: Management Accounting, Vol. 68 (1987), Heft 1, S. 22-29

Jokisch, Jens (1993): Kalkulation, in: Chmielewicz, Klaus / Schweitzer, Marcell (Hrsg.): Handwörterbuch des Rechnungswesens, 3. Aufl., Stuttgart 1993, Sp. 1021-1030

Jost, Helmuth (1992): Kosten- und Leistungsrechnung, 6. Aufl., Wiesbaden 1992

Keller, Dietmar (1991): Herstellerkonditionen und Handelsleistungen: Theoretische Grundlagen und Ansatzpunkte einer Systemgestaltung, Frankfurt am Main - Bern - New York - Paris 1991

Kilger, Wolfgang (1959): Der theoretische Aufbau der Kostenkontrolle, in: ZfB, 29. Jg. (1959), Heft 8, S. 457-468

Kilger, Wolfgang (1970): Plankostenrechnung, in: Kosiol, Erich (Hrsg.): Handwörterbuch des Rechnungswesens, Stuttgart 1970, Sp. 1342-1358

Kilger, Wolfgang (1970a): Zur Diskussion über die Grenzplankostenrechnung, in: Der Betrieb, 23. Jg. (1970), Heft 39, S. 1795-1797

Kilger, Wolfgang (1975): Plankostenrechnung, in: Grochla, Erwin / Wittmann, Waldemar (Hrsg.): Handwörterbuch der Betriebswirtschaft, 4. Aufl., Stuttgart 1975, Sp. 2984-3001

Kilger, Wolfgang (1976): Kostentheoretische Grundlagen der Grenzplankostenrechnung, in: ZfbF, 28. Jg. (1976), S. 679-693

Kilger, Wolfgang (1978): 25 Jahre Grenzplankostenrechnung, in: ZfB, 48. Jg. (1978), Heft 2, S. 154-161

Kilger, Wolfgang (1979): Die Grenzplankosten- und Deckungsbeitragsrechnung als geschlossenes Planungsmodell, in: Mellwig, Winfried u. w. (Hrsg.): Unternehmenstheorie und Unternehmensplanung, Wiesbaden 1979, S. 69-94

Kilger, Wolfgang (1980): Die Plankosten- und Deckungsbeitragsrechnung im Klein- und Mittelbetrieb, in: Kilger, Wolfgang / Scheer, August-Wilhelm (Hrsg.): Plankosten- und Deckungsbeitragsrechnung in der Praxis, Würzburg - Wien 1980, S. 204-216

Kilger, Wolfgang (1980a): Offene Probleme der Plankosten- und Deckungsbeitragsrechnung, in: Kilger, Wolfgang / Scheer, August-Wilhelm (Hrsg.): Plankosten- und Deckungsbeitragsrechnung in der Praxis, Würzburg - Wien 1980, S. 39-70

Kilger, Wolfgang (1983): Grenzplankostenrechnung, in: Chmielewicz, Klaus (Hrsg.): Entwicklungslinien der Kosten- und Erlösrechnung, Stuttgart 1983, S. 57-81

Kilger, Wolfgang (1985): Systematische Schwachstellenanalyse und Reorganisation der Kosten- und Leistungsrechnung, in: Kilger, Wolfgang / Scheer, August-Wilhelm (Hrsg.): Rechnungswesen und EDV, Würzburg - Wien 1985, S. 117-154

Kilger, Wolfgang (1987): Einführung in die Kostenrechnung, 3. Aufl., Wiesbaden 1987

Kilger, Wolfgang (1989): Grenzplankosten-/Deckungsbeitragsrechnung, in: Szyperski, Norbert (Hrsg.): Handwörterbuch der Planung, Stuttgart 1989, Sp. 598-609

Kilger, Wolfgang (1993): Flexible Plankostenrechnung und Deckungsbeitragsrechnung, 10. Aufl., Wiesbaden 1993

Kloock, Josef (1992): Prozeßkostenrechnung als Rückschritt und Fortschritt der Kostenrechnung (Teil 1), in: krp, o. Jg. (1992), Heft 4, S. 183-193

Kloock, Josef (1992a): Prozeßkostenrechnung als Rückschritt und Fortschritt der Kostenrechnung (Teil 2), in: krp, o. Jg. (1992), Heft 5, S. 237-245

Kloock, Josef (1993): Kostenrechnungssysteme, in: Wittmann, Waldemar u. w. (Hrsg.): Handwörterbuch der Betriebswirtschaft, Bd. II, 5. Aufl., Stuttgart 1993, Sp. 2352-2367

Kloock, Josef (1993a): Plankostenrechnung, in: Chmielewicz, Klaus / Schweitzer, Marcell (Hrsg.): Handwörterbuch des Rechnungswesens, 3. Aufl., Stuttgart 1993, Sp. 1551-1568

Kloock, Josef (1996): Betriebliches Rechnungswesen, Lohmar - Köln 1996

Kloock, Josef / Sieben, Günter / Schildbach, Thomas (1993): Kosten- und Leistungsrechnung, 7. Aufl., Düsseldorf 1993

Knoben, Hans-K. (1995): Die Zeit ist reif für neue Strategien, in: Lebensmittelzeitung, Nr. 44/1995, S. 72-74

Koch, Helmut (1966): Grundprobleme der Kostenrechnung, Köln - Opladen 1966

Koch, Helmut (1999): Zur Frage der Vereinheitlichung der Entscheidungsrechnungen: Kalkulatorische Planerfolgsrechnung oder Zahlungsrechnung, in: ZfB, 69. Jg. (1999), Heft 2, S. 195-209

Koch, Jürgen (1992): Die Grundrechnung der Potentiale im entscheidungsorientierten Rechnungswesen, Frankfurt am Main 1992

Köhler, Richard (1992): Kosteninformationen für Marketing-Entscheidungen, in: Männel, Wolfgang (Hrsg.): Handbuch Kostenrechnung, Wiesbaden 1992, S. 837-857

Kosiol, Erich (1975): Typologische Gegenüberstellung von standardisierender (technisch orientierter) und prognostizierender (ökonomisch ausgerichteter) Plankostenrechnung, in: Kosiol, Erich (Hrsg.): Plankostenrechnung als Instrument moderner Unternehmensführung, 3. Aufl., Berlin 1975, S. 49-76

Kosiol, Erich (1979): Kosten- und Leistungsrechnung, Berlin - New York 1979

Kotler, Philip / Bliemel, Friedhelm (1992): Marketing Management, 7. Aufl., Stuttgart 1992

Krallmann, Hermann / Röpnack, Axel / Schwartz, Martin (1997): Konzeption und Realisierung eines integrierten Planungs- und Kontrollsystems im prozeßbasierten Unternehmen, in: Seghezzi, Hans Dieter (Hrsg.): Ganzheitliche Unternehmensführung, Stuttgart 1997, S. 251-269

Kramer, Siegfried (1991): An der Leistung orientiert, in: absatzwirtschaft, 34. Jg. (1991), Heft 1, S. 86-93

Kramer, Siegfried (1993): Neues, leistungsorientiertes Konditionensystem, in: Irrgang, Wolfgang (Hrsg.): Vertikales Marketing im Wandel, München 1993, S. 355-373

Kruschwitz, Lutz (1998): Investitionsrechnung, 7. Aufl., München - Wien 1998

Kuhn, Axel / Manthey, Christoph (1996): Kosten- und Leistungstransparenz durch die ressourcenorientierte Prozeßkettenanalyse, in: krp, 40. Jg. (1996), Heft 3, S. 129-138

Küpper, Hans-Ulrich (1990): Verknüpfung von Investitions- und Kostenrechnung als Kern einer umfassenden Planungs- und Kontrollrechnung, in: BFuP, 42. Jg. (1990), Heft 4, S. 253-267

Küpper, Hans-Ulrich (1991): Prozeßkostenrechnung - ein strategisch neuer Ansatz?, in: DBW, 51. Jg. (1991), Heft 3, S. 388-391

Küpper, Hans-Ulrich (1992): Anforderungen an die Kostenrechnung aus Sicht des Controlling, in: Männel, Wolfgang (Hrsg.): Handbuch Kostenrechnung, Wiesbaden 1992, S. 138-153

Küpper, Hans-Ulrich (1993): Fixe und variable Kosten, in: Chmielewicz, Klaus / Schweitzer, Marcell (Hrsg.): Handwörterbuch des Rechnungswesens, 3. Aufl., Stuttgart 1993, Sp. 647-656

Küpper, Hans-Ulrich (1997): Pagatorische und kalkulatorische Rechensysteme, in: krp, 41. Jg. (1997), Heft 1, S. 20-26

Küting, Karlheinz (1993): Stand und offene Probleme der Prozeßkostenrechnung (Teil I), in: DStR, 31. Jg. (1993), Heft 9, S. 335-339

Küting, Karlheinz / Lorson, Peter (1991): Grenzplankostenrechnung versus Prozeßkostenrechnung, in: Betriebs-Berater, 46. Jg. (1991), Heft 21, S. 1421-1433.

Küting, Karlheinz / Lorson, Peter (1995): Stand, Entwicklungen und Grenzen der Prozeßkostenrechnung, in: Männel, Wolfgang (Hrsg.): Prozeßkostenrechnung, Wiesbaden 1995, S. 87-102

Lachnit, Laurenz / Ammann, Helmut (1993): Kosten- und Erlösartenrechnung, in: Chmielewicz, Klaus / Schweitzer, Marcell (Hrsg.): Handwörterbuch des Rechnungswesens, 3. Aufl., Stuttgart 1993, Sp. 1257-1264

Lackes, Richard (1990): Herausforderung an ein fortschrittliches Kosteninformationssystem, in: krp, o. Jg. (1990), Heft 6, S. 327-338

Lange, Manfred (1984): Konditionen - immer nur Konditionen, in: Lebensmittelzeitung, Nr. 36/1984, S. F 26-F 30

Lange, Manfred (1990): Die Conditio ohne die nichts geht, in: Lebensmittelzeitung-Journal, Nr. 42/1990, S. J 98-J 103

Lange, Manfred (1993): Rabattpolitik, in: Irrgang, Wolfgang (Hrsg.): Vertikales Marketing im Wandel, München 1993, S. 326-336

Laßmann, Gert (1976): Gestaltungsformen der Kosten- und Erlösrechnung im Hinblick auf Planungs- und Kontrollaufgaben, in: Coenenberg, Adolf G. (Hrsg.): Unternehmensrechnung, München 1976, S. 50-70

Laßmann, Gert (1983): Betriebsmodelle, in: Chmielewicz, Klaus (Hrsg.): Entwicklungslinien der Kosten- und Erlösrechnung, Stuttgart 1983, S. 87-108

Laßmann, Gert (1993): Kostenerfassung, in: Chmielewicz, Klaus / Schweitzer, Marcell (Hrsg.): Handwörterbuch des Rechnungswesens, 3. Aufl., Stuttgart 1993, Sp. 1188-1194

Laßmann, Gert (1993a): Betriebsplankostenrechnung, in: Chmielewicz, Klaus / Schweitzer, Marcell (Hrsg.): Handwörterbuch des Rechnungswesens, 3. Aufl., Stuttgart 1993, Sp. 168-183

Laux, Helmut (1998): Entscheidungstheorie, 4. Aufl., Berlin - Heidelberg - New York - u. w. 1998

Layer, Manfred (1967): Möglichkeiten und Grenzen der Anwendbarkeit der Deckungsbeitragsrechnung im Rechnungswesen der Unternehmung, Berlin 1967

Layer, Manfred (1969): Die Festlegung der Preisforderung bei Kundenfertigung, in: Layer, Manfred / Strebel, Heinz (Hrsg.): Rechnungswesen und Betriebswirtschaftspolitik, Berlin 1969, S. 223-250

Layer, Manfred (1976): Die Kostenrechnung als Informationsinstrument der Unternehmensleitung, in: Jacob, Herbert (Hrsg.): Schriften zur Unternehmensführung, Bd. 21, Wiesbaden 1976, S. 97-138

Layer, Manfred (1982): Deckungsbeitragsrechnung, in: Management-Enzyklopädie, Bd. II, 2. Aufl., München 1982, S. 745-768

Löchel, Horst (1995): Institutionen, Transaktionskosten und wirtschaftliche Entwicklung, Berlin 1995

Lücke, Wolfgang (1993): Kurzfristige Erfolgsrechnung, in: Chmielewicz, Klaus / Schweitzer, Marcell (Hrsg.): Handwörterbuch des Rechnungswesens, 3. Aufl., Stuttgart 1993, Sp. 1315-1326

M+M EUROdATA (2001): Frankfurt am Main, Pressemeldung vom 19. März 2001

Männel, Wolfgang (1983): Die Einzelkosten- und Deckungsbeitragsrechnung - ein Konzept zur Abbildung der Realität durch das Rechnungswesen, in: ZfB, 53. Jg. (1983), Heft 12, S. 1187-1196

Männel, Wolfgang (1988): Kostenrechnung als Instrument der Unternehmensführung, in: Scheer, August-Wilhelm (Hrsg.): Grenzplankostenrechnung, Wiesbaden 1988, S. 13-29

Männel, Wolfgang (1992): Erfassung von Kosten und Leistungen, in: Männel, Wolfgang (Hrsg.): Handbuch Kostenrechnung, Wiesbaden 1992, S. 409-415

Männel, Wolfgang (1993): Moderne Konzepte für Kostenrechnung, Controlling und Kostenmanagement, in: krp, o. Jg. (1993), Heft 2, S. 69-78

Männel, Wolfgang (1995): Zur Bedeutung der Prozeßkostenrechnung, in: Männel, Wolfgang (Hrsg.): Prozeßkostenrechnung, Wiesbaden 1995, S. 15-22

Markert, Kurt (1992): Kommentar zu § 26 GWB, in: Immenga, Ulrich / Mestmäcker, Ernst-Joachim (Hrsg.): GWB, 2. Aufl., München 1992, S. 1208-1396

Marré, Heribert (1974): Handelsfunktionen, in: Tietz, Bruno (Hrsg.): Handwörterbuch der Absatzwirtschaft, Stuttgart 1974, Sp. 709-720

Matthes, Winfried (1993): Kontenrahmen, in: Chmielewicz, Klaus / Schweitzer, Marcell (Hrsg.): Handwörterbuch des Rechnungswesens, 3. Aufl., Stuttgart 1993, Sp. 1123-1133

Matz, Adolph (1954): Plankostenrechnung, Wiesbaden 1954

Mayer, Elmar / Liessmann, Konrad / Mertens, Hans Werner (1994): Kostenrechnung, 5. Aufl., Stuttgart 1994

Mayer, Reinhold (1990): Prozeßkostenrechnung, in: krp, o. Jg. (1990), Heft 5, S. 307-312

Mayer, Reinhold (1991): Prozeßkostenrechnung und Prozeßkostenmanagement: Konzepte, Vorgehensweise und Einsatzmöglichkeiten, in: IFUA Horváth & Partner GmbH Stuttgart (Hrsg.): Prozeßkostenmanagement - Methodik, Implementierung, Erfahrungen, München 1991, S. 73-99

Mayer, Reinhold (1997): Die Weiterentwicklung von Plankostenrechnung und Prozeßkostenrechnung zu einem integrierten System mit hoher Kostentransparenz, in: Gleich, Ronald / Seidenschwarz, Werner (Hrsg.): Die Kunst des Controlling, München 1997, S. 140-160

Mayer, Reinhold (1998): Prozeßkostenrechnung - State of the Art, in: Horváth & Partner GmbH, Stuttgart (Hrsg.): Prozeßkostenmanagement: Methodik und Anwendungsfelder, 2. Aufl., München 1998, S. 3-27

Mayer, Reinhold (1998a): Kapazitätskostenrechnung, München 1998

Mayer, Reinhold / Glaser, Horst (1991): Die Prozeßkostenrechnung als Controllinginstrument, in: Controlling, 3. Jg. (1991), Heft 6, S. 296-303

Meffert, Heribert (1981): Verhaltenswissenschaftliche Aspekte Vertraglicher Vertriebssysteme, in: Ahlert, Dieter (Hrsg.): Vertragliche Vertriebssysteme zwischen Industrie und Handel, Wiesbaden 1981, S. 99-124

Meffert, Heribert (1998): Marketing, 8. Aufl., Wiesbaden 1998

Meffert, Heribert / Steffenhagen, Hartwig (1976): Konflikt zwischen Industrie und Handel, Wiesbaden 1976

Mellerowicz, Konrad (1973): Kosten und Kostenrechnung, Bd. I, 5. Aufl., Berlin - New York 1973

Mellerowicz, Konrad (1980): Kosten und Kostenrechnung, Bd. II, 5. Aufl., Berlin - New York 1980

Menrad, Wolfgang (1978): Rechnungswesen, Göttingen 1978

Miller, Jeffrey G. / Vollmann, Thomas E. (1985): The hidden factory, in: Harvard Business Review, Vol. 63 (1985), Heft 5, S. 142-150

Milling, Peter (1993): Kostenstellenrechnung, in: Chmielewicz, Klaus / Schweitzer, Marcell (Hrsg.): Handwörterbuch des Rechnungswesens, 3. Aufl., Stuttgart 1993, Sp. 1249-1257

Mrosek, Dietmar (1983): Zurechnungsprobleme in einer entscheidungsorientierten Kostenrechnung, München 1983

Müller, Armin (1998): Gemeinkostenmanagement, 2. Aufl., Wiesbaden 1998

Müller-Hagedorn, Lothar (1984): Handelsmarketing, in: Köhler, Richard / Meffert, Heribert (Hrsg.): Handelsmarketing, Stuttgart - Berlin - Köln - Mainz 1984

Müller-Hagedorn, Lothar (1998): Der Handel, Stuttgart - Berlin - Köln 1998

Münzberg, Harald (1989): Ihre Konditionen, bitte!, in: absatzwirtschaft, 32. Jg. (1989), Sondernummer 10, S. 266-279

Munzel, Gerhard (1966): Die fixen Kosten in der Kostenträgerrechnung, Wiesbaden 1966

Mus, Gerold (1988): Überlegungen zur Zweckmäßigkeit einer Gleichsetzung von Aufwand und Kosten, in: krp, o. Jg. (1988), Heft 3, S. 113-116

Neuhof, Bodo (1978): Das Rechnungswesen als Informationszentrum, Neuwied 1978

Niemand, S. (1992): Prozeßkostenrechnung für den Beschaffungsbereich eines Automobilherstellers, in: krp, o. Jg. (1992), Heft 3, S. 160-167

Nieschlag, Robert / Dichtl, Erwin / Hörschgen, Hans (1997): Marketing, 18. Aufl., Berlin 1997

Nieschlag, Robert / Kuhn, Gustav (1980): Binnenhandel und Binnenhandelspolitik, 3. Aufl., Berlin 1980

Niethammer, Rainer (1992): Grundsätze und Beispiele zur Systematisierung von Kostenarten und Kostenstellen, in: Männel, Wolfgang (Hrsg.): Handbuch Kostenrechnung, Wiesbaden 1992, S. 399-408

Nippa, Michael (1995): Anforderungen an das Management prozeßorientierter Unternehmen, in: Nippa, Michael / Picot, Arnold (Hrsg.): Prozeßmanagement und Reengineering, Frankfurt am Main - New York 1995, S. 39-58

o. V. (1991): Parameter des Erfolges, in: Lebensmittelzeitung-Journal, Nr. 15/1991, S. J 50-J 51

o. V. (1992): Mehr Effizienz statt Partnerschaft, in: Lebensmittelzeitung, Nr. 5/1992, S. 82-84

o. V. (1994): Handel kassiert für Logistik, in: Lebensmittelzeitung, Nr. 5/1994, S. 1 und 3

o. V. (1995): Zähes Ringen um Konditionen, in: Lebensmittelzeitung, Nr. 44/1995, S. 1

o. V. (1995a): Der Umgangston wird immer schärfer, in: Lebensmittelzeitung, Nr. 44/1995, S. 12

o. V. (1996): Handel will mehr Geld, in: Lebensmittelzeitung, Nr. 42/1996, S. 1

o. V. (1997): Der Konditionendruck wächst weiter, in: Lebensmittelzeitung, Nr. 14/1997, S. 4

o. V. (1998): Metro bittet zur Kasse, in: Lebensmittelzeitung, Nr. 31/1998, S. 4

o. V. (1998a): Schlecker will Europa-Bonus, in: Lebensmittelzeitung, Nr. 21/1998, S. 1

o. V. (1999): Immer lauteres Klagen der Industrie, in: Lebensmittelzeitung, Nr. 20/1999, S. 12

Oberparleiter, Karl (1955): Funktionen und Risiken des Warenhandels, 2. Aufl., Wien 1955

Olfert, Klaus (1996): Kostenrechnung, 10. Aufl., Ludwigshafen (Rhein) 1996

Peemöller, Volker H. (1993): Zielkostenrechnung für die frühzeitige Kostenbeeinflussung, in: krp, o. Jg. (1993), Heft 6, S. 375-380

Pepels, Werner (1995): Handels-Marketing und Distributionspolitik, Stuttgart 1995

Pfaff, Dieter (1996): Kostenrechnung als Instrument der Entscheidungssteuerung - Chancen und Probleme, in: krp, 40. Jg. (1996), Heft 3, S. 151-156

Pfohl, Hans-Christian (1993): Planung, in: Chmielewicz, Klaus / Schweitzer, Marcell (Hrsg.): Handwörterbuch des Rechnungswesens, 3. Aufl., Stuttgart 1993, Sp. 1568-1583

Picot, Arnold (1982): Transaktionskostenansatz in der Organisationstheorie: Stand der Diskussion und Aussagewert, in: DBW, 42. Jg. (1982), S. 267-284

Picot, Arnold (1986): Transaktionskosten im Handel, in: Der Betriebsberater, 41. Jg. (1986), Beilage 13/1986 zu Heft 27/1986, S. 1-16

Picot, Arnold (1991): Ein neuer Ansatz zur Gestaltung der Leistungstiefe, in: ZfbF, 43. Jg. (1991), Heft 4, S. 336-357

Picot, Arnold / Dietl, Helmut (1990): Transaktionskostentheorie, in: WiSt, 19. Jg. (1990), Heft 4, S. 178-184

Picot, Arnold / Franck, Egon (1995): Prozeßorganisation. Eine Bewertung der neuen Ansätze aus Sicht der Organisationslehre, in: Nippa, Michael / Picot, Arnold (Hrsg.): Prozeßmanagement und Reengineering, Frankfurt am Main - New York 1995, S. 13-38

Picot, Arnold / Reichwald, Ralf / Wigand, Rolf T. (1996): Die grenzenlose Unternehmung, Wiesbaden 1996

Plaut, Hans-Georg (1951): Die Plankostenrechnung in der Praxis des Betriebes, in: ZfB, 21. Jg. (1951), Heft 10, S. 531-543

Plaut, Hans-Georg (1952): Wo steht die Plankostenrechnung in der Praxis?, in: ZfhF, 4. Jg. (1952), Heft 9, S. 396-407

Plaut, Hans-Georg (1953): Die Grenz-Plankostenrechnung, in: ZfB, 23. Jg. (1953), Heft 6, S. 347-363

Plaut, Hans-Georg (1953a): Die Grenz-Plankostenrechnung, in: ZfB, 23. Jg. (1953), Heft 7, S. 402-413

Plaut, Hans-Georg (1955): Die Grenzplankostenrechnung, in: ZfB, 25. Jg. (1955), Heft 1, S. 25-39

Plaut, Hans-Georg (1961): Unternehmenssteuerung mit Hilfe der Voll- oder Grenzplankostenrechnung, in: ZfB, 31. Jg. (1961), Heft 8, S. 460-482

Plaut, Hans-Georg (1976): Entwicklungsformen der Plankostenrechnung. Vom Standard-Cost-Accounting zur Grenzplankostenrechnung, in: Jacob, H. (Hrsg.): Neuere Entwicklungen in der Kostenrechnung (II), Wiesbaden 1976, S. 5-24

Plaut, Hans-Georg (1980): 30 Jahre Grenzplankostenrechnung - Der Weg von der Vollkosten- zur Deckungsbeitragsrechnung, in: Kilger, Wolfgang / Scheer, August-Wilhelm (Hrsg.): Plankosten- und Deckungsbeitragsrechnung in der Praxis, Würzburg - Wien 1980, S. 11-25

Plaut, Hans-Georg (1984): Grenzplankosten- und Deckungsbeitragsrechnung als modernes Kostenrechnungssystem, in: krp, o. Jg. (1984), Heft 1, S. 20-26

Plaut, Hans-Georg (1984a): Grenzplankosten- und Deckungsbeitragsrechnung als modernes Kostenrechnungssystem (II), in: krp, o. Jg. (1984), Heft 2, S. 67-72

Plaut, Hans-Georg (1987): Die Entwicklung der flexiblen Plankostenrechnung zu einem Instrument der Unternehmensführung, in: ZfB, 57. Jg. (1987), Heft 4, S. 355-366

Plaut, Hans-Georg (1992): Grenzplankosten- und Deckungsbeitragsrechnung als modernes Kostenrechnungssystem, in: Männel, Wolfgang (Hrsg.): Handbuch Kostenrechnung, Wiesbaden 1992, S. 203-225

Porter, Michael E. (1985): Competitive Advantage, New York 1985

Porter, Michael E. (1999): Wettbewerbsvorteile, 5. Aufl., Frankfurt am Main - New York 1999

Puhlmann, Heinz (1996): Neuer Hebel für Konditionen, in: Lebensmittelzeitung, Nr. 37/1996, S. 67

Ramsauer, Helmut (1987): Der (Aufwands-)äquivalente Kostenbegriff, in: krp, o. Jg. (1987), Heft 3, S. 117-121

Reichling, Peter / Köberle, Gisela (1992): Zwischen Markt und Hierarchie: Prozeßkostenrechnung, in: controller magazin, 17. Jg. (1992), Heft 1, S. 22-26

Remer, Detlef (1997): Einführen der Prozeßkostenrechnung, Stuttgart 1997

Riebel, Paul (1956): Die Gestaltung der Kostenrechnung für Zwecke der Betriebskontrolle und Betriebsdisposition, in: ZfB, 26. Jg. (1956), S. 278-289

Riebel, Paul (1959): Richtigkeit, Genauigkeit und Wirtschaftlichkeit als Grenze der Kostenrechnung, in: Neue Betriebswirtschaft, 12. Jg. (1959), Heft 3, S. 41-45

Riebel, Paul (1959a): Das Rechnen mit Einzelkosten und Deckungsbeiträgen, in: ZfhF, 11. Jg. (1959), S. 213-238

Riebel, Paul (1964): Die Preiskalkulation auf Grundlage von Selbstkosten oder von relativen Einzelkosten und Deckungsbeiträgen, in: ZfbF, 16. Jg. (1964), S. 549-612

Riebel, Paul (1967): Kurzfristige unternehmerische Entscheidungen im Erzeugnisbereich auf der Grundlage des Rechnens mit relativen Einzelkosten und Deckungsbeiträgen, in: Neue Betriebswirtschaft, 20. Jg. (1967), Heft 8, S. 1-23

Riebel, Paul (1969): Die Fragwürdigkeit des Verursachungsprinzips im Rechnungswesen, in: Layer, Manfred / Strebel, Heinz (Hrsg.): Rechnungswesen und Betriebswirtschaftspolitik, Berlin 1969, S. 49-64

Riebel, Paul (1970): Die Bereitschaftskosten in der entscheidungsorientierten Unternehmerrechnung, in: ZfbF, 22. Jg. (1970), S. 372-386

Riebel, Paul (1974): Deckungsbeitrag und Deckungsbeitragsrechnung, in: Grochla, Erwin / Wittmann, Waldemar (Hrsg.): Handwörterbuch der Betriebswirtschaft, Bd. I, 4. Aufl., Stuttgart 1974, Sp. 1137-1155

Riebel, Paul (1974a): Systemimmanente und anwendungsbedingte Gefahren von Differenzkosten- und Deckungsbeitragsrechnungen, in: BFuP, 26. Jg. (1974), Heft 11, S. 493-529

Riebel, Paul (1978): Überlegungen zur Formulierung eines entscheidungsorientierten Kostenbegriffs, in: Müller-Merbach, Heiner (Hrsg.): Quantitative Ansätze in der Betriebswirtschaftslehre, München 1978, S. 127-146

Riebel, Paul (1979): Zum Konzept einer zweckneutralen Grundrechnung, in: ZfbF, 31. Jg. (1979), S. 785-798

Riebel, Paul (1979a): Gestaltungsprobleme einer zweckneutralen Grundrechnung, in: ZfbF, 31. Jg. (1979), Heft 12, S. 863-893

Riebel, Paul (1980): Probleme einer Festlegung von Deckungsvorgaben aus produktions- und absatzwirtschaftlicher Sicht, in: ZfbF, 32. Jg. (1980), Heft 12, S. 1130-1145

Riebel, Paul (1984): Ansätze und Entwicklungen des Rechnens mit relativen Einzelkosten und Deckungsbeiträgen (I), in: krp, o. Jg. (1984), Heft 5, S. 173-178

Riebel, Paul (1984a): Ansätze und Entwicklungen des Rechnens mit relativen Einzelkosten und Deckungsbeiträgen (II), in: krp, o. Jg. (1984), Heft 6, S. 215-220

Riebel, Paul (1987): Überlegungen zur Integration von Unternehmensplanung und Unternehmensrechnung, in: ZfB, 57. Jg. (1987), Heft 12, S. 1154-1168

Riebel, Paul (1992): Einzelerlös-, Einzelkosten- und Deckungsbeitragsrechnung als Kern einer ganzheitlichen Führungsrechnung, in: Männel, Wolfgang (Hrsg.): Handbuch Kostenrechnung, Wiesbaden 1992, S. 247-299

Riebel, Paul (1993): Deckungsbeitragsrechnung, in: Handwörterbuch des Rechnungswesens, 3. Aufl., Stuttgart 1993, Sp. 364-379

Riebel, Paul (1994): Einzelkosten- und Deckungsbeitragsrechnung, 7. Aufl., Wiesbaden 1994

Rieg, Robert (1995): Entscheidungsrelevanz der Prozeßkostenrechnung, in: krp, o. Jg. (1995), Heft 4, S. 234-238

Rogalski, Marlies (1996): Prozeßkostenrechnung im Rahmen der Einzelkosten- und Deckungsbeitragsrechnung, in: krp, 40. Jg. (1996), Heft 2, S. 91-97

Roolfs, Gabriele (1996): Gemeinkostenmanagement unter Berücksichtigung neuerer Entwicklungen in der Kostenlehre, Bergisch Gladbach - Köln 1996

Rüschen, Gerhard (1981): Vernunftehe Industrie - Handel unter Druck - Grundsätze für den Leistungsaustausch im Food-Bereich, in: Markenartikel, 43. Jg. (1981), S. 242-250

Scharf, Andreas / Schuber, Bernd (1997): Marketing, 2. Aufl., Stuttgart 1997

Scheer, August-Wilhelm (1994): Was ist "Business Process Reengineering" wirklich?, in: Scheer, August-Wilhelm (Hrsg.): Prozeßorientierte Unternehmensmodellierung, Wiesbaden 1994, S. 5-12

Scheer, August-Wilhelm (1997): Wirtschaftsinformatik, 7. Aufl., Berlin - Heidelberg - New York - u. w. 1997

Scherrer, Gerhard (1991): Kostenrechnung, 2. Aufl., Stuttgart - New York 1991

Schierenbeck, Henner (1993): Innerbetriebliche Leistung, in: Chmielewicz, Klaus / Schweitzer, Marcell (Hrsg.): Handwörterbuch des Rechnungswesens, 3. Aufl., Stuttgart 1993, Sp. 910-920

Schmalenbach, Eugen (1963): Kostenrechnung und Preispolitik, 8. Aufl., Köln - Opladen 1963

Schneeweiß, Christoph (1993): Kostenbegriffe aus entscheidungstheoretischer Sicht, in: ZfbF, 45. Jg. (1993), Heft 12, S. 1025-1039

Schneider, Dieter (1961): Kostentheorie und verursachungsgemäße Kostenrechnung, in: ZfhF, 13. Jg. (1961), S. 677-707

Schneider, Dieter (1997): Betriebswirtschaftslehre, Bd. 2: Rechnungswesen, 2. Aufl., München - Wien 1997

Schoenfeld, Hanns-Martin (1993): Behavioral Accounting, in: Wittmann, Waldemar u. w. (Hrsg.): Handwörterbuch der Betriebswirtschaft, Bd. I, 5. Aufl., Stuttgart 1993, Sp. 280-292

Schönsleben, Paul (1998): Integrales Logistikmanagement, Berlin - Heidelberg - New York - u. w. 1998

Schumann, Jochen (1987): Grundzüge der mikroökonomischen Theorie, 5. Aufl., Berlin - Heidelberg - u. w. 1987

Schweitzer, Marcell (1977): Prinzipien der Kostenrechnung, in: WiSt, 6. Jg. (1977), Heft 10, S. 482-486

Schweitzer, Marcell (1992): Systematik von Konzepten der Kosten- und Leistungsrechnung, in: Männel, Wolfgang (Hrsg.): Handbuch Kostenrechnung, Wiesbaden 1992, S. 185-202

Schweitzer, Marcell / Friedl, Birgit (1994): Aussagefähigkeit von Kostenrechnungssystemen für das programmorientierte Kostenmanagement, in: Seicht, Gerhard (Hrsg.): Jahrbuch für Controlling und Rechnungswesen '94, Wien 1994, S. 65-100

Schweitzer, Marcell / Küpper, Hans-Ulrich (1997): Produktions- und Kostentheorie, 2. Aufl., Wiesbaden 1997

Schweitzer, Marcell / Küpper, Hans-Ulrich (1998): Systeme der Kosten- und Erlösrechnung, 7. Aufl., München 1998

Seelbach, Horst (1993): Dynamische Investitionsrechnung, in: Chmielewicz, Klaus / Schweitzer, Marcell (Hrsg.): Handwörterbuch des Rechnungswesens, 3. Aufl., Stuttgart 1993, Sp. 399-414

Seicht, Gerhard (1963): Die stufenweise Grenzkostenrechnung. Ein Beitrag zur Weiterentwicklung der Deckungsbeitragsrechnung, in: ZfB, 33. Jg. (1963), Heft 12, S. 693-709

Seicht, Gerhard (1988): Die Entwicklung der Grenzplankosten- und Deckungsbeitragsrechnung, in: Scheer, August-Wilhelm (Hrsg.): Grenzplankostenrechnung, Wiesbaden 1988, S. 31-51

Seicht, Gerhard (1995): Moderne Kosten- und Leistungsrechnung, 8. Aufl., Wien 1995

Seidenschwarz, Werner (1991): Target Costing, in: Controlling, 3. Jg. (1991), Heft 4, S. 198-203

Seidenschwarz, Werner (1994): Target Costing - Verbindliche Umsetzung marktorientierter Strategien, in: krp, o. Jg. (1994), Heft 1, S. 74-83

Seyffert, Rudolf (1957): Wirtschaftslehre des Handels, 3. Aufl., Köln 1957

Sieben, Günter / Barion, Heinz-Jürgen / Maltry, Helmut (1993): Gewinn- und Verlustrechnung, in: Chmielewicz, Klaus / Schweitzer, Marcell (Hrsg.): Handwörterbuch des Rechnungswesens, 3. Aufl., Stuttgart 1993, Sp. 747-757

Staudacher, Frank (1993): Auswirkungen der Herstellerkonzentration auf das vertikale Marketing, in: Irrgang, Wolfgang (Hrsg.): Vertikales Marketing im Wandel, München 1993, S. 25-48

Steffenhagen, Hartwig (1975): Konflikt und Kooperation in Absatzkanälen, Wiesbaden 1975

Steffenhagen, Hartwig (1992): Konditionenpolitik, in: Diller, Hermann (Hrsg.): Vahlens großes Marketinglexikon, München 1992, S. 550-551

Steffenhagen, Hartwig (1992a): Konditionensysteme, in: Diller, Hermann (Hrsg.): Vahlens großes Marketinglexikon, München 1992, S. 552-553

Steffenhagen, Hartwig (1992b): Konditionenspreizung, Rabattspreizung, in: Diller, Hermann (Hrsg.): Vahlens großes Marketinglexikon, München 1992, S. 551-552

Steffenhagen, Hartwig (1995): Konditionengestaltung zwischen Industrie und Handel, Wien 1995

Steffenhagen, Hartwig (1996): 10 Schritte zum leistungsorientierten Konditionensystem, in: Markenartikel, 58. Jg. (1996), Heft 2, S. 42-47

Steffenhagen, Hartwig / Keller, Dietmar (1990): Herstellerkonditionen und Handelsleistung, in: Markenartikel, 52. Jg. (1990), Heft 9, S. 398-403

Steven, Marion (1998): Produktionstheorie, Wiesbaden 1998

Stieglitz, Angela (1999): Die Reorganisation handelslogistischer Versorgungsketten, München 1999

Stippel, Peter (1997): Brauchen wir die Preisbindung?, in: absatzwirtschaft, 40. Jg. (1997), Heft 7, S. 18-19

Thies, Gerhard (1976): Vertikales Marketing, Berlin - New York 1976

Tietz, Bruno (1993): Der Handelsbetrieb, 2. Aufl., München 1993

Troßmann, Ernst (1992): Flexible Plankostenrechnung nach Kilger, in: Männel, Wolfgang (Hrsg.): Handbuch Kostenrechnung, Wiesbaden 1992, S. 226-246

Troßmann, Ernst (1993): Kostenfunktionen, in: Chmielewicz, Klaus / Schweitzer, Marcell (Hrsg.): Handwörterbuch des Rechnungswesens, 3. Aufl., Stuttgart 1993, Sp. 1194-1208

Vikas, Kurt (1996): Neue Konzepte für das Kostenmanagement, 3. Aufl., Wiesbaden 1996

Vodrazka, Karl (1992): Pagatorischer und wertmäßiger Kostenbegriff, in: Männel, Wolfgang (Hrsg.): Handbuch Kostenrechnung, Wiesbaden 1992, S. 19-30

Von Pilar, Gabriel (1998): Coca-Cola präzisiert Einstandspreise, in: Lebensmittelzeitung, Nr. 47/1998, S. 12

Von Pilar, Gabriel (1999): Immer lauteres Klagen der Industrie, in: Lebensmittelzeitung, Nr. 20/1999, S. 12

Vormbaum, Herbert / Ornau, Hartmut (1992): Kalkulationsverfahren im Überblick, in: Männel, Wolfgang (Hrsg.): Handbuch Kostenrechnung, Wiesbaden 1992, S. 533-551

Warschburger, Volker / Hans, Lothar (1998): Target-Costing als Instrument des Produkt-Controlling, in: controller magazin, 23. Jg. (1998), Heft 2, S. 132-137

Wäscher, Dieter (1987): Gemeinkosten-Management im Material- und Logistik-Bereich, in: ZfB, 57. Jg. (1987), Heft 3, S. 297-315

Weber, Jürgen (1993): Kostenrechnung im System der Unternehmensführung - Stand und Perspektiven der Kostenrechnung in den 90er Jahren, in: Weber, Jürgen (Hrsg.): Zur Neuausrichtung der Kostenrechnung, Stuttgart 1993

Weber, Jürgen (1997): Einführung in das Rechnungswesen II Kostenrechnung, 5. Aufl., Stuttgart 1997

Weber, Kurt (1999): Industriebetriebslehre, 3. Aufl., Berlin - Heidelberg - New York 1999

Weigand, Christoph (1988): Entscheidungsorientierung im Rahmen der Kostenrechnung, in: krp, o. Jg. (1988), Heft 3, S. 134-135

Wilden, Klaus (1992): Zum Kostenbegriff in einer entscheidungsorientierten Kostenrechnung, in: WISU, 21. Jg. (1992), Heft 6, S. 461-463

Williamson, Oliver E. (1975): Markets and Hierarchies: Analysis and Antitrust Implication, London 1975

Williamson, Oliver E. (1990): Die ökonomischen Institutionen des Kapitalismus, Tübingen 1990

Winz, Gerald / Quint, Michael (1997): Prozeßkettenmanagement, Dortmund 1997

Wittlage, Helmut (1998): Moderne Organisationskonzepte, Braunschweig - Wiesbaden 1998

Wöhe, Günter (1992): Korrektur der Herstellungskosten für die Handels- und Steuerbilanz, in: Männel, Wolfgang (Hrsg.): Handbuch Kostenrechnung, Wiesbaden 1992, S. 591-604

Wöhe, Günter (1993): Bilanz, in: Chmielewicz, Klaus / Schweitzer, Marcell (Hrsg.): Handwörterbuch des Rechnungswesens, 3. Aufl., Stuttgart 1993, Sp. 202-211

Zdrowomyslaw, Norbert (1995): Kosten-, Leistungs- und Erlösrechnung, München - Wien 1995

Zentes, Joachim (1994): Effizienzsteigerungspotentiale kooperativer Logistikketten in der Konsumgüterwirtschaft, in: Isermann, Heinz (Hrsg.): Logistik, Landsberg/Lech 1994, S. 349-360

Zentes, Joachim (1996): Von Pull- und Pushstrategie zum kooperativen Wertschöpfungsmanagement, in: Markenartikel, 58. Jg. (1996), Heft 4, S. 162-165

Zentes, Joachim (1997): Wachsender Druck auf „mittelstarke Marken", in: Markenartikel, 59. Jg. (1997), Heft 1, S. 13-17

Zimmermann, Gebhard (1998): Grundzüge der Kostenrechnung, 7. Aufl., München - Wien 1998

Zimmermann, Jochen (1994): Kostenzuordnung im deterministischen und stochastischen Fall, in: ZfbF, 46. Jg. (1994), Heft 4, S. 320-340

Zur, Eberhard (1992): Kalkulation im öffentlichen Auftragswesen, in: Männel, Wolfgang (Hrsg.): Handbuch Kostenrechnung, Wiesbaden 1992, S. 605-617